JN325386

介護保険における
介護サービスの標準化と専門性

住居広士 著

大学教育出版

はじめに

　現在の介護保険制度の現状をみると、制度や介護報酬などに応じた介護サービスが提供されている。介護サービスの基本原理の構築をめざす著書は少ない。介護サービスにまず要求されるのは「介護サービスの理論」、介護される者と介護する者の「介護サービスの実践」のあり方である。それなくしては、心と心のつながった、心ある介護サービスは存在しない。介護保険制度における介護サービスの標準化と専門性の欠如により、心のない介護サービスや制度、心ない介護者等の問題がクローズアップされている現状において、介護サービスの基礎をなす理論と実践の著書は不可欠である。本書では、介護保険において理論と実践の底流に流れる介護モデルを基に、介護保険時代における新たな介護サービスの標準化と専門性の基盤の構築をめざすものである。

　日本の社会保障制度は、保健・医療・福祉というトライアングルによるセーフティネットが構築されていた。そのトライアングルにおいて2000年度から介護保険制度が始動した。21世紀になりセーフティネットにおける保健・医療・福祉のトライアングルが大きく変動し始めている。2000年の社会福祉法の成立から社会福祉基礎構造改革が実施されている。21世紀の社会保障は、めまぐるしい制度の変容を続けている。保健・医療・福祉のそれぞれが単独で支えることは困難となり、次第にお互いが連携して支援する存在になっている。それぞれの支え合いが存在してこそ、社会保障が機能できる制度となる。それらが連携できなければ、継続的にケアをすることが困難な時代を迎えている。重層的に連携した総合的なセーフティネットになってこそ、長期の人生にわたり生命と生活を守りつづけることができる。

　その変容の基軸になったのは、社会福祉制度の根幹である措置制度から契約による委託あるいは社会保険制度へ大転換をはかることであった。老人保健福祉サービス等の大部分が2000年から介護保険の介護サービスの対象となった。障害者福祉サービス等も2005年の障害者自立支援法により社会福祉の措置制度の対象からはずれ、やがて介護保険制度が導入される前提にされている。すでに介護保険制度の導入に向けて障害者福祉などの障害程度区分認定に要介護認定が代入されている。さらに2006年には医療制度改革などの抜本的な構造改革により高齢者医療制度が創設された。2008年度から高齢者医療制度が実施されると、医療サービスと連携と総合化を図るうえで、この介護サービスの標準化と専門性が重要な役割を果たすことは明白である。

　2005年の介護保険法の第一次改正では介護サービス費用の削減のために、要介護認定で要

支援者は介護サービスの利用予防のための介護予防だけに制限された。やがて新たな要介護認定基準により、さらに介護保険における介護サービスの公平と適用にさまざまな基準が新設される。介護保険が介護サービスの標準化と専門性を問わないことにより、安易に市場原理の開放と統制のマネジドケアが働くことになる。医療サービスは、これまで医療サービスの量よりも医学の専門的な質が重視されることで、市場原理が働くことが防止されていた。介護サービスにおいても同様に、介護サービスの標準化と専門性を介護福祉関連学にて学術的に確立することが求められている。

それらに伴い介護サービスの分野もますます高度化、専門分化するとともに、その介護ニーズが個別化ならびに多様化しながら増大している。その状況において介護保険は、介護サービスの量と質を高めるために、介護サービスの標準化を通じて専門性を推進する使命がある。少子高齢社会において、より尊厳のある生活を保障するために、21世紀の介護サービスを展望した「介護サービスの標準化と専門性により介護モデルを実現する介護保険」のあり方を考える必要がある。新たな介護サービスの標準化と専門性がより発展することで、将来にわたりより良き福祉のセーフティネットの基盤になる。

そこで介護サービスの標準化と専門性により、介護保険において尊厳のある生活（ROL：Respect of Living）を護り介ける介護モデル（Kaigo Model）を構築しなければならない。介護サービスによって、利用者における尊厳のある生活を護り介けることが目標となる。そのために介護サービスの標準化と専門性により介護評価して、総合介護度（TKI：Total Kiago Index）に基づきケアプランを実践することが介護過程となる。その介護モデルを要介護者等や障害者等と介護者等のために構築する天命を、介護保険は背負っている。本書にてそれを自覚して考えながら介護して、介護しながら考えて、21世紀の介護保険に介護モデルを確立しなければならない。

本書は、独立行政法人日本学術振興会の2006年度科学研究費補助金（研究成果公開促進費「学術図書」）にて、科学研究費補助金（1996-1998年度「寝たきり度モニタリングシステムの開発と研究」、1999-2000年度「介護モデルの構築に関する研究―介護保険制度に向けて―」、2002-2003年度「1分間タイムスタディによる介護モデルの構築に関する研究」、2005-2007年度「介護保険制度と要介護認定における介護モデルの構築に関する研究」）の基盤研究における研究成果として出版した。最後になるが、出版をお引き受けいただいた大学教育出版の佐藤守社長ならびにご指導とご支援を賜りました大学教育出版編集部の安田愛様にお世話になり心より感謝申し上げる。全国の介護福祉ならびに老人福祉の関係者にも、ご指導とご支援を賜りお世話になり心より厚く深謝申し上げる。介護保険における介護サービスの標準化と専門性を、世界の介護保障を求める友のために、本書をお届けできることを祈念申し上げる。

2007年1月

住居　広士

The Foundation of "Kaigo" Insurance Plan
Managed by the Standard and Specialty of the Long-Term Care Services

Introduction

The social security system in Japan was greatly revolutionized after the insurance plan of long-term care, "Kaigo" in Japanese, began in April 2000. Thus, Japanese social security can be managed at the 21st century with two great coinsurance plans, that consisted of medical care insurance and long-term care insurance. Each delivery system is divided: the medical care insurance plan is for the acute stage, and the long-term care is for the chronic stage. Both systems should be intended to cooperate to provide continuous care throughout the insured life. The public health and welfare system has been trying hard to efficiently combine the medical and long-term care insurance plans. Nevertheless, it is necessary to establish a new Kaigo Insurance Plan for ensuring the integrated equality and adequacy between geriatrics and long-term care.

One's life is destined to shift from geriatric care to long-term care at some final points. As one ages or becomes disabled, it becomes difficult to lead an independent life with self-decision, and social support become necessary from third parties, instead of from the family or from one's own means. The society imposes the responsibility of payment on the costs and premiums for the geriatric and long-term care plan in the individual throughout life. However, the structure of these insurance foundations should be also combined under an integrated system, Kaigo Insurance Plan, in order to convert the direction of the long-term care from LOL (Length of Life) into ROL (Respect of Living).

Until now, the social security of Japan was a one-way system in which recipients received only long-term care services from the providers, which the national and local governments had set-up. However, the Kaigo Insurance Plan will become more complex in the 21st Century, and we will all have to select and contract the long-term care services commercially. It will be necessary for the user and the provider to choose and coordinate the long-term care services independently. The responsibility of the selection is imputed to that of the person concerned. The government will be taking a passive role, in that it will chiefly try to control the costs and premiums to allocate the financial resources.

In the 21st century, Japan faces a society of few children and many super-aged people, a world record. The Kaigo Insurance Plan will enter on the century of revolution, though the decade of the 90's was the time for expansion with an advanced health and welfare system similar to that of advanced countries. Free competition in the neoliberalism will force self-help and responsibility on both the user and the provider, and a major role of the government will have to regulate managed care to deliver these long-term care services. The trend will change the previous expansion to reduce the overburdened costs. Many advantage and disadvantages will be involved for the users, providers, and administrators. The visions and revisions of long-term care in the Japan will be exported and imitated for the system of social security in the world for the very near future.

The dogmatism in the economic globalization will greatly influence the world, for it is the biggest power in the 21st Century. The principle that the maximum happiness for individuals in the advanced countries is self-actualization, however the improvement of QOL (Quality of Life) will not be entirely achievable at this daydream. Furthermore, the present social security system in the developed countries will result in a "security crisis", and a lot of revolutions will have to be suffered. The administrative control influences the largest damage, and independence and self-responsibility is forced on the user and provider through the free competition market without future solution. Liberty is critically limited on the field and the expansion of expenses to be paid individually will disturb the improvement of LOL and QOL. It would certainly reach a ceiling if it continued to upgrade the social resources. The high demand for self-actualization of LOL and QOL should be exchanged for ROL on the maximum happiness in the life. Therefore, it is necessary to create new standard and specialty of long-term care services for Kaigo Insurance Plan on the ROL in the social security.

I wish to express my sincere gratitude to Mr. Mamoru Sato and Ms. Ai Yasuda of the University Education Publication Co., Ltd. for the accepting to publish this book with Grant-in-Aid for Pubication of Sientific Research Result from Japan Society for the Promotion of Sciences (JSPS). I deeply appreciate the thoughtfulness and supports from my friends in the world. Hereafter, we will look forward to introducing the foundation of Kaigo Insurance Plan managed by the standard and specialty of the long-term care services to the world.

January 2007

Hiroshi Sumii

Prefectural University of Hiroshima, Department of Health and Welfare, Professor, MD, CSW, CCW, sumii@pu-hiroshima.ac.jp

介護保険における介護サービスの標準化と専門性

目　次

The Foundation of "Kaigo" Insurance Plan
Managed by the Standard and Specialty of the Long-Term Care Services

CONTENTS

はじめに ………………………………………………………………………………… i

Introduction …………………………………………………………………………… iii

第1章　介護保険における介護モデル ………………………………………… 1
　第1節　介護モデルにおける介護サービス　1
　第2節　介護保険における介護サービスとは何か　4
　第3節　介護サービスの標準化による専門性　9
　第4節　「尊厳のある生活」のための介護サービス　12
　第5節　介護モデルに基づく総合介護度の構築　14
　第6節　要介護認定による介護サービスの標準化　16
　第7節　介護評価による介護サービスの標準化と専門性　19
　第8節　介護評価による介護サービスの標準化と専門性の課題と視点　23

第2章　介護サービスの標準化と専門性に基づく介護保険 ………………… 27
　第1節　介護サービス給付による介護保険　27
　第2節　介護サービスの標準化による介護サービス量の設定　28
　第3節　介護サービスの標準化における介護過程　29
　第4節　介護サービスの標準化による要介護等タイプ分類　30
　第5節　介護サービスの標準化による要介護度の区分化　33
　第6節　介護サービスの標準化における介護評価　36
　第7節　介護サービスの標準化と専門性の特徴　38

第3章　介護モデルにおける標準化と専門性 ………………………………… 41
　第1節　介護モデルに向けた介護サービス　41
　第2節　介護モデルの標準化と専門性の開発と研究　43
　第3節　介護モデルの標準化と専門性による総合介護度の開発　44
　第4節　介護モデルの標準化と専門性の基本的介護要因　46
　第5節　介護モデルの標準化と専門性の応用について　48
　第6節　介護モデルの標準化と専門性の総合介護認定　50
　参考資料1　総合介護度に関するケアコード一覧表　52
　参考資料2　総合介護度に関するケアコード調査項目　53

第4章　介護モデルによる介護サービスの標準化と専門性 ………………… 55
　第1節　医療・障害モデルから介護モデルへの転換　55

第2節　介護モデルによる介護サービスの実践　*56*

　　第3節　介護モデルによる介護サービスの総合化　*58*

　　第4節　介護モデルによる介護サービスの構築　*59*

　　第5節　介護モデルに基づく総合介護度の検証　*60*

　　第6節　総合介護度による介護サービスの標準化と専門性の調査研究　*63*

　　第7節　介護サービスの標準化と専門性に向けた総合介護認定　*66*

第5章　要介護認定における介護サービスの標準化と専門性 ……………………… *70*

　　第1節　要介護認定と介護サービスの標準化　*70*

　　第2節　介護時間による介護サービスの検証　*70*

　　第3節　介護時間によるタイムスタディ調査の10の問題点　*71*

　　第4節　介護サービスの介護時間と介護モデル　*76*

　　第5節　介護時間による介護サービスの標準化と専門性の課題　*77*

　　参考資料　要介護認定初版（1999年版）のケアコード初版一覧表　*81*

第6章　要介護認定改訂版における介護サービスの標準化と専門性 ……………………… *85*

　　第1節　要介護認定改訂版による変更　*85*

　　第2節　要介護認定初版における介護時間　*85*

　　第3節　要介護認定改訂版の介護サービスの標準化と専門性　*86*

　　第4節　介護時間を基軸とする要介護認定　*89*

　　第5節　要介護認定改訂版における介護時間の課題　*90*

　　第6節　介護サービスの標準化による要介護度の変動　*96*

　　第7節　介護サービスの標準化による要介護度分布　*98*

　　参考資料　要介護認定改訂版（2003年版）のケアコード改訂版一覧表　*102*

第7章　介護サービスにおける量的介護評価の標準化と専門性 ……………………… *104*

　　第1節　介護時間による介護サービスの介護過程　*104*

　　第2節　介護する側から見る介護サービスの標準化と専門性　*108*

　　第3節　介護される側から見る介護サービスの標準化と専門性　*111*

　　第4節　介護時間による介護サービスの標準化と専門性　*114*

　　第5節　介護時間による介護サービスの標準化と専門性の検証　*115*

　　第6節　介護時間による介護サービスの標準化と専門性の問題点　*135*

第8章　介護サービスにおける質的介護評価の標準化と専門性 ……………………… *140*

　　第1節　身体介護に伴う介護負担と認知症介護　*140*

第2節　介護サービスの標準化と専門性における質的介護評価の課題　*145*
第3節　介護サービスの質的介護評価の構築に向けて　*149*
第4節　日常生活活動に対する介護サービスの標準化と専門性　*151*
第5節　介護評価から介護サービスの標準化と専門性まで　*155*
第6節　介護サービスの介護の手間から標準化と専門性まで　*159*

第9章　認知症介護における介護サービスの標準化と専門性　*162*
第1節　認知症介護における介護時間　*162*
第2節　認知症介護における介護サービスの標準化と専門性の特徴　*170*
第3節　認知症介護における介護評価の課題　*174*
第4節　認知症介護サービスにおける介護評価の実態調査　*179*
第5節　認知症介護サービスの標準化と専門性のために　*184*

第10章　個別介護サービスにおける量的介護評価の標準化と専門性　*188*
第1節　個別介護サービスにおけるユニットケア　*188*
第2節　ユニットケアにおける量的介護評価　*189*
第3節　ユニットケアにおける自計式タイムスタディ調査　*190*
第4節　量的介護評価による介護サービスの標準化と専門性　*199*
第5節　個別介護サービスの標準化と専門性の量的介護評価　*202*

第11章　個別介護サービスにおける質的介護評価の標準化と専門性　*204*
第1節　個別介護サービスの標準化と専門性の検証　*204*
第2節　タイムスタディにより検証するユニットケアの質的介護評価　*209*
第3節　ユニットケアにおける個別介護サービスの標準化と専門性の構築　*212*
第4節　ユニットケアにおけるタイムスタディによる質的介護評価　*213*
第5節　ユニットケアにおける個別介護サービスの検証　*220*
第6節　介護時間による個別介護サービスの標準化と専門性の課題　*223*

第12章　在宅介護における居宅介護サービスの標準化と専門性　*226*
第1節　訪問介護サービスの標準化と専門性の調査　*226*
第2節　居宅介護サービスの標準化と専門性の検証　*231*
第3節　家族介護力の標準化と居宅介護サービス　*233*
第4節　居宅介護サービスを反映する総合介護認定に向けて　*235*
第5節　通所系介護サービスの標準化と専門性　*237*
第6節　在宅介護力における介護評価　*238*

第13章　障害者における介護サービスの標準化と専門性 …………… 241

　第1節　障害者自立支援法による福祉サービスの再編と総合化　241
　第2節　障害者福祉と老人福祉における介護サービスの標準化と専門性　242
　第3節　障害者における介護サービスと障害者自立支援法　244
　第4節　障害者における介護サービスのタイムスタディ調査　245
　第5節　障害者における介護サービスの標準化と専門性　250

第14章　新介護保険に向けた介護サービスの標準化と専門性 …………… 254

　第1節　新介護保険に向けた介護サービスの適用範囲の拡大　254
　第2節　要介護認定新版と介護サービスの標準化と専門性　255
　第3節　介護保険法と障害者自立支援法による介護評価の統合　258
　第4節　障害者に対する要介護認定基準の妥当性　261
　第5節　障害者自立支援法の障害程度区分と報酬単価　262
　第6節　保健医療福祉サービスの標準化と専門性　263
　第7節　福祉サービスにおける標準化と専門性　267
　参考資料　要介護認定新版のケアコード新版一覧表　272

第15章　介護保険における介護サービスの改正と将来 …………… 274

　第1節　介護保険と医療保険の共同保険時代　274
　第2節　介護予防の創設と要介護認定の変更　275
　第3節　介護保険改正による介護サービス体系の再編　277
　第4節　介護予防からリハビリテーション介護まで　281
　第5節　医療介護の行方を決めるものは介護サービスの動向である　282
　第6節　介護サービスの標準化と専門性で介護モデルを実現する介護保険　287

あとがき …………… 290

第1章

介護保険における介護モデル

第1節　介護モデルにおける介護サービス

（1）　介護保険における介護モデルとは何か

　いままでさまざまな人生を歩んできた要介護者等は、介護保険制度が始まるまで、耐えてあきらめて決められた乏しい介護サービスを受けていたことがあった。介護サービスの提供者等は毎日の介護サービスの生活に追われ、介護サービスの目標も失い、ただ生命と生活に必要なためだけに介護サービスを提供していることがある。利用者等と介護サービス提供者等が取り交わす介護サービスに対して、要介護者等は我々に何かを訴えようとしている。しかし我々はいままで要介護者等と介護者等から介護サービスへの懸命なる思いをどれほどわかったつもりでいるのだろうか。介護サービスは、ただ生命と生活のためだけに提供するのではない。介護サービスによりそれぞれの生活を尊厳のある生活（ROL：Respect of Living）にすることが、介護サービスには求められているのである。

　要介護者等の場合には、老化と加齢に伴って生ずる心身の変化に起因する疾病等の場合には、いくら医療サービスにて診断して治療を試みても、その病状が劇的に改善することが少なく、致し方なく社会的入院になったり退院させられたり、他の介護施設や病院などへ転所されていることが多くある。そこには医療サービスだけでは解決できない「介護サービス」という問題が潜在していた。つまり要介護者等には、「生命の延長（LOL：Length of Life）」を求めて、病気を診断して治療する医学モデルだけでは限界があり対応できなくなっている。逆に医学モデルはその主軸を急性期から回復期まで、さらに短期間の医療サービスに主軸を移行して転換しつつある。

　病気・外傷などを原因として起こった機能障害・能力低下・社会的不利などの障害に対しては、従来からの医学モデルである国際障害分類（ICIDH, 1980年WHO）や社会モデルである国際生活機能分類（ICF, 2001年WHO）による障害モデルで対応されていた。その障害モデルの目標としては、日常生活活動（ADL：Activities of Daily Living）などの促進による生活の質（QOL：Quality of Life）の向上から自立生活（IL：Independent Living）やノーマライゼーション（Normalization）が求められてきた。患者や障害者等には、医学モデルによる

生命の延長（LOL）という視点から、障害モデルによる生活の質（QOL）という視点から対応されてきた。障害モデルではリハビリテーション等が対応していたが、発病間もなく年齢が比較的若い中高年者の事例などに、目に見える効果が限定されることがある。次第に障害モデルは、急性期から回復期までのリハビリテーション等を主軸として機能や能力を回復することが実践されている。しかし要介護者等の場合には、病気・外傷による心身の障害だけでなく、老化と加齢に伴う退行過程による要介護等状態自体が主因となっている。

　介護保険法が 2005 年に改正されてから、介護モデルとは何かが改めて問われようとしている。介護保険法改正では、「加齢に伴って心身の変化に起因する疾病等により要介護状態となり、これらの者が尊厳を保持し、その有する能力に応じ自立した日常生活を営むことができるように、必要な保健医療サービス及び福祉サービスに係る給付を行う（第 1 条　目的）」を介護保険法の目的として掲げている。その有する能力に応じ自立した日常生活を営むとは、いままでの障害モデルにおける自立生活（IL：Independent Living）に向けた目標にすぎない。現実の寝たきり老人や認知症老人に応じた介護サービスを提供すると、全ての要介護者等は自立した日常生活を営むことが本当に可能になるのか。逆に自立生活が不可能な場合には、どのように介護サービス提供をすればいいのか。介護サービスが提供されても自立生活が困難であるから、要介護等状態になるのではないか。在宅よりも施設入所における生活の質が優れているから、社会的入所を進めているのか。いまだに介護保険制度は、従来からの医学モデルと障害モデルを基軸として策定されて運営されている。

　たとえ老いて介護サービスを要する身になっても、また要介護者等や障害者等になっても、尊厳をもって人生を全うしたい。このあたりまえの思いを、介護モデルによる介護サービスで対応していかねばならない。要介護者等に対して、医学モデルと障害モデルだけでは充分に支えていけない現実があるからこそ、介護モデルによる介護サービスが 21 世紀に向けた介護保障の主軸となるべきである。介護保険制度において新たな介護サービス独自のモデルとなる介護モデルを構築しなければならない。その介護モデルは、「尊厳のある生活（ROL：Respect of Life）」を護り介けることが介護サービスの目標となる。自分自身の意志では自立生活を送れない要介護者等に、尊厳のある生活をいかに護り介けるかという介護モデルの目標を設定すべきである。こうした目標設定こそ、本来の要介護者等への介護モデルに向かう介護サービスの原動力となる。その目標設定へ導く介護モデルによる介護サービスこそが、介護保険制度の基軸になるべきである。

　介護保険法改正により、その第 1 条目的に「これらの者が尊厳を保持し」という尊厳の保持という条文が追加された。やっと介護保険による介護サービスが、要介護者等の尊厳を保持することを起点にすることが条文に銘記された。しかし尊厳の保持だけでは、要介護者等自身が現状の尊厳を手放さず維持することであり、それでは必ずしも介護サービスによる尊厳の回復あるいは尊厳の向上を求めていないことになる。介護保険において介護モデルによる介護サービスを構築して、それを基盤にした介護サービスの標準化と専門性を確立することで、介護

サービスが本来の介護保険制度の基軸となり介護モデルによる尊厳のある生活が展開されることになる。

（2） 介護モデルにおける介護サービスの展開

今まで介護保険制度に至る以前には充分なる介護サービスが整備されないで、多くの高齢障害者や障害者等は致し方なく与えられた介護サービスを受けてきたことがある。たとえ老いて介護サービスを要する身になっても要介護者等や障害者になっても、命のある限り尊厳をもって人生を全うしたい。このあたりまえの思いを、個人とか家族だけでの介護で担っていくのは困難な少子高齢社会を迎えている。これからの介護保険時代には、たとえ要介護状態になってもいかに「尊厳のある生活」を護り介(たす)けていくかという介護モデルの理論と実践が求められている。要介護者等に、医学モデルによる医療サービスと障害モデルによるリハビリテーション等だけでは充分に支えていけない現実があるからこそ、介護保険において介護モデルによる介護サービスを確立しなければならない。

介護保険制度における介護モデルは、要介護度に応じて介護サービスのケアプラン・ケアマネジメントを策定して、介護サービスを展開していく介護過程である。介護モデルにおける介護サービスの実践は、継続的な介護過程である**線**であり、ケアマネジメントは介護モデルにおける介護サービス実践の線を繋ぐ**点**であり、ケアプランは介護モデルにおける介護サービスの点と線の**方向性**である。それらが介護保険における介護モデルの理論による実践で、その介護モデルの点と線が、しだいに共同連帯することでより「尊厳のある生活」に向かう**実線**になっていく。

そのような介護モデルの構築には、介護サービスを必要とする人々への介護福祉関連学からの研究と学際的アプローチが必要である。介護サービスを必要とする人々へ介護モデルにおける理論と実践のアプローチをすることで、「尊厳のある生活」を護り介(たす)ける介護モデルを構築することが可能となる。介護モデルは、要介護者等と介護サービスの個別性を重んじその多様性を認めて、要介護者等に適合した介護サービスの標準化と専門性により構成される必要がある。

（3） 介護保険における介護・障害・医学モデル

介護サービスを必要としている要介護者等が本来求めているのは、従来からの保健医療福祉のモデルだけではなく、「尊厳のある生活」を護り介(たす)ける介護モデルによる介護サービスの提供を強く望んでいる。介護保険制度において、障害モデルである要介護認定や障害程度区分認定さらに医学モデルであるかかりつけ医意見書（要介護度総合分類）に基づいた介護評価だけではなく、介護モデルによる介護評価に基づいて、要介護等状態に応じた介護サービスによる支援が求められている。要介護者等が、いかに高齢であろうと障害があろうと、どのような生活状態であろうと「尊厳のある生活」を護り介(たす)ける介護モデルによる介護サービスの支援が求められている。要介護者等が人間として尊厳のある生活へ、介護サービスとの共同連帯により主

体的に生活することへの支援が介護モデルの理念である。いままでは、医学モデルを中心とした診断し治療する医療サービスにより生命の延長を図った。そして障害モデルを中心とした心身の障害に対応した生活の質の向上がいままでのリハビリテーション等の理念であった。しかし21世紀の介護保険時代には、介護保険に医学モデルと障害モデルと介護モデルが混在したサービスが錯綜することになる。しかし20世紀における保健・医療・福祉サービスのなかで、介護モデルが曖昧であったために未だに介護サービスが十分に確立されていない。だから今こそ要介護等状態でもいかに「尊厳のある生活」を護り介けるかという考え方への転換がはかれる介護モデルによる介護サービスの標準化と専門性を確立する必要がある。

第2節　介護保険における介護サービスとは何か

（1）　介護保険法における「介護サービスの本質」とは何か

　1997年に成立した介護保険法の当初の目的としては、「その有する能力に応じ自立した日常生活を営むことができるよう、必要な保健医療サービス及び福祉サービスに係る給付を行う（第1条目的）」と規定していた。介護現場における寝たきり老人や認知症老人に、必要な介護サービスを提供することで自立生活を目指していた。しかし2000年から介護保険制度が実施されると、介護サービスが急増して、その介護給付費が増大しているにも関わらず、介護サービスによりそれに見合うような要介護者等の自立生活を向上する成果が出せなかった。介護サービスにより、その有する能力に応じて自立した日常生活を営むことが、本当に可能なのであろうか。介護保険による介護サービスが、自立した日常生活を営むことが目的ならば、その自立生活という困難な目標にどのように介護サービスを結びつければいいのだろうか。2005年の介護保険法改正により、介護サービスの目的（第1条）に「これらの者が尊厳を保持し」という尊厳の保持という条文が追加され、やっと介護保険による介護サービスが、要介護者等の尊厳を保持する目的のために、その有する能力に応じ自立した日常生活を営むことができるよう介護サービスを給付する自立生活支援が、尊厳の保持のための手段として転換されることになった。自らの意志で自立生活を送れない要介護者等に、「尊厳のある生活」をいかに護り介けるのかということが介護サービスの本来の目的になった。

　介護保険法の理念としては、国民の共同連帯の理念に基づき介護保険制度を設けるとして、「国民は、共同連帯の理念に基づき、介護保険事業に要する費用を公平に負担するものとする。（第四条　国民の努力及び義務）」と規定するも、介護保険法の共同連帯の理念については、その法文中には明確に規定されていない。日本国憲法第十二条（自由及び権利の保持責任）「この憲法が国民に保障する自由および権利は、国民の不断の努力によって、これを保持しなければならない。」から、社会保障に対する国民の共同連帯責任を求めている。これから、介護保険をどのような共同連帯の理念のもとに活用すべきなのだろうか。介護保険法は、その目的や

理念について十分な議論もなく、その財源の確保を中心に策定されたことにより、介護サービスの提供者によってさまざまな運用がなされて、現状の医療保険の医療サービスにおける患者に対する公平と適用の欠如と同様に、介護保険法においても本来の要介護者側に公平なる適用が見失われていることがある。

　介護保険法の制度においては、「介護サービスの本質」として、「介護保険は、被保険者の要介護状態又は要支援状態に関し、必要な保険給付を行うものとする（第二条　介護保険）。」と、要介護度（要介護状態又は要支援状態区分）に応じて、必要な介護サービスに対して介護保険が給付を行うことを原則としている。その判定は、心身の障害モデルを主体としている心身障害項目の認定調査票による要介護認定で介護評価されている。さらに障害老人と認知症高齢者の日常生活自立度における2つの障害モデルも参照して介護評価されている。その心身だけの障害評価に対応している障害モデルによる要介護認定では、介護実態に対する介護サービスを規定する要介護度の指標は、必ずしも公平なる適用基準とはいえない。多くの事例が示しているように、介護現場では要介護度ならびに寝たきりや認知症などの障害程度によって、介護サービスの内容や量がまず規定されているというより、むしろその対応を迫られる介護サービスの質、家族・地域の介護状況によって、介護サービスの内容や質が規定されているのが現実である。寝たきりや認知症老人の生活であろうとも、介護サービスの介護評価は、要介護度や日常生活自立度の障害状態によって短絡的に決定され得るものではない。

　大切なことは、自らの意志で自立生活できないままでも、要介護者等の「尊厳のある生活」をいかに護り介(たす)けるのかという介護モデルの構築が重要である。なぜなら、そうした介護モデルこそ、本来の要介護者等の「介護サービスの本質」へと向かう本来の目標設定となるからである。しかし、こうした「介護サービスの本質」は、介護保険の介護評価である要介護認定には、心身の障害程度以外にはほとんど具体化されていない。この点から要介護認定における要介護者等に対する介護サービスの質、家族介護、地域社会資源の介護評価が切り離されて、外面的な心身障害程度のみを主体とする認定調査票にて介護評価されて要介護度が判定され、その要介護度に基づいて介護サービスがケアマネジメントされる介護支援過程になっている。介護保険の要介護認定において、本来の介護サービスの必要性からではなく、介護サービスを提供する上での心身の障害程度が介護評価されている。これらの介護評価の規格限定化により、「介護サービスの本質」に向けた介護サービスの標準化と専門性が非効率化して充分な成果を上げられず、介護サービス提供者の主体的実践が主として介護サービスの単位数や介護報酬に対応して実践されていく方向性に誘導されている。介護保険もやがては、医療保険のごとくその介護保険の単位数や介護報酬だけに従って、その介護サービスが運用される時代を迎えるのは必然となっている。

　そのような介護評価に至る過程の起源をたどれば、厚生省が1996年度における要介護認定の認定調査標の結果を「高齢者ケアサービス体制整備検討委員会報告について（1997年5月30日）」で取りまとめている。介護保険法が1997年12月9日に成立する以前から、これらの

調査結果から要介護度の6段階のランク分けが、介護保険制度の前提条件として既に決定されていた。そのような要介護認定に対して、介護サービスの現実と相容れないという介護現場の声が多数に表面化して、要介護等状態に見る多様性や個別性の問題点が未だに指摘されている。はっきりしていることは要介護度の6段階のランク分けの前提条件は、介護サービスの標準化と専門性による介護報酬体系化のための財源的分配条件にすぎないものであった。こうまでして要介護者等の要介護度をランクづけして、要介護等状態像を分類するのは何故か。まず介護保険における要介護者等の要介護等状態に対する公平なる適用ではなく、適当な6つの標準化した集団によっていかに介護保険料ならびに介護費用負担と介護給付費分配を設定していくという行財政面が最優先されたと指摘せざるをえない。要介護認定の要介護度によって、介護サービスにおける介護給付に格差を設けてしまい、個別性、多様性、地域性、家族の介護状況などは軽視されて、介護保険財源から予め規定されてしまうことになる。

（2） 介護サービスの総合的介護評価となる総合介護度

　介護保険の基盤である要介護認定には、介護・障害・医学モデルはどのように関与しているか。医学モデルは、要介護認定基準において主治医意見書と認定調査票に関与している。障害モデルは、要介護認定基準における認定調査票の基本調査において心身の障害項目を調査することに関与して、要介護認定の要介護度を割り出している。要介護認定基準は医学モデルと障害モデルが主体となり、介護モデルは要介護認定にはほとんど生かされていない。要介護認定における介護モデルには、介護サービスを受ける側に、どのように介護サービスが支援されているかの介護評価である総合介護度（TKI：Total Kaigo Index）が本来は必要とされた。介護モデルにおける総合介護度では、要介護者等に対して介護サービスが、1）どのようにかかわっているのか（関わり度）　2）どのように困難であるのか（困難度）　3）どのように必要であるのか（必要度）という3つの視点で質的介護評価していくことが必要である。筆者は、介護モデルに基づく介護評価である総合介護度を「総合介護度＝困難度×（関わり度＋必要度）」で数量化できることを示した（住居広士「介護モデルの理論と実践」大学教育出版、1998年）。ところが介護保険における要介護認定に基づく要介護度は、単に施設介護サービス提供者における介護労働時間の介護サービス分配率から量的介護評価しているだけである。それだけでは要介護者等の1人1人の介護ニーズに応えていくことはできないのは明らかである。すくなくとも介護サービスを、関わり度・困難度・必要度の3つの視点から総合介護度により質的介護評価をすべきである。

　要介護認定については、介護保険における介護モデルの議論もされることなく、厚生労働省の要介護認定調査検討会は、要介護認定改訂版（2003年版）に向けた調査を確定するために、実施する予備調査の内容を2001年3月に固めている。その調査内容は、1分間タイムスタディ（施設は他計式2日間、在宅は自計式1週間）と高齢者の状態像に関する調査（従来の85項目とそれの関連動作19項目）である。まったく要介護認定初版（1999年版）の調査方法と内容

がほとんど同一であり、すこし調査内容の心身の障害項目数だけを増しただけで、介護時間だけによる量的介護評価の基本はほとんど見直しされていない。たった数回の委員会の議論で、いままでの要介護認定をほとんど変えようとしない保守的方針で調査を済ませようとしている。ほとんど要介護認定初版と改訂版の欠陥は積み残したままであり、厚生労働省老健局がその根本的な見直しをしないままである。要介護認定一次判定ソフトの見直しを求める国民の要望はいまだに軽視され続けている。障害者自立支援法と介護保険法の統合を見据えて、2006年10月から要介護認定新版が要介護認定調査検討委員会で議論されているが、根本的な見直しもなく設定されている（第14章第2節）。

　2001年11月30日には医療保険制度改正関連法が成立し「新たな高齢者医療制度などの創設は必ず実施する」ことの付帯決議が採択されている。それらを受けて2006年6月14日に医療制度改革関連法案の成立により、2008年4月から高齢者医療制度が創設されることになった。たびたび医療制度ならびに医療保険の診療報酬を改正するも、急性期から回復期の医学モデルにおいて高度先端医療技術等による医療費高騰をほとんど解決できないままに、その代わりに介護保険を巻き込んで、介護期に当たる介護療養型医療施設が2011年3月末に廃止されることが介護保険法改正に銘記された。要介護者等には、生命の延長（LOL）のために診断して治療する医学モデルによる医療サービスや生活の質（QOL）の向上を目指す障害モデルによるリハビリテーション等だけでは限界がある。21世紀の超長寿社会における社会保障には、尊厳のある生活（ROL）を目標とする介護モデルによる介護サービスが求められている（図1-1）。だからこそ介護保険における要介護認定にも、新たな介護モデルを導入して再構築立しなければならない。介護保険における介護モデルの創造によって、社会保障が最終的に国民の尊厳のある人生の総仕上げにあずかることができる。

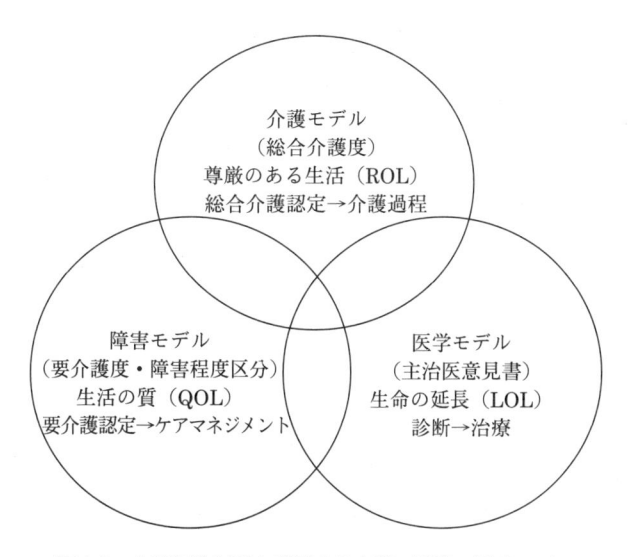

図1-1　介護保険制度を構築する介護・障害・医療モデル

（3） 介護保険の経済と財政における介護サービスの将来動向

　日本の保健医療福祉は、医療サービスと介護サービスを基軸とする共同保険時代を迎えている。介護保険法が2005年6月に初めて改正されて2006年度から実施された。介護保険法の改正過程を検証すると、主に経済と財政に対応した制度改正が行われた。その中に介護保障の基本的構築をめざす社会福祉の発想は乏しい。介護保険制度改正における社会福祉の欠如により、心のない介護サービスや制度、心のない介護サービス提供者や介護報酬等の課題に対して、社会保障の基盤をなす経済と財政の再構築は不可欠である。人々において社会保障の底流に流れる社会福祉を基に、長寿社会に向けた介護保険の経済と財政における介護サービスの標準化と専門性の検証をめざすものである。

　厚生労働省は、年金制度設計の基礎となる将来人口推計を見直す作業に入った。2005年の人口動態統計で合計特殊出生率が1.25と過去最低を記録しその直後1.26に訂正するなど、初めて人口の自然減を受けての措置である。2004年度の年金改革では出生率が1.30で底を打つという見通しだったことから、改めて厚生労働省の甘い推計には批判が集まっている。

　一方で、医療費の将来推計は常に過大であるとの批判がある。集計が公表されるたびに下方修正されている事実もある。直近では、今のままでいけば2025年度の国民医療費は65兆円、医療給付費が56兆円になるとする推計を示し、高齢者の負担増や平均在院日数の短縮など医療制度改革関連法案の根拠とされた。これに対し、日本医師会は、医療費の伸び率が直近のデータより高く見積もられているとし、修正した場合、2025年の国民医療費は49兆円に過ぎないとする独自の試算を示し、厚生労働省の医療費推計の度重なる修正を批判した。持続可能な制度の将来設計を考えるときに、厚生労働省の推計は重要な根拠となるが、前述のように、信頼に足る推計モデルにはなっていない。

　筆者は、独自に推計した結果、今回の介護保険の制度改革についても、給付費の将来推計が過大であったと考えている。介護保険改革の議論の基盤になった推計について厚生労働省は平成16年5月に公表している。これによると、介護給付費は2010年に9兆円、2015年12兆円、2025年19兆円になるという。介護保険の開始時である第Ⅰ期を基点に取り、介護給付費を線形回帰分析で推計すると、厚生労働省老健局による介護給付費の見通しにほぼ一致した。介護保険開始時は、ほかの時期に比べて新しい制度発足に伴いサービス需要の掘り起こしが急速に進んだ時期でもある。このため、将来動向は急峻な拡張として試算される。第Ⅴ期には介護給付費が9.9（老健局10.6）兆円、介護保険料5,400（老健局6000）円となり非常に高額に予測された。介護給付費と導入からの経過月数との関係を回帰推計分析すると、介護保険開始時期では速成しながら増大していたが、十分に大きくなると次第に鈍く頭打ちになる傾向が示唆された。実際に第Ⅱ期からは、介護給付費の増加には抑制がかかり始めている。このため、第Ⅱ期を基点として将来推計をすると、第Ⅴ期でも介護給付費が約8.8兆円（第1号保険料4,830円）となり、厚生労働省の見通しよりもかなり低額に予測された。

　この問題を指摘しているのは筆者だけではない。内閣府経済社会総合研究所は、2000年に

厚生労働省の介護費用の将来見通しに合わせるには、介護サービス需要が毎年2％以上の伸び率を加算する必要があると報告している。つまり、人口高齢化による自然需要増だけでなく、医療費推計と同様に、介護サービスの伸び率を毎年2％の上積みされた介護費用の将来見通しになっている。

我が国の経済と財政が少子高齢化時代の低成長を迎えている中で、依然として高度成長する社会保険が想定されているのである。推計の前提は一応公開されているが、細部は非公表である。しかも保険数理学分野であるため、官僚による巧妙な調整が操作されてもわかりにくいのが現状である。その結果、必要以上に、経済と財政の統制を受けて、自己負担割合の拡大、介護サービスの利用予防など公平と適用の不均衡を招くことになったと考える。制度の将来的な維持のためには、被保険者の拡大が必要とするのも、今回の推計が根拠である。こうしたやり方を続ければ、うわべは保険料を上げないような改正を求めながら、保険総額を引き上げている。長期にわたり介護保障をすべき介護保険が、社会連帯に対する国民的信頼の基盤を失うことになる。

第3節　介護サービスの標準化による専門性

（1）　介護保険における介護サービスの標準化の始点

筆者は介護モデルに基づく総合介護度を、要介護者等に提供される介護サービス業務における関わり度・困難度・必要度による質的介護評価を数量化して標準化した。その総合介護度により、保健福祉機関職種別の介護サービスにおける標準化と専門性を比較検討している。

介護サービスの専門性は、単に自立生活支援にあるのではなく、介護サービスを創意する介護過程のなかにある。筆者は介護サービスの標準化と専門性が発揮される介護過程から構築される介護モデルに基づく総合介護度の開発と研究を行った（第3章参照）。

介護サービスの標準化に至る過程の始点は、介護サービス高齢者ケア支援体制に関する基礎調査委員会が、障害老人（寝たきり）と認知症高齢者の日常自立度判定基準による高齢者状態像で、要介護認定基準をⅠ～Ⅵまで6区分している（厚生省高齢者介護対策本部事務局監修『高齢者介護保険制度の創設について』ぎょうせい、1996）。この要介護度の区分は、日常生活自立度や介護負担感をもとに体系化され、その因子として身体的負担度と精神的負担感、介護回数や心身の障害項目等で構築されている（第2章参照）。しかし、要介護度を構築する因子については主に障害モデルの障害因子に基づいており、介護モデルに関する介護因子の検討が非常に乏しいと思われる。要介護度だけでは、単に要介護者等の介護サービスに対する心身の障害度が判定されるだけであり、それだけでは介護サービスに対する量的介護評価であり、介護サービスにおけるケアプラン・ケアマネジメントの策定は困難である。要介護者等は、要介護認定の要介護度だけで介護サービスに対する量的介護評価をするのではなく、本来は介護

サービスを受けている要介護者等がどのように介護サービスにより支援すべきかを示す介護モデルの指標である総合介護度で質的介護評価すべきである。まずその総合介護度による質的介護評価と、要介護度の量的介護評価との包括的介護評価により、要介護者等に支援すべき介護サービスが設定できるのである。要介護者等の個別性と多様性に対応できる介護サービスの質的介護評価の指標となる総合介護度の創設が必須である。

　在宅の場合、居宅介護サービスにおける総合介護度は、家族介護との関連性が高く、介護者等の資質や介護環境により、大きく変化すると思われる。家族介護力等による家族介護も合わせて質的介護評価する必要性も示唆された。在宅における介護サービスの場合には、家族介護力の基盤があってこそ、介護サービスによる自立生活支援が可能となる。したがって、在宅の保健医療福祉職の専門性による居宅介護サービスにおいて、総合介護度に家族介護における質的介護評価を相加することにより、総合介護度による質的介護評価と介護サービスの公平なる適用の検討が可能となる。居宅介護サービスにおける介護評価として、家族介護ならびに保健医療福祉システムにおける総合介護度は、要介護度に応じた介護サービスの上限基準ではなく、介護サービスに対する公平な適用基準となるのである。これから介護サービスにおけるケアマネジメント・ケアプランならびに保健医療福祉システムにおける社会サービスにおける介護サービスの適用と連携を図る場合に、介護モデルにおける質的介護評価である総合介護度により、その公平なる適用基準を想定することが可能となる。単に高齢者等あるいは要介護者等とその利用者等の希望と要介護度だけで、介護サービスを契約して連携するだけではなく、そこに総合介護度という介護サービスの標準化と専門性の質的介護評価の基準を設けることで、公平で効率的な適用の介護保障の構築が可能となる。総合介護度による質的介護評価により、保健福祉機関職種別に介護評価した介護サービスの専門性についても検討できる。介護モデルを基軸とした総合介護度により、介護保険に関連した適切な介護サービス業務の指標が求められることも示唆された。総合介護度により、要介護者等の日常生活と介護環境から数量化した個別の総合的な介護サービス支援の指標を構築できることが示唆された。

　新たな介護保険システムの構築を目指している公的介護保険制度では、介護サービスのケアマネジメント・ケアプランの策定がされているが、そのアセスメントの項目と問題領域だけに対応するのではなく、総合介護認定の総合的介護評価の指標で、要介護者等の個別性や家族介護力等に応じて介護サービスを策定すべきである。

（2）　介護サービスの標準化の前提条件

　介護サービスの対象となる要介護者等における平均的要介護等状態像に対して、平均的介護サービスを設定できるという標準化の前提条件がある。要介護等状態が同一であれば、一律に同様の介護サービスが提供されるという状況が成り立つ前提条件が存在している。こうした前提条件によって要介護認定および介護サービスのパッケージのあり方を検討していく、いわゆるケースミックス方式の日本版こそ、今日我々のもとに提示されている要介護認定基準による

要介護度である。その基準には次の3点の具体化を必要とした（第2章参照）。

　それは第1に、要介護者等を要介護度タイプ別に区分するために要介護等状態像を把握するための障害別属性調査を行う。第2に、要介護度タイプ別の介護サービス給付量を設定する。併せて、その介護サービス給付量に見合った平均的介護時間等から数量化して介護報酬の価格を算定する。第3に、上記を目的とした介護サービスの実態調査による要介護認定の方法を確立する。このような意図によって行われた調査研究として「特別養護老人ホームのサービスの質の向上に関する調査研究（全国社会福祉協議会、1995年）」等がある。この調査研究を担当して委員会は、その調査の目的として次のように述べている。「どのような状態像にある高齢者にどのような量・質のサービスがなされないといけないか、それを要介護度からみてタイプにわけ、高齢者ケアパッケージを作成する」これが介護保険制度の前提条件になっている。介護サービスは、要介護等状態に相関して一律に投与量が決定できるとされているが、要介護認定に基づく量的介護評価で、要介護度に対して一律的な介護サービス量を提供することが介護保険制度の前提条件とされている。介護サービスを公平に適用するためには、それぞれの介護サービスの標準化と専門性に対する質的介護評価にて、その前提条件を検証することが介護保険制度の必要条件である。

（3）介護モデルの介護過程とは何か

　介護サービスに対する介護ニードと介護サービスの特徴とは何かという原点を確認しておかねばならない。要介護者等に介護サービスを提供するという場合、それは単に要介護者等に対して三大介護である入浴、排泄、食事などにより心身的特性に基づき心身を介護することだけを意図しない。介護サービスにおいて、要介護者等は「尊厳のある生活（ROL：Respect of Living）」をもった存在であるために、医療サービスにおける現物サービスと異なり、基本的に介護サービスが対人サービスであるという特性をもっていることを認識すべきである。介護サービスは向かい合う人対人を構成する諸能力の向上や維持だけでなく、「尊厳のある生活」を護り介けるという課題を担っている。

　介護モデルにより、介護サービスのより根源的なところから介護評価しつつ、介護サービスの創造にあずかるのが介護過程である。つまり介護サービスと「尊厳のある生活」とが一体化した介護モデルの創造である。

　要介護者等の「尊厳のある生活」を護り介けるために、主体的に過ごされる生活の場や集団において、いかに介護サービスを実践していくかが介護モデルの介護過程である。介護モデルの介護過程において、要介護者等がいままでに身につけた生活能力、そして生活史を通じて獲得してきた自己の尊厳のある生活といった個別性と多様性をどのように引き出すのかを実践していくことを意味している。それらを「尊厳のある生活」と向かい合う要介護者等の個別性と多様性のもとに、介護サービスを客観化し具体化していくのが介護モデルの介護過程である。

　介護モデルの介護過程は、要介護者等の1人1人が喪失し、諦めていた自己の存在意義や潜

在的能力や可能性をどう引き出していくかが問われる介護サービス過程である。介護モデルによる介護サービスの援助によって、要介護者等をどのように主体的な尊厳のある生活へと結び付けていく介護過程かが問われる実践である。

第4節　「尊厳のある生活」のための介護サービス

（1）　介護モデルにおける介護サービスの確立

　介護モデルには、介護サービスを必要とする人々への介護サービスの標準化と専門性からのアプローチが必要である。介護サービスを必要とする人々へアプローチをすることで、介護サービスと「尊厳のある生活」とが一体となった介護モデルによる介護サービスの支援が可能になるのである。介護モデルは、要介護者等の個別性と多様性を重んじて、それぞれの個人に合った介護サービスの支援システムにより構築される必要がある。

　介護サービスを必要としている要介護者等が本来必要としているのは、保健医療福祉の従来のそれぞれのサービスだけではなく、「尊厳のある生活」と介護サービスとが共同した介護モデルによる援助を強く望んでいる。医学モデルや障害モデルに基づいたサービス支援だけでなく、介護モデルに基づく介護サービス支援が求められている。介護サービスを必要としている要介護者等が、いかに高齢であろうと障害があろうと、どのような生活状態であろうとも、介護サービスが「尊厳のある生活」と共同した介護モデルによる支援が求められている。要介護者等が生活者としての尊厳を保ちながら、介護サービスと生活が一体となり、介護サービスによる支援との共同により主体的に生きることが、介護モデルの理念となる。いままでは、医学モデルを中心とした医療サービスにおける診断と治療が中心であったが、これからは要介護状態でいかに介護サービスにより「尊厳のある生活」にしていくかの転換をはかる介護モデルを確立する必要がある。

　1997年12月9日に介護保険法が国会で成立し、2000年4月から介護保険制度が実施された。40歳以上の国民が介護保険料を支払い、申請した65歳以上の要介護高齢者と40歳以上の特定疾病による障害者等が、要介護度による認定ランク（要介護状態と要支援状態区分等）に応じて介護サービスを受けることができる。介護保険法による保健医療福祉の基礎構造改革として、まず老人保健福祉制度における介護サービスが保健福祉制度から社会保険による契約制度に大転換された。そこに新たな介護サービスを基盤とする介護モデルを展望できるので、将来の長寿社会に向けて介護モデルの構築が最大の課題となっている。

（2）　介護サービスの連携から総合化への幕開け

　これから介護サービスのケアマネジメント・ケアプランと保健医療福祉システムにおける社会サービス支援における各種サービスの公平な適用と連携の調整を図る場合にも、要介護度に

対応しながらも、その適切なる社会サービスの公平と適用を判定することが求められる。そこに介護モデルに基づく総合介護度という質的介護評価を設定することで、より効率的に社会資源サービスをケアマネジメントできる。総合介護度により、日常生活に関連した適切な介護サービス業務の質的介護評価となる。介護保険制度には、関わり度・困難度・必要度の介護サービスにおける質的介護評価から数量化した個別で総合的な介護サービス支援に対する介護評価となる総合介護度をまず構築することが求められる。

　総合介護度は、介護サービスを受ける側に、どのように介護サービス業務が支援されているかを示すことができる。その介護サービスの質的介護評価が最も重要な公的介護保険の指標となる。その指標となる介護サービスにおける総合介護度を、『総合介護度＝困難度×（関わり度＋必要度）』として、困難度と（関わり度＋必要度）の乗数として数量化できた。その総合介護度から、保健医療福祉機関職種別にその介護サービスの標準化と専門性を分析できる。総合介護度で、介護モデルに関連した適切な介護サービス業務の介護評価を求めることができる。介護保険制度には、さらに要介護度と日常生活自立度などの障害モデルだけではなく、要介護者等と介護サービスの個別性や多様性に適合した総合的な介護評価である総合介護度によって介護モデルを構築すべきである。介護モデルによる総合介護度により、保健医療福祉の連携と統合に対応でき、要介護者等と介護サービス提供者への介護サービスの効率的な運営につながり、介護サービスのケアマネジメントとケアプランによる保健医療福祉システムの基盤的介護評価にもなる。総合介護度は、保健医療福祉分野の介護サービスの質的向上と効率化のためにも是非とも必要な介護評価である。将来の少子長寿社会を展望して、新しい介護システムの構築までには、まず総合介護度を確立する必要がある。21世紀の介護モデルには、保健医療福祉が連携から総合化へ転換していかないと、ある一つの分野の課題だけのケアマネジメントでは、なんら解決にいたらないことがよくある。それぞれの専門職が要介護者等に対してサービスの主導権をにぎろうとするのではなく、それぞれを介護モデルの介護サービスにて連携して総合化することが基本になる。おのおの介護サービスの標準化と専門性は一つの茎であり、それらを連携し統合することが幹であるという介護モデルの発想の転換をする必要がある。

（3）　要介護認定基準による介護評価の課題

　介護保険制度における要介護度（要介護状態区分と要支援状態区分）の策定過程では、要介護者等と介護サービスの関わり度に関連する介護時間を、施設介護サービスのみで調査して、高齢者ケアタイプを抽出して、それらを標準的な介護サービスであると断定して設計している。要介護認定における心身の障害度のみ介護評価して判定するだけでは、介護現場で要介護者等に提供されている介護サービスの状況は把握できない。はたしてそのような要介護度が、要介護者等にとり本当に求められている介護サービスの介護評価であろうか。要介護度では、介護モデルにおける総合介護度において、関わり度に関連する介護時間だけしか介護評価していない。その要介護認定に対して、やがては介護保険の介護報酬や単位を得るために、要介護

度に応じた介護サービス実践が行われる。たとえ、要介護認定の認定調査にかなりの調査労力や経費を費やしながらも、その結果としての要介護度から、介護サービスのケアマネジメント・ケアプランの策定が困難であり、不十分な介護情報で介護サービスの実践が行われてしまう。要介護者等は介護保険において、要介護度の判定だけでなく、どのように介護サービスが提供されているかの介護評価を求めている。要介護度による介護サービスの量的介護評価だけの判定から、介護モデルにおける総合介護度による介護サービスの質的介護評価への基本的構造改革が必須である。

　要介護認定は、1分間タイムスタディの介護時間に基づく「要介護認定基準時間」に応じて要介護度を区分することが策定された。要介護認定改訂版では、要介護者等が一日に必要とする介護時間の総和が、32分以上の人を「要介護1〜5」、25分以上から32分未満の人を「要支援」に認定し、「要介護」については、要介護1（相当）が32分以上50分未満、要介護2以上からは50分以上から各20分刻みで、1から5までの要介護状態区分に分割している。

　基本介護サービスを、「直接生活介助」、「間接生活介助」、「問題行動関連介助」、「機能訓練関連行為」、「医療関連行為」の5基本介護サービス時間に限定して1分間タイムスタディで調査されている。その構成されている基本介護サービスは、ほとんどが介護保険施設における介護職員の介護サービス業務を中心に調査されている。その他の「ケアマネジメント」・「在宅」・「終末期」・「家族」に関する基本的な介護サービス業務がほとんど含まれないで調査された。

　そして特別な医療サービスのみに特定の介護時間を加算して、介護時間を延長させる算定調整している。いままで、心身の障害度から推計される介護時間で要介護度が推定できるという前提が、特別な医療関連行為のみ障害度とは関係なく、その前提が否定されている。医療関連行為以外の介護サービス業務は特別な介護サービス業務は設定されず、特別な医療サービスのみに特定医療介護時間を設定している。さらに医療関連行為が導入されることにより、結果としての要介護度が、主として病気に起因するのか、障害に起因するものなのか、ますますその主因が不明確になっている。要介護度だけでなく、介護モデルに基づく総合介護度の質的介護評価から、それぞれから総合介護認定すべきであり、それを基軸にして介護サービスによる支援計画が実践できる。

第5節　介護モデルに基づく総合介護度の構築

（1）　介護モデルを構成する介護サービスと総合介護度

　日常生活介護サービス業務に関する調査に基づく介護サービス業務分析の結果より、介護モデルを設定するための基本的な介護サービス業務内容として、①生命　②生活　③ケアマネジメント　④医療　⑤末期　⑥在宅　⑦家族の7介護サービス業務に分類した。それぞれの介護サービス業務内容を、Ⅰ）関わり度　Ⅱ）困難度　Ⅲ）必要度の質的介護評価によって標準化することで、介護モデルに基づく「総合介護度」を構築した。つまりその7つの介護サービス

業務内容に属する介護サービス要因が、要介護者等に対して、1）どのように関わっているのか（関わり度）2）どのように困難があるのか（困難度）3）どのように必要であるのか（必要度）という3つの視点にたって質的介護評価をする。その関わり度・困難度・必要度から数量化して標準化した介護度となる質的介護評価基準を構築した。その総合介護度に基づいて、ケアプラン・ケアマネジメントを通じて介護サービスを展開する介護過程が介護モデルである。その質的介護評価の相互関係から、総合介護度＝困難度×（関わり度＋必要度）として数量化して標準化した（第3章・第4章）。

その介護モデルによる総合介護度から、介護サービスの標準化と専門性について検証した。介護サービス業務内容において生命、生活、ケアマネジメントとは相互に強い相関関係があったので、相互に関連性をもった介護サービス業務内容が多いことが示唆された。介護サービス業務は、逆に在宅・末期における生命との相関係数が低値であり、それぞれの連携が取れていない状況も示唆された。

（2） 総合介護度による介護サービスの専門性

介護モデルの各介護サービス業務内容と、保健医療福祉機関における各専門職種の専門性を、総合介護度により比較検証した。介護モデルによる総合介護度から、保健医療福祉専門職の介護サービスの専門性を比較検討ができた。実際に想定されていた保健医療福祉職の介護サービス業務の介護実態には総合介護度は合致しており、その妥当性はかなり高いと思われる（第4章参照）。

現状では、医療サービスは医療・生命を主体として、福祉サービスは生活・ケアマネジメントを中心として、その分野中だけで連携するチームアプローチが形成されている。しかし、要介護者等や介護サービス提供者が求めているのは、その単独分野内だけで連携するチームアプローチを望んでいない。お互いのサービスの専門性を生かして連携しながら、学際的な分野にわたりチームアプローチで対応する必要がある。特に総合介護度によれば、在宅と末期に関する介護サービスは、いまだに充分な連携が取れたチームアプローチの体制が構築されていない。本来ならば、この在宅・末期ほどチームアプローチ体制が大切な分野である。日本の介護保険制度における介護サービスの現状では、在宅と末期の社会資源がいまだ未整備であり、要介護者等の在宅と末期に関して十分な対応ができていないことを示唆している。

施設介護サービスの総合介護度では、関わり度と必要度との差違は非常に少なく、介護サービスを提供する側が関わることが可能と思われる施設介護サービス業務を優先させて提供している。その介護サービスの標準化と専門性がより拡大しながら向上することで、介護サービスを提供する側の必要度と介護サービスを受ける側の介護ニーズがより一致することになる。

（3） 総合介護度による質的介護評価

それぞれの介護サービス業務内容と質的介護評価である総合介護度は、要介護者等および家

族の個別性や多様性とその介護状況に合わせて変化する。その個別性や多様性と介護状況に応じて、それぞれの地域・施設・家庭において、介護モデルによる介護サービスの提供システムを構築する必要がある。さらにそれぞれの介護サービス業務内容による関わり度と困難度と必要度の質的介護評価により、高齢者・障害者等の「尊厳のある生活」に向けた介護モデルの創設が可能となる。介護モデルにおける質的介護評価である総合介護度には、要介護者等の外面的な心身障害だけではなく、家族や地域の介護状況も質的介護評価される。要介護認定の要介護度のごとく、介護時間を中心にその外的な介護労働時間だけで、量的介護評価されていくべきではない。

これらの総合介護度による質的介護評価に基づく介護モデルの構築には、介護サービスの質的介護評価、介護サービスの標準化と専門性を重視して、その主体的実践を介護保障することが必要である。要介護者等と介護サービス提供者との頻度の高い日常生活援助業務を、要介護認定の要介護度に向けた介護評価に取りいれることが重要である。要介護者等や介護サービス提供者の介護状況、その内発的な目的設定も質的介護評価する必要がある。そのことにより、介護サービスの標準化と専門性に基づき介護過程の創造を促進することになる。総合介護度の介護評価において、介護サービスの介護過程を展開しながら、介護モデルの本質的な介護サービスの標準化と専門性を構築することが求められている。

第6節　要介護認定による介護サービスの標準化

現在の要介護認定の一次判定ソフトは介護サービスに関連する介護時間を量的介護評価することによって判定されるシステムになっている。それは「一分間タイムスタディ」による介護施設内の調査に基づいたものである。介護保険制度がスタートした時から、要介護認定の一次判定ソフトの判定結果が介護実態と合わないという批判が多く出た。その一次判定ソフトの基礎データとなった実際の1分間タイムスタディがどのように行われたのか、実態調査された介護時間がどのような意味を示すのかを検証した。その上で、調査された介護時間と介護実態との差異はどのようなものなのかを検討して、要介護認定による介護サービスの標準化と専門性を考察する。

（1）　介護サービス業務としての介護時間

要介護認定に基づく1分間タイムスタディは、介護施設で働く介護職員の介護サービス業務内容について調査している。従って調査された介護時間は、介護職員における介護労働時間と同じ時間量となるはずである。しかし実際には、介護保険における要介護認定には、介護保険料からの介護給付費用をどのように分配するかを判断する基準としての目的があり、そのために要介護認定は介護サービス業務が要介護者等にどのように配分されているかを客観的な数値

で示す介護時間を推測する手段となった。それが1分間タイムスタディにより介護サービス業務を分析することによって得られる介護時間が量的介護評価になったのである。

1） 主な介護サービス業務を一つ選ぶ

『同時に複数のケアを行った場合は「山田さんに話し掛けながらおむつを外す」など、主要と思われる業務（主にパーソナルケア）のコードを「ケアコード」欄に記入してください』と指示して、要介護認定の1分間タイムスタディ調査における介護サービス業務のケアコード分類がなされている。

例えば1人の要介護者に2つの介護サービス業務を提供したとすると、どちらもパーソナルケアに関する身体介護サービスであれば、2つのケアコードのうちどちらかを選択することになる。そうすると各要介護者等に提供された介護時間が減少することになる。しかし実際の調査場面ではいろいろな介護状況があるが、2人の要介護者等に2つの介護サービス業務を提供する場合が多くある。食事介助をする場面で、同じテーブルに座っている要介護者Aを見守りながら、別の要介護者Bの食事介助をする。2つの介護サービス業務は、どちらもパーソナルケアに関する介護サービス業務といえる。しかも介護サービスを提供されるする要介護者はA・Bと2人いる。食事介助には多くの場合数分～十数分という長い介護時間が必要である。このような介護状況で、要介護者Aの食事介助をケアコードとして選択すれば、選ばれなかった要介護者Bに対するケアコードの介護時間は存在しなくなる。その逆も同様になり要介護者Aに対するケアコードの介護時間は存在しなくなる。実際には介護サービス業務を提供していても、その1分間における調査記録上ではどちらか一つだけが選ばれているのである。ケアコード分類の時点で「一つのケアを選ぶ」方法では、介護サービス業務の介護実態とは異なった調査結果となる。これは一分間タイムスタディが介護サービス業務として、介護職員が勤務する介護労働時間を測定する実態調査に起因する。つまり複数のケアコードを選択すると介護時間が多くなり、介護サービス業務の介護時間としての介護職員の介護労働時間と合わなくなり、介護労働時間に対する介護給付費の配分を考える上で乖離を生じることになる。介護労働時間として考える場合には、複数に重なって提供される介護サービス業務を一つに絞ることを前提としている。要介護者等の介護される側からの視点から言えば、実際には介護サービス業務を受けているのに介護サービスを受けていないことになり、介護実態との格差が生じる原因の一つとなる。

2） 複数の要介護者等に同時に介護サービスを提供する場合の「割り算」

『複数の入院・入所者を対象に行った場合については、対象となった入院・入所者のうち「入院・入所者ID」を6人まで記入してください。6人を超える場合、記入する必要はありません。』と規定している。

1分間タイムスタディでは、同じ介護サービス業務を複数の対象の要介護者等に提供する場合、その対象となる要介護者等の人数を記入するようになっている。しかし、この場合の介護サービスの提供時間は、その要介護者の人数で割り算されて、1人1人に提供された介護時間

がそれぞれの要介護者等に計上されている。介護サービス業務として介護時間を計算するために、介護される側（要介護者等）の視点ではなく、調査計算上の介護職員の介護労働時間としている。この計算では、要介護者等1人1人が実際に受けた介護時間よりもかなり少なくなり、極端な場合は1分間以下の介護時間の数字が計上されることになる。複数の要介護者等が同じ介護サービス業務を、同じ介護時間受けているから、割り算ではなく掛け算として介護時間を計算するべきであると考える。また介護施設では1人の介護職員が多数の要介護者等と関わる集団介護サービスの場面は多く見られる。例えばアクティビティやレクリエーションなど集団に対する介護サービス業務などの場合がある。しかしその対象が6人以上になると、その他大勢の対象となり介護時間は記入されない。1対1で直接的に関わる介護サービス業務以外のその他の介護サービス業務は、要介護者等が受けた介護サービス業務としては記録されにくい。単なる介護職員の介護労働時間として記録に残るだけで、介護サービスの対象である要介護者等の介護時間中にはそれらは加算されない。

　このような条件で調査された介護時間のデータであるので、1分間タイムスタディが単なる介護職員の介護労働時間分析となり、要介護者等が受ける介護サービスの実態を捉えていない。しかも1対1の直接的身体介護に関して、客観的に捉えやすい介護サービス業務のみを捉えているので、非常に片寄った部分的な介護サービスのみを介護評価していることになる。

（2）　時間的に限定されている介護時間

　介護職員が提供できる介護労働時間は、最初から限定されている。介護施設の介護勤務体制は、その日の介護サービス業務、介護職員数によって変化する。したがって、その日に提供できる介護労働時間は予め限られている。例えば、「入浴日」を考えてみると、多くの介護施設は週2回という入浴回数である。入浴介助の人的資源により介護職員が多数必要となるので、その他の介護職員は日々必要な残りの介護サービスのうち優先されるものから取捨選択している。そしてその日の勤務時間内のうちに入浴サービスとその他の必要な介護サービスを終了させる。介護職員が提供できる介護労働時間にはあらかじめ限定があるので、本来は必要であってもその優先順位から漏れた介護サービス業務はカットされる。つまり介護サービス業務が必要であっても、適用せず提供されないことになる。介護サービス業務として介護時間を捉えるとき、それはあくまでも勤務できる介護労働時間に過ぎず、要介護者等が必要としている介護時間ではない。

　このような介護状況の中であるから、介護施設では安全で効率の良い介護サービス業務が優先される。その結果、要介護者等に提供できる介護サービス業務には時間的限定がある。1分間タイムスタディはこの限定のある介護職員の介護労働時間を捉えている。

（3）　提供できる介護時間と必要な介護時間

　施設介護サービスには個別介護サービスだけでなく、集団介護サービスが多くなるが、それ

は介護職員の体制にも起因する。集団対応の介護時間は、個別対応の介護時間や在宅の個別対応の介護時間に比べると、各要介護者に対する単位時間当たりでは当然少なくなる。施設介護サービスで個別に提供できる介護時間は限定されていることが原因していると思われる。1分間タイムスタディで捉える介護サービス業務の介護時間は限定された中での介護サービスであることを認識する必要がある。しかも、調査員が介護職員の側に付いての他計式調査による介護サービス内容とその介護時間であるので、ここでも客観的に捉えやすい介護サービス業務だけを調査している傾向がある。そして介護サービス業務分析の方針にそって、実際に提供した介護サービス業務も、介護職員の介護労働時間に合わせるために算定される記録方法がとられている。あくまでも、介護職員の介護労働時間の測定としての調査を前提にしている。調査記録から得られた介護時間は、介護職員が実際に提供した実態介護時間とも乖離しているが、介護される側である要介護者等から見る介護時間とはさらにずれていることになる。

　1分間タイムスタディによる介護サービス業務内容と介護時間は、調査された介護施設に入所あるいは入院されていた要介護者等の心身の障害別に樹形図方式で分割されながら、要介護認定一次判定ソフトの推計介護時間を構築している。介護サービスの実態とも、要介護者等に必要と思われる介護サービスとも乖離した介護時間を、実態調査上の介護時間データとして要介護者の心身の障害別に集積されているので、推計介護時間そのものが信頼性や妥当性が疑わしい結果となる。現在ではその介護時間の基データが公開されていないので、同じデータで検証することは困難であるが、1分間タイムスタディのデータによる介護時間と必要とされるあるいは介護される側の要介護者等の視点に立つ介護時間の比較検証をする必要がある。

第7節　介護評価による介護サービスの標準化と専門性

（1）「のべ介護時間」による介護サービスの介護評価

　介護施設で提供できる介護サービスには限定があるので、介護サービス業務を調査して「要介護者等に必要な介護サービス」とするには問題があることはすでに述べた。実際に介護職員が提供している実態介護時間を抽出することは可能である。そのためには、介護サービス業務である介護労働時間の分析という視点ではなく、介護される側の要介護者等側に立つ視点が必要となる。介護される側に立って実際に受けた介護時間を捉えるために、介護サービス業務にそって介護労働時間に合わせたデータとするのではなく、要介護者等が受けた介護時間の全てとなる総合介護時間、つまり「のべ介護時間」による検証が必要と考える（第11章参照）。

　介護職員の勤務時間に合わせて介護時間を操作している調査方法ではなく、忠実に介護された実態介護時間を抽出しようとすると、介護職員の勤務時間内を超えて、総合介護時間が増えると考えられる。「要介護者等に直接必要な介護サービス」とはいえないものも含めて、1分間タイムスタディでは実際に提供された介護時間を把握することが必要であると考える。その

ためにも介護サービスにおける「のべ介護時間」を調査することが重要である。

　1人の介護職員が複数の要介護者等と関わる場合に、1分間タイムスタディでは主な介護サービス業務の一つを選択する。しかし、そのどちらも実際に提供されている介護サービスでもあり、要介護者等の1人1人が受けた介護時間として、それらを抽出する必要がある。又、多人数の集団を相手として介護サービスを提供した場合も同様に、要介護者等の1人1人の介護時間として合算される必要がある。提供した要介護者等の人数分で分割する割り算ではなく、掛け算として「のべ介護時間」として計算していくべきである。

　要介護認定における一次判定ソフトの推計介護時間は、個別介護サービスでは考えにくい過少な数値の介護時間がよく登場する。その多くは介護職員、あるいは家族などの介護者が実際に必要と実感する介護時間よりもはるかに少ない数値の介護時間となっており、介護実態よりも多い介護時間とはなっていない。それは捉えきれない実態介護時間のままに、心身障害別に分割された平均介護時間の合算であり、統計や分析上の数値に過ぎない。決して介護実態を示している介護時間ではない。それでは提供している全ての介護サービスを表現できているわけではないので、まずは介護施設の実態としての介護時間を「のべ介護時間」として抽出して、要介護者等の個別性に対応して合算することが必要になる。しかし1分間タイムスタディがどのように行われているかを知ることで、その介護時間の調査の問題点とその限界を認識することが必要である。1分間タイムスタディ方法は、主に直接的に関わる身体介護を捉えている傾向があることを認識する必要がある。1分間タイムスタディが介護サービスの実態を表すものではなく、そのための一助に過ぎないことを再確認すべきである。

（2）「介護回数」による介護サービスの介護評価

　1分間タイムスタディ調査の以前に、「特別養護老人ホームのサービスの質の向上に関する調査研究（全国社会福祉協議会、1994年3月）」では、介護サービス業務の377業務のうち直接介護のみを抜粋して、158種類に分類して、その老人福祉施設の一週間における提供回数が調査された。次に328種類の介護サービス業務に増やし、1分間ごとの介護時間の調査が3介護施設（特養、老健、介護力強化病院）で行われた。それが初版（1999年版）の要介護認定として、その328業務の2日間（48時間）にわたる1分間タイムスタディより設計されている。両者ともに、統計処理は樹形図方式によって判別されているが、最初の158介護業務の提供回数が、要介護者等の要介護状態に対する妥当性や信頼度がより高かった印象があるとされている。要介護認定は、1分間タイムスタディで介護時間を調査する介護サービス業務を改訂したにもかかわらず、逆に介護サービスの提供回数よりも、妥当性と信頼度が低下している。

　その原因としては、介護時間の測定は、労働時間が限定されている中で測定を行うこととなり、介護時間がないときにはいわば介護サービスの量と質を落とす方法で対応するために「介護サービスの質的介護評価」を介護時間で表すことは事実上困難である。「時間のデータではなく、回数のデータを用いたのは、提供される介護サービスを表現する上で、時間よりも、より

現場の実態にあった介護サービスの提供ができると考えるからである。」と報告書では考察している。

　介護時間は、要介護者等の心身の障害状況以外に、その日の介護状態や、介護サービスを提供する側の資質や対応する介護職員数や体制によって変化する。入浴介助を1対1で行う場合と、効率よく1人の介護職員が複数の要介護者等の入浴介助をする場合では、その介護時間は全く違ったものとなる。その変化する介護時間は、要介護者等の心身障害などの個別特性だけに左右されるものではない。つまりその介護時間は、そのときの介護環境や介護状況により大きく変化する不安定な数値である。

　要介護者等にとって、例えば入浴に関していえば、「何分の入浴介助が必要か」というよりは「週に何回の入浴が必要、そしてそれには何分かかる可能性がある」という方が把握しやすく、より介護実態に合っていると思われる。しかし要介護認定の一次判定ソフト最終版には、より介護現場の実態に合った調査であるとして、介護サービスの提供ができる「介護回数」ではなく、「介護時間」を採用している。「介護職員の介護労働時間としての分析となっている」現状を見ると、そこに要介護認定が介護労働時間による分配方式により標準化していることは明らかである。

　要介護認定が「要介護者等に必要な介護サービス」ではなく、「どのように介護費用を分配するか」という目的になっている点を考えると、それは介護サービス労働費用と介護報酬との関連性も考えねばならない問題である。しかし、本来の要介護認定が要介護度を判定する基準であるとすれば、当然その指標は介護労働時間ではなく介護サービス状況を示すべきである。

（3）「総合介護度」による介護サービスの質的介護評価

　どのような介護がどのくらい必要かを示す要介護度は、要介護者等の1人1人をとりまくさまざまな介護環境に左右されると同時に、その人の介護サービスに対する個人因子によっても異なってくる。しかし介護サービスとしての社会資源は無限には存在していない。その中からその人に必要な介護サービスの内容と量を選択していかねばならない。介護する側と介護される側との間にある「介護関係」には、提供される介護サービスの量と質と決めるいくつかの指標によって決まる介護モデルが必要になってくる（図1-2）。

　筆者は介護モデルを構築する介護サービス業務として、①生命（Life Care）②生活（Living Care）③ケアマネジメント（Care Management）④医療（Medical Care）⑤末期（Terminal Care）⑥在宅（Home Care）⑦家族（Family Care）の7つの介護サービス業務内容を設定し、それぞれを規定する介護評価として、その介護サービス業務におけるⅠ）関わり度　Ⅱ）困難度　Ⅲ）必要度　の相互作用に基づく総合介護度による介護評価によって検討すべきと提唱している。

　その介護評価はそのときの要介護者等やそれをとりまく介護環境によって変化する。介護サービスに対する介護負担度は、その介護サービスの困難度を示す一つの指標といえる。しか

し、介護負担は介護する側からみる主観的な判断であり、介護者の介護負担感やストレスについてはこれまでも多くの研究が報告されているが、いまだ要介護認定の指標には取り入れられていない。介護負担は介護環境における介護評価に影響を与えることは確かであり、介護サービス内容と量を決める要因の一つとなりえる。介護サービスを評価する指標の一つとして「介護負担」の検証も必要と考える。

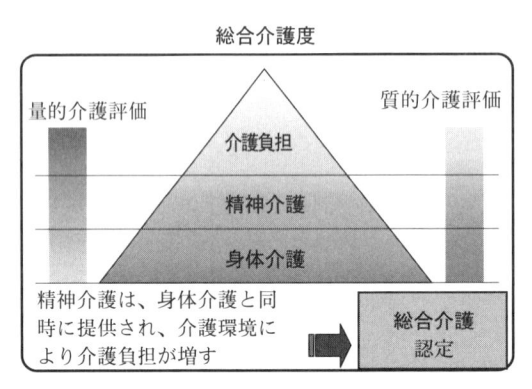

図1-2 介護モデルにおける量的介護評価の要介護認定から質的介護評価の総合介護認定

（4） 要介護認定による介護サービスの量的介護評価

介護保険の要介護認定におけるコンピュータの一次判定は、48時間の介護サービス業務内容と介護時間について一分間ごとに調査した「1分間タイムスタディ」が基盤になっている。その調査対象者は、施設に入所あるいは入院されている要介護者等である。その要介護者等の概況及び特性調査結果を併せて分析して、1分間タイムスタディのデータにより、要介護度ごとの要介護認定等基準時間を推計している。

介護保険の導入時点から、要介護認定により推定された要介護度と実際の要介護者等の介護実態に乖離や差異がある等といった問題点が各地域で指摘されている。一次判定は、統計的に平均的な要介護者等の状況を示す介護時間によって、一律に分割されている。本書では、一次判定の基盤となっている1分間タイムスタディについて、実際の介護する側と介護される側の介護サービス内容及び介護時間の調査を行い、1分間タイムスタディによる介護サービスの標準化と専門性について検証した。

これまでの一分間タイムスタディでは、介護サービス提供者側からみた介護サービスだけが記録されている。つまり必要な介護サービスが調査されているのではなく、その日に行われた介護サービス、介護サービス提供者主体の介護サービスである。この1分間タイムスタディでわかることは、ある一つの介護サービス業務に要する介護時間で、このレベルの人にこの介護サービスを行ったらどのくらいかかるという介護時間を示している。

その人に必要な介護サービスを調査するとしたら、介護される人から見た介護サービスを調査する必要がある。認知症なら、どのような行動をとりどのように見守りが必要か、又は入浴

する時はどのような反応がありどのような対応が必要か、何人で対応するのかなど、生活を追っていく方法で、一日の生活でどのような介護サービスが必要であるかを見極める必要がある。同時に現在行われている介護サービスで何が足りないかも見えてくる。介護サービス業務分類だけではなく、家族の在宅介護力・支援状況・経済力など他の介護サービス情報も必要となる。それらは施設介護サービスと居宅介護サービスは条件が違うので、認定調査を受ける場所によって要介護認定に格差が出る。

　要介護認定を受けてから介護サービスをケアプランする。しかし施設介護サービスと居宅介護サービスとでは介護環境が違うわけであるから、要介護度も変化すべきである。現在の要介護認定では障害レベルで分類するだけではなく、要介護認定が介護状況にも応じて判定するためには、介護モデルの構築による総合介護認定の評価が必須である。介護時間だけでは介護サービス全体を把握することは困難なので、身体介護サービス、精神介護サービス、介護負担度を把握できる新しい介護モデルを構築する必要がある(図1-2)。真の要介護度を知るためには、介護時間だけによらない別の指標である総合介護度の構築が必要である。その総合介護度の評価によって、介護サービスの困難度、関わり度、必要度等も把握できるようになる。

第8節　介護評価による介護サービスの標準化と専門性の課題と視点

(1)　介護サービスは人対人のサービス

　介護サービスというのは「人対人」のサービスであり、心身の障害に対する介護時間だけで、介護サービスのすべてを把握することは非常に困難である。心身の障害度の調査だけがされており、実際の介護サービスの状況は要介護認定には関係しないので、1分間タイムスタディによる要介護認定だけでは介護サービスの状況の把握は困難である。

　介護サービス状況を含めた調査内容であれば、介護サービスの実態により近づくことになる。家庭での家事、掃除や食事の準備、洗濯などは、介護する場所での介護サービスではなく、別の場所で行われている介護サービス業務などがある。徘徊などの問題行動に対処するための介護環境にも介護サービスの違いがでる。1分間タイムスタディでは、介護職員等が付いての調査で主に直接的な「人対人」サービスだけを調査する。たとえ介護職員にも調査員が付いても、実際に人が直接に処遇しない人対人の介護サービス量は案外多く、直接に処遇されなければ調査の対象にならない。

(2)　介護サービスは障害程度に応じていない

　1分間タイムスタディの調査では、介護施設における介護時間しか調査が行われていない。実際の介護サービス業務はさまざまに異なる。要介護者等の状態や障害に関係なく、優先される介護サービス業務がある。限られた介護職員で行うので、介護労働時間内には終了する。要

介護者等の障害程度だけに応じているのではなく、介護サービス提供者の都合又は介護サービス業務の実施そのものが優先されている。そのような介護時間の調査だけで、要介護認定を構築することには問題がある。

（3） 介護時間はどのような介護評価を意味しているか

　介護時間とは、実際に介護サービス提供者が直接に関わった介護サービス業務だけを示している。調べた介護サービス業務は、それぞれは障害度に応じて提供される介護サービスではない。必要な介護がどれくらいの割合を占めているかは、まったく介護時間だけではわからない。

　必要な介護サービスが、直接的な「人対人」サービスではない介護サービス業務もあるので、介護時間だけでは実際の介護サービス状況はわからない。実際の在宅介護では、家事に関することに多くの介護時間をかけ、ひとり暮らしの場合は、買い物から自分で全てをしなければならない。その時間は、要介護認定の1分間タイムスタディではまったく活用されていない。たとえ調査されても、介護職員による直接処遇に含まれないと、その介護時間は縮小される。調査した介護時間と、要介護認定で推定される介護時間は、ほんの30.2%しか一致していない。つまり調査された介護時間は、推定された介護時間の数値のほんの3割のみが、実際の介護状況を示しているにすぎない（土肥徳秀「全国一律不公平」萌文社、77頁、2000）。

　介護をする側あるいは介護される側どちらにも立って調査すべきである。それらの両者による調査を照らし合わせることで、介護のすべてではなくても、その実態に近い調査により近づくのである。

（4） 介護労働時間としての要介護認定の介護評価

　介護時間をもとに開発された一次判定を要介護認定から、介護される側の「必要とされる介護時間」としてている。介護現場の介護職員はみんな、自分達の行っている介護サービスが、受ける側の「必要」を満たしていないことに気付いている。その限られた介護労働時間内で行うことは何かを諦めなければならない。それは介護する側から判断した介護サービスだけになっている。

　施設介護サービスでは個人のみの介護サービスを対象にするわけではない。例えば「入浴」は限られた介護時間の中で、施設の全員の方を入浴させる必要がある。介護職員はとにかく限られた介護時間内で、今日しなければならないことを今日終了させるように介護する。その介護職員の人数も限られているために、要介護者等の方は着せ替え人形、浴室は洗い場となり、ベルトコンベアーのように数分という介護時間の間隔で次々に、しかも手際よく入浴介護が行われている。要介護者等が裸のまま布一枚をまとい、車椅子に座り浴室の前にずらりと並んでいる。あるいは拒否する人を数人で押さえつけて浴室に連れていくこともある。自分でできる人も、介護時間がかかるので介護職員がすぐに介助してしまう。ここには介護サービスの尊厳や個別性というようなことには程遠い介護状況が現存する。

介護サービスの必要度というのは、要介護者等にとってどのような介護サービスがどのくらい必要かという視点である。実際にケアプランを立てる時は、そのような介護サービスの必要度から介護サービスでサポートできるようにケアプランすべきである。介護サービスを提供しながら再評価して、さらにケアプランを練り直すべきである。介護保険の実施により、まず実際の介護現場で問題になるのが、そのかかる介護費用と介護時間である。介護報酬や人件費等を含めた様々な介護費用と介護労働時間からケアプランされてくる傾向にある。

（5）マネジドケアのための介護評価
　本来は、要介護認定における要介護度というのは、要介護者等がどのような介護サービスをどの程度必要としているかである。その人に介護費用がどのくらいかを計算することではない。現在の要介護認定は介護費用を調整する手段となっている。

　介護保険制度は、破綻しかけている社会保障制度財政の立て直しの為に創設された。その介護サービス給付費を調整するマネジドケアのために開発されたのが要介護認定である。本来の要介護認定の目的が、介護サービス給付費の調整のために導入されたのである。介護する側の視点による介護労働時間に合わせた認定となっている。それには介護される側からの介護サービスの必要性の視点はない。要介護者等が何を必要とされているのではなく、何をしたかのみにこだわった認定となっている。何が必要なのかということは省略された要介護認定となっている。

　すべてを要介護者等の個別性と多様性に合わせる介護サービスこそが、介護される方にとっては必要とされる介護サービスといえる。そのような介護サービスを展開するためには、介護時間だけで判定するのではなく、介護サービスの質的介護評価を問う介護モデルに基づく総合介護度による介護過程が求められているのである（図1-3）。

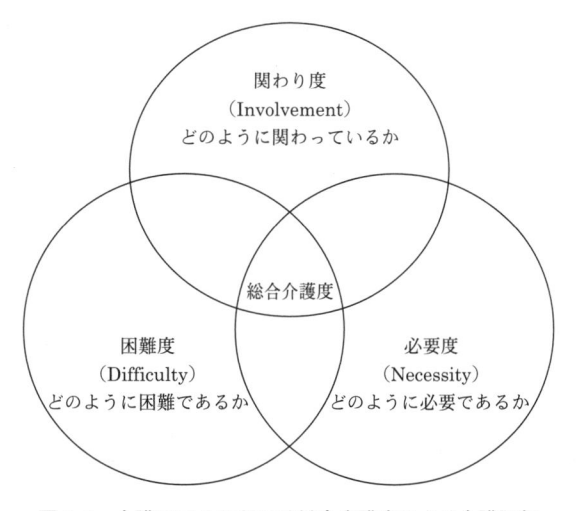

図1-3　介護モデルにおける総合介護度による介護評価

謝辞

多大のご協力をいただきました保健福祉関係者のご指導とご鞭撻に深謝申し上げます。この研究成果の一部は、1999年から2000年度の科学研究費補助金（基盤研究）「介護モデルの構築に関する研究―介護保険制度に向けて―」による。

参考文献

1) 住居広士著『要介護認定とは何か』一橋出版、2004。
2) 住居広士著『―介護保険総合研究―介護モデルの理論と実践』大学教育出版、1998。
3) 全国社会福祉協議会『保健医療福祉サービス供給指標研究事業報告書』1996。
4) 全国社会福祉協議会『特別養護老人ホームのサービスの質の向上に関する調査研究報告書』1994。
5) 住居広士編訳、アッカンバウム、MMPG総研、伊原和人、須田木綿子『新版アメリカ社会保障の光と陰―マネジドケアから介護とNPOまで―』大学教育出版、2004。
6) 石田一紀、住居広士『納得できない要介護認定―介護保険のデラックボックスの秘密―』萌文社、1999。
7) 日本介護支援協会監修『要介護認定SOS―介護保険で泣かないために―』インデックス出版、2000。
8) 土肥徳秀『全国一律不公平―損する人トクする人が出る要介護認定―』萌文社、2000。
9) 全国社会福祉協議会『特別養護老人ホームのサービスの質の向上に関する調査研究（報告書）』1994。
10) 全国社会福祉協議会『サービス供給指標研究事業報告書』1996。
11) 関庸一、筒井孝子、宮野尚哉「要介護認定一次判定方式の基礎となった統計モデルの妥当性」応用統計学会、29、101-110、2000。
12) 筒井孝子「高齢者の要介護および要介護推定方法に関する研究」医療経済研究、3、117-129、1996。
13) 住居広士「要介護高齢者の介護度による介護モデルの構築」厚生の指標、45、16-23、1998。
14) 日本医師会総合政策研究機構「要介護総合分類の開発に関する研究調査」日医総研報告書、1997。
15) 全国老人問題研究会「要介護認定の「問題」の再検討」ゆたかなくらし、246、8-66、2002。
16) 住居広士、石田一紀「介護保険における要介護認定基準と介護サービスの標準化―要介護認定に関する問題点とその検討」介護福祉学、4、16-29、1997。
17) 住居広士「介護保険制度に向けた介護モデルの構築に関する研究」老年医学、36(12)、1998。
18) 住居広士、江原勝幸「要介護高齢者における介護度と日常生活自立度の関係」広島県立保健福祉短期大学紀要、3(1)、57-63、1998。
19) 住居広士「介護の理論と実践により福祉を実現する介護福祉学」介護福祉学、13(1)、24-34、2006。
20) 住居広士編著『医療介護とは何か―医療と介護の共同保険時代―』金原出版、2004。
21) 鈴木亘「介護サービス需要と介護マンパワーの長期推定について」日本労働研究雑誌、502、2002。
22) 清水谷諭、野口晴子『介護・保育サービス市場の経済分析』東洋経済新報社、2004。
23) 岩本康志「人口高齢化と社会保障」財務省財務総合研究所ファイナンシャルレビュー、2004。
24) 跡田直澄、前川聡子、川瀬晃弘、北浦義朗、木村真「財政負担と国民負担」内閣府経済社会総合研究所、72、2003。
25) 宣賢奎『介護ビジネスと自治体政策』大学教育出版、2006。
26) 住居広士「信頼できない厚労省の将来推計―過大が招く過剰な抑制」シルバー新報、3、2006.7.14。

第2章

介護サービスの標準化と専門性に基づく介護保険

第1節　介護サービス給付による介護保険

　要介護認定による要介護度の判定に関して、介護保険制度案大綱（1996年8月）では次のように述べている。「認定は、要介護認定審査会が国の定めた公平かつ客観的な基準に従い、専門家の合議によって審査した結果に基づき保険者が決定することにより行う」「要介護度ごとに認定された介護給付額の範囲内で、実際に利用した介護サービスについて給付を受けることができる」。

　すなわち、発生する介護サービス費用に対して段階的な介護保険給付を設定して、その状態像を要介護認定による要介護度であらかじめ規定しようとするものである。こうして、要介護者等の介護サービスに関わる要介護認定と要介護度をめぐる課題は今日の焦点となっている。

　介護保険法改正（2005年）によると、要介護認定に関しては、「認定審査会は、厚生労働大臣が定める基準に従い、当該審査及び判定に係る被保険者について、同項各号に規定する事項に関し審査及び判定を行い、その結果を市町村に通知するものとする。」（第27条第5項要介護認定）と既定している。要介護状態区分については、「常時介護を要すると見込まれる状態であって、その介護の必要の程度に応じて厚生労働省令で定める区分（以下「要介護状態区分」という。）のいずれかに該当するもの（要支援状態に該当するものを除く。）をいう」（第7条第1項定義）と定義されている。要支援状態区分については、「常時介護を要する状態の軽減若しくは悪化の防止に特に資する支援を要すると見込まれ、又は日常生活を営むのに支障があると見込まれる状態であって、支援の必要の程度に応じて厚生労働省令で定める区分（以下「要支援状態区分」という。）のいずれかに該当するものをいう。」（第7条第2項定義）と定義されている。

　まずこれまでの要介護認定と要介護度をめぐる策定経過を整理する中で、要介護認定および介護サービスの標準化と専門性のあり方を検討していくことにしたい。

第2節　介護サービスの標準化による介護サービス量の設定

　要介護者等の要介護度と状態像別の介護サービス給付量の設定方式に関しては幾つかの調査がなされている。介護サービス業務を細分化して各行為ごとに数量化していく方式がある。介護サービスの費用支払い方式の視点から言えば、介護サービスにおける介護報酬支払いの基礎的算定の根拠となる。或いは、介護サービス提供者の介護サービス実施時間あるいは回数等を調査して、介護サービスの提供時間に対する介護報酬支払い体系を設定する方式である。その他幾つかの方式が調査されているが、いずれにしてもそこには一つの前提条件がある。それには、対象となる要介護者等の平均的要介護度に対して平均的介護サービスの標準化ができる前提条件が必要となる。要介護状態が同一であれば同様の介護サービスが提供されるという条件が成り立つことが必要となる。こうした前提によって要介護認定および介護サービスパッケージのあり方を策定していく介護サービスのミックス方式こそ、今日の介護保険における介護サービスの標準化と専門性の前提条件となっている内容である。

　その方式には次の3点の具体化を必要とした。それは第1に要介護者等を要介護度のタイプ別に区分するために要介護者等の状態像を把握するために障害別の属性調査を行う。第2に要介護度のタイプ別の介護サービス給付量を測定する。併せて、その介護サービス給付量に見合った平均的介護時間と介護回数等から数量化して、介護報酬の単価を算定する。第3に上記を目的とした介護サービスの実態調査による介護評価方法を確立する。このような意図によって初めて行われた調査研究が「特別養護老人ホームのサービスの質の向上に関する調査研究（全国社会福祉協議会、1994年3月）」である。

　この調査研究を担当した委員会は、その目的として次のように述べている。「どのような状態像にある高齢者にどのような量・質のサービスがなされないといけないか、それを要介護度からみてタイプにわけ、高齢者ケアのパッケージを作成する」。具体的には一定条件（職員数、職員の資質、施設規模、年間の入所者数、開設後年数など）が備わっている特別養護老人ホーム60施設を対象に、その介護サービス業務状況を配票調査法で1分間のタイムスタディを実施する。さらに、30施設で1週間継続の介護サービス業務量の調査データをとる。以上によって、介護サービス業務を158種類のケアコードに分類して、そのコード別に介護サービス提供量とその質について検討を行っている。

　その結果は、第1に、ある介護施設環境条件のもとでは、要介護者等の状態像に対応して提供される介護サービスの同一性が指摘できること。第2に、提供されている介護サービスによって要介護者等の状態像は、数値的に14のタイプに仮想的に分類できたこと。第3に、そのタイプを決定している高齢者像の把握には8つの予測変数による分類化が可能であること。言い換えればわずか8つの質問項目のみで要介護認定と提供される介護サービス量を推定でき

るとしていた。以上3点を結論として考察している。そして、ほぼ同様な方法で在宅の要介護高齢者502人を対象とした「在宅福祉サービスの効果に関する基礎的調査研究（1994年全国社会福祉協議会）」がなされている。

第3節　介護サービスの標準化における介護過程

　上記のごとく介護サービス業務を158種類に分解して調査しているが、その問題はどのようにして要介護度に統合化して設定されているかである。介護サービスは部分的な介護サービス業務の寄せ集めだけでは介護評価できない。細分化によっていわゆる介護サービス業務の総合性や関連性が失われていく懸案事項は解決されたわけではない。いやむしろ、そのことによってどうしてその結果が生まれてきたのかという介護過程が欠けているとしたら本質的な問題となってくる。なぜなら介護過程こそ、介護サービスの公平な適用による介護モデルを提示するものであるからである。つまりケアプランやケアマネジメントの本質は要介護者等の個別性や多様性に対して、介護サービスを公平に適用して介護過程を展開することである。介護サービス業務を細分化しての介護評価では、介護サービスを公平に適用される基準とは限らない本質的特徴を、介護サービスはもっている。上記の見落としは、結局、介護サービスにとって本質的な個別性や多様性を、数字として客観化されにくい質的介護評価の事項が切り捨てられていくことになる。そのためにも、介護サービスの標準化と専門性から、介護サービスを質的介護評価することが必要であったのである。

　当初「特別養護老人ホームのサービスの質の向上に関する調査研究」（以下、調査報告と略す）は介護サービス業務を158種類のケアコードに分類し、そのケアコード別に提供量について検討を行っていくわけである。しかし、初期段階では介護サービス業務の介護時間ではなく158種類の介護サービス業務の介護回数を主要因としたのである。「調査報告」では、「イメージしわかりやすいから回数によることとした」としている。

　例えば入浴1、食事4と回数だけでは、食事よりも入浴介護の大変さが数値となって現れてこない事情があろう。そのため、さらに身体的負担度・精神的負担感の項目を併せて、0～100点でデータ化している。もっとも身体的負担度・精神的負担感において、その実践における介護サービス業務の専門性は問われていない。総じて、介護サービス自体をすべて介護負担と捉え、その介護負担で介護評価を行っている。

　ちなみに「調査報告」は精神的負担感において「認知症（痴呆性）老人への暴力行為への対応」が96点、「認知症（痴呆性）老人への問題行動への対応」が94点となっている。その「問題行動」の意味する内容は不明である。身体的負担度では「車椅子からベッドへの移動」が100点、「ベッドから車椅子への移動」が99点となっている。以上の介護負担のデータは、その後に全く介護報酬の単位数化の基礎資料すらなっていない。しかし、そのデータの妥当性

と再現性は検討されておらず、今後介護現場の介護サービス実践過程を経て検証しなければならない。介護サービスの標準化と専門性は、要介護者等に対する介護回数の介護評価につきるものではないという論点を抱いている。また、介護サービスすること自体をすべて介護負担と捉えて、その介護負担度は要介護度では介護評価されてはいない。その調査結果において介護現場が実施している「もっとも多い介護サービス業務」（1日10回以上実施）として、1「話をする、声かけ」、2「おむつ交換」、3「移動の介助」、4「食事の準備、配膳、あとかたづけ」が結果としてあげられている。しかし、例えば第1位にあげられた「話をする、声かけ」の頻度から、その意義は今後の要介護度の設定と対応して介護評価されるべき介護サービス業務の構成要素として反映されなければならない。

第4節　介護サービスの標準化による要介護等タイプ分類

次にその調査結果では、要介護等状態のタイプ分類の決定がされている。CSM・クラスタ分析によって介護サービスパッケージを4つに分類して、その状態像を10の入所者の属性項目によって54の高齢者タイプにわけている。こうした基礎作業に基づいて入所者の属性を基礎

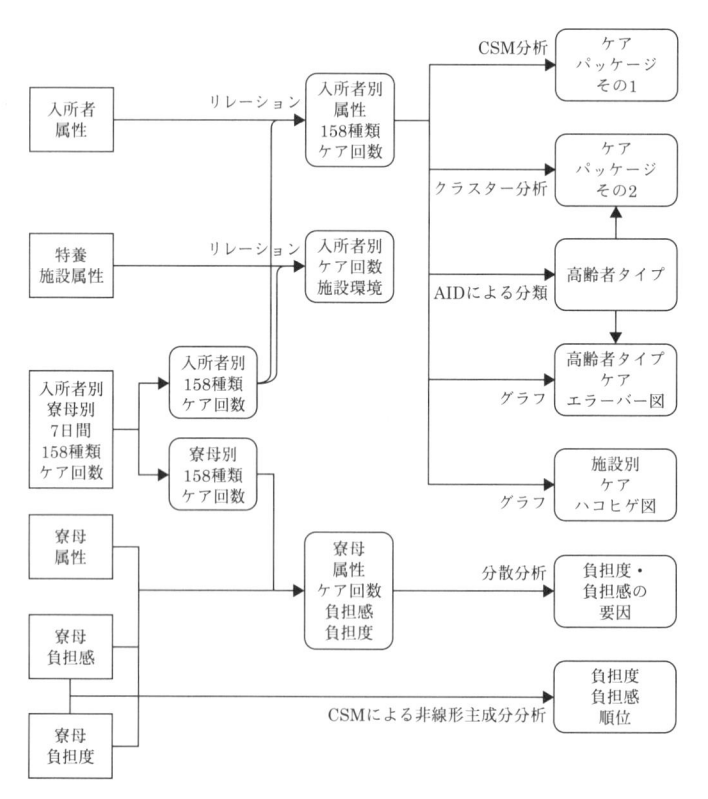

図 2-1　分析フロー
（出所）　全社協「特別養護老人ホームのサービスの質の向上に関する調査研究報告書」167頁、1994年

表 2-1 分類に有効な属性

1. 排泄後の後始末
2. 金銭管理の能力
3. 移動能力
4. 知的状態、問題行動の有無
5. 寝返りの可否
6. 食事の自立度
7. 聴力の程度
8. 視力の程度

（出所）全社協「特別養護老人ホームのサービスの質の向上に関する調査報告書」174頁、1994年

表 2-2 入所者の属性による分類

高齢者タイプ	属性
1	排泄の後始末：充分にできる。 金銭管理：貯金の管理はできる。
2	排泄の後始末：充分できる 金銭管理：小遣い程度はできる、金銭管理はできない 車いす：使用せず、移動自立 問題行動：問題行動なし、記銘力低下等
3	排泄の後始末：充分できる 車いす：使用せず、移動自立 問題行動：暴言、暴力、不潔行為等
4	排泄の後始末：充分できる 金銭管理：小遣い程度はできる、金銭管理はできない 車いす：車いす使用
5	排泄の後始末：時々、トイレを汚す
6	排泄の後始末：一部介助必要 移動：自立歩行
7	排泄の後始末：一部介助必要 移動：車いす使用、移動自立
8	排泄の後始末：一部介助必要 移動：車いす使用、移動介助必要
9	排泄の後始末：全介助 寝返り：寝返り可 問題行動：問題行動なし
10	排泄の後始末：全介助 寝返り：寝返り可 問題行動：知的能力低下および暴力、暴言、不潔行動あり 食事：自立
11	排泄の後始末：全介助 寝返り：寝返り可 問題行動：知的能力低下および暴力、暴言、不潔行動あり 食事：一部介助、全介助
12	排泄の後始末：全介助 寝返り：寝返り不可 聴力：普通に聞き取れる 視力：細かい字をよめる、普通の字を読める
13	排泄の後始末：全介助 寝返り：寝返り不可 聴力：普通に聞き取れる 視力：ほとんど見えない
14	排泄の後始末：全介助 寝返り：寝返り不可 聴力：普通の音は聞き取れない

（出所）全社協「特別養護老人ホームのサービスの質の向上に関する調査報告書」175頁、1994年

とした要介護者等の14タイプが策定された。さらに、その要介護者等の14タイプごとの介護サービスを分析した。こうして、エラー・バー図を作成して、やがてそれが、要介護認定の際の樹形図による優先順位から分割する要介護度ごとのグルーピングへとつながっていくわけである（図2-1）。

　まず、その解析経過をみると、第1に統計処理上の目的変数を介護サービス業務の提供回数として、第2に介護サービス業務の分類コードとして158種類を用いて、第3に、予測変数を調査データとして得られた要介護者等の障害属性の中から選択している。この際、AID（Automatic Interaction Detection）という樹形図の統計解析手法で補足され、やがて分類に有効な障害属性が1～8の順位で設定されている。そして、第4に要介護者等の障害属性項目とその介護サービス業務の提供回数を統計解析により関連されて、要介護者等を14タイプ別に分けている。その際「排泄後の後始末」という障害属性が最高位として、この属性の起点から始まって、次に「金銭管理」をクロスするという具合に要介護者等がグルーピングされていったのである（表2-1・表2-2）。

　その問題は設定された身体障害属性の因子の強弱によって、要介護度のグルーピングが行われていったことである。介護サービスの介護負担度を検証しているが、介護サービス業務の提供回数のみでグルーピングが行われ、介護サービス業務の質的介護評価は加えられていない。なぜ、排泄後の後始末が最高位となるのか。なぜ、グルーピングの起点となるのか。AIDによる因子の統計解析の仕方ひとつですべてが変わるわけである。排泄後の後始末という障害属性の起点から始まってクロスのあり方、グルーピングの介護過程が、その因果関係が不明で検

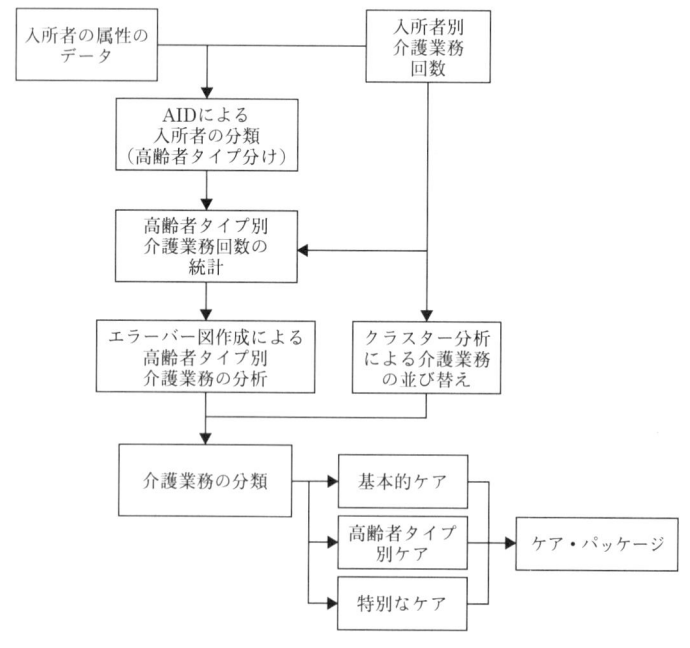

図2-2　ケアパッケージ作成の手順
（出所）　全社協「特別養護老人ホームのサービスの質の向上に関する調査研究報告書」128頁、1994年

証されていない。設定された障害属性についての妥当性、再現性についての検討が乏しい。この点は後のエラー・バー図にみられる偏差に最もよく現れてくる（図2-2）。

第5節　介護サービスの標準化による要介護度の区分化

　これまで見てきた「特別養護老人ホームのサービスの質に関する調査研究」の結論をふまえて、介護サービスの業務量によって要介護度の分類が実際に可能かどうか検討されている。この課題を担ったのがその当時厚生省における高齢者介護対策本部が設置した基礎調査委員会である。そのため基礎調査研究会は全国のモデル地域19地区、介護施設50施設を利用する3,357人を対象に先の調査で得た14の要介護者等のタイプ別分類の妥当性を検証しているのである。方法的には同じやりかたで要介護者等のタイプ別に、介護サービス業務の介護負担得点の平均値と標準偏差を出している。それらから最終的に要介護認定基準における6段階区分の作成に至るのである。

　この間の経過は「ケアマネジメント・モデル調査研究事業報告書」が、要介護度別のグルーピングを行う根拠としたのが、1996年3月28日の第38回老人保健福祉審議会に提示されたエラー・バー図である（図2-3）。エラー・バーの調査研究によって、要介護度別のⅠ～Ⅵの6段階区分となる要介護度区分を策定する基礎資料になったものである。それだけ重要な検討資料であるが一見して見逃すことのできない問題点が見いだされるのである。すなわち、エラー・バー図における各高齢者タイプの状態像に見る統計学的有意差がほとんど皆無である。

　施設介護サービスを調査対象としたタイプ3とタイプ4、タイプ5とタイプ6、それから在宅介護サービスのタイプ4とタイプ5、及びタイプ5とタイプ6、これら要介護度タイプの状態にみる統計学的有意差はほとんどみられない。しかるに要介護度を最初から根拠も乏しく6段階に無理やりに区分している。逆に、エラー・バー図上の各タイプにおける標準偏差の広がりをみると、とりわけ在宅のタイプ5にいたっては甚だしい格差がある。しかし、同報告書では「右上がりに大きくなる傾向がみられる」ということで「概ね一致している」と見なしているのである。こうしたエラー・バー図にみられる問題点を、言わばむりやり6段階に操作してできあがったのが、要介護度のⅠ～Ⅵの6段階区分である。このことは、先の調査で得た14の要介護者等のタイプ分類の介護サービス業務の介護回数とは全く関連性がなく、介護負担得点の分布によって要介護度の6段階のグルーピングの妥当性が構築されていることを示唆している（表2-3）。つまり、具体的な要介護者のタイプ分類は、まず介護サービス業務の介護回数で分割されているが、それぞれを当てはめる要介護度の段階区分は、それらとは全く無関係の介護負担の得点で6段階に区分しているのである。介護サービス業務の介護回数である介護サービス業務量では要介護度区分されずに、介護サービス業務の介護負担得点で要介護度の6段階区分が決定されたのである。

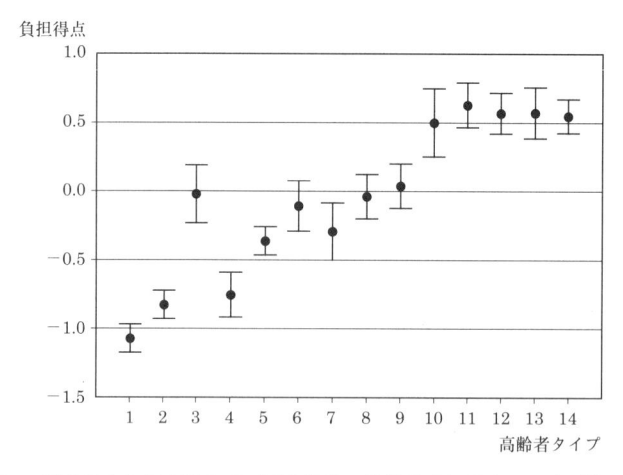

図 2-3 a　総合化された高齢タイプ別身体的・精神的負担得点の分布（施設版）

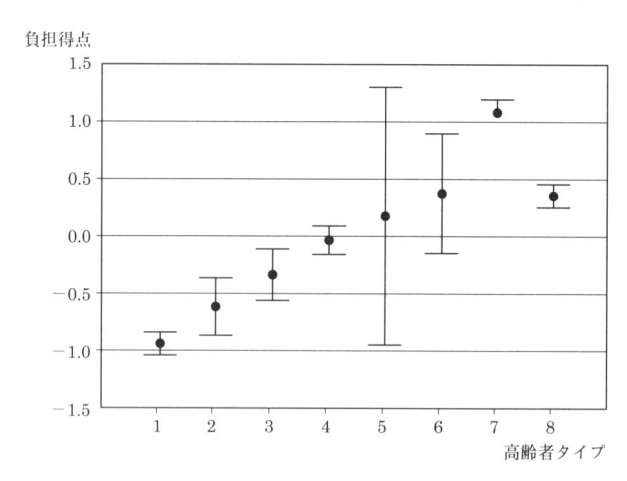

図 2-3 b　総合化された高齢タイプ別身体的・精神的負担得点の分布（在宅版）
（出所）「要介護認定基準とケアプラン作成について5頁（高齢者ケア支援体制に関する基礎調査委員会）」（第38回老人保健福祉審議会資料1996年3月28日）

　寝たきり度と認知症高齢者の日常生活自立度のクロス集計によってⅠ～Ⅵの6段階の要介護度区分が示されている。それは前述した統計操作によって作り上げられたⅠ～Ⅵの6ランクの状態像を概念図化したものである。要介護度区分を状態像として日常生活自立度で表現化している（表2-4）。要介護状態に見る多様性・個別性から、そのような要介護度分類はすぐに介護実態と相いれないという介護現場ならびに介護実践者等からの声が多数表面化した。はっきりしていることは要介護度別Ⅰ～Ⅵの6段階区分による要介護度の区分化は介護サービス業務の介護回数ではなく、その介護負担得点により介護報酬体系化のための政策的財源分割に誘導するものであるということである。こうまでして、要介護者等の要介護度を段階区分して、要介護状態像を分割するのは何故か、さきに利用者の要介護状態ありきではなく、妥当な6つの財源区分化によって、いかにまず介護報酬とその介護費用等を調整していくかにある。

表 2-3 高齢者の状態 6 分類

	施 設	在 宅
要介護度 I	タイプ 1	タイプ 1
要介護度 II	タイプ 2、4	タイプ 2
要介護度 III	タイプ 3、5、7	タイプ 3
要介護度 IV	タイプ 6、8、9	タイプ 4
要介護度 V	タイプ 10、11	タイプ 5、6
要介護度 VI	タイプ 12、13、14	タイプ 7、8

(出所)「要介護認定基準とケアプラン作成について 6 頁(高齢者ケア支援体制に関する基礎調査委員会)」(第 38 回老人保健福祉審議会資料〈1996 年 3 月 28 日〉)

表 2-4 要介護度分類毎の高齢者の状態像(概観)

要介護度		I	II	III	IV	V	VI
高齢者の状態像		食事・排泄・着脱のいずれも概ね自立しているが、生活管理能力が低下する等のため、時々支援を要する。	食事・排泄・着脱のいずれも概ね自立しているが、一部介助・支援を要する。	食事・着脱はなんとか自分でできるか。排泄は介護者の一部の介助を要する。	食事・排泄・着脱のいずれにも介護者の一部介助を要する。	身体状態は様々であるが、重度の痴呆症状を呈しており、食事・排泄・着脱のいずれにも介護者の全面的な介助を要する。	寝返りをうつことができない寝たきりの状態であり、食事・排泄・着脱のいずれにも介護者の全面的な介助を要し、1 日中ベッドの上で過ごす。
	寝返り	自分でできる	自分でできる	自分でできる	自分でできる	自分でできる	自分ではできない
	排 泄	概ね自分でできる	なんとか自分でできる	一部介助を要する	一部介助を要する	介助を要する	介助を要する
	着 脱	概ね自分でできる	なんとか自分でできる	なんとか自分でできる	一部介助を要する	介助を要する	介助を要する
	摂 食	概ね自分でできる	なんとか自分でできる	なんとか自分でできる	なんとか自分でできる	介助を要する	介助を要する
	入 浴	概ね自分でできる	一部介助を要する	一部介助を要する	一部介助を要する	介助を要する	介助を要する
	調 理	時々支援を要する	一部介助を要する	一部介助を要する	困難	困難	困難
	清 掃	時々支援を要する	一部介助を要する	一部介助を要する	困難	困難	困難
日常生活自立度判定基準との関連性	障害度	J、A1 を中心とした状態像。	A1、A2 を中心とした状態像。	A1、A2、B1 を中心とした状態像。	B1、B2、C1 を中心とした状態像。	状態像は様々である(A1〜C1)。	C2 を中心とした状態像。
	痴呆度	なし、あるいは痴呆状態の I。	なし、あるいは痴呆状態の I、II。	約 7 割の痴呆状態であり、II、III が中心。	痴呆状態は様々である(なし〜III)。	ほとんどが痴呆状態であり、III、IV が中心。	痴呆状態は様々である(なし〜IV)。

(出所)「要介護認定基準とケアプラン作成に関する調査研究結果の概要」95 頁(厚生省介護対策本部監修、高齢者介護保険の創設について〈老人保健福祉審議会報告〉、ぎょうせい、1996)

第6節　介護サービスの標準化における介護評価

　介護保険制度の実施のための基本的要件として、介護サービスの介護報酬を設定する必要がある。そのためには介護サービスを介護給付の単位化による介護報酬を設定しなくてはならない。そのためには本来ならば介護サービスの標準化と専門性による客観的な指標がいる。介護サービスに要する必要経費が介護報酬に介護評価されたとしても、介護サービスの標準化と専門性が介護評価されなければ、介護サービスの公平なる適用の限定や縮小が切実な問題となる。これまで、要介護認定と要介護者等の6段階区分をめぐる策定経過を検討してきた。ここで原点に戻って、そもそも介護サービスの標準化と専門性を介護評価することを検討していく必要がある。そのためにもまず介護ニーズ、介護サービスの特徴は何か、及び、介護サービス評価、介護サービス労働の特徴とは何なのかといった原点を確認していかねばならない。

　私たちがその人を介護するという場合、それは単にその人の入浴、排泄、食事などの身体的や精神的障害から介護することだけを意味しない。あるいは実践的問題点や危険因子だけを解決していくことでもない。介護サービスにおいて要介護者等が人格と尊厳をもった生活者であるということは、基本的に介護サービスが対生活サービスでもあるという特性をもっていることを認識すべきである。介護サービスは向かい合う要介護者等の生活を構成する要素的な諸能力の獲得や維持という課題と同時に、それらの諸能力の総体である全体としての生活の形成と尊厳のある生活を護り介けるという課題を担う。要介護状態による日常生活援助を、介護サービスの標準化と専門性から分析しつつ、生活の形成と結合した尊厳のある生活の育成にあずかるのである。つまり生活と結合したその人のその人らしい尊厳のある生活（ROL：Respect of Living）の創造である。これらを目的とする介護過程は単に身体的な安楽・安全の介護保障につきるものではない。

　介護過程において、尊厳のある生活が重要な課題となる。なぜなら、わたしたちが向かい合うその人の生活の根幹には、絶えず自己の生活意義や役割を確かめようとする目的意識性がある。又は、それらが発揮される集団の場を追認しようとする社会性も存在している。従って、大切なことは、それらの目的意識が主体的に表現される日常の場、又は集団にて尊厳のある生活をいかに創造していくかである。そのことは同時に介護過程において要介護者等が身につけた社会的能力、そして生活史を通じて追い続けて来た尊厳のある生活の可能性をどう引き出すか、具現化していくかが問われてくることを意味している。以上は生活の保障と併せて"その人らしさの尊厳のある生活"と表現できるかもしれない。それらを要介護者等の生活と向かい合うその人の個別性と多様性のもとに客観化し、探求していくのが介護過程である。

　介護サービスは一人一人が喪失し、諦めていた要介護者等の存在意義や潜在的能力、可能性をどう引き出して維持していくかが問われる援助領域である。そして、その介護サービスによ

る生活援助によって、身体的・生理的要求をどのように主体的な生活行為へと結び付けていくか、その介護過程が問われる介護サービスの理論と実践である。少なくとも介護サービスは生活障害の「修復」や「適応」を働きかけることだけではない。単なる身辺介護の領域だけではない。そうだとするならば、障害老人や認知症高齢者の日常生活自立度を中心とした身辺介護の領域の介護負担のみにより要介護度を分類して、かつ介護サービスをケアパッケージとして規格化していくことは、介護サービスの標準化ならびに介護サービスの専門性そのものの限定化、縮小へとつながる。

　要介護認定において要介護度の判定は、障害老人と認知症高齢者の日常生活自立度の2つも基準として行われている。しかし、それら2つが現実の介護サービスの公平なる適用を判定する指標となるかと言えば必ずしも適切とはいえない。多くの事例が示しているように、寝たきりや認知症の程度によって介護サービスの内容や量がまず規定されてくるというより、むしろ、対応を迫られる地域の社会資源の質、家族・介護関係によって、介護サービスの内容や質が規定されているのである。さらに、寝たきり、或いは車椅子上での生活であろうと、介護サービスの公平と適用は日常生活活動（ADL: Activities of Daily Living）の状態像のみによって短絡的に決定されるものではない。

　例えば、ADL（日常生活活動）レベルからその人の身体的自立を評価していくことも大切であるが、しかしもっと大切なことは、自らの意志で動かれないまでも、その人の求める尊厳のある生活がどのようであるか、その見極めがもっと大切である。その介護サービスがどのような状況で提供されているのかを洞察することが大切である。なぜなら、そうした介護サービスの公平と適用こそ、尊厳のある生活へと向かう原動力であるからである。しかし、こうした介護過程は介護サービスの介護報酬やその介護給付の単位数としてほとんど具体化されていないのである。この点は、介護サービス評価において利用者の精神的、内面的状態が切り捨てられ、外面的な身体障害がより評価されて行くことにも示されている。又は、介護サービス提供者の介護実践等においても、介護サービスにおける困難度や必要度が要介護認定で評価されていないのである。これらの介護サービス評価、あるいは介護概念の限定化は結局、介護サービス提供者による介護サービス評価、判断の自主性を希薄化させ、その主体的実践を制約していくことになる。例えば、頻度の高い介護サービス提供者と利用者のコミュニケーションが、要介護認定における介護サービス評価に入らないということは、すなわち、要介護者等や介護サービス提供者の意志、その内発的な意欲や専門性が介護評価されないことになる。又は、そのための介護サービス実践と介護過程の創造の否定に繋がることでもある。要介護者等の介護サービス評価が識別困難であるという現実論で、要介護認定にみられる要介護度による段階区分がまかりとうるとしたら、なぜそうまでして介護サービス費用の算定材料を整え、結果として介護サービスを限定化し、介護サービスの標準化と専門性の特性を切り捨てるのかが改めて問われてこよう。

第7節　介護サービスの標準化と専門性の特徴

　要介護者等に対する介護ニーズ把握による介護サービスパッケージ（介護サービスの量、質の決定）のための介護サービス計画の立案は大切である。問題は、いったん介護サービス計画が立てられ、その実践において問われてくるのが、与えられた目的に対する手段、方法上の介護サービスの公平なる適用である。すなわち、介護サービスにおいて目標は先に立ててあるわけであるが、実は、その介護過程それ自体が目標を試行錯誤する過程であり、絶えず洗い直されていくものである。こういうことをしなさいと言われて介護したとしても、または方針を立てていたとしても、その人に介護したその時点、或いはコミュニケーションするその具体的時点において方針が継続的に見直されていく。介護過程は介護サービスにて対応しながら目標を設定していくところに本質的な特徴がある。そして、絶えず目標が見直されていく介護過程が大切になって来る。この意味で、介護サービスの目標設定は動態的であり極めて共同的であるという特徴をもっている。担当する介護職員の主体的な判断、その専門性がいかに重要な影響を与えるかということである。今後、要介護認定による介護サービスそのものの種別化、そして、介護サービスの一律化、規格化によって、こうした介護サービスの本質的な公平なる適用、或いは、介護サービスの標準化と専門性、又は、介護サービス評価における自律性が後方に追いやられる危険性があることは否めないのではなかろうか。

　介護ニード、及び、介護サービスは幾つかの特徴を有している。そして、その特徴は共通して介護サービスの標準化と専門性に関わる特徴である。

　その一つが全体性という介護サービスの特徴である。介護サービスというものは一人の要介護者等の全体的な生活援助のうえに把握できる。生活援助における入浴、排泄、食事などの部分的な要求であっても、それは尊厳のある生活の全体の中から生み出されてくる。それゆえ介護評価において全体的な介護サービスの連環性が求められるのである。以上のことは結果として介護サービスにおける個別性と多様性を特徴づけている。関連して第2に包括性と連続性という介護サービスの特徴がある。介護サービスはこの介護サービスが良いと利用者に言われても、自己決定・選択の介護保障のために、利用者の希望だけに対応するだけでなく、介護サービスの公平なる適用は、過去から現在に至るその人のさまざまな生活の諸問題を包括的に把握したうえでなされなければいけない。それゆえ、介護サービスは尊厳のある生活の探求からはじまってさらに、アセスメント、ケアプランニング、モニタリングなど包括的な介護サービス評価が展開されていくのである。以上の全体性、包括性、連続性という介護サービスの特徴は、第3に介護サービスにおける個別性と多様性という特徴に集約されていくであろう。実践される介護サービスは絶えず要介護者等に対する個別的で多様性のある現物給付で提供される。この意味で介護サービスは、一律的に介護サービスパッケージされて、その量と質を規定

することは困難である。第4に介護サービスは時間的、場所的不確実性という特徴をもっている。いつ、どこで、何が生じるか、前もって介護サービスを限定することはできない。第5に、この特徴がもっとも大切であるが生活と直結した尊厳性という介護サービスの特徴である。介護サービスは医療サービスと同じく利用者本人の支払い能力に関わらず存在する。しかも介護サービスは日常的に共同的であり、要介護者等だけの要求だけではない特徴をもった社会的共同消費手段である。私的な代替又は支援がきかない低所得者等の介護ニーズが最も高くなる傾向がある。

　以上、直接的で連続的な生活サービスという介護サービスの特徴からみて、介護サービスは公平に適用して選定して、かつ介護サービスそのものを平準化して規格化していくためには、それぞれの介護サービスの標準化と専門性の確立が必要であることが指摘される。

　介護現場で働く多くの介護サービス提供者は、今なおその介護現場の状態に合わせながら、日々介護サービスに従事している。そして、そういう状態にありながらも今、自分たちが行っている介護サービスの実践をどのように納得し得るものにしようかと日々悩んでいる。介護サービス提供者の共通の関心は介護サービスの標準化と専門性をどう高めていくかということにある。従って、要介護認定基準をめぐる問題も、介護サービスの標準化と専門性に基づいて検討していかないといけない。

　最後に、介護保険制度下において介護サービスの本質が改めて問われようとしている情勢だからこそ、今まで介護現場が培って来た介護サービスの標準化と専門性を改めて結集し、共有し、介護モデルの確立へとつなげていく必要性があることを強調しておきたい。

謝辞

　多大のご協力をいただきました保健福祉関係者のご指導とご鞭撻に深謝申し上げます。この研究成果の一部は、1999年から2000年度の科学研究費補助金（基盤研究）「介護モデルの構築の構築に関する研究介護モデルの―介護保険制度に向けて―」による。

注

1) 介護者の日常生活の介護業務を「関わり」、「困難度」、「必要度」から算出し、それらの因子により総合介護度を数量化したものとして、本書第3章ならびに参考文献番号16-17)、21-23) がある。
2) この点については参考文献番号18-19) を参照されたい。なお、本稿の論旨はすでに「福祉のひろば」座談会にて報告されている。参考文献番号20)。
3) 本章は、住居広士、石田一紀「介護保険における要介護認定基準と介護サービスの標準化―要介護認定に関する問題点とその検討」介護福祉学、4、16-29、1997. の一部を修正加筆した。

参考文献

1) 厚生省老人保健福祉局老人保健課・老人福祉計画課監修『高齢者ケアプラン策定指針』厚生科学研究所、1994。
2) 厚生省高齢者介護対策本部事務局監修『高齢者介護保険制度の創設について―国民の議論を深めるために』

ぎょうせい、1996。
3) 丸山　桂「公的介護保険の導入による介護費用への影響」季刊社会保障研究、31(2)、176-188、1995。
4) 高齢者総合ケアシステム研究会「明日の高齢者ケアをめざして―高齢者ケアプランとケースミックス―（高齢者総合ケアシステム研究プロジェクト報告書）」1994。
5) 平成5年度厚生省老人保健健康推進事業「特別養護老人ホームのサービスの質に関する調査報告書」全国社会福祉協議会、1994。
6) 平成5年度厚生省老人保健健康推進事業「在宅福祉サービスの効果に関する基礎調査研究報告書」全国社会福祉協議会、1994。
7) 筒井孝子「特別養護老人ホームにおけるケアの定量的分析からみた高齢者タイプに関する研究」季刊社会保障研究、31(1)、63-77、1995。
8) 筒井孝子「特別養護老人ホームの介護職員における介護負担感の数量化に関する研究」社会福祉学、34、43-82、1993。
9) 平成6年度厚生省老人保健健康推進事業「『障害老人の日常生活自立度判定基準』および『認知症（痴呆性）老人の日常生活自立度判定基準』別ケア内容・ケア量に関する検討報告書―認知症（痴呆性）老人アセスメントシステムの開発研究事業報告書」全国社会福祉協議会、1995。
10) 宇野宏「老人介護の社会的費用」社会保障研究所編『社会保障の財源政策』、東京大学出版会、1994。
11) 小山秀夫「要介護認定方式と費用設定に関する一考察」季刊社会保障研究、31(3)、263-274、1996。
12) 山崎泰彦「介護保険の基本問題」季刊社会保障研究、32(3)、232-239、1996。
13) 東京都老人総合研究所「高齢者の家族介護と介護サービスニーズ」光生館、1996。
14) 二木正「法案具体化で決着した五つの論点―介護保険論争の中間総括」社会保険旬報、1917、1996。
15) 住居広士編著『保健福祉総合研究―21世紀を展望した保健福祉システムに向けて』、第一法規出版、1996。
16) 住居広士、他「介護支援分析による保健福祉専門職種の介護度の数量分析」介護福祉学、3(1)、78-84、1996。
17) 住居広士・高山忠雄「高齢者保健福祉分野における日常生活介護業務に関する調査」保健福祉総合研究、2(1)、1997。
18) 石田一紀・歌島浩之「高齢者ケアガイドラインの検討―介護過程の確立をめざして―」介護福祉学、2(1)、48-59、1995。
19) 石田一紀「介護の本質について―介護論における生活・自立概念―」総合社会福祉研究、7、133-144、総合社会福祉研究所、1994。
20) 石田一紀他座談会「公的介護保険と福祉実践の変質」福祉のひろば、69、22-49、総合社会福祉研究所、1997。
21) 住居広士、江原勝幸「要介護高齢者における介護度と日常生活自立度の関係」広島県立保健福祉短大紀要、3(1)、57-63、1997。
22) 住居広士「要介護高齢者の介護度による介護モデルの構築―要介護認定基準に向けた介護度の創設について」厚生の指標、45(5)、16-23、1998。
23) 住居広士「介護保険制度に向けた介護モデルの構築に関する研究」老年医学、36(12)、1781-1787、1998。
24) 筒井孝子「要介護認定―ケアの基準設定と標準化」看護、52(1)、36-39、2000。
25) 石田一紀「要介護認定はなぜ導入されたのか」月刊保団連、776;782、4-11；36-45、2003。
26) 石田一紀『介護福祉労働論』萌文社、2004。
27) 住居広士「介護保険の検証―リハビリテーション介護から」Medical Rehabilitation、34、145-154、2003。
28) 寺西敬子、下田裕子、新鞍真理子「要介護認定者の日常生活自立度と生命予後との関連」厚生の指標、53(10)、28-33、2006。
29) 住居広士『介護モデルの理論と実践』大学教育出版、1998。
30) 住居広士「介護の理論と実践により福祉を実現する介護福祉学」介護福祉学、13(1)、24-34、2006。

第3章
介護モデルにおける標準化と専門性

第1節　介護モデルに向けた介護サービス

　要介護者等と介護サービス提供者には、毎日引き続いている病気・障害等と、24時間連続している介護サービスとが共存している。そのために生命の延長（LOL, Length of Life）を主体とする医学モデルに基づく医療サービスや生活の質（QOL, Quality of Life）の向上をめざす障害モデルに基づくリハビリテーションだけでは、要介護者等には対応できなくなっている。要介護者等と介護サービス提供者には、利用者のその人らしい「尊厳のある生活（ROL, Respect of Life）を護り介けるための介護モデルこそが求められている。家族や地域からの支援も失いかけて、自らの本来の意志で人生を送れない要介護者等には、その人の尊厳のある生活（ROL）をいかに護り介けるのかという介護サービスの標準化と専門性のもとに介護モデルで支えることが必要である。

　1990年代における要介護者等の急増に対して厚生省において、高齢者の自立支援の理念に基づく新介護システムの創設が、高齢者介護・自立支援システム研究会から1994年12月に提唱された。その財政的基盤として、1996年4月に老人保健福祉審議会から「高齢者介護保険の創設について」にて介護保険制度が提言されて、介護保険関連三法案が1996年11月から国会で審議され、ようやく1997年12月9日に国会で成立した。その後2000年4月から介護保険制度が実施された。それから5年後の2005年6月22日に介護保険法の第1次改正が成立して実施されている。

　介護保険制度における介護サービスの提供システムを整備するためには、その前提条件として介護サービスの適用基準を策定する必要があった。そのために介護保険法成立以前から、まず1996年に老人保健福祉審議会にて、要介護高齢者の状態を把握して評価する要介護度による『要介護認定基準』と要介護認定に必要な介護情報を得るための『高齢者アセスメント票』が提示された。この要介護度は、「高齢者介護保険制度の創設について（老人保健福祉審議会報告書、1994年4月）」において、要介護者等の自己選択による介護サービスにてケアマネジメント・ケアプラン策定における介護保険制度の基本的な介護サービス基準として策定された。要介護度は主に心身の障害度のみを調査する『高齢者アセスメント票』から導き出せる要介護者等のタイプ別分類をもとに設定された。まず要介護等状態区分からなる要介護度は、タイプ

別の心身の障害度による介護時間に基づく6段階の量的介護評価に限定された。したがって要介護者等の場合には、心身の障害度による要介護度だけでは、介護サービス量がその介護実態と一致するとはかぎらないことは明らかであった。つまり『高齢者アセスメント票』による介護認定調査票だけでは、特に重要な各々の要介護者等への介護サービスに対する公平なる適用を介護評価するのは困難であり、それだけではケアマネジメント・ケアプラン作成に必要となる介護サービス情報も得られない。要介護認定は、一次判定による要介護度の結果から、さらに医学モデルと障害モデルを主体とした主治医意見書等から二次判定により介護認定審査会で要介護度が最終判定される。つまり介護保険制度では、医学モデルと障害モデルが主体となって介護評価が規定されてしまうことになった。

　このような要介護認定基準による要介護度だけでなく、介護サービスの標準化と専門性により、要介護者等における介護サービス状況を総合的に示す「総合介護度（TKI：Total Kaigo Index）」の開発と研究が求められている。介護モデルの構築のために質的介護サービス評価基準となる総合介護度を確立することが必須である。要介護者等への介護サービスの介護負担度や実働量について多くの報告が認められるが、保健医療福祉機関別の介護・看護・指導業務等も含めた介護モデルに対する介護サービス評価基準ついては、幅広く比較検討して提唱した報告はほとんどない。総合介護度を、要介護者等と介護サービス提供者との介護サービスの相互関係における　1）関わり度（Involvement）　2）困難度（Difficulty）　3）必要度（Necessity）の3つの質的介護サービス評価により数量化して総合介護度を策定した。　要介護者等に対して、介護サービス提供者が　1）どのように関わっているのか（関わり度）　2）どのように困難があるのか（困難度）　3）どのように必要であるのか（必要度）という視点に立って質的介護評価をした。日常生活介護サービスに関する調査における介護サービス業務分析の結果から、介護モデルを設定するため、7つの基本的介護サービス業務として、①生命（Life Care）　②生活（Living Care）　③ケアマネジメント（Care Management）　④医療（Medical Care）　⑤末期（Terminal Care）　⑥在宅（Home Care）　⑦家族（Family Care）に基づき80介護サービス業務内容を規定した（第3章参考資料）。それらの介護サービス業務に関して介護サービ

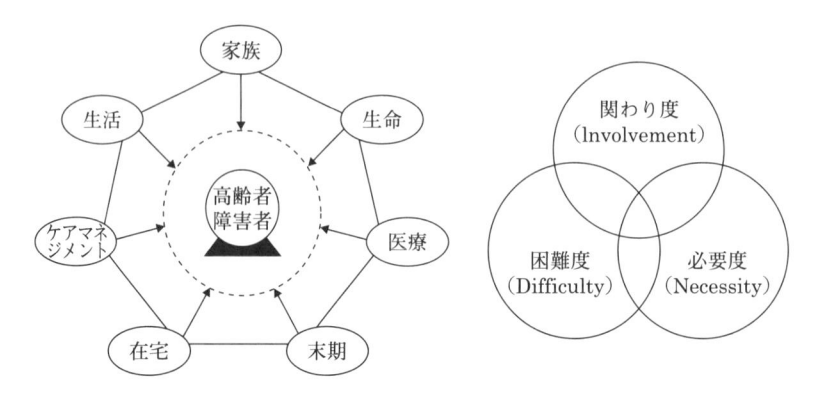

図 3-1　介護モデルを構成する7つの介護要因と総合介護度を創設する3つの介護評価
（出所）　住居広士著―介護保険総合研究―介護モデルの理論と実践、大学教育出版、1998を一部改変

スの標準化と専門性を調査研究を重ねて、介護モデルによる介護サービス支援の質的介護評価となる「総合介護度(TKI：Total Kaigo Index)」を創設した（図3-1）。

第2節　介護モデルの標準化と専門性の開発と研究

　介護サービスの標準化と専門性の調査対象として、西日本地区の保健医療福祉機関へ配票調査を行い、その有効回収数1320部を得た。その調査対象の中で、要介護者等の介護サービスに主体的に関わっていた保健医療福祉職種別の内訳として、①特別養護老人ホーム（介護老人福祉施設：特養）の寮母（特養寮母）は394名　②老人保健施設の介護職員（介護老人保健施設：老健）は258名　④特別養護老人ホームの看護職（特養看護）は33名　⑤介護老人保健施設の看護師（老健看護）は88名　⑥特別養護老人ホームの生活指導員（特養指導員）は24名　⑦ホームヘルパーは170名　⑧訪問看護ステーションの看護師（訪問看護）は201名　⑨デイケアは40名における保健医療福祉職種から主に介護サービスを受けていた。その介護サービス従事者の総計1,208名から統計分析をした。

　その介護サービスに関わっていた保健医療福祉分野における国家資格の有資格者ののべ人数は、1）介護福祉士　362名（27.4%）、2）看護師　236名（17.9%）3）準看護師　96名（7.3%）の構成であり、その他の職種等として1）ホームヘルパー　114名（8.6%）、2）無資格者　301名（22.8%）であり、保健医療福祉機関における資格の全般的状況を反映していた。その保健医療福祉職の勤務期間は、平均5.0±4.5年の勤務状況を示し、かなりばらつきを認めた。その調査した要介護者等の年齢は、平均年齢は80.4±10.6歳で、その性別は、男性は29.4%で平均年齢は78.9±8.9歳、女性は70.6%で平均年齢は81.0±11.3歳であった。

　介護モデルを構成するための基本的な介護サービス業務について、その介護サービスの調査内容は、「老人・障害者（児）援助業務に関する調査報告書（第1報、第2報、岡山県立大学短期大学部介護福祉教育研究会、1994、1995年)」における7つの基本的介護サービス業務から67介護サービス業務を抽出した。そして「高齢者障害者保健福祉分野における日常生活介護サービス業務に関する調査（広島県立保健福祉短期大学、1997年)」にて約5年間にわたる実態調査から、さらに介護、看護、保健福祉職関連の介護サービス業務を追加して、総計80介護サービス業務に対して介護サービスの標準化と専門性を調査研究した。

　その介護サービス業務の構成を上記の7つの基本的介護サービス業務から分類すると、それぞれは、生命系18業務、生活系18業務、ケアマネジメント系17業務、医療系15業務、末期系4業務、在宅系8業務の総計80介護サービス業務に分類された（第3章参考資料）。以上の総計80の介護サービス業務の標準化と専門性に対する調査研究から統計学的に分析をした。そして配票調査によって、要介護者等に対するそれぞれの介護サービス業務の質的介護評価を、Ⅰ) 関わり度　Ⅱ) 困難度　Ⅲ) 必要度について、6段階評価の回答により調査した。その調

査結果より、要介護者等への介護サービスの標準化と専門性を総合的に示す総合介護度（TKI：Total Kaigo Index）を、その介護サービス業務の関わり度・困難度・必要度のそれぞれの介護サービス評価の統計学的な固有技術から設定した。その統計解析は、SPSS9.0J（Norusis SPSS Inc）、STATISTICA（Ver.5J, StatSoft, Inc.）、STAT FLEX（Ver.4, Artech, Inc）等のソフトウェアを使用した。

第3節　介護モデルの標準化と専門性による総合介護度の開発

介護サービス業務における関わり度と困難度と必要度の統計学的な固有技術ならびに相互作用をまず検討した。関わり度と必要度は相関係数 0.77 と相関係数は非常に高く、偏相関係数については 0.49 と中等度であった（表3-1）。

表3-1　総合介護度と関わり度・困難度・必要度との相関係数と偏相関係数

	関わり度	困難度	必要度	総合介護度
関わり度	*	0.57	0.77	0.70
困難度	−0.27	*	0.67	0.93
必要度	0.49	−0.02	*	0.76
総合介護度	0.35	0.89	0.24	*

関わり度と必要度の散布図から、必要度と関わり度はかなり相関して類似していた。その因果関係を調べると、そのグラフの関わり度と必要度の比例関係を検討すると、その直線の線形関係を示す回帰曲線の決定係数（R^2）＝0.54 は中等度であり、この回帰直線のあてはまりは中等度のあてはまりの良さを示している。ある程度は介護サービス業務の必要度に応じて介護サービス業務の関わり度が規定されていた（図3-2）。

必要度が高い介護サービス業務は、関わり度も高いが、特に必要度の中等度以上において関わり度が低下している傾向もあった。さらに困難度の影響を除いた両者の偏相関係数はかなり低下しているので、介護サービス業務の困難度に応じて取捨選択されている傾

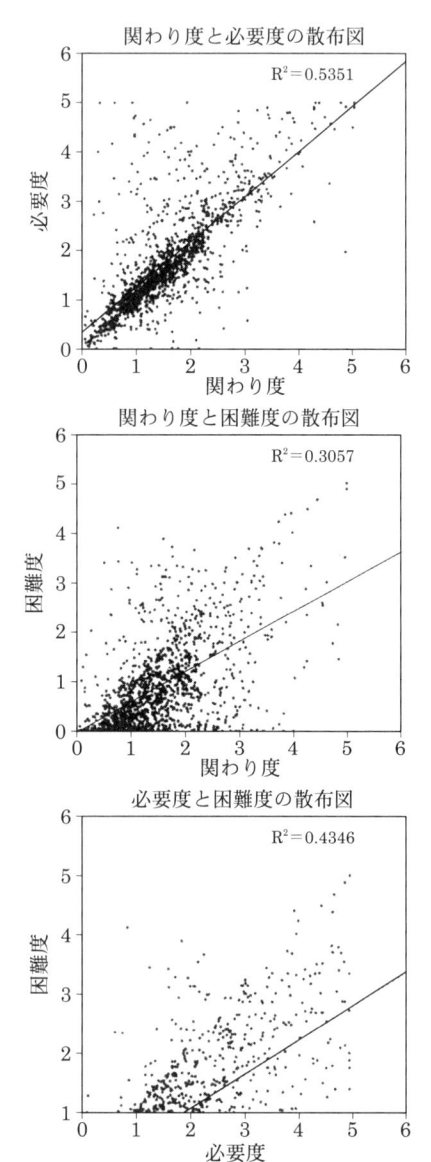

図3-2　介護評価の関わり度・困難度・必要度の散布図とその線形回帰分析

第3章　介護モデルにおける標準化と専門性　45

向も示唆された。この必要度も高くて、困難度の高い介護サービス業務については、それぞれの保健医療福祉専門職によるチームアプローチにて対応すべきである。その対応状況についても、総合介護度により介護サービス評価が可能となる。

　次に関わり度と必要度の両者と困難度の統計学的な相関関係ならびに相互作用を検討した。関わり度と困難度とは、相関係数0.57であり、必要度と困難度の相関係数は、0.67と中等度の相関関係を示していた。しかし関わり度と困難度、必要度と困難度の散布図をみると、比例関係を示す直線の線形関係である回帰曲線の決定係数（R^2）＝0.31と0.43とで、ほとんど相関関係が認められない。関わり度と必要度の低い介護サービス業務群はたしかに困難度も低下しているが、関わり度と必要度がともに中等度以上の介護サービス業務群は、逆に相反的傾向を認めた。つまり、関わり度と必要度が高い介護サービス業務ほど困難度が低く、逆に関わり度と必要度が低い介護サービス業務には困難度が高い傾向を認めた。関わり度と必要度に対して、困難度は相反的関係があることも示唆された（図3-3）。

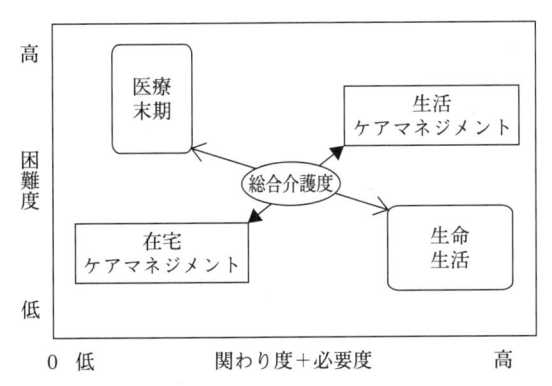

図3-3　介護要因に対する関わり度・必要度と困難度との相反性の関係図
（出所）住居広士著―介護保険総合研究―介護モデルの理論と実践、
　　　　大学教育出版、1998を一部改変

　このことは、二因子だけの相関係数である偏相関係数でみると、関わり度と困難度は－0.27であり、必要度と困難度は－0.02であることから、若干関わり度・必要度と困難度の関係は相反的傾向が示唆された。ほとんど関わりがなく、必要もない介護サービス業務を除いて、その専門的介護サービス業務に絞ってみるとさらにこの傾向が強まった。つまり、専門的介護サービス業務については、関わり度・必要度と困難度の関係性は相反的傾向があることが示唆された。

　以上のような統計学的結果と、介護モデルに至るまでの介護過程に基づいた固有技術を勘案して、以下の介護モデルの法則として総合介護度を提唱できた。

$$総合介護度＝困難度×（関わり度＋必要度）$$

の関係として総合介護度が設定できた。

　困難度は、関わり度・必要度とは相反的傾向があるので、それらを単に直線的な比例関係と

して重加算すると、介護評価の指標により格差が生じて、介護実態との妥当性が失われる。単なる統計学的手法での加算による重回帰分析あるいは、相関関係に注目した因子分析などの多変量解析にて総合介護度の構築は困難である。介護モデルでは、単なる重加算関係や相関関係のみによって構築されていないことは、介護モデルに至るまでの介護過程による固有技術によって推察できた。よって困難度と関わり度ならびに困難度と必要度には相反的傾向を認めたので、困難度と関わり度・必要度の関係を示すには、それぞれの乗法による乗数化するべきであると提唱した。

関わり度と必要度は、統計学的結果からも相関係数 0.77 と相関係数は非常に高く、偏相関係数には 0.49 と中等度であった。関わり度と必要度の散布図をごらんのとおり、必要度と関わり度はかなり類似している。そして必要度に応じて介護サービス業務の関わりが規定されている。特に必要度の中等度以上において関わり度が極端に低下する傾向がある。従って、両者が互いに類似的傾向を認めるので、両者の標準値をとってそれを関わり度と必要度の代表値として、困難度に、関わり度と必要度の標準値とを掛け合わせることによって介護モデルの法則として総合介護度を、つまり、

総合介護度＝困難度×（関わり度＋必要度）

と設定した。

その設定した総合介護度では、関わり度との相関係数は 0.7、困難度との相関係数は 0.93、必要度との相関係数は 0.76 となった。総合介護度はそれぞれとも、かなり高い相関係数を示した。どの介護サービス要因ともかなり関連性の高い指標として設定できた。

他の変量の影響をのぞいた 2 変量間の相関関係である偏相関係数は、総合介護度と困難度とは 0.89 となり、非常に強い相関性を認めた。総合介護度と関わり度・必要度については、偏相関をとるため、それぞれの類似性によって相殺されて、偏相関係数は、関わり度が 0.35、必要度が 0.24 となり、相関係数とも比較してかなり低値となった。総合介護度と（関わり度＋必要度）との相関係数は、0.74 となり、そこから困難度の影響を除いた偏相関係数は、0.46 となった。今回の総合介護度は、関わり度、困難度、必要度ともに相互関係のある指標として抽出できた。

第 4 節　介護モデルの標準化と専門性の基本的介護要因

介護モデルの法則から規定した総合介護度を算定するための基本的介護サービス業務を統計学的に解析した。その介護サービス要因を 3 つの質的介護評価により算定した総合介護度で標準化した。それぞれの変数間の関係を、平面内の距離によって、変数間の類似性を表わす多変量解析である多次元尺度法（MDS, Multidimesional Scaling）にて統計解析した。ピタゴラスの定理を多次元的に一般化したユークリッド距離モデルの多次元尺度法により表示した

第3章　介護モデルにおける標準化と専門性　47

（図3-4）。すると基本的介護サービス業務は、4つの関連ある分野に分割できた。1）ケアマネジメント・生活・生命の群と、2）在宅の群と、3）医療の群と、4）末期の群に分かれた。類似した要因は、多次元尺度法では、お互いに類似している要因は近い距離で示され、相違している要因は離れた点で表現される。よって①生命　②生活　③ケアマネジメントはそれぞれ非常に関連して類似している介護サービス業務であることが示唆された。しかし、他の④医療　⑤末期　⑥在宅は、①生命　②生活　③ケアマネジメントとは、いずれも長い距離が示されており、かなりの統計学的相違が認められた。また④医療　⑤末期　⑥在宅もお互いに、距離が離れておりそれぞれが相違し独立している傾向を認めた。

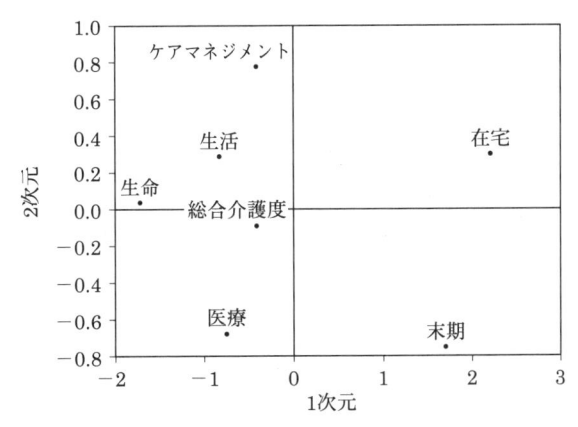

図3-4　総合介護度による基本的な介護要因の多次元尺度法（MDS）による介護モデル構成図

　介護サービスを捉える範囲をあらかじめ限定して、①生命　②生活のみ主体とし、その類似性から選別した要介護認定による要介護度（要介護状態区分と要支援状態区分）は、特別養護老人ホームの介護職員（寮母）における158種類の業務解析を前提とした。最初から介護サービス業務を①生命　②生活に絞った調査をして、それらの関連介護サービス業務のみを追加して要介護認定の要介護度の6区分数を設定している。しかし、③ケアマネジメント　④医療　⑤末期　⑥在宅の要因については、要介護度では依然としてほとんど介護評価として捉えられていない。従ってその要介護度だけでは、介護サービスを包括的に介護評価することは困難であり不十分であることは明らかである。今回の調査では、保健医療福祉機関別の介護・看護・指導業務も含めて、その介護モデルに基づく総合介護度では、幅広く比較検討した調査研究なので、すべての介護サービス業務に全般にわたり捉えることができる。介護モデルに基づく総合介護度より、保健医療福祉機関の各種介護サービス業務の標準化と専門性を包括的に捉えることが可能となる。
　それらの介護サービス業務における総合介護度の類似度に近いものから順にまとめていくクラスター分析（Clustar Analysis）にて統計分析して分類した（図3-5）。そのクラスター分析の樹形図によると、1）生活とケアマネジメント、2）医療と生命、3）在宅と末期の3群に

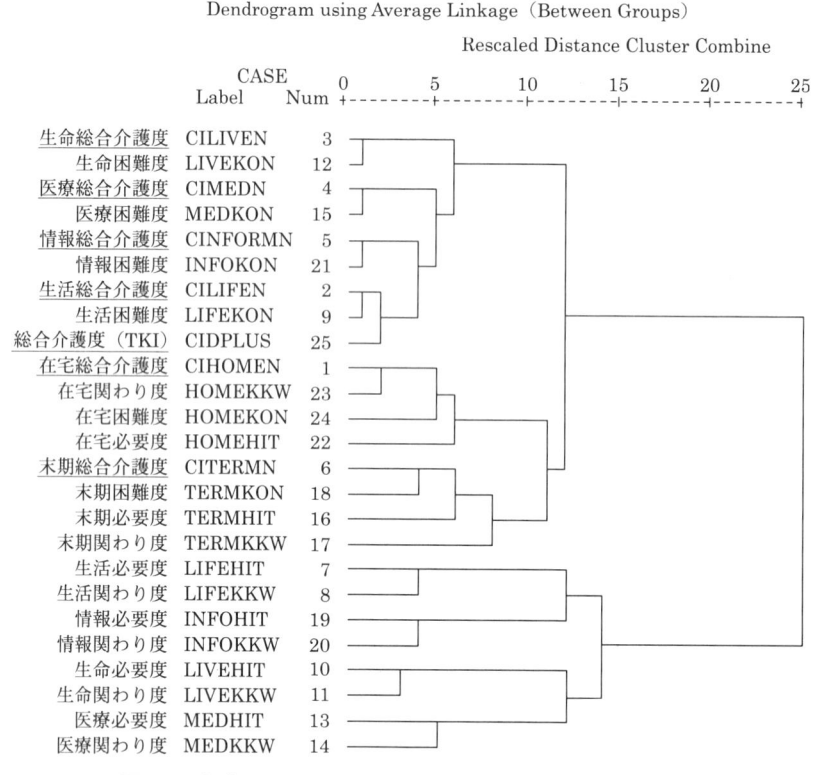

Dendrogram using Average Linkage (Between Groups)
Rescaled Distance Cluster Combine

```
                          CASE      0    5   10   15   20   25
           Label           Num    +----+----+----+----+----+
生命総合介護度    CILIVEN     3
生命困難度        LIVEKON    12
医療総合介護度    CIMEDN      4
医療困難度        MEDKON     15
情報総合介護度    CINFORMN    5
情報困難度        INFOKON    21
生活総合介護度    CILIFEN     2
生活困難度        LIFEKON     9
総合介護度（TKI） CIDPLUS    25
在宅総合介護度    CIHOMEN     1
在宅関わり度      HOMEKKW    23
在宅困難度        HOMEKON    24
在宅必要度        HOMEHIT    22
末期総合介護度    CITERMN     6
末期困難度        TERMKON    18
末期必要度        TERMHIT    16
末期関わり度      TERMKKW    17
生活必要度        LIFEHIT     7
生活関わり度      LIFEKKW     8
情報必要度        INFOHIT    19
情報関わり度      INFOKKW    20
生命必要度        LIVEHIT    10
生命関わり度      LIVEKKW    11
医療必要度        MEDHIT     13
医療関わり度      MEDKKW     14
```

図 3-5　介護モデルにおける介護要因の総合介護度クラスター分析

分割できた。上記の平面内の距離によって、変数間の類似性を表そうとする多次元尺度法の結果とも合致した。それぞれの 1）生活とケアマネジメント、2）医療と生命、3）在宅と末期の総合介護サービス業務の相互関係が最も関連が深くなっていた。ケアマネジメントやケアプランの場合には、それぞれの介護サービス業務を相互に連携して関連づけながら、介護モデルによる総合介護度に基づき介護サービス業務の標準化と専門性を勘案して介護計画を展開する必要がある。

この総合介護度の尺度が、どの程度対象の再現性を示すかの信頼係数（reliability coefficient）のひとつである Crombach α 係数を調べた。1 に近いほど尺度の信頼性が高い傾向にある。今回の調査の尺度の内的整合性（Cronbach α）については、6 項目で 0.87、25 項目で 0.82 であり、かなり内的整合性は高く、信頼性の高い評価基準であるといえる。

第 5 節　介護モデルの標準化と専門性の応用について

介護保険による新介護システムの基本理念として、「自立支援」を掲げて、要介護者等が自らの意志に基づき、自立した質の高い生活を送ることができるように支援することが目指されている。しかし、寝たきり老人や認知症老人の場合には自立生活だけが、介護するための最終

目標とはならない。心身の自立支援は、障害モデルの最終目標にはなり得るが、自立生活の最終目標に達し得ない場合が多くある。介護モデルの専門性は、単に自立支援だけにあるのではなく、介護サービスを公平に適用する介護過程のなかにあり、介護サービスの標準化と専門性を向上する介護過程により展開される介護モデルに基づく必要がある。

　最初に要介護度認定基準が、厚生省の高齢者ケア支援体制に関する基礎調査研究会にて、まずⅠ〜Ⅵまで6区分された。この要介護度は、日常生活自立度や介護負担等をもとに体系化され、その因子として身体的負担度と精神的負担感、介護回数等で構築された。しかし、高齢者ケアアセスメント票での調査項目は、要介護度の構成因子が主に障害モデルに基づいている。この要介護度については、介護モデルに関する検討が非常に乏しいと思われる。もし障害モデルによる心身の障害程度だけの調査なら、その他国際的にも定評のある Barthel Index や FIM（Functional Independence Measure 機能的自立度評価法）の日常生活活動（ADL）評価のほうが、はるかに信頼性、妥当性、再現性もすぐれている。障害モデルだけの障害程度の評価であれば、高齢者ケアアセスメント票よりも、その日常生活活動の評価で十分と思われる。この要介護度だけでは、要介護者の心身の障害度が不十分に判定されるだけに留まり、それではケアプラン・ケアマネジメントの策定が困難となる。

　要介護判定基準の試行のために、1996年厚生省では全国60ケ所にて調査が行なわれ、「高齢者ケアサービス体制整備委員会報告について（1997年5月）」がとりまとめられた。それによると5,563人の調査票から、コンピュータ電算機による要介護状態区分等の要介護度の一次判定ならびに介護認定審査会で二次判定が行われて要介護度が判定された。その二次判定により要介護度を変更された件数は1,538件で27.6％にもおよび変更がなかったのは3,976人の71.5％にすぎなかった。その変更された理由として、ほぼ約6割が要介護度の判定結果に関連する事項であった。要介護度認定基準が心身の障害程度を主体とする障害モデルで判定している限り、その高齢者ケアアセスメントによる介護サービス調査票による要介護認定の妥当性は7割以下に留まってしまう。

　要介護者等は、心身の障害程度を示す要介護度だけで判定するだけでなく、本来は介護サービスを受けている要介護者等がどのように介護サービスにより支援されているかの介護状況を示す総合介護度で質的介護評価して判定すべきである。その質的介護評価である総合介護度と量的介護評価である要介護度との包括的介護評価により、新たに社会的に支援すべき介護サービスが公平に適用できるのである。たとえば、介護保険制度における介護サービスの公平なる適用は、心身の障害程度である要介護度だけで決定するだけでなく、その要介護者等に対しての介護サービス状況の標準化と専門性の指標である総合介護度を勘案する必要がある。つまり公的介護保険制度には、要介護者等に個別対応できる介護サービスの標準化と専門性の指標となる総合介護認定の創設が必須なのである。

　前述した介護サービス業務における関わり度と困難度と必要度の相関関係との相互作用の調査結果から、関わり度と必要度との相関係数は高く、偏相関係数は中等度であった。困難度

は関わり度、必要度と相関係数は中等度であるが、その偏相関係数は非常に低値でした。関わり度・必要度と困難度には、介護サービス業務において相反的傾向があることが判明した（図3-6）。以上のような統計学的分析と介護モデルの介護過程に基づく固有技術から勘案して、『総合介護度＝困難度×（関わり度＋必要度）』と定義した。するとその介護モデルの法則に基づく総合介護度の設定により、関わり度、困難度、必要度ともに、総合介護度と介護サービス業務との相関性が高く設定できた。今後とも介護モデルを提示できる総合介護度の創設のため、その介護サービスの質的介護評価とその介護サービス業務における標準化と専門性のさらなる検討を進める必要がある。

第6節　介護モデルの標準化と専門性の総合介護認定

　これからの介護保険制度では、ケアマネジメント・ケアプランにより、保健医療福祉システムにおいて、社会的介護サービスである各種介護サービスの公平な適用を図ることが重要となる。その場合に、今回の総合介護度により、その公平なる介護サービスの適用とそれぞれの介護サービスを質的介護評価することが可能となる。要介護者等の要介護度だけで、介護サービスを運用するだけでなく、そこに総合介護度という介護サービスの標準化と専門性の基準を設けることにより、要介護者等に公平に適用した効率的な社会資源の活用が可能となる。この総合介護度により、日常生活に関連した適切な介護サービスの質的介護評価の指標を設定できることが示唆された。

　新たな介護システムの構築を目指した介護保険制度では、介護サービスのケアマネジメント・ケアプランが策定されているが、その介護サービス認定調査票の高齢者ケアアセスメントの項目とその心身の問題領域だけに対応するのではなく、総合介護度による総合介護認定から、介護サービスの標準化と専門性などに応じて介護計画を策定すべきである。総合介護認定は、保健医療福祉の連携と統合に対応した要介護者等の効率的なケアマネジメントとケアプラン策定による新介護システムの基本的構築に必須である。総合介護度は、保健医療福祉システムにおける介護サービスの質的向上と効率化のためにも、是非とも必要な指標である。21世紀の少子長寿社会を展望して、新しい介護システムの構築には、まず総合介護度（TKI：Total Kaigo Index）を設定することが必須である。

謝辞

　多大のご協力をいただきました保健福祉関係者のご指導とご鞭撻に深謝申し上げます。この研究成果の一部は、1997年度厚生省長寿医療研究委託費（9公―01、高齢者総合診療システムの構築に関する研究）と1999年度から2000年度の科学研究費補助金（基盤研究）「介護モデルの構築に関する研究―介護保険制度に向けて―」による研究成果として行われた。本章

は、住居広士「要介護高齢者の介護度による介護モデルの構築―要介護認定基準に向けた介護度の創設について―」厚生の指標、45(5)、16-23、1998 を修正加筆した。

参考文献

1) 住居広士『介護モデルの理論と実践』大学教育出版、1998。
2) 厚生省高齢者介護対策本部監修『新たな高齢者介護システムの構築を目指して―高齢者介護・自立支援システム研究会報告書』ぎょうせい、1995。
3) 厚生省高齢者介護対策本部事務局監修『高齢者介護保険制度の創設について―老人保健福祉審議会報告・厚生省介護保険制度大綱―』ぎょうせい、1996。
4) 白澤政和『ケースマネジメントの理論と実際』中央法規、1992。
5) 全国社会福祉協議会「特別養護老人ホームのサービスの質の向上に関する調査研究（報告書）」1994。
6) 全国社会福祉協議会「在宅福祉サービスに関する調査研究（報告書）」1994。
7) 全国社会福祉協議会高年福祉部「サービス供給指標調査研究事業報告書」1995。
8) 筒井孝子「高齢者の要介護および要介護度推定方法に関する研究」医療経済研究、3、117-129、1996。
9) 日本医師会総合政策研究機構「要介護総合分類の開発に関する研究調査」日医総研報告書、1997。
10) Zait, S. H., et al: Relatively of the impaired elderly: Correlates of feelings of burden. The Gerontologist 20:649-655、1980。
11) 山岡和枝「在宅ねたきり介護負担評価尺度」日本公衛誌、34(5)、215-224、1987。
12) 前田大作、他「障害老人を介護する家族の主観的困難度の要因分析」社会老年学、19、3-17、1984。
13) 安梅勅江、他「高齢障害者の介護負担感からみた在宅ケア支援のあり方に関する保健福祉学的研究」、国立リハ研究紀要、11、1-7、1990。
14) 松岡英子、他「老人介護とストレス―既存尺度の検討」信州大学教育学部紀要、86、147-159、1995。
15) 橋本祥恵、他「老人・障害者（児）援助業務に関する調査報告書（第1、2報）」岡山県立大学短期大学部、1994、1995。
16) 住居広士、他「高齢者障害者保健福祉分野における日常生活介護業務に関する調査」保健福祉総合研究（ISSN 1341-9390）、2、1-102、1997。
17) 住居広士、他「介護支援分析による保健福祉専門職の介護度の数量分析」介護福祉学、3、78-84、1996。
18) 住居広士、他「介護度による保健福祉専門職種の介護専門性の検討」日本保健福祉学会誌、4、11-20、1997。
19) Sumii, H., et al: The Kaigo index for involvement in and difficulty with total care given to the elderly and disabled. The Proceeding of SYSTED 97, 321-325, 1997.
20) Sumii, H. et al: The Kaigo index according to involvement, difficulty and necessity of the whole care given to the elderly and disabled. IRMA VIII, Bologna: Monduzzi Editore, 749-754, 1997.
21) Mahoney, F.I., et al: Functional Evaluation: The Barthel Index. Maryland Dtate Medical Jounal, 14:61-65, 1965.
22) Hamilton, B.B., et al:Uniform Data Set for Medical Rehabilitation. The Data Management Service of the Uniform Data System for Medical Rehabilitation and the Center for Functional Research, State University of New York at Buffalo, 1990.
23) 住居広士「要介護高齢者の介護度による介護モデルの構築―要介護認定基準に向けた介護度の創設について―」厚生の指標、45(5)、16-23、1998。
24) 住居広士、他．「介護保険制度における要介護認定基準と介護サービスの標準化―要介護度に関する問題点とその検討―」介護福祉学、4、16-29、1997。

参考資料1
総合介護度に関するのケアコード一覧表

介護要因	項目	業務内容	介護要因	項目	業務内容
生命	食事栄養	配膳食事	医療	褥創	手当
生命	食事栄養	量・嗜好	医療	服薬	服薬介助
生命	食事栄養	方法内容	医療	服薬	薬効観察
生命	食事栄養	管理栄養	医療	服薬	指導保管
生命	排泄	おむつ交換	医療	救急処置	一般処置
生命	排泄	排泄訓練	医療	救急処置	応急処置
生命	排泄	洗腸摘便	医療	救急処置	緊急処置
生命	排泄	留置カテーテル	医療	感染予防	指導
生命	入浴清拭	洗面髭剃	医療	感染予防	感染対策
生命	入浴清拭	入浴適否	医療	訓練プログラム	訓練作成
生命	入浴清拭	入浴介助	医療	訓練プログラム	訓練実施
生命	入浴清拭	清拭	ケアマネジメント	コミュニケーション	話し相手
生命	衣服	着脱介助	ケアマネジメント	コミュニケーション	代筆代読
生命	衣服	収納整理	ケアマネジメント	ケアマネジメント	福祉医療
生命	衣服	洗濯	ケアマネジメント	ケアマネジメント	入退所時
生命	睡眠	環境整備	ケアマネジメント	ケアマネジメント	処遇計画
生命	睡眠	入眠介添	ケアマネジメント	ケアマネジメント	業務調整
生命	睡眠	夜間巡視	ケアマネジメント	ケアマネジメント	機関連絡
生活	移動	起居移動	ケアマネジメント	ケアマネジメント	ケアプラン
生活	移動	歩行散歩	ケアマネジメント	情報	人間関係
生活	移動	車椅子	ケアマネジメント	情報	相談助言
生活	金銭	お使い	ケアマネジメント	情報	実習対応
生活	金銭	外出付添	ケアマネジメント	情報	記録化
生活	金銭	金銭管理	ケアマネジメント	情報	管理維持
生活	金銭	交通機関	ケアマネジメント	情報	事務全般
生活	整理整頓	居室ロッカー	ケアマネジメント	対家族	技術指導
生活	整理整頓	介護用品	ケアマネジメント	対家族	住居助言
生活	整理整頓	寝具手入	ケアマネジメント	対家族	機器紹介
生活	安全・防災	防火防災	末期	ターミナル	精神支援
生活	安全・防災	環境点検	末期	死後の対応	遺体清拭
生活	レクリエーション	行事企画	末期	死後の対応	葬儀相談
生活	レクリエーション	行事実施	末期	死後の対応	遺族支援
生活	レクリエーション	活動支援	在宅	対家族	ショートステイ
生活	認知症	不潔行為	在宅	対家族	食事サービス
生活	認知症	暴力行為	在宅	対家族	入浴サービス
生活	認知症	問題行動	在宅	対家族	家事援助
医療	健康家族	顔色体調	在宅	対家族	送迎
医療	健康家族	体温脈拍	在宅	在宅	アフターケア
医療	健康家族	血圧	在宅	在宅	訪問相談
医療	褥創	体位変換	在宅	在宅	療養指導

参考資料2	総合介護度に関するケアコード調査項目

勤務している事業所の対象者へのあなたの関わりの程度、およびその介護サービス業務をする際の困難の程度、必要性を○でお答えください。

項目A群の対象者個人への介護サービス業務を行うとき感じる介護職員の関わりの程度（関わり度）、難しさ（困難度）、必要性（必要度）を下記の程度に応じて、全ての介護サービス業務の内容の《問1》、《問2》、《問3》の項目に○でお答えください。その他日常的に関わり、困難、必要である介護サービス業務があれば25－1、2、3に具体的にご記入ください。

《関わり度》
- 5 …… 主として、あるいは通常的に関わっている（主体的業務）
- 4 …… 5と3の中間
- 3 …… 補助的、あるいは時々関わっている（補助的業務）
- 2 …… 3と1との中間
- 1 …… 稀に関わっている
- 0 …… そのような業務はない（無関係である）

《困難度》
- 5 …… いつも困難を感じている（常時困難）
- 4 …… 5と3の中間
- 3 …… 時々は困難を感じている（時々困難）
- 2 …… 3と1との中間
- 1 …… 稀に困難と感じている
- 0 …… 困難は無い。（困難は無い）

《必要度》
- 5 …… いつも必要を感じている（常時必要）
- 4 …… 5と3の中間
- 3 …… 時々は必要を感じている（時々必要）
- 2 …… 3と1との中間
- 1 …… 稀に必要を感じている
- 0 …… 必要は無い。（必要は無い）

介護業務の内容	《問1》関わり度 無 補 主	《問2》困難度 無 時 常	《問3》必要度 無 時 常
01-1. 健康状態の観察のため、顔色を見たり、体調を聞く	0 1 2 3 4 5	0 1 2 3 4 5	0 1 2 3 4 5
01-2. 健康状態の観察のため、体温や脈拍を測る	0 1 2 3 4 5	0 1 2 3 4 5	0 1 2 3 4 5
01-3. 健康状態の観察のため、血圧を測定する	0 1 2 3 4 5	0 1 2 3 4 5	0 1 2 3 4 5
02-1. 配膳・下膳をしたり、食事の介助をする	0 1 2 3 4 5	0 1 2 3 4 5	0 1 2 3 4 5
02-2. 食事の摂取量を観察したり、嗜好を聞いたりする	0 1 2 3 4 5	0 1 2 3 4 5	0 1 2 3 4 5
02-3. 利用者に応じた食事方法や内容を検討・指導する	0 1 2 3 4 5	0 1 2 3 4 5	0 1 2 3 4 5
02-4. 経管栄養の用意や管理、観察などをする	0 1 2 3 4 5	0 1 2 3 4 5	0 1 2 3 4 5
03-1. おむつを交換したり、便尿器使用の介助をする	0 1 2 3 4 5	0 1 2 3 4 5	0 1 2 3 4 5
03-2. 排泄トレーニングを行なう	0 1 2 3 4 5	0 1 2 3 4 5	0 1 2 3 4 5
03-3. 必要に応じて、浣腸や摘便を行なう	0 1 2 3 4 5	0 1 2 3 4 5	0 1 2 3 4 5
03-4. 自己導尿の指導や留置カテーテルの管理にあたる	0 1 2 3 4 5	0 1 2 3 4 5	0 1 2 3 4 5
04-1. 洗面や髭そり、洗髪、口腔などの整容清潔を介助する	0 1 2 3 4 5	0 1 2 3 4 5	0 1 2 3 4 5
04-2. 利用者の状態により、入浴の適否の判断をする	0 1 2 3 4 5	0 1 2 3 4 5	0 1 2 3 4 5
04-3. 入浴の介助をする（特殊浴を含む）	0 1 2 3 4 5	0 1 2 3 4 5	0 1 2 3 4 5
04-4. 全身や陰部の清拭などをする	0 1 2 3 4 5	0 1 2 3 4 5	0 1 2 3 4 5
05-1. 衣服着脱の援助・指導をする	0 1 2 3 4 5	0 1 2 3 4 5	0 1 2 3 4 5
05-2. 衣服の収納・整理や管理をする	0 1 2 3 4 5	0 1 2 3 4 5	0 1 2 3 4 5
05-3. 衣服やシーツ等の洗濯をする	0 1 2 3 4 5	0 1 2 3 4 5	0 1 2 3 4 5
06-1. 睡眠環境（照明や室温、寝具など）を整える	0 1 2 3 4 5	0 1 2 3 4 5	0 1 2 3 4 5
06-2. 入眠までの介添えをしたり、起床を促したりする	0 1 2 3 4 5	0 1 2 3 4 5	0 1 2 3 4 5
06-3. 夜間の巡視や睡眠の確認をする	0 1 2 3 4 5	0 1 2 3 4 5	0 1 2 3 4 5
07-1. 褥創予防のための体位変換やマッサージをする	0 1 2 3 4 5	0 1 2 3 4 5	0 1 2 3 4 5
07-2. 褥創部の手当て（薬をつけるなど）をする	0 1 2 3 4 5	0 1 2 3 4 5	0 1 2 3 4 5
08-1. 服薬の介助をしたり、坐薬を挿入したりする	0 1 2 3 4 5	0 1 2 3 4 5	0 1 2 3 4 5
08-2. 服薬後の様子や副作用などの観察を行なう	0 1 2 3 4 5	0 1 2 3 4 5	0 1 2 3 4 5
08-3. 服薬の指導や薬物の保管・管理を行なう	0 1 2 3 4 5	0 1 2 3 4 5	0 1 2 3 4 5
09-1. 日常の起居動作や移動などの介助をする	0 1 2 3 4 5	0 1 2 3 4 5	0 1 2 3 4 5
09-2. 歩行訓練を援助したり、散歩に付き添ったりする	0 1 2 3 4 5	0 1 2 3 4 5	0 1 2 3 4 5
09-3. 車椅子や補装具の扱い方や安全確認を指導する	0 1 2 3 4 5	0 1 2 3 4 5	0 1 2 3 4 5
10-1. 利用者から依頼されたお使い（代行）をする	0 1 2 3 4 5	0 1 2 3 4 5	0 1 2 3 4 5

介護業務の内容	関わり度 無 補 主	困難度 無 時 常	必要度 無 時 常
10-2. 利用者の買い物や受診などの外出に付き添う	0 1 2 3 4 5	0 1 2 3 4 5	0 1 2 3 4 5
10-3. 利用者のお金や貴重品を預かる（管理する）	0 1 2 3 4 5	0 1 2 3 4 5	0 1 2 3 4 5
10-4. バスやタクシーなど交通機関利用法の指導をする	0 1 2 3 4 5	0 1 2 3 4 5	0 1 2 3 4 5
11-1. 話し相手になったり、いっしょに歌ったりする	0 1 2 3 4 5	0 1 2 3 4 5	0 1 2 3 4 5
11-2. 代筆や代読などを行なう（通信や連絡の代行・援助）	0 1 2 3 4 5	0 1 2 3 4 5	0 1 2 3 4 5
12-1. 居室を掃除したり、ロッカーや衣装箱を整理する	0 1 2 3 4 5	0 1 2 3 4 5	0 1 2 3 4 5
12-2. 利用者の介護用品や補装具などの点検や整備をする	0 1 2 3 4 5	0 1 2 3 4 5	0 1 2 3 4 5
12-3. 寝具の手入れ（布団干し、シーツ掛けなど）をする	0 1 2 3 4 5	0 1 2 3 4 5	0 1 2 3 4 5
13-1. 防火・防災への注意を促したり指導をしたりする	0 1 2 3 4 5	0 1 2 3 4 5	0 1 2 3 4 5
13-2. 物理的環境の安全確認や点検を行なう	0 1 2 3 4 5	0 1 2 3 4 5	0 1 2 3 4 5
14-1. 家族や隣人、職員との人間関係などの相談にのる	0 1 2 3 4 5	0 1 2 3 4 5	0 1 2 3 4 5
14-2. 利用者や家族に対しての専門的な相談・助言にあたる	0 1 2 3 4 5	0 1 2 3 4 5	0 1 2 3 4 5
14-3. 福祉・医療制度や利用方法等に関する情報を提供する	0 1 2 3 4 5	0 1 2 3 4 5	0 1 2 3 4 5
14-4. 利用手続き（入退所時など）の説明や対応にあたる	0 1 2 3 4 5	0 1 2 3 4 5	0 1 2 3 4 5
14-5. ボランティアや実習生への説明や対応にあたる	0 1 2 3 4 5	0 1 2 3 4 5	0 1 2 3 4 5
15-1. 利用者の処遇計画や援助方針などを検討・計画する	0 1 2 3 4 5	0 1 2 3 4 5	0 1 2 3 4 5
15-2. 職員間の業務調整や連絡、情報交換にあたる	0 1 2 3 4 5	0 1 2 3 4 5	0 1 2 3 4 5
15-3. 他の事業所・機関との連絡や情報交換にあたる	0 1 2 3 4 5	0 1 2 3 4 5	0 1 2 3 4 5
15-4. 職員会議で処遇計画やケアプランを検討する	0 1 2 3 4 5	0 1 2 3 4 5	0 1 2 3 4 5
15-5. 利用者に関する情報の記録化や入力作業をする	0 1 2 3 4 5	0 1 2 3 4 5	0 1 2 3 4 5
15-6. 物品の購入や車両等の管理維持運営をする	0 1 2 3 4 5	0 1 2 3 4 5	0 1 2 3 4 5
15-7. その他の事務業務全般の維持管理運営をする	0 1 2 3 4 5	0 1 2 3 4 5	0 1 2 3 4 5
16-1. 外傷・骨折・火傷に対する応急処置をする	0 1 2 3 4 5	0 1 2 3 4 5	0 1 2 3 4 5
16-2. 誤嚥・窒息・てんかん発作に対する応急処置をする	0 1 2 3 4 5	0 1 2 3 4 5	0 1 2 3 4 5
16-3. 緊急時に人工呼吸や心臓マッサージをする	0 1 2 3 4 5	0 1 2 3 4 5	0 1 2 3 4 5
17-1. 利用者や家族への感染予防のための指導や助言をする	0 1 2 3 4 5	0 1 2 3 4 5	0 1 2 3 4 5
17-2. 感染症（MRSAなど）に対する予防対策を立てる	0 1 2 3 4 5	0 1 2 3 4 5	0 1 2 3 4 5
18-1. 死期が近い利用者やその家族を精神的に支援する	0 1 2 3 4 5	0 1 2 3 4 5	0 1 2 3 4 5
19-1. 利用者の遺体を清めたり、相応の処置をする	0 1 2 3 4 5	0 1 2 3 4 5	0 1 2 3 4 5
19-2. 利用者の遺族に対して葬儀などの相談にのる	0 1 2 3 4 5	0 1 2 3 4 5	0 1 2 3 4 5
19-3. 利用者の遺族に対して継続的に精神的支援を行なう	0 1 2 3 4 5	0 1 2 3 4 5	0 1 2 3 4 5
20-1. 利用者の状態に応じた介護・療育技術を家族に指導する	0 1 2 3 4 5	0 1 2 3 4 5	0 1 2 3 4 5
20-2. 家族に対して住まいの工夫などに関する助言を行なう	0 1 2 3 4 5	0 1 2 3 4 5	0 1 2 3 4 5
20-3. 家族に対して福祉器機や介護用品などを紹介する	0 1 2 3 4 5	0 1 2 3 4 5	0 1 2 3 4 5
20-4. 家族に対してショートステイへの援助	0 1 2 3 4 5	0 1 2 3 4 5	0 1 2 3 4 5
20-5. 家族に対して食事サービスを行う	0 1 2 3 4 5	0 1 2 3 4 5	0 1 2 3 4 5
20-6. 家族に対して入浴サービスを行う	0 1 2 3 4 5	0 1 2 3 4 5	0 1 2 3 4 5
20-7. 家族に対してその他の家事援助サービスを行う	0 1 2 3 4 5	0 1 2 3 4 5	0 1 2 3 4 5
21-1. 退所者の追跡調査や継続的な相談にあたる	0 1 2 3 4 5	0 1 2 3 4 5	0 1 2 3 4 5
21-2. 在宅（地域）の老人や障害者を訪問し相談にのる	0 1 2 3 4 5	0 1 2 3 4 5	0 1 2 3 4 5
21-3. 在宅（地域）の老人や障害者への療養上の指導を行う	0 1 2 3 4 5	0 1 2 3 4 5	0 1 2 3 4 5
22-1. 利用者の状態に応じた各種訓練プログラムを作成する	0 1 2 3 4 5	0 1 2 3 4 5	0 1 2 3 4 5
22-2. 各種訓練プログラムの実施を担当する	0 1 2 3 4 5	0 1 2 3 4 5	0 1 2 3 4 5
23-1. レクリエーション行事などを考案・企画する	0 1 2 3 4 5	0 1 2 3 4 5	0 1 2 3 4 5
23-2. レクリエーション行事などの実施を担当する	0 1 2 3 4 5	0 1 2 3 4 5	0 1 2 3 4 5
23-3. 利用者の余暇・趣味活動や社会活動を支援する	0 1 2 3 4 5	0 1 2 3 4 5	0 1 2 3 4 5
23-4. 利用者の通所・通院にともなう送迎を行う	0 1 2 3 4 5	0 1 2 3 4 5	0 1 2 3 4 5
24-1. 認知症老人への不潔行為への対応をする	0 1 2 3 4 5	0 1 2 3 4 5	0 1 2 3 4 5
24-2. 認知症老人の暴力行為への対応をする	0 1 2 3 4 5	0 1 2 3 4 5	0 1 2 3 4 5
24-3. 認知症老人のその他の問題行動への対応をする	0 1 2 3 4 5	0 1 2 3 4 5	0 1 2 3 4 5
25-1. その他（具体的に　　　　　　　　　　　）	0 1 2 3 4 5	0 1 2 3 4 5	0 1 2 3 4 5
25-3. その他（具体的に　　　　　　　　　　　）	0 1 2 3 4 5	0 1 2 3 4 5	0 1 2 3 4 5
25-1. その他（具体的に　　　　　　　　　　　）	0 1 2 3 4 5	0 1 2 3 4 5	0 1 2 3 4 5

第4章
介護モデルによる介護サービスの標準化と専門性

第1節　医療・障害モデルから介護モデルへの転換

　介護モデルには、介護を必要とする人々への介護サービスからのアプローチが必要である。介護サービスを必要とする人々へアプローチをすることで、生活と介護サービスが共同して一体となった介護モデルによる生活援助が可能となる。介護モデルは、要介護者等と介護者の生活の個別性を重んじ、その多様性を認めて、その個人に合った介護サービスによる生活援助システムで構築される必要がある。

　介護サービスを必要としている要介護者等が求めているのは、従来の保健医療福祉のモデルではなく、生活と介護サービスが共同して一体となった介護モデルを強く求めている。医学モデルや障害モデルなどに基づいた心身援助だけではなく、介護過程に基づく生活援助である介護モデルが求められている。介護サービスを必要としている要介護者等が、いかに高齢であろうとどのような障害があろうと、どのような要介護状態であろうと生活と共同して一体となった介護サービスによる援助を求めている。生命の延長（LOL: Length of Life）を求める医学モデル（Medical Models）による医療サービス、日常生活活動（ADL: Activity of Daily Living）や生活の質（QOL: Quality of Life）の向上を求める障害モデル（disability Models）によるリハビリテーション等だけでなく、介護サービスによる尊厳のある生活（ROL: Respect of Living）を護り介ける介護モデル（Kaigo Models）の構築の必要性が、今後ますます高まると思われる。要介護者等が生活援助において尊厳を保ちながら、生活と介護サービスとが共同して一体となり、主体的に生きることへの生活援助が、介護モデルの理念である。いままでは、診断から治療までを中心とした医学モデルによる医療サービスあるいは障害評価から対応する障害モデルによるリハビリテーション等であったが、これからの介護保険では要介護等状態でいかに尊厳のある生活を介護サービスで支援していくかという介護モデルの展開をはかる必要がある。

第2節　介護モデルによる介護サービスの実践

（1）　介護モデルの対象者

　要介護者等に対して、「要介護者等が喜ぶならいい。」という視点だけの介護サービスでは、いつのまにか介護サービスへの依存性を高めてしまい、その残存機能が低下することがある。要介護者等には、生活援助と介護サービスとが共同して一体となって、いきいきとした生活が送れるような尊厳のある生活を目標とした介護モデルが求められる。

　まず要介護者における障害老人の日常生活自立度（寝たきり度）、認知症高齢者の日常生活自立度、要介護認定における要介護度などによる障害程度の介護評価が行われている。日常生活自立度、要介護度、さらに総合介護度を評価して、さらに質的介護評価に応じた介護モデルの構築を展開する必要がある。

　①　軽度の場合

　介護がなくとも自立性が残されている要支援状態に対して、日常生活のなかで継続できる機能維持あるいは向上等を主体として、要介護状態にならないように防ぐための介護予防が、2005年介護保険法の改正により2006年度から導入された。地域にて自立している特定高齢者に対して介護予防事業を展開したり、通所系介護サービスに要支援者（要支援1・2）に対する運動機能向上、栄養改善、口腔機能向上ならびにアクティビティを取り入れることで、介護予防が展開されている。要支援者等が自分のできる範囲で、日常生活活動を継続することでも介護予防につながる。

　②　中等度の場合

　移乗、排泄、入浴などの日常生活活動に対する自立生活等が障害されやすくなり、介護者等の介護負担の増強につながりやすい要因となる。まず要介護者等の能力低下の悪化を予防しながら、介護者等と一緒にリハビリテーション介護を継続する必要がある。要介護者等の生活スタイルを十分に把握して、それに合わせて介護福祉機器の導入や住宅改造による介護環境の支援により、寝たきりや認知症の介護予防や介護負担の軽減を図る。老年期認知症も伴いやすいので、家庭内や居室内だけに閉じこめないで、身体介護ならびに精神介護サービスをあわせて行うことで、廃用症候群の予防に効果的な介護過程を展開する。

　③　重度の場合

　要介護者等の全身状態を充分に把握しながら、介護サービス提供者からの介護サービスと共同しながら、介護者の介護負担の軽減もはかれるような介護過程の構築を行う。要介護者等による寝返りや体位変換など、基本的な障害形態別の介護技術を、家族や介護者等と連携しながら行う。たとえ重度であろうとも常時の寝かせきりにしないように、車椅子やベットサイドにて日中に座位を継続できるようにする。末期における医療介護に対しても、医療関係者とも連

携しながら対応する必要もある。

（2） 介護モデルのアプローチの方法

　介護モデルのアプローチの方法としては、①心身機能面への援助　②日常生活活動面への援助　③心理的・社会的側面への援助　④生きがい作りへの働きかけ　⑤保健医療福祉のネットワーク作りによるチームアプローチがある。これらに関わる介護サービス提供者は、介護モデルのアプローチの方法を正しく認識するとともに、保健医療福祉のチームアプローチでそれを体系化して遂行することが重要である。

　日常生活環境へのアプローチをするには、要介護者等や介護者には、人的・物理的・社会的および心身の機能障害など多方面にわたる課題を抱えているので、保健医療福祉専門職等によるチームアプローチが、それぞれの事例ごとに対応する必要がある。要介護者等や介護者等の生活スタイルにもあわせて、とりまく社会資源とチームケアを含めて、居住地にも出向いて、要介護者等の生活援助と介護サービスの特性を考慮したケアプランを策定する必要がある。介護保険法改正で誕生した地域包括支援センターを中軸とした包括的なケアマネジメントによる介護過程を展開するために、家族や地域を含めたケアカンファレンス等で同じ指向性でチームアプローチをできるようにする。介護モデルによるアプローチをめざすためには、まず介護サービス提供者等と介護者自身が、要介護者等における尊厳のある生活を護り介けるような介護モデルシステムを目指す必要がある。要介護者等と介護者等の生活潜在能力を高めるためには、まず家族と地域介護支援システムとの介護関係の構築が重要である。

（3） 介護モデルの条件

　要介護者等への介護サービスを整備するには、まずチームアプローチの編成が不可欠となる。介護モデルを継続するための社会資源の条件として、①信頼できる家族介護力の存在　②在宅ケアの社会資源の存在　③ホームヘルパーや看護師等の派遣　④チームアプローチの編成　⑤24時間監視体制の整備　⑥緊急時入所の完備　⑦住宅の問題　⑧介護福祉機器の導入などがあげられる。

　要介護者等に対する介護モデルを、より長く継続させるための要因は、介護サービスを受ける者の身体状況、精神状況、家族の介護力、補助介護者の存在の有無が大きく関与する。家族の介護力や介護サービスの専門職等が協力しながら、要介護者等の尊厳のある生活を護り介ける介護モデルをいかに確立するかが重要となってくる。家庭介護者の高齢化が著明であり、その介護力を維持することも重要であり、そのためには、いかにチームアプローチにより介護サービスの標準化と専門性を高められるかが重要な課題となる。

第3節　介護モデルによる介護サービスの総合化

（1）　介護モデルの課題

　要介護者等への介護モデルは、保健医療福祉のサービス分野がそれぞれ独自の方針でもって介護サービスを提供している。その実施回数、時間、適用も、明確にされておらず、各関係機関内の社会資源の状況を優先させて提供されている。その対象者も、すべての介護サービスの供給をうければ自立生活できても、単独の介護サービスのみでは、十分に自立生活できないことも多い。それぞれ機関が他機関の介護サービスの状況について把握できておらず、各機関の介護サービスの提供方針もばらばらである。介護サービスを利用していない要介護者等の件数を考慮すると、現在の保健医療福祉サービスだけでは、決して十分とはいえない。各々の介護サービスの社会資源の介護情報を寄せ集めて、十分な検討をしたうえで公平なる適用をしながら、各機関によるチームアプローチが必要となる。どこまで介護サービスの提供をするのか、保健医療福祉サービスと介護サービスの重なり合う部分をどのように支援するのか、より質の高い介護サービスをどこまで提供できるかなどの課題に対応するためにも、介護モデルの構築が求められている。

　介護保険制度により、介護サービスの領域が介護ニードに応じて拡大して専門化してきている。保健医療福祉における各介護サービス領域も、その理解、その範囲を、どこまで区切るのかが問題となり、それぞれの標準化と専門性がより交錯して非効率になってきている場合もある。

（2）　介護サービスへの総合化

　介護サービスの提供は、保健医療福祉の縦割りの各サービス分野にそれぞれ集約されていた。それらを今後どのように再構築しながら連携することが、介護モデルの発展の鍵となっている。老年期になると何らかの疾患・障害を合併しており、さらに家族形態や生活様態など、介護サービス専門職にはその把握のために介護サービスの標準化と専門性の確立が必要になってきている。

　保健医療福祉の関連や連携が、その領域が拡大するにもかかわらず、あまりにもその隔たりは拡大傾向となっている。その間を連結する軸となるべき介護モデルが重要な課題となっている。長寿社会へ向けて、その保健医療福祉サービスとの連携をさらに深めながらも、介護サービスとの総合化が求められている。

第4節　介護モデルによる介護サービスの構築

（1）　長寿社会の介護モデル

　介護サービスは、これからの長寿社会の保健医療福祉分野においては、お互いのサービスが補い合いながらともに発展していく必要がある。それぞれの介護サービス分野において、対象者の個別性を重んじて、その多様性を認め、その個人に合った介護サービスシステムを構築していく必要がある。すべてを平均化して考え、集団処遇を重んじる旧来の介護システムとは異なり、新しく個別処遇であり多様性のある介護モデルを確立する必要がある。

　長寿社会では、いろいろな介護サービス分野の専門性が他の分野の方と、連携をしていかないと、単なる一つの問題解決だけではなんら解決にはいたらない。それぞれの介護サービスの専門性は、専門性としてその主導権をにぎろうとするのではなく、専門性としてのコディネーターとしての役割が重要となってくる。長寿社会では、おのおの介護サービスの標準化と専門性を確立しながら連携することが基軸であるという発想の転換が必要であり、その自覚が求められている。

（2）　介護モデルの体系化

　要介護者等に対する介護モデルにより、包括的な介護の社会化を確立すべきと考えられる。その要介護者等の生活、自立度、困難度、病状などを統合し、介護ニーズを判断して、その個別性と多様性に対処しながら、尊厳のある生活を護り介ける必要がある。

　要介護度の障害モデルでは、身体的機能障害と知的機能障害だけが、相乗的に要介護度を悪化させるのではなく、要介護状態により身体機能と知的機能の両者が著明に制限されると逆に介護負担が軽減するという相反的傾向がある。要介護者等の個別性や介護環境因子を検討した長寿社会に向けた介護システム対策のためにも、介護モデルによる総合介護度の確立により介護サービスの適切なる標準化と専門性を構築する必要性がある。要介護者等と家族の介護生活への日常生活指導や援護を通じて、要介護者等を地域社会から孤立させないように、保健医療福祉の連携に基づくチームアプローチで、生活と介護サービスと共同して一体化する介護モデルの体系化が求められている。

　要介護者等を、単に疾病ごと臓器別ごとに医学モデルによる医療サービスだけで管理するだけでなく、心身障害ごとに障害モデルのリハビリテーション等で対応するだけでなく、包括的な介護モデルによる介護サービスの社会的管理も必要となる。今回2006年度から介護保険法改正に伴い、要支援者はその生活像全体とその介護サービスを的確に把握して地域包括支援センターで社会的に管理されて介護予防されることになった。介護モデルに対応できるだけの介護サービスが地域にあることが前提であり、依然として現在の保健医療福祉制度下だけでは、

きめ細かな社会的管理は期待できない。

（3） 介護モデルの確立に向けて

　日本の介護サービスは、手探りの状態で要介護者等の援助を自己流に対処されて、幾度も困難な場面や問題点が存在しても、介護サービスを標準化して専門性を介護評価する方法も乏しい現状がある。介護サービスでは単なる人材をふやすだけでなく、その人材をいかに養成して、いかに連携をとらせ、要介護者等とその地域の介護モデルの構築をはかりながら、介護サービスの標準化と専門性を向上することが今こそ最も求められている。

　介護現場で働く多くの実践者は、今なお介護保険制度のなかで日々介護サービスに従事している。介護サービスの標準化と専門性が乏しい介護評価の現状にありながらも、自分たちが行っている介護サービスをどのように展開すべきかと日々悩んでいる。介護サービス従事者の共通の関心は、介護サービスの標準化と専門性をどのように高めていくかということにある。従って、介護保険制度をめぐる課題も、介護サービスの標準化と専門性に基づいて検討していかなければならない。介護保険制度下において、ますます介護サービスの標準化と専門性が改めて問われようとしている。今まで保健医療福祉関係者たちが培って来た介護サービスの標準化と専門性を改めて結集し共有して、介護モデルの確立へとつなげていく必要性がある。

第5節　介護モデルに基づく総合介護度の検証

　介護サービスの標準化と専門性は、要介護者等への介護サービス業務における関わり度・困難度・必要度により、介護モデルに基づく質的介護評価となる総合介護度により数量化して統計解析できた。要介護者等への介護サービス業務の介護負担度や実働量については多くの報告をみるが、保健医療福祉機関別の介護・看護・指導業務も含めて、その介護サービスの標準化と専門性について、幅広く比較検討した報告はほとんどない。

　筆者は総合介護度を、要介護者等への処遇の介護サービス業務における関わり度・困難度・必要度により数量化している。その総合介護度により、保健医療福祉機関職種別の介護サービスにおける標準化と専門性を比較検討した。その対象として、中国四国地区の保健医療福祉機関へ配票調査を行い、有効回収数1320部を得た。その中で、介護サービスに主体的に関わった保健医療福祉職種として、①特別養護老人ホーム（特養）寮母394名　②老人保健施設の介護職員（老健介護）258名　③特養の生活指導員24名　④特養の看護職と老健の看護師121名　⑤ホームヘルパー170名　⑥訪問看護ステーションの看護師（訪問看護）201名　⑦デイケア40名による総合介護職員1208名から総合介護度を比較分析した。

　介護サービス業務の調査内容は、「老人・障害者（児）援助業務に関する調査報告書（岡山県立大学短期大学部、1994、1995年）」を基にし、さらに介護、看護、保健福祉職関連の介護

サービス業務を追加して、総計80介護サービス業務を基にして、介護サービスに主体的に関わった保健医療福祉職種別に、要介護者等への介護サービス内容における関わり度・困難度・必要度を調査した。その介護サービスを更に6分類（生命18業務、生活18業務、情報17業務、医療15業務、終末期4業務、在宅8業務）の基本的介護サービス業務にまとめた（第3章参考資料）。関わり度・困難度・必要度は、要介護者等に対するそれぞれの介護サービスの介護評価を、保健医療福祉専門職の回答による6段階評価で解析した。

総合介護度（TKI：Total Kaigo Index）は、介護サービスの関わり度・困難度・必要度の相互関係から算定した。その総合介護度を基に、保健医療福祉職種別の介護サービスの標準化と専門性を比較検討した。さらに保健医療福祉職種別における総合介護度の有意差は、総合介護度の平均の差を対応のあるt検定により、直接的な関係の測定をPearsonの相関係数にてそれぞれ統計解析した。総合介護度の基本的属性と類似構造については、保健医療福祉専門職種のクラスター分析（クラスター化の方法：グループ間平均連結法、測度：平均ユークリッド距離）により多変量解析をした。統計解析は、SPSS（SPSS 9.0J, Norusis SPSS Inc.）を使用した。

前述した介護サービス業務調査にて、関わり度と困難度と必要度の相関関係との相互関係を検討した。関わり度と必要度は相関係数0.77（偏相関0.49）と相関係数は高く、偏相関係数は中等度であった。困難度と関わり度とは0.57（−0.27）、必要度とは0.67（−0.02）と相関係数は中等度であるが、その偏相関係数は非常に低かった。その結果から介護モデルの法則を勘案して、総合介護度＝困難度×（関わり度＋必要度）と定義した。つまり、Log総合介護度＝Log困難度＋Log（関わり度＋必要度）の関係として設定できた。それで設定された総合介護度と関わり度・困難度・必要度との関係は、困難度では相関係数と偏相関係数はともに非常に高値であった。しかし関わり度・必要度とは、相関係数はともに中等度認めるが、偏相関係数は低値となった（第3章参照）。

保健福祉専門職別の80項目の介護サービス業務における総合介護度の順位を検討した。施設関連保健医療福祉職においては、特養寮母における介護サービス業務の総合介護度順位は、①処遇計画（17.6）②入浴介助（16.9）③ケアプラン（16.5）④記録化（14.9）⑤コミュニケーション（14.6）の順に総合介護度が高かった。老健介護の総合介護度は、①ケアプラン（17.4）②行事実施（14.3）③入浴介助（14.3）④処遇計画（13.7）⑤行事企画（13.5）の順に高かった。介護サービス業務に関する総合介護度順位の傾向は、特養寮母の場合の順位傾向とほぼ一致していた。しかし、全般的に総合介護度は、特養寮母が老健介護に比較して若干高値の傾向であった。ケアマネジメント・ケアプランの過程においても、総合介護度の高い傾向が認められた。

看護師の総合介護度順位は、特養看護の総合介護度順位は、①呼吸処置（16.5）②ケアプラン（15.7）③応急処置（15.6）④問題行動（15.3）⑤外傷処置（14.9）の順に高値であった。老健看護の総合介護度順位は、①ケアプラン（12.7）②行事企画（11.5）③行事実施（11.24）④問題行動（11.2）⑤処遇計画（10.8）であった。特養と老健の看護の総合介護度

は、特養看護の場合には、特に医療看護処置を中心とした介護サービス業務が高値であった。特養看護が老健看護と比較して、その介護サービス業務別に総合介護度が高い傾向であった。認知症老人の問題行動への対応は類似していた。老健介護と老健看護職における介護サービス業務が一部類似傾向にあった。特養における生活指導員の総合介護度順位は、①処遇計画（17.0）②説明対応（15.9）③実習対応（15.7）④ケアプラン（15.4）⑤情報連絡（15.4）の順であった。特に、相談助言、対外的・業務的・事務支援が主体となっていた。生活指導員の業務は、介護・家政系の業務の一部にも、総合介護度は低値ながら関与していた。ケアマネジメント・ケアプラン過程の業務に高値を認めた。

　在宅関連保健医療福祉職における総合介護度順位を検討すると、ホームヘルパーの総合介護度の高い介護サービス業務は、①体調観察（12.9）②コミュニケーション（12.4）③処遇計画（12.3）④情報提供（11.7）⑤情報連絡（10.9）の順であった。訪問看護の総合介護度順位は、①起居動作（13.6）②コミュニケーション（12.3）③着脱介助（12.0）④相談助言（11.6）⑤体調観察（11.2）であった。デイケア（通所リハビリテーション）の総合介護度順位は、①相談助言（11.4）②療育指導（10.3）③送迎（9.6）④ケアプラン（9.5）⑤活動支援（9.4）であった。その介護サービス業務は多岐にわたっており、介護・看護・生活指導にいたるまで幅広く展開されている。しかし、その介護サービス業務の総合介護度は軽度であり、幅広く家政的な介護サービス業務となっていた。保健医療福祉専門職種別における総計の総合介護度は、特養寮母、特養指導員、特養看護、ホームヘルパー、老健介護、老健看護、訪問看護、デイケアの順位傾向が示唆された。特に施設と在宅の総合介護度の格差が著しく、家族介護支援の総合介護度が加算されることで、在宅介護が成立していることが数量的に示唆された。

　保健医療福祉専門職の主要な介護サービス業務における総合介護度を検討した。特養寮母が生命、特養看護が医療、特養指導員は情報、老健介護は生命、老健看護が医療、ホームヘルパーと訪問看護とデイケアはともに情報に、総合介護度が一番高値であった。主介護サービス業務別には、生命は特養寮母、生活は特養寮母、情報は特養指導員、医療は特養看護、末期は特養指導員、在宅はホームヘルパーに総合介護度が一番高値であった。

　保健医療福祉施設職種における総合介護度の相関関係を検討すると、特養寮母と老健介護職員の相関係数（0.845）と老健介護職員と老健看護が相関係数（0.883）と非常に高値となった。逆に特養指導員と特養看護の相関係数（0.125）が最も低値であった。在宅保健福祉職種であるホームヘルパーと訪問看護は、相関係数（0.695）と中等度相関を認めた。

　保健医療福祉専門職種の80介護サービス業務における総合介護度のクラスター分析により、総合介護の基本的属性と類似構造を検討した。大きくは、老健介護職員と老健看護の保健介護系とホームヘルパー・特養指導員の地域介護系と訪問看護の医療介護系と特養寮母の介護福祉系にそれぞれの担当する介護サービス業務が反映されている4群に大別できた。

第6節　総合介護度による介護サービスの標準化と専門性の調査研究

　西日本における高齢者・障害者援助を介護サービス業務とする22種別保健福祉関係機関総計280施設へ、郵送調査法を行った。配布数1,569部、有効回収数992部、回収状況は63.2%であった。調査対象となる介護サービス業務とその職種は、保健医療福祉機関に勤務する　①特別養護老人ホーム（特養）の寮母170名　②老人保健施設（老健）の介護職員41名　③特養の生活指導員36名　④特養看護職と老健の看護師71名　⑤訪問介護に関与する市町村社会福祉協議会（社協）のホームヘルパー650名の総計968名を調査し比較検討した。

　総合介護の調査内容は、介護、看護、福祉職等に関連する67項目の介護サービス業務内容を基にして、保健医療福祉機関職種別のその介護サービス業務内容への関わり度と困難度を調査した。67の介護サービス業務を更に6種類（生命17業務、生活15業務、情報13業務、医療15業務、終末期4業務、在宅3業務）にまとめた。関わり度と困難度は、それぞれの介護サービス業務の各群を3段階評価にて調査して統計解析した。関わり度と困難度は、3段階評価による回答値の平均値を求め、これをそれぞれの代表値とみなすことにした。総合介護度（TKI：Total Kaigo Index）は、介護業務の関わり度と困難度との乗数として算出した。

　総合介護度の指標の有用性を検討するため、保健医療福祉機関別ならびに職種別に、総合介護度により比較検討をした。さらに施設職種別の総合介護度の有意差と関連性を検討するため、総合介護度を、平均の差に関する仮説の検定を対応のあるt検定により、直接的な関係の測定をPearsonの相関係数にてそれぞれ検討した。これらの統計解析は、SPSS（SPSS 9.0 Norusis SPSS Inc.）を使用した。

　特養の寮母の主体的通常的介護サービス業務の関わり度は、①食事配膳（3.00）　②オムツ交換（2.98）　③着脱介助（2.94）の順に比率の高い介護サービス業務が選択されていた。それは衣食住と排泄に関する介護サービス業務、日常生活の身体介護サービス業務であり、要介護者等への精神介護サービス業務の関わりは低かった。

　特養の寮母において、困難度係数の高い介護サービス業務は、①末期支援（2.27）　②MRSA予防（2.17）　③訓練プログラム作成（2.25）の順に困難度が高かった。日常的な心身への医療介護的手法による援助業務であり、かつ特殊に関わる介護サービス業務に、困難を感じる度合いが高かった。

　総合介護度を、介護サービス業務の関わり度と困難度との相反作用として乗算により数量分析すると、特養の寮母の介護度は、①入浴介助（5.24）　②起居移動（5.05）　③排泄訓練（4.85）　④オムツ交換（4.83）　⑤入浴清拭（4.83）の順に総合介護度が高かった（表4-1）。

表4-1 特別養護老人ホームにおける職種別の介護業務の総合介護度（TKI：Total Kaigo Index）の上位

所属	特別養護老人ホーム					
総合介護度順位	寮母	総合介護度	看護職	総合介護度	生活指導員	総合介護度
①	入浴介助	5.24	呼吸処置	6.09	処遇計画	5.25
②	起居移動	5.05	窒息テンカン	5.82	人間関係	5.15
③	排泄訓練	4.85	外傷処置	5.57	業務調整	4.88
④	オムツ交換	4.83	精神支援	5.51	行事実施	4.81
⑤	入浴清拭	4.74	感染予防	5.02	相談助言	4.76
⑥	着脱介助	4.68	感染対策	4.81	行事企画	4.72
⑦	体位変換	4.61	体調観察	4.56	精神支援	4.47
⑧	配膳食事	4.56	相談助言	4.41	ボランティア指導	4.45
⑨	処遇計画	4.43	食事内容	4.35	趣味支援	4.16
⑩	体調観察	4.37	薬効観察	4.25	医療福祉	4.00

　次にこれから、それ以外保健医療福祉機関職種別の総合介護度を検討した。老健の介護職員の介護度は、①入浴介助（4.85）②起居移動（4.8）③オムツ交換（4.73）④排泄訓練（4.68）⑤着脱介助（4.49）の順に高かった。介護サービス業務に関する総合介護度の傾向は、特別養護老人ホームの寮母の場合の順位傾向とほぼ一致していた。しかし、全般的に総合介護度は特養の寮母が老健の介護職員に比較して高値の傾向であった（表4-2）。

表4-2 老人保健施設における職種別とホームヘルパーの介護業務と総合介護度（TKI：Total Kaigo Index）の上位

所属	老人保健施設				訪問介護	
総合介護度順位	介護職員	総合介護度	看護師	総合介護度	ホームヘルパー	総合介護度
①	入浴介助	4.85	呼吸処置	5.13	体調観察	3.75
②	起居移動	4.80	窒息テンカン	5.08	人間関係	3.68
③	オムツ交換	4.73	外傷処置	4.96	入浴介助	3.57
④	排泄訓練	4.68	処遇計画	4.91	訪問相談	3.55
⑤	着脱介助	4.49	排泄訓練	4.83	お使い	3.49
⑥	歩行散歩	4.47	感染対策	4.76	相談助言	3.32
⑦	配膳食事	4.25	体調観察	4.56	福祉情報	3.26
⑧	行事実施	4.24	感染予防	4.56	着替介助	3.20
⑨	体調観察	4.15	家族指導	4.48	居室整理	3.15
⑩	入眠介添	4.10	起居移動	4.46	外出付添	3.12

　看護師の総合介護度は、特養と老健ともに①呼吸処置（特養：老健＝6.09：5.13）②窒息テンカン（特養：老健＝5.82：5.08）③外傷処置（特養：老健＝5.57：4.96）の順に高値であった。特養と老健の看護の総合介護度は、総合介護度の順位とほぼ一致した傾向であった。特に医療処置を中心とした医療介護業務が高値であった。その場合にも、特養の看護職が老健の看護師と比較して、その医療介護業務別に総合介護度が高い傾向であった（表4-1・表4-2）。

特養における生活指導員の総合介護度の高いソーシャルワーク業務は、①処遇計画（5.25）②人間関係（5.15）③業務調整（4.88）④行事実施（4.81）⑤相談助言（4.76）の順であった。特に、相談助言、対外的・業務的・事務支援が主体となっていた。生活指導員の業務は、介護・家政系の業務の一部にも、総合介護度は低値ながら関与していた（表4-1）。

在宅のホームヘルパーの総合介護度の高い介護サービス業務は、①体調観察（3.75）②人間関係（3.68）③入浴介助（3.57）④訪問相談（3.55）⑤お使い（3.49）の順であった。その介護サービス業務は多岐にわたっており、介護・看護・生活指導にいたるまで幅広く展開されている。しかしその介護サービス業務の総合介護度は軽度であり、幅広く家政的な介護サービス業務となっていた（表4-2）。

6分類に大別した介護サービス業務とそれぞれの保健医療福祉専門職の総合介護度を比較してそれぞれの専門性を検討した（図4-1）。生命に関連する総合介護度は、特養寮母に次いで老健介護職員と老健看護で高値であり、特養指導員が最も低値であり、次いでホームヘルパーであった。生活に関連する総合介護度では、特養寮母が最も高値であり、次いで特養指導員と老健介護職員と老健看護が高値であり、ホームヘルパーが最も低値であった。情報に関連する総合介護度では、特養指導員が最も高値であり、次いで老健看護、そして特養寮母、特養看護、老健介護職員が低値であった。医療に関連する総合介護度では、特養看護、次いで老健看護が高値であり、特養指導員とホームヘルパーが最も低値であった。末期に関しては、特養看護が最も高値であり、次いで老健看護と特養指導員であり、ホームヘルパーが最も低値であった。在宅に関連する総合介護度では、特養指導員と老健看護とホームヘルパーが高値であり、老健介護職員ならびに特養寮母は低値であった。

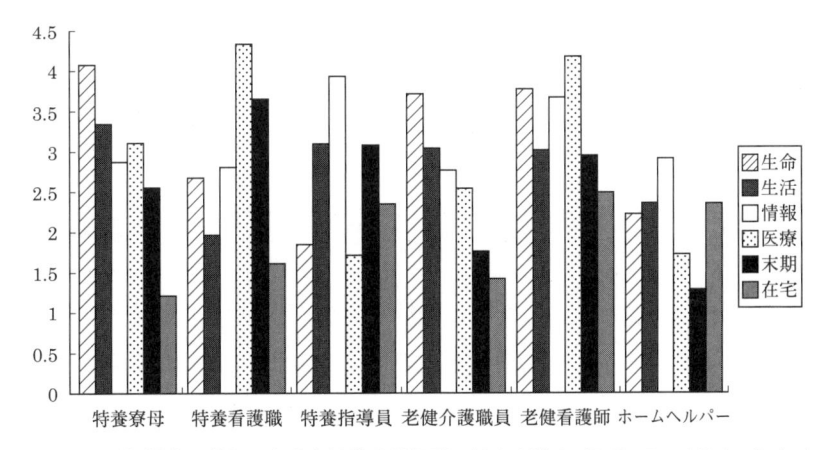

図4-1　保健福祉専門職種の介護支援業務種類別の総合介護度（TKI：Total Kaigo Index）

次に保健医療福祉職種間における総合介護度の相関係数は、特養寮母と老健介護職員間で最も高値で、強い相関関係を認めた。次いで、特養看護と老健看護との間で強い相関関係を認めた。特養寮母と老健看護との間、老健看護と老健介護職員との間には若干の相関関係を認めた（表4-3）。

表 4-3 保健福祉専門職種における総合介護度（TKI：Total Kaigo Index）の相関係数

施設別		特養			老健		訪問介護
	職種別	特養寮母	特養看護職	特養指導員	老健介護職員	老健看護師	ホームヘルパー
特養	特養寮母		0.031	−0.054	0.907**	0.415**	0.219
	特養看護職			−0.123	−0.138	0.701**	−0.144
	特養指導員				0.063	−0.138	0.255*
老健	老健介護職員					0.345**	0.265*
	老健看護師						0.088
訪問介護	ホームヘルパー						

**（P＜0.01）　＊（P＜0.05）

　保健医療福祉職種におけるクラスター統計分析により、総合介護度の基本属性と類似構造を比較し、その介護サービスの専門性から大別すると、特養寮母・老健介護職員の介護系と特養看護職・老健看護師の医療介護系、ホームヘルパー・特養指導員の地域在宅系のそれぞれの担当する介護支援系介護サービス業務が反映されている3群に大別できた（図4-2）。

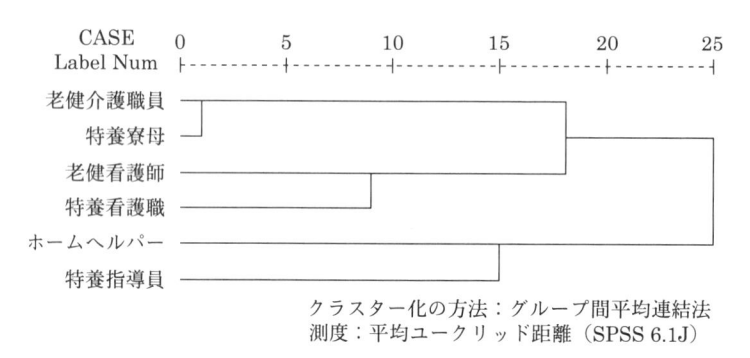

図 4-2　総合介護度による保健福祉専門職種のクラスター分析

クラスター化の方法：グループ間平均連結法
測度：平均ユークリッド距離（SPSS 6.1J）

第7節　介護サービスの標準化と専門性に向けた総合介護認定

　介護保険制度では新介護システムの基本理念として、「自立支援」を掲げて、要介護者等が自らの意志に基づき、自立した質の高い生活を送ることができるように支援することが目指されている。しかし自立支援は、介護することだけで達成できる目標ではない。自立支援は、障害モデルの最終目標にはなり得るが、介護モデルに基づく介護サービスに対する到達目標とはなり得ない場合が多くある。介護サービスの標準化と専門性は、単に自立支援にあるのではなく、介護サービスを創意する介護過程のなかにある。我々は、介護サービスの標準化と専門性が発揮される介護過程により構築される介護モデルに基づく総合介護度の開発と研究を行っている。

まず高齢者ケア支援体制に関する基礎調査研究会にて、寝たきり老人と認知症老人の日常生活自立度判定基準による障害状態像で、要介護度認定基準がⅠ～Ⅵまで6段階区分された。この要介護度は、日常生活自立度と介護負担得点をもとに体系化され、その因子として身体的負担度と精神的負担感、介護回数の因子等で構築されている（第2章参照）。しかし、要介護度を構築する因子は、主に心身障害に伴う障害モデルに基づいており、介護モデルに関する検討が非常に乏しいと思われる。要介護度では、単に要介護者等の介護サービスに対する心身の障害度が判定されるだけであり、それではケアプラン・ケアマネジメントに向けた指針とはならない。要介護者等は、そのような要介護度だけで判定するのではなく、本来は介護サービスを受けている要介護者等と介護者がどのような介護サービスにより生活支援されているかを示す介護モデルの指標となる総合介護度にて介護評価すべきである。まずその総合介護度で、要介護度から勘案することにより、新たに支援すべき介護サービスの支援が推定できるのである。要介護者等の個別性と多様性に対応できる介護サービスの指標である総合介護認定の創設が必須である。

　筆者の調査研究から総合介護度を、総合介護度＝困難度×（関わり度＋必要度）にて、妥当性と信頼性をもって設定できた（第3章参照）。よって、総合介護度に関係する構成要因として、関わり度に加えて主に関連すると思われる介護サービス業務の介護ニードである必要度を新たに追加して、それらを困難度と乗数化して設定した。つまり介護サービス業務における関わり度、困難度と必要度の相関関係から検討すると、関わり度と必要度の相関係数は高く、偏相関係数は中等度であった。困難度は関わり度、必要度とは相関係数は中等度であるが、その偏相関係数は非常に低かった。その結果から介護モデルの固有技術から介護モデルの法則を想定して、総合介護度＝困難度×（関わり度＋必要度）と定義した。つまり Log 総合介護度＝Log 困難度＋Log（関わり度＋必要度）の関係として設定した。我々は、保健医療福祉専門職の日常生活の介護サービス業務を、関わり度、困難度、必要度から算出し、それらの因子より総合介護度を標準化して専門性を分析した。

　介護保険制度における要介護認定の要介護度は、身体障害による障害度をもとに、推定される介護時間で大別化されて量的介護評価されている。しかし、要介護度の構成因子は、介護時間しかなく、介護サービスにおける標準化と専門性に関する基本的検討が乏しいと思われる。要介護者等は、要介護認定における要介護度だけで判定するのではなく、本来は介護サービスを受けている要介護者等と介護者がどのように介護サービスにより支援されているかを示す指標となる介護モデルに基づく総合介護度で質的介護評価して判定すべきである。総合介護度を判定して質的介護評価することを合わせることにより、要介護度に応じている介護サービスの標準化と専門性が包括的介護評価できる。

　要介護者等の日常生活の介護サービス業務を、関わり度と困難度と必要度から算出し、それらの因子より総合介護度を数量化できた。介護保険制度では、要介護認定による要介護度で要介護状態等が判定されているが、それだけでは心身障害の程度は評価されているが、要介護者等における介護状況は把握できない。要介護度では、単に要介護者等の心身の障害度が判定さ

れるだけであり、要介護者等の介護状況と一律の関連性があるとはいえない。介護すること自体をすべて心身障害と捉え、その障害程度で要介護度を評価するのには無理がある。

介護保険制度では、介護サービスを受ける側に、どのような介護サービス業務が支援されるべきかを示すことが、最も重要な視点である。その指標となる介護サービス業務における総合介護度を、その関わり度と困難度と必要度から数量化した。その総合介護度から、保健医療福祉機関職種別に分析した。総合介護度により、日常生活援助に関連した公平で適切な介護サービス業務の指標を求めることができた。さらに総合介護により、日常生活と介護環境から質的介護評価した個別の包括的な総合介護認定を構築することが、介護保険制度には求められている。

次に総合介護度により、保健医療福祉分野における介護サービス業務の専門性についても評価できた。特養の寮母と老健の介護職員の介護サービス業務における総合介護度の順位の傾向は、ほぼ一致して類似していた。しかし、特養寮母の総合介護度は、老健の介護職員に比較して全般的に高値であった。これは、主として対象者に対する特養寮母の介護サービスの困難度が老健の介護職員より高いためと推測される。

看護師の総合介護度は、医療介護処置を中心とした医療介護サービス業務が高値であった。その業務内容の順位では特養の看護職と老健の看護師とも、ほぼ同一の傾向で類似していた。特養看護が、老健看護と比較して、末期介護サービス業務に総合介護度が大きい業務があると思われる。特養看護において要介護者等の病態や障害度に対する末期介護サービス業務量が大きいためと思われる。

特養指導員や老健相談員における総合介護度の場合には、相談助言、対外的・業務的・事務などの情報支援が主体となっていた。特養指導員や老健相談員などのソーシャルワーク業務には、介護・家政系の介護サービス業務の一部に、総合介護度が低値ながら関わっている。ソーシャルワーカーにおけるケアマネジメントの介護サービス業務への主体的業務の確立が今後に検討すべき課題である。

ホームヘルパーは、在宅での介護サービス業務が多岐にわたっており、介護・看護・生活指導にいたるまで幅広く展開されていた。幅広く家政的な介護サービス業務であるが、その総合介護度は、施設介護サービスに比較して低値であった。在宅では、施設介護での生活や生命に関連する介護サービス業務はあまりされていないので、さらなるホームヘルパーの介護サービスの専門性による質的向上が望まれる。その総合介護度は、家族の介護力との関連性も高いと思われ、介護者等の介護資質や介護環境によっても、総合介護度は大きく変化すると思われる。

総合介護度の施設職種別の専門性に関する相関関係の統計学的検定により、保健医療福祉分野では、特養寮母、老健介護職員、老健看護の間では、それぞれの介護サービス業務が交錯しながら、総合介護度が類似していた。未だ介護サービス業務の明確な専門分化がなされていないためと思われる。そのためには、各要介護者等の総合介護度に応じた個別性と多様性に対応できる保健医療福祉専門職種の介護サービスの標準化と専門性の向上が必要条件である。チームケアや職種間の調整連携のためにも、共通な基盤に基づく、要介護者等への総合介護度の評

価基準の確立が必須である。

　介護サービス業務による総合介護度は、関わり度と困難度と必要度での解析による標準化と専門性の評価の可能性が示唆された。新たな介護システムの構築を目指して、ケアマネジメント・ケアプランの策定が検討されているが、アセスメントの項目と問題領域だけに対応するのではなく、総合介護度の総合的指標により、要介護者等の個別性と多様性に応じて策定すべきである。

　総合介護度は、保健医療福祉連携に対応した要介護者等に対する効率的で公平な介護支援システムの基本的構築に必須である。総合介護度は、保健医療福祉分野の介護サービスの質的向上と効率化のためにも、是非とも必要な指標である。21世紀の少子長寿社会を展望して、新しい介護システムの構築には、まず総合介護認定を確立する必要がある。

謝辞

　多数の保健福祉機関および関係者にご支援とご協力を賜り、ここに深謝申しあげます。この研究成果の一部は、1995年度広島県立保健福祉短期大学特別研究事業Ⅰと大同生命厚生事業団の地域保健福祉研究助成ならびに1999年から2000年度の科学研究費補助金（基盤研究）「介護モデルの構築に関する研究―介護保険制度に向けて―」による。

参考文献

1) 厚生省高齢者介護対策本部事務局監修『高齢者介護保険制度の創設について』ぎょうせい、1996。
2) 厚生省大臣官房老人保健福祉部保健課「障害老人の日常生活自立度（寝たきり度）判定基準作成報告書」厚生省、1991。
3) 厚生省老人保健福祉局「痴呆性老人の日常生活自立度判定基準の活用について」厚生省、1993。
4) 筒井孝子「特別養護老人ホームの介護職員における介護負担感の数量化に関する研究」社会福祉学、34、43-82、1993。
5) 全国社会福祉協議会高年福祉部「サービス供給指標調査研究事業報告書」全国社会福祉協議会、1995。
6) 安梅勅江、高山忠雄「高齢障害者の介護負担感からみた在宅ケア支援のあり方に関する保健福祉学的研究」国立リハ研究紀要、11、1-7、1990。
7) 橋本祥恵、住居広士他「老人・障害者（児）援助業務に関する調査報告書（第1報・第2報）」岡山県立大学短期大学部、1994・1995。
8) 住居広士・高山忠雄「高齢者保健福祉分野における日常生活介護業務に関する調査」保健福祉総合研究、2(1)、1997。
9) 住居広士、江原勝幸「要介護高齢者における介護度と日常生活自立度の関係」広島県立保健福祉短大紀要、3(1)、57-63、1997。
10) 住居広士「要介護高齢者の介護度による介護モデルの構築―要介護認定基準に向けた介護度の創設について」厚生の指標、45(5)、16-23、1998。
11) 石田一紀、歌島浩之「高齢者ケアガイドラインの検討―介護過程の確立をめざして―」介護福祉学、2(1)、48-59、1995。
12) 住居広士、高山忠雄、橋本祥恵他「介護支援分析による保健福祉専門職の介護度の数量分析」介護福祉学、3(1)、78-84、1996。
13) 住居広士「介護保険制度に向けた介護モデルの構築に関する研究」老年医学、36(12)、1781-1787、1998。

第 5 章
要介護認定における介護サービスの標準化と専門性

第 1 節　要介護認定と介護サービスの標準化

　介護保険の要介護認定におけるコンピュータによる一次判定は、48時間の介護サービス業務における介護時間について、1分間ごとに調査した「1分間タイムスタディ」が基盤になっている。その調査対象者は、介護施設に入所あるいは入院されている要介護者等である。その要介護者等の概況及び状態像の特性調査の結果を併せて統計分析して、その1分間タイムスタディの介護時間のデータにより、要介護度ごとの要介護認定等基準時間を樹形図で推計している。介護保険における介護サービスの標準化と専門性は、介護サービス業務に対する1分間タイムスタディによる介護時間により量的介護評価されているのである。

　介護保険へ要介護認定初版が導入された1999年10月時点から、それにより判定された要介護度と実際の要介護者等の介護実態に乖離や差異がある等といった問題点が各方面から指摘されている。要介護認定の一次判定の基準は、統計学的に平均的な要介護者等に介護サービスが提供される介護時間として、一律的に要介護度別に分割されている。本研究では、一次判定の基盤となっている1分間タイムスタディについて、実際の介護する側と介護される側の介護サービス内容及び介護時間の調査を行い、要介護認定による介護サービスの標準化と専門性について検証した。

第 2 節　介護時間による介護サービスの検証

　実際に介護保険施設と居宅介護サービスにおける1分間タイムスタディにより介護時間の調査を実施した。その結果に基づいて、介護サービスに対する1分間タイムスタディによる介護時間での介護サービスの標準化と専門性を検討した。要介護認定の要介護度における介護サービスの標準化と専門性の課題について検証した。

（1） 介護サービスの調査対象と方法

① 調査対象：介護保険施設の施設介護サービスとして、介護老人福祉施設2施設の介護職員および要介護者等を調査対象とした。居宅介護サービスは、訪問介護におけるホームヘルパー（訪問介護員）と家族介護者を調査対象とした。介護老人福祉施設では介護職員6名と要介護者6名を、訪問介護ではホームヘルパー5名、要介護者9名を調査対象とした。介護老人福祉施設の各介護職員に対して1名の実務経験5年以上の看護師あるいは介護福祉士が1分間タイムスタディにて介護サービスを観察して記録した。

② 調査期間：介護老人福祉施設介護（2001年3月と6月）と居宅介護サービスの訪問介護（2001年6月と8月）に調査を実施した。

③ 調査方法：介護サービス業務の一定の1時間あたりの1分間タイムスタディ方法により、介護職員から要介護者等への介護サービス業務の提供内容と介護サービスの身体的・精神的負担度について、特定日時の1時間あたりの1分間タイムスタディに限定して調査をした。その調査方法は、要介護認定初版（1999年版）の要介護等認定基準時間の構築の時に使用された調査記録用紙及びケアコード表である「サービス供給指標調査研究事業報告書（全国社会福祉協議会、1995年）」時のケア記録用紙とケアコード初版等を参照した（第5章参考資料）。居宅介護サービスには、さらに「在宅福祉サービスの効果に対する基礎的調査研究（全国社会福祉協議会、1994年）」のホームヘルプケアコードを参照した。新たに厚生労働省の要介護認定調査検討会資料「ケアコード改訂版」（2001年3月）も参照した（第6章参考資料）。

④ 検討内容：・介護サービス業務内容から、要介護者等の状態が予想可能かどうか。
　　　　　　・1分間タイムスタディが、正確に介護時間として判別できるか。
　　　　　　・介護職員から要介護者等への介護サービス業務の提供内容と介護時間の把握ができるか等を検証した。

第3節　介護時間によるタイムスタディ調査の10の問題点

1分間タイムスタディにおける介護サービス業務分類となるケアコード分類が細かく個々に異なって分類されている。そのため提供された介護サービス業務ごとの介護サービス内容ではなく、細かい介護動作あるいは部分的な介護時間しか把握できなかった。要介護者等の全体像を捉えるにはケアコード分類の方式に問題がある。特に認知症介護に関するケアコードの項目は問題行動のみであり、認知症により介護サービス業務全般に関わる介護サービスに伴う困難度と必要度は介護時間ではほとんど捉えられなかった。個々の介護職員に各調査員が介護時間を調査する他計式調査では、調査員にとり客観的にわかりやすい身体介護が記録されやすいために、精神介護が捉えにくかった。さらに介護保険施設という介護環境の場合には、直接的介

護サービスではなく間接的な生活面に関する援助である「食事をつくる」、「掃除をする」、「洗濯をする」などの生活関連活動に関する介護サービス業務は、要介護者等に対する個別介護サービスの介護時間として殆ど捉えられていなかった。そのために要介護度を判定するためには、介護時間だけの量的介護評価によらない別の質的指標となる総合介護度（TKI：Total Kaigo Index）の構築が必要となる。そのためには介護サービス業務評価には、さらにその介護サービス業務に対する困難度、関わり度、必要度を把握しなければならない。特に認知症介護に関しては、介護時間として標準化できる介護サービス時間だけではなく、新たな専門性に基づく質的介護評価の設定が必須である。

1分間タイムスタディ調査による介護時間を各要介護者に対して寄せ集めただけでは、介護サービス全体を把握することは困難である。これから1分間タイムスタディにおける介護時間の10の問題点について、各事例をとりあげて検証する。

課題1．認知症介護を捉えにくい。

認知症介護としての介護サービス業務の判断が困難である（表5-1）。1分間タイムスタディでは表面的に捉えうる身体介護だけが記録として残る。認知症介護における問題行動等に対する予防的介護などはほとんど記録されない。寝たきりに認知症が合併すると、身体介護に認知症介護が合わさっているが、1分間ごとに1つのケアコードの抽出が行われると、身体介護のみが捉えられることになる。認知症介護に対する単独のケアコードは、ケアコード初版の分類では問題行動しかないのである。いかに認知症介護を捉えるかが、一分間タイムスタディの今後の重大な課題となっている。

表5-1 認知症介護を捉えにくい

時刻	ケアコード	介護サービス業務内容
：54	137	声掛けをされ、応える。昼は起きておくようにと声掛け。
：55	137	話しながら、上着の着衣。声掛け。（パジャマをきているかと質問）
：56	30	話に応える。話しながら、靴を履かせる。（全介助）
：57	113	1人でロビーへ移動。話しながら時間を尋ねロビーへ促す。おやつの時間を確認させる。
：58	142	テレビの近くまで移動。椅子に座る。テレビを見ておくように促す。

（ケアコード初版：137声かけ、30更衣動作の全介助、113歩行の見守り、142助言・指導）

課題2．ケアコード分類の設定が個々に異なっている。

例えば「排泄」のケアコードの場合は、トイレまでの誘導（移動時間）からのケアコードになっている（表5-2）。しかし「入浴」では、浴室までの移動時間は含まれずに割愛されており、浴室内における直接的な介護サービス業務のみを捉えることになっている。ケアコード初版の組み立てが介護サービス業務内においてバラバラになっている。これには、介護サービ

表 5-2　ケアコード分類の設定が個々に異っている

時刻	ケアコード	介護サービス業務内容
:36	45	Fさん　トイレ介助、ズボン下着を下ろし、座るよう指示。
:37	60	Fさん　排便促し、見守り、声かけ、はげまし。
:38	59	Fさん　排便介助、腹圧をかける。便、後始末（一部介助）。ズボン上げ。（一部介助）

（ケアコード初版：45 誘導・移乗、60 排便時の見守り、59 排便動作援助）

業務の選択までの介護過程が介護時間では考慮されていない。そのばらつきのために、1分間タイムスタディの信頼度の低下を招くことになる。

課題3．全ての介護サービス業務が記録されない。

　介護現場で同時期に行われている介護サービスは、その中から主な介護サービス業務内容の1つだけが記載されている（表5-3）。従ってその他の介護サービス業務内容が、主な介護サービス業務のためにかき消されてしまっている。またケアコード番号が複数になっている場合には、その1つのみが選択されている。介護保険施設内での集団処遇である入浴介助や集団的アクティビティでは、特にその傾向が強くなり、各要介護者等への介護サービス業務が捉えられていない。多くの介護サービス業務が集中していても、それが単一の介護サービス業務だけが取り上げられている。2つ以上のケアコードを書いている部分が、実際の集計過程では、1分間の調査の中のどれか一つが選択されることになる。

表 5-3　全ての介護サービス業務が記録されない

時刻	ケアコード	介護サービス業務内容
:07	409・423	入浴順番確認。部屋移動。（スタッフ自身）
:08	27・29	Fさん　入浴準備。説明、指示、声かけ。ズボンを履く。（一部介助）
:09	27・29	Fさん　入浴準備。服を身支度。入浴への誘導。

（ケアコード初版：409 職員間の連絡、423 職員自身の移動、27 衣服等の準備、29 衣服動作の一部介助）

課題4．個人を特定できない介護時間が記録されない。

　例えば、まとめて要介護者等の衣類などを「洗濯」をする場合には、それらに対応する個人を特定できないために、介護職員の介護サービス業務として記録されない（表5-4）。介護する側の記録から、介護職員にはその他にも生活関連活動に関連する介護サービス業務である掃除・洗濯などもある。介護サービスに直接関わる介護職員に付いての調査員の記録なので、調理の準備など別の場所で介護サービス業務が行われても、各要介護者等に関しては調査対象外となっている。要介護者等その人に実施された介護サービス業務全体が記録されているわけではなく、介護職員が関わった直接的介護サービスのみが記録されている。要介護者等その人へ

の介護サービス業務全体を表現したものではない。調理や洗濯なども、要介護者等その人に必要な介護サービス業務であるはずであり、それがなければ生活できない。

この点は要介護認定による介護サービスの標準化と専門性の根幹に関わることである。1分間タイムスタディは介護職員の日常生活活動援助の一部しか捉えていない。要介護認定基準時間の算出の過程では、間接生活介助の内容として、衣服等の洗濯、日用品整理等の日常生活上の世話などの生活関連活動があるも、要介護者等に対する介護時間として捉えられていない。同じ介護保険施設であればどこでも同じ介護条件であると仮定して、食事の準備や洗濯などの介護サービス業務を介護時間から削除されて介護評価されていない。この結果が要介護認定の基礎データの介護時間として統計処理されて、要介護認定基準が構築されていることに問題がある。居宅介護サービスでは、必ず食事の準備や洗濯等が必須の介護サービスの標準化と専門性の基盤となる。施設介護サービスでの介護時間データでは、その介護条件が居宅介護サービスと全く異なり、そのままでは居宅介護サービスとしての介護時間には使えない。しかし現実は在宅の要介護者等も、全て施設介護サービスの要介護者等の介護時間で、要介護認定されている。

表5-4 個人を特定できない介護時間

時刻	ケアコード	介護サービス業務内容
:06	165	洗濯物を片付け。洗濯機に入れる。
:21	166	洗濯物、洗濯機に入れる。
:22	165	浴室の物品管理。洗濯物、洗濯機へ。
:60	169	オムツをたたむ。

(＊当日調査の対象の介護職員は「洗濯の係り」 ケアコード初版：
165洗濯物集める、166洗濯機等の準備、169洗濯物の整理)

課題5. 介護時間にばらつきがある。

そもそも介護現場では、介護時間は毎日一定ではない。その日その時の介護状態に関わる介護職員、関わる要介護者等の数によってまちまちになる。その捉えにくい介護サービス業務を1分間ごとの介護時間に換算することで、より個別格差を生じることになる。同じ介護サービス内あるいは同じ障害レベルの方の介護時間の格差などが再検証されていない。それらの介護時間の統計処理の方法によって、それぞれさまざまに要介護認定の結果が異なってくることになり、信頼性が低下することになる。

課題6. 必要な介護サービスと実施された介護サービスは異なる。

介護される側からの1分間タイムスタディ記録で介護する側との介護時間を比較すると、かなりの介護時間の格差がある。入浴介助など短時間で行わなければならない介護負担の高い介護サービス業務は、ついつい介護職員側のペースで行われている。移動制限の多い入浴環境中で、なるべく介護職員等の方の介護サービス業務の状況に合わせて入浴介助されている。居宅

介護サービスにおいても、実際は要介護者等の要求ではなく、訪問介護員の判断や都合で介護されている。本来の必要な介護サービス業務であるのかどうかの必要度の介護評価は、1分間タイムスタディには含まれない。その調査では、要介護者等に必要な介護サービスを判別すること自体が困難である。

課題7．介護サービスの介護レベルでの差異が記録されない。

　ケアコード初版では、移乗、移動あるいは他の介護サービスにおいて、介護レベル（全介助、一部、見守りなど）の記載がほとんどない（表5-5）。例え全介助であると記録されても、見守りであろうとも、同じ介護時間として介護評価されることになる。したがって、介護レベルにおける介護時間の差異は結果として出ない。そのために介護時間データからの推計だけでは、介護レベルは推測できない。介護時間の個人データからの推計と実際に行われる介護サービスにはかなり格差が出ることになる。1分間タイムスタディ調査の中で、介護レベルとなる関わり度・困難度・必要度などを調査して、それらを活かさなければ、介護レベルにおける介護時間の差異を数値であらわすことはできない。ケアコード記録表には全ての介護場面でなるべく介護方法（見守り・一部介助・全介助）を記録してもらうも、起居・移乗・移動介助などでは介護レベルでのケアコード分類すらない。

表5-5　介護レベルでの差異が記録されない

時刻	ケアコード	介護サービス業務内容
：25	116	Fさん　車椅子移動。（全介助）浴室まで
：39	114	Fさん　手引き歩行にて移動。
：53	85	Yさん　水分補給、吸いのみ使用。（全介助）
：54	85	Yさん　水分補給、吸いのみ使用。（全介助）

（ケアコード初版：116車椅子による移動の介助、114歩行の介助、85飲み物摂取介助）

課題8．ケアコードを細かく分類しすぎてケア項目が変化する

　一つの介護サービス業務のケアコードを細かく分類し過ぎるために、一連の介護サービス業務が別の介護サービス業務として記録されてしまう（表5-6）。例えば、立ち上がって衣服を

表5-6　一連の介護サービス業務として記録される

時刻	ケアコード	介護サービス業務内容
：19	324	Aさんの立位ズボン下ろし。（全介助）露出の体にタオル掛け。
：38	324	待機。Oさんの靴脱ぐ（全介助）。Kさんの立位。（全介助）スタッフ2人で行う。
：59	324	Kさん車椅子チェンジ。
：60	324	Fさんの立位スタッフ2人で行う。（全介助）Kさんのおむつセッティング。

（ケアコード初版：324立ち上がり訓練（かなり介助して））

脱衣する場合に、更衣動作であるのに関わらず、立ち上がりケアコード 324 と記録している。車椅子の乗り換えをする介護サービス業務についても、立ち上がりケアコード 324 とするため、移乗介助としての介護サービス業務ではなくなってしまう。本当は「更衣動作」にもかかわらず、立ち上がりの介助として記録されてしまう。これはケアコードを、あまりにも細かく分類しすぎたために、ケアコード化する段階で介護サービス業務の介護評価の差異が目立ってくるようになる。そのために主な介護サービス業務を抽出する信頼度にも影響が出てくる。

課題 9. 介護環境によって現れない問題行動がある。

　事例 F さんの場合には、要介護認定では要介護 2、重度認知症で認知症老人の日常生活自立度判定基準ではⅣとなっている。この方の場合の認定調査票における問題行動を見ると、サ）落ち着きなし・シ）外出して戻れない・ソ）火の不始末などのチェックがある。しかし 1 分間タイムスタディによる介護時間の調査では、その問題行動を介護保険施設内では捉えることができなかった。逆に居宅介護サービスの 1 分間タイムスタディなら、介護環境によっては問題行動として捉えられる場合がある。施設介護サービスと居宅介護サービスでの調査では問題行動の調査結果が異なって格差が出現する。その問題行動の内容のみでは、認知症介護に対する介護サービスの標準化と専門性は把握困難である。

課題 10. 介護される側には、介護する側の介護時間では不十分である。

　介護される側の必要な介護サービスを見ると、介護する側からの 1 分間タイムスタディでは不十分である。全体の 1 分間タイムスタディの記録を見ると、介護職員の行動を 1 分間ごとに記録することはできても、介護サービスを提供していない介護時間がかなりある。実際に要介護者等が受けた介護サービスのみを記録するのであれば、介護する側と介護される側からの介護時間の記録は異なってくる。必要な介護時間から判定するときは、介護される側に立ってそれらの併用も検討すべきである。介護する側からの介護時間の記録だけでは、どのような介護サービス業務が必要なのかあるいは困難であるのかを判断することはできない。介護する側からの介護サービス業務記録のみでは介護状況が判断できず、介護時間としては限界があり、介護される側の介護状況を判断できる質的介護評価も同期しながら検証すべきである。

第 4 節　介護サービスの介護時間と介護モデル

　これまでの 1 分間タイムスタディでは、介護サービス提供者側からみた介護サービス業務だけが記録されている。つまり、要介護者等に提供された介護サービス業務が全て調査されているのではなく、その日に行われた介護サービス業務であり、介護職員が主体的に提供した介護サービス業務だけである。この 1 分間タイムスタディで調査できるのは、ある一つの介護サー

ビス業務内容に要する介護時間で、この要介護者等に対してこの介護サービス業務を行ったらどのくらいかかるという介護時間のみである。

　要介護者等にとり必要な介護サービス業務を調査するとしたら、介護される側から見た介護時間も検証すべきである。認知症ならば、どのような問題行動を取りどのような見守りが必要か、又は入浴する場合にはどのような問題行動をとりどのような対応が必要か、何人で対応するのかなどの介護サービス業務を調査していく方法で、1日の生活でどのような介護サービスが提供されているかを見極める必要がある。その時に行われている介護サービス業務内容で何が足りないかも見えてくる。ケアコード分類だけではなく、家族の介護力・支援状況・経済力など他の介護情報も必要となる。それらは施設介護サービスと居宅介護サービスは介護環境が違うので、調査をうける場所によって介護時間にも差異が出て来る。

　要介護認定を受けてから、介護サービスがケアマネジメント・ケアプランされて提供されている。しかし、施設介護サービスと居宅介護サービスでは介護環境が違うわけであるから、本来ならば要介護度もそれに応じて変化するべきである。現在の要介護認定では要介護者等の障害レベルのみを判定しているので、要介護認定が介護状況にも応じて判定できるためには、介護状況を示す介護モデルに基づく総合介護度による判定が必須である。介護時間だけでは介護サービス全体を把握することは困難であり、身体介護、認知症介護、介護負担度等を把握できる新しい介護評価による介護モデルを構築する必要がある。真正の要介護度を知るためには、介護時間だけによらない別の判定である総合介護認定による包括的介護評価が必要である（図5-1）。その総合介護度による質的介護評価にて、介護サービスの困難度、関わり度、必要度等が把握できるようになる。

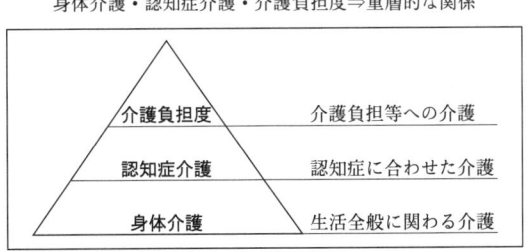

身体介護・認知症介護・介護負担度⇒重層的な関係

介護負担度	介護負担等への介護
認知症介護	認知症に合わせた介護
身体介護	生活全般に関わる介護

図5-1　包括的介護評価による総合介護認定

第5節　介護時間による介護サービスの標準化と専門性の課題

　要介護認定基準は、介護サービスの標準化を構築するために、その基本的な介護時間の介護評価がされている。介護サービスの特性を把握しながら、介護時間による介護サービスの標準化の課題について検証する。

（1） 介護サービスは人対人のサービス

　介護サービスというサービス業は「人対人」の直接介護サービスであり、要介護者等の心身の障害状況だけで、介護サービスのすべてを把握することは非常に困難である。介護保険制度の要介護認定では、要介護者等の心身の障害度に対する認定調査だけがされており、そのために実際の介護状況は、要介護認定の要介護度の結果とは乖離している。1分間タイムスタディによる介護サービス業務内容だけの調査では介護状況の把握は困難であり、介護実態との乖離が出ている。

　介護状況を含めた調査内容であれば、介護サービスを提供している介護実態により近づくことになる。家庭での家事、掃除や食事の準備、洗濯などは、要介護者等に直接に介護する介護サービスではなく、その他の別の場所で行われている間接介護サービス業務も介護評価すべきである。認知症における徘徊などの問題行動に対処も、介護環境によっても介護サービスの差異がでる。1分間タイムスタディは、調査員が介護職員等に付いての調査であり、直接的な「人対人」サービスだけを調査して解析している。たとえ介護職員に調査員が付いても、実際に人が直接に処遇しない人対人の介護サービス量は案外多く、直接に処遇されなければ記録の対象にならない。

（2） 介護サービスは障害度だけに応じていない。

　1分間タイムスタディの調査では、施設介護サービスにおける介護サービス業務に関する48時間の調査しか行われていない。実際の介護サービス業務は日々さまざまに異なっている。要介護等者の状態や障害度に関係なく、介護職員が優先する介護サービス業務が多く提供されている。限られた介護職員で介護サービスを提供するので、介護サービスを介護労働時間内には終了させるために、実際は要介護者等の介護状況を優先して応じているのではなく、介護職員の都合又は介護サービス業務の実施そのものが優先されている。そのような介護時間の調査だけで、介護サービスの標準化と専門性に基づく要介護認定を構築することは困難である。

（3） 介護時間はどのような介護を意味しているか。

　要介護認定の介護時間は、実際に介護職員が直接に関わった介護サービス業務の介護時間だけを解析している。調査した介護サービス業務は、それぞれは要介護者等の介護状況に応じて提供される介護サービス業務だけではない。必要な介護サービス業務がどれくらいの割合を占めているかは、ほとんど介護時間の調査だけではわからない。

　必要な介護サービスには、直接的な「人対人」サービスではない介護サービス業務もあるので、介護時間だけでは実際の介護状況はわからない。実際の居宅介護サービスでは、家事等の生活関連活動に関することに多くの介護時間をかけて、ひとり暮らしの場合は、買い物から何から何まで訪問介護員等が自分で全てをしなければならない。直接的でない介護サービスの場合は、1分間タイムスタディではまったく介護評価されないことになる。たとえ調査されて

も、介護職員による直接処遇に含まれないと、その介護時間は解析過程では省略される。調査した介護時間と、要介護認定で推定される介護時間は、ほんの30.2%しか一致していないのである。つまり調査された介護時間は、推定された介護時間の数値のほんの3割のみが、実際の介護状況を示しているにすぎない（土肥徳秀「全国一律不公平」萌文社、77頁、2000）。

　介護をする側あるいは介護される側どちらにも立ってから調査すべきである。それらの両者による調査を照らし合わせることで、介護状況の全てではなくても、介護実態により近づくのである。

（4）　介護労働時間としての介護時間

　介護時間をもとに開発された一次判定を、要介護認定の要介護度として、介護される側の「必要とされる介護」とされている。しかし介護現場の介護職員はみんな、自分達の行っている介護サービス業務が、受ける側の「必要性」を満たしていないことに気付いている。その限られた介護時間内で行うことは何かを諦めなければならない。それでは介護する側から判断した介護サービスだけになってしまう。

　介護保険制度における要介護認定には、本来は要介護者等にとってどのような介護サービスがどのくらい必要かという視点がある。実際にケアプランを立てる時は、そのような介護サービスの必要性から介護サービスをサポートできるようにケアプラン策定すべきである。介護サービス計画を実践しながら介護サービスの必要度を再評価してから、さらにケアプランを練り直すべきである。介護保険の実施により、まず実際の介護現場で優先的に介護評価されているのは、それにかかる介護サービス費用と介護サービス時間である。介護報酬と人件費等を含めた様々な介護費用と介護労働時間を優先しながら、ケアプランがされている傾向にある。

（5）　マネジドケアのための介護時間

　本来は要介護認定における要介護度は、要介護者等がどのような介護サービスをどの程度必要としているかを示唆する基準であり、その人に介護サービス費用がどのくらいかかるのかを計算する基準ではない。しかし現在の介護時間による要介護認定の要介護度では、介護サービス費用や報酬を区分して算定する基準となっている。

　介護保険制度は、増大しながら破綻しかけている医療保険制度等の社会保障制度財政の立て直しの為に創設された。その介護サービス費用を調整して管理するマネジドケア（Managed Care）のために開発されたのが、要介護認定による要介護度である。本来の要介護認定の目的が、介護サービス費用を管理するために構築されたのである。そのために介護する側の視点による介護労働時間に合わせた調査となっている。それには介護される側からの介護サービスの視点はない。要介護者等は何の介護サービスを必要としているのではなく、介護職員がどのような介護サービスを提供したかにこだわった調査となっている。どのような介護サービスが必要なのかということは省略された要介護認定となっている。

介護保険施設では個人のみの介護サービスを提供するわけではない。例えば「入浴」は限られた時間の中で、介護保険施設のほとんど全員の方を連続して入浴させる場合がある。介護職員はとにかく限られた介護労働時間内で、今日介護しなければならないことを今日終了させるように介護する。その介護職員の人数も限られているために、要介護者等の方は、いわば着せ替え人形、浴室はその洗い場となり、ベルトコンベアーのように数分間という介護サービス時間の間隔で次々に、しかも手際よく入浴介護が行われている。要介護者等が裸のまま布一枚をまとい、車椅子に座り浴室の前にずらりと並んでいる場合もある。あるいは入浴を拒否する人を数人で押さえつけて浴室に連れていくこともある。要介護者自ら動作できる人も、その介護時間がかかるので介護職員がすぐに介助してしまう。ここには介護サービスにおける尊厳のある生活（ROL）や個別性、多様性というようなことには、程遠い介護状況も現存している。

　すべてを要介護者等の個人や多様性に合わせる介護サービスこそが、介護される方にとっては必要とされる介護サービスといえる。そのような介護サービスを標準化して専門性を向上するためには、量的介護評価を問う介護時間だけで判定するのではなく、介護サービスの質的介護評価を問う総合介護認定にすることが求められているのである。

謝辞

　多数の保健福祉機関および関係者にご支援とご協力を賜り、ここに深謝申しあげます。この研究成果の一部は、2002年から2003年度の科学研究費補助金（基盤研究）「1分間タイムスタディによる介護モデルの構築に関する研究」による。

参考文献

1) 石田一紀、住居広士『納得できない要介護認定―介護保険のブラックボックスの秘密―』萌文社、1999。
2) 日本介護支援協会監修『要介護認定SOS―介護保険で泣かないために―』インデックス出版、2000。
3) 土肥徳秀『全国一律不公平―損する人トクする人が出る要介護認定―』萌文社、2000。
4) 全国社会福祉協議会『特別養護老人ホームのサービスの質の向上に関する調査研究（報告書）』1994。
5) 全国社会福祉協議会『保健医療福祉サービス供給指標研究事業報告書』1996。
6) 要介護認定調査検討会「第10回要介護認定調査検討会議事次第」2000年3月28日。
7) 関庸一、筒井孝子、宮野尚哉「要介護認定一次判定方式の基礎となった統計モデルの妥当性」応用統計学会、29、101-110、2000。
8) 筒井孝子「高齢者の要介護および要介護推定方法に関する研究」医療経済研究、3、117-129、1996。
9) 住居広士「要介護高齢者の介護度による介護モデルの構築」厚生の指標、45、16-23、1998。
10) 日本医師会総合政策研究機構「要介護総合分類の開発に関する研究調査」日医総研報告書、1997。
11) 全国老人問題研究会「要介護認定の「問題」の再検討」ゆたかなくらし、246、8-66、2002。
12) 住居広士、石田一紀「介護保険における要介護認定基準と介護サービスの標準化―要介護認定に関する問題点とその検討」介護福祉学、4、16-29、1997。
13) 日下部みどり、住居広士「一分間タイムスタディで介護を捉えられるか」日本公衆衛生学会誌、48、693、2001。

参考資料　要介護認定初版（1999年版）のケアコード初版一覧表

1. 身の回りの世話

中分類	小分類	ケアコード	ケアの内容
清潔・整容	洗面介助	1	洗面所までの誘導
		2	洗面動作の指示
		3	洗面一部介助
		4	洗面全介助
	口腔清拭	5	口腔清潔（歯みがき等）
		6	うがい
		7	入れ歯の手入れ
		8	口唇の乾燥を防ぐ
		9	必要物品準備
		10	使用物品の後始末
	体の清潔	11	部分清拭
		12	全身清拭
		13	手指浴・足浴
		14	陰部洗浄
		15	乾布清拭
		16	必要物品準備
		17	使用物品の後始末
	洗髪	18	洗髪一部介助
		19	洗髪全介助
		20	必要物品準備
		21	使用物品の後始末
	整容	22	結髪・整髪（準備・後始末含む）
		23	散髪（準備・後始末含む）
		24	爪切り（準備・後始末含む）
		25	髭剃り（準備・後始末含む）、化粧の指導・実施
		26	耳掃除（準備・後始末含む）
更衣	衣服	27	衣服等の準備（靴下、靴含む）、入浴者にタオルを配る、入浴中の患者の衣類を洗濯物入れに運ぶ、入浴の準備でタオルを居室に取りに行く
		28	更衣動作の見守り、指示
		29	更衣動作の一部介助（靴下、靴含む）、トイレ中の衣類の着脱
		30	更衣動作の全介助（靴下、靴含む）
		31	衣服を整える
入浴	入浴介助	32	浴室準備
		33	浴槽、リフトへの誘導
	入浴時の移乗	34	ストレッチャーから、浴槽内リフトへ
		35	浴槽内リフトから、ストレッチャーへ
		36	ストレッチャーから、特殊浴槽へ
		37	特殊浴槽から、ストレッチャーへ、特殊浴槽（用）からストレッチャーへの移乗
		38	車椅子から、浴槽内リフトへ、椅子から浴槽への移乗介助
		39	浴槽内リフトから、車椅子へ、浴槽から椅子への移乗介助
	洗身	40	洗身一部介助、入浴後のタオルでの身体拭き
		41	洗身全介助
	監視	42	浴室内の監視
	機械操作	43	リフトの操作
	浴室整備	44	入浴作業終了後の浴室・浴槽の清掃、洗浄
排泄	誘導・移乗	45	トイレ（ポータブルトイレを含む）まで誘導
		46	車椅子から、便器・便座への移乗介助
		47	便器・便座から、車椅子への移乗介助、車椅子からポータブルトイレへの移動
	排尿介助	48	排尿動作援助（衣服の着脱等は除く）
		49	排尿時の見守り
		50	排尿後の後始末
		51	尿収器の後始末
		52	ポータブルトイレの後始末
		53	膀胱訓練の準備・実施・後始末、手圧排尿・殴打法の準備・実施・後始末
		54	導尿、膀胱・膀胱瘻留置カテーテルの交換
		55	膀胱洗浄の準備・実施・後始末
		56	膀胱留置カテーテルの観察、尿量チェック・測定、尿パック（ウロガード等）の交換、採尿具（ユリサーバー、ユリドーム等）の着脱、尿パットの交換
		57	必要物品準備
		58	排尿頻度、量、間隔のチェック
	排便介助	59	排便動作援助（衣服の着脱等は除く、腹部マッサージを含む）
		60	排便時の見守り
		61	摘便の準備・実施・後始末
		62	浣腸の準備・実施・後始末
		63	人工肛門のケア・後始末
		64	必要物品準備
		65	排便の後始末
		66	さしこみ便器の後始末
		67	ポータブルトイレの後始末
	おむつ	68	おむつ除去、装着
		69	おむつの点検
		70	おむつ交換の必要物品準備、オムツ交換のため訪室するが、看護師が処置のため部屋で待つ、オムツ装着のため患者が帰室するのを部屋で待つ
		71	その後の後始末
食事・栄養・補液	食事（朝・昼・夕）	72	食事の準備（エプロン、お茶、お湯用意、配膳）、配膳後、食札の数の確認
		73	食事中の見守り
		74	食事部分介助（食事を食べやすく切る、すりつぶす）
		75	食べ物を口にもっていって食べさせる（スプーンフィーデイング）
		76	嚥下困難の援助、半側無視や水分誤飲に対する援助・指導
		77	食事の後始末、下膳、配茶後の後始末
		78	食事摂取量・水分量チェック、水分出納管理やカロリー計算
	食間食（分割食）	79	おやつの準備（エプロン、お茶、お湯用意）、配茶前に患者全員の冷茶を捨てる
		80	食べ物を口にもっていって食べさせる（全面介助）
		81	部分介助

		82	見守り
		83	後始末、下膳、患者私物のやかん・薬のみを集め洗浄
	飲み物	84	飲み物の用意
		85	飲み物摂取介助
	栄養	86	経口栄養の準備
		87	経口栄養の実施
		88	経口栄養の後始末
		89	経管栄養（経鼻、胃瘻）の準備
		90	経管栄養の実施
		91	経管栄養の後始末
	嘔吐	92	嘔吐に対するケア、使用物品の準備・後始末
	輸液・輸血	93	点滴、中心静脈栄養（IVH）、輸血（クロスマッチを含む）の準備
		94	点滴、中心静脈栄養（IVH）、輸血の実施
		95	点滴・中心静脈栄養（IVH）、輸血の滴下の調整、観察、静脈圧測定、見守り、交換
		96	輸液・輸血中の固定、上下肢の抑制
		97	点滴、中心静脈栄養（IVH）、輸血の抜去・後始末
起居と体位変換	体位変換	98	体位変換一部介助
		99	体位変換全介助
		100	枕・足底板・円座・離被架使用
		101	必要物品準備、ストレッチャーにタオルを敷く
		102	使用物品後始末
	起居の援助	103	身体を起こす、ささえる
		104	ギャッチベッドの操作
		105	ベッドからの昇降介助
移乗	移乗の介助	106	ベッドから、車椅子へ
		107	車椅子から、ベッドへ
		108	ベッドから、ストレッチャーへ
		109	ストレッチャーから、ベッドへ
		110	車椅子から、床・マットへ
		111	床・マットから、車椅子へ
		112	車椅子の操作、車椅子の移動（入所者が乗っていない状態）
移動（施設内）	移動の介助	113	歩行の見守り
		114	歩行の介助、歩行器で移動の介助
		115	車椅子による移動の見守り
		116	車椅子による移動の介助、浴槽内の歩行の介助
		117	ストレッチャーによる移動、浴槽内から車椅子への移乗介助、浴槽内での特殊浴槽（用）ストレッチャーの移動
身体機能の維持・増進	訓練等の補助	118	起坐練習の援助
		119	歩行訓練、立位訓練等の補助
		120	器具を使って運動の補助を行う
		121	装具の装着を介助する（監視を含めて）
		122	作業療法的活動の補助
		123	マッサージ、さする
		124	体操介助、食事前の患者自身の体操
		125	マッサージ師の補助
問題行動	問題行動への対応	126	徘徊老人への対応、探索
		127	不潔行為に対する対応（不潔物等の後始末含む）
		128	暴力行為、暴言等への対応
		129	抑制帯の脱着、拘束着の鍵の開閉
		130	その他の問題行動への対応
巡視・観察・測定	巡視・観察	131	（夜間）巡視、容態観察
	バイタルサイン	132	バイタルサインのチェック、血圧・体温・脈拍・呼吸の測定、バイタルサインを測定する為の物品準備、検温表と体温計を準備する、入浴前の全身の皮膚の状態のチェック
コミュニケーション	コミュニケーションの援助	133	本を読む、手紙の代読
		134	手紙の代筆
		135	伝言の代行
		136	新聞、手紙、雑誌等の配布
	声かけ	137	日常会話、声かけ、職員から入所者への挨拶（朝・夕・定時）
	ニードの把握	138	ニード、訴えを知る
		139	ナースコールの受信応答
		140	入院・入所者からのコール等による移動
	心理的援助	141	励まし、慰め、カウンセリング
	助言・指導	142	食事、服薬、尿路感染・褥創予防等に関する助言・指導
	物の扱い	143	物をとってあげる、たばこの火をつけてあげる等
入退院・入退所	手続き	144	玄関で迎える、居室まで案内、同室者への紹介、入所時のオリエンテーション、退院時、患者を車まで送る
外出	散歩	145	散歩
	付き添い	146	買い物の付き添い
寝具・リネン	寝具・リネンの交換	147	寝具を整える、ベッドメーキング、入院のためのベッドメーキング
		148	寝具、リネン交換
		149	必要物品準備
		150	使用物品後始末
		151	ふとんを干す
環境	ベッドまわり	152	床頭台を整頓、ナースコールの準備
		153	オーバーテーブルの準備・後始末
		154	ベッド柵つけはずし
	居室内	155	換気・温度調節、冷房、窓の開閉、加湿器等の調整、電気毛布の温度調節
		156	採光・防音調整、ブラインド、カーテンの開閉、ライトやテレビのオン・オフ、テレビチャンネルの選択
		157	居室内の掃除、居室の洗面台の消毒、居室のゴミ捨て、環境整備（居室内の掃除）の準備・片付け
		158	（お年寄り所有の）生け花、鉢植えの水替え・手入れ、小鳥の世話
入院・入所者の物品管理	物品管理	159	衣服、日用品整理、入れ替え、不要物品の整理、ロッカー整頓、患者所有の食品を冷蔵庫に保管する
		160	日用品、衣服の名前付け、ネームプレートの作成
		161	衣服の修理、縫い
	補助器具	162	患者用補助器具の管理
	買物	163	買物（入所者の依頼の物品の購入）
	金銭管理	164	入院・入所者の小口現金管理
洗濯	洗濯	165	洗濯物を集める、洗濯室に持っていく
		166	洗濯機等の準備、操作、手入れ
		167	洗濯物を手洗いする
		168	洗濯物を干す（屋外・屋外）
		169	洗濯物をたたむ、洗濯物の整理

第5章 要介護認定における介護サービスの標準化と専門性

		170	洗濯物の居室への配布等を行う
起居	起居	171	端座位から臥床させる、寝かせる
排泄	移乗	172	ベッドからポータブルトイレへの移乗介助
		173	ポータブルトイレからベッドへの移乗介助
入浴	移乗	174	車椅子から特殊浴槽ストレッチャーへの移乗介助
		175	特殊浴槽ストレッチャーから車椅子への移乗介助
移乗	移乗	176	車椅子から椅子等への移乗介助
		177	椅子等から車椅子への移乗介助
入浴	移乗	178	浴槽外から浴槽内への移乗介助
		179	浴槽内から浴槽外への移乗介助
		180	抱える、抱き上げる、背負っての移動
その他の見守り	その他の見守り	181	その他の見守り

2. 投薬・処理

中分類	小分類	ケアコード	ケアの内容
薬剤	経口薬・坐薬	201	処方箋と処方薬の照合、薬の区分け、与薬の準備
		202	薬を患者に配布、経口与薬の実施・確認、服薬介助、注入食に薬を注入する
		203	坐薬（緩下剤、解熱剤等）の挿入
	注射	204	皮内・皮下・筋肉・静脈注射、エピドラ（硬膜外注射）等の準備・実施・後始末
	薬品管理	205	薬品戸棚、与薬車の管理、常備薬の管理、保冷庫の管理
処置	吸引	206	吸引の実施・準備・後始末
	吸入	207	吸入療法・ネブライザーの準備・実施・後始末
	皮膚	208	褥瘡、外科創等の処置・包交、軟膏塗布、薬浴、皮膚のケアの準備・実施・後始末、軟膏を混ぜる
	眼・鼻・耳	209	点眼液・眼用軟膏、点鼻薬、耳外用薬の準備―実施・後始末、鼻出血の
	湿布	210	温・冷あん法、冷・温湿布、湯タンポ、氷嚢・氷枕の準備・実施・後始末
	排痰	211	タッピング、体位排痰法、略痰用バイブレーターの準備・実施・後始末
	その他の処置	212	透析（HD、CAPD）関連のケア
		213	ベッド上での牽引の準備・観察・後始末
		214	ギプス巻き、カットの準備・後始末
		215	酸素吸入の準備・実施・後始末（テント法・経鼻力テーテル法・マスク法）
		216	気管内挿管の準備・実施・後始末、気道の確保
		217	気管切開、気管切開部のケア、カニューレ交換・準備・後始末、アルコール綿等を作る
		218	レスピレーター・人工呼吸器使用中の観察
		219	胸腔内持続吸引等その他の力テーテルの管理、準備・実施・後始末
		220	術前処置、剃毛の準備・実施・後始末
		221	重傷・危篤時の看護、カウンターショック（除細動操作）・心肺蘇生法等
測定	測定	222	身長・体重・腹囲等の測定、準備・実施・後始末
検査	検査	223	検体の採取（血液、便、尿、痰、胃液等）の実施・準備後始末
		224	心電図・呼吸機能検査、院内の検査等への付き添い
		225	検査用物品の準備・後始末
診療援助	院内診療介助	226	診察の介助・準備・後始末、生検・穿刺等の介助
		227	処置中の固定、上下肢の抑制
	他院受診援助感染予防	228	通院・入院・受診援助、付き添い（身の回りの物の準備、入院手続き）
感染予防	感染予防	229	予防着等をつける、ガウンテクニック
		230	手洗い、消毒液の交換
		231	分離・隔離に伴うケア
		232	使用物品の消毒、尿収器・便器・ポータブルトイレの消毒
		233	不潔汚物・注射針等の処理、廃棄
死後の処置	死後の処置	234	死後の処置
特殊な処置	特殊な処置	235	特殊な医療的ケア（シャントブッシュ等）

3. 機能訓練

中分類	小分類	ケアコード	ケアの内容
身体機能の評価	関節可動域	301	関節可動域・可動性の評価・検査
	筋力	302	筋力の評価・検査
	その他	303	筋緊張の評価、反射、感覚検査、疼痛の評価・片麻痺機能テスト等
身体機能の訓練	訓練	304	関節可動域訓練
		305	筋力増強訓練
		306	嚥下訓練
身体機能の訓練	訓練	307	上肢機能・手指巧緻性の訓練
		308	協調性訓練
		309	耐久性訓練
基本動作	基本動作訓練の説明	310	寝返り、起き上がり、座位、立ち上がり、立位、移乗動作、車椅子操作・駆動、歩行等の動作訓練についての内容・目的・手順の説明
	基本動作のデモ	311	基本動作のデモンストレーション（寝返り、起き上がり、座位、立ち上がり、立位、移乗動作、車椅子操作・駆動、歩行等の動作を行ってみせる）
	基本動作の評価	312	寝返り、起き上がり、座位、立ち上がり、立位、移乗能力評価、車椅子操作・駆動の評価、歩行・歩行能力評価等
	寝返り	313	寝返り訓練：口頭指示、見守り
		314	寝返り訓練：部分介助
		315	寝返り訓練：かなり介助して
	起き上がり	316	起き上がり訓練：口頭指示、見守り
		317	起き上がり訓練：部分介助
		318	起き上がり訓練：かなり介助して
	座位	319	座位訓練：口頭指示、見守り
		320	座位訓練：部分介助
		321	座位訓練：かなり介助して
	立ち上がり	322	立ち上がり訓練：口頭指示、見守り
		323	立ち上がり訓練：部分介助
		324	立ち上がり訓練：かなり介助して
	立位	325	立位訓練：口頭指示、見守り
		326	立位訓練：部分介助
		327	立位訓練：かなり介助して
	バランス	328	バランス訓練：口頭指示、見守り
		329	バランス訓練：部分介助
		330	バランス訓練：かなり介助して
	移乗	331	移乗訓練：口頭指示、見守り
		332	移乗訓練：部分介助
		333	移乗訓練：かなり介助して
	車椅子	334	車椅子操作・駆動訓練：口頭指示、見守り

大分類	中分類	小分類	ケアコード	ケアの内容
			335	車椅子操作・駆動訓練：部分介助
			336	車椅子操作・駆動訓練：かなり介助して
		歩行	337	歩行訓練：口頭指示、見守り
			338	歩行訓練：部分介助
			339	歩行訓練：かなり介助して
		装具装着	340	装具装着訓練：口頭指示、見守り
			341	装具装着訓練：介助しながら
	日常生活動作	評価	342	食事、排泄、更衣、入浴、整容、調理など日常生活動作の評価
		日常生活動作訓練	343	食事動作訓練
			344	排泄動作訓練
			345	更衣動作訓練
			346	入浴動作訓練
			347	整容動作訓練
			348	移乗動作訓練
			349	調理動作訓練
			350	家事動作訓練
	物理療法	リハ室での牽引	351	説明・準備・実施・確認
			352	結果確認・後始末
		温熱療法	353	説明・準備・実施・確認
			354	結果確認・後始末
		電気療法	355	説明・準備・実施・確認
			356	結果確認・後始末
		マッサージ	357	マッサージ
	運動療法	運動療法	358	神経筋促通手技等
	高次機能などの評価	高次機能などの評価	359	知的精神機能評価、失行・失認等の評価
	言語療法	評価	360	コミュニケーション、失語の評価、構音障害の検査、失語症検査の実施
		訓練	361	発声・発語器官の運動をさせる、発声練習をさせる、構音練習をさせる
	作業療法	作業療法面の機能	362	嚥下、上肢機能・手指巧緻性、協調性、耐久性の評価、作業能力評価
		遊び	363	受動的遊び、運動遊び、視覚、聴覚、触覚、前庭覚、構成、描画、知的グループ遊びを指導、実施させる
		木工・手工芸など	364	革・竹・藤細工等、編み物、手芸、陶芸、組立モデル、版画、習字、縫い物、彫刻、金工、簡易作業等
		訓練	365	プリーによる訓練、セラプラスト訓練、書字・文具・楽器使用・事務的活動訓練（ワープロ、タイプ、パソコン等）
	その他のリハ関連	その他	366	訓練用具等の準備・かたづけ
			367	訓練教材、スプリントの作成、作品の仕上げと修正
			368	装具・治療器具等の選定およびチェックアウト
			369	住宅改造関連、評価、改造箇所の検討、図面の作成、記録

4. 行事、連絡、報告、会議、研修など

中分類	小分類	ケアコード	ケアの内容
行事・クラブ活動	行事・クラブ活動	401	計画・準備、クラブ日誌、行事記録、写真・資料整理、施設内広報資料
		402	クラブ、レクリエーション活動中の援助
		403	行事実施
		404	行事の後かたづけ
	飾り付け、展示	405	各室・廊下の飾り付け、展示物の陳列
	葬儀等	406	通夜、告別式等の準備、出席、後かたづけ
連絡・報告、情報収集	家族に対する情報収集	407	家族への連絡・応対・調整等の話合い、病歴・生活全般・家族についての情報収集
	家族に対する指導・助言	408	ケアに関する指導（食事・水分摂取、排泄、入浴、健康管理、環境等）
	職員間の連絡	409	職員間の連絡、打ち合わせ、申し送り、伝達、他職員を捜す、連絡、職員の朝礼、他部署と電話で業務連絡
	外部・他機関との連絡	410	医療、行政担当者、義肢装具士、ボランティア等との連絡・情報収集、Dr.から指示を受ける、夜勤で外勤の対応
ケア関連会議・記録	ケア関連会議	411	ケース会議、ケアに関する打ち合わせ、介護計画、個別ケア方針等
	ケア（介護）記録看護記録リハ記録	412	カーデックス、看護記録、ADL評価記録、リハビリ記録、ケース記録、個別介護記録、受診ノートの記入、入退院（所）時の記録、入所・入所者台帳記録、診断書作成補助等、コンピュータ、電子手帳に記録・送信
	整理	413	入院カルテ・レントゲンフィルム・伝票類・ファイルの整理、書類のコピー、カルテ記入の準備・片付け
勤務関連	勤務表・日課表等	414	勤務表・日課表等の作成、看護・介護職員日誌の記入等
	その他の会議	415	職員会、その他の会議（ケア会議以外の）、各種委員会
設備・備品の保守・管理	設備・機器の保守等	416	施設の設備や機器の保守、点検、修理、交換、連絡、（心電図モニター、人口呼吸器、車椅子、ベッド等を含む）、戸締まり点検
	治療器材、消耗品の注文	417	注射器材、治療器具・器材の管理・購入、日用品、衣類等の補充、購入、リネン・おむつ数量チェック注文等
屋内の整理・清掃	看護・介護職員室	418	職員室の整理・整頓、掃除
	共用部分・各室	419	処置室、器材室、汚物室、プレイルーム等の整理、整頓、共用部分・廊下・庭・窓ガラス・庭木等の清掃、消毒、ゴミ捨て等
研修・指導	研修・指導	420	院内・施設内研修、（新人）職員、実習生、ボランティアへの指導
夜勤時の対応	待機	421	夜勤時の待機、日勤帯での詰所待機、配膳者が病棟に運ばれて来るのを待つ
	仮眠	422	夜勤者の仮眠
職員の行動	職員自身の移動	423	職員自身の移動、ストレッチャーを他病棟へ借りにいく
	業務に際しての更衣	424	職員の着替え
	腰痛体操等	425	健康維持管理のための体操
	食事・休憩	426	職員自身の食事、休憩、トイレ等
	私用	427	電話、外出、職員同士の私的会話・連絡事項、職員同志の挨拶

5. 在宅ケア関連

中分類	小分類	ケアコード	ケアの内容
食事・栄養・補液	調理	501	食事、保存食を作る
	栄養	502	胃チューブ（経鼻カテーテル）の交換
		503	胃チューブ（経鼻カテーテル）の観察
その他の処置	検査	504	在宅での検査・測定（レントゲン、心電図、血糖値等）準備・実施・後始末
	医療器具等の点検	505	在宅酸素吸引器その他の点検
	注射等	506	自己注射（インシュリン注射等）の指導・管理等
入浴介助	浴室内	507	浴槽内への移動の介助
薬品	定時薬準備	508	定時薬の区分け、飲みやすいよう区分けしておく
社会的活動	申請	509	申請書類の記入、提出
	交際	510	回覧版等の管理、来客への対応、福祉サービスへの対応
緊急対応	転倒等への対応	511	応急処置等

（出所）サービス供給指標調査研究事業報告書 Total Care Code （T.C.C.）ケアコード表を一部改変（全国社会福祉協議会、pp.436-452、1995年3月）

第6章
要介護認定改訂版における介護サービスの標準化と専門性

第1節　要介護認定改訂版による変更

　介護保険制度が 2000 年 4 月 1 日から施行されて、1 分間タイムスタディを基軸とした要介護認定等基準時間が、1999 年 10 月から要介護認定初版の尺度として要介護度が判定されていた。その要介護度の順位づけによって、介護報酬を受給する 1 人当たりに提供される介護給付費の上限や要介護度別の介護報酬などを設定している。介護サービスの標準化と専門性が、介護時間という「ものさし」で量的介護評価されることになった。しかし介護保険制度が施行されて以来、要介護認定等の要介護度を判別する介護時間の量的介護評価では、特に認知症の介護評価等が十分に行われていないという批判が多く聞かれた。

　そのために第 8 回要介護認定調査検討会（2001 年 3 月）において、要介護認定改訂版の一次判定の策定に向けた調査方法が公開されて、2003 年 4 月からその要介護認定一次判定ソフト改訂版（2003 年版）が使用された。要介護認定の実施方法も見直され、要介護認定改訂版のコンピュータソフトは初回の要介護認定初版（1999 年版）よりも精度が上がり、介護時間の推計が正確になり、認知症高齢者の一次判定がより正確になったと要介護認定調査検討会には報告されている。

　要介護認定改訂版のために調査が行われた 1 分間タイムスタディは、その調査方法も、介護サービス業務内容に使用されたケアコード分類も、初回の要介護認定初版とはかなり異なっている。実際はこのタイムスタディ調査方法の変更が、要介護認定ソフト改訂版における一次判定をさらに要介護認定初版の「寝たきり有利、認知症不利」を強調する結果となっている。そこで、タイムスタディが具体的にどのように変更されたのか、またその変更がどのように介護時間に影響するのかを考察する。

第2節　要介護認定初版における介護時間

　要介護認定初版（1999 年版）における一次判定ソフトの基軸となった 1 分間タイムスタ

ディ調査では、一人の介護職員に1人の調査員が付いて1分間毎に、全ての介護サービス業務の提供状況をその調査員が観察して記録する他計式調査で行われた。他計式調査であることから、その特徴として客観的に捉えやすい直接身体介護を主に記録する結果となった。また介護職員に付いての調査であるため、介護する側からの介護サービス業務調査という一方向の調査のみであった。介護時間のみを重視しているので、介護時間で捉えにくく、客観的に捉えられない認知症介護サービス業務時間等の測定が困難となっていた。ケアコード分類においても、認知症介護のケアコードが問題行動だけに限定しているケア内容であったため、もし問題行動として出現しない場合の認知症対応介護サービスは、ほとんど認知症介護時間として測定されなかった。要介護認定初版も1分間タイムスタディでは直接身体介護時間を中心に測定して、認知症介護サービス業務時間の測定は困難であった。しかしこの特徴は、そのまま要介護認定一次判定ソフト改訂版にもより強く反映される形となった。

第3節　要介護認定改訂版の介護サービスの標準化と専門性

（1）ケアコードの変更

要介護認定初版（1999年版）では、ケアコードの一部で一部介助、半介助、全介助などの介護レベルが調査されたが（第5章参考資料）、ケアコード改訂版（2003年版）のケアコードでは、単に「介助」のみが調査された（第6章参考資料）。又、初版では細かく介護過程の323

表6-1　ケアコード初版の食事介護過程から改訂版のADL業務

ケアコード初版（TCC）				ケアコード数	ケアコード改訂版			ケアコード数
大分類				5	大分類			9
中分類				58	中分類			48
小分類				323	小分類等			181
大	中	小分類		ケアコードID	大	中	小分類	ケアコードID
身の回りの世話	食事	食事の準備		72	食事	食事	準備	411
		食事中の見守り		73			誘いかけ	412
		食事部分介助		74			介助	413
		食物を口に運ぶ		75			見守り	414
		嚥下困難の援助		76			後始末	415
		食事の後始末		77			水分摂取介助	516
		食事のチェック		78			その他	499
	食間食	5項目		79〜83				
	飲み物	2項目		84〜85				
	栄養	6項目		86〜91				
	嘔吐	1項目		92				
	輸液・輸血	5項目		93〜97				

項目のケアコードがあったが、改訂版では、食事・移動・排泄・入浴など直接身体介護を中心とした日常生活活動（ADL）評価の181項目に限定された（表6-1）。しかも認知症介護に関しては、初版と同様に問題行動のみを取り上げた認知症介護のケアコードとなっており、相変わらず認知症介護の介護評価は不十分である。介護サービス業務に対するケアコード分類はより日常生活活動（ADL）関連業務を中心とするケアコードのために、身体介護のみを主に介護評価して、身体介護動作が主体となるケアコードであるので、介護モデルにおける介護過程からみる生活全般を捉える介護サービスの標準化と専門性の介護評価は困難となっている。

（2）「主なケア」から「限定された」ケアへ

　要介護認定初版では1分間毎に行われた複数の介護サービス業務を全て記録してから、主体となる介護サービス業務を1つ選択して抽出していた。しかし改訂版では「毎分00秒の瞬間に何の介護サービス業務を、誰に、提供しているかを観察し記録する」という毎分00秒に行われている介護サービス業務に限定された方式で調査して記録された（表6-2）。これは調査員がどの介護サービス業務を選択するのかの個別性や多様性を打ち消して、どの調査員も同じ介護サービス業務のケアコードを選択して記録するように限定してから誘導する方式である。

表6-2　1分間タイムスタディ調査と瞬時タイムスタディによるケアコードの差異

初版ケアコード	改訂版ケアコード	ケア記録
138 （コミュニケーション・ニードの把握）	524 （移乗・見守り）	車椅子を準備しながらMさんの訴えを聞く、車椅子への移乗一部介助、Mさんに声かけする。

　初版調査では1分間における複数の介護サービス業務から主な介護サービス業務1つを選択する場合には、調査員の判断により選択されるケアコードが異なる可能性がある。しかし改訂版では毎分00秒と限定すればそのときに行われる介護サービス業務は一つであるから調査員によるタイムスタディの記録は容易となる。しかも他計式調査では毎分00秒における瞬時の観察により、最も客観的に簡易に捉えやすい直接身体介護サービス業務のみが記録され、声かけや不安への対応など精神介護面への介護サービスはほとんど記録されない。このことからも毎分00秒の瞬時タイムスタディでは、ますます直接身体介護が重視されて、認知症や精神介護は無視されるようになる。

（3）瞬時介護時間の内容はケアコード分類に従う

　瞬時介護時間による介護サービス業務の内容は、その前後の介護サービスの流れによって決定される。要介護認定初版の調査では、介護職員の動きは介護サービス業務途上の一時的行動として観察記録され、その介護サービス業務内容はケアコード分類に従って選択されてケアコードが記録される。要介護認定改訂版の調査では、調査記録しながら、その都度ケアコード

分類にしたがってケアコードを記録していく方法がとられている。毎分00秒の瞬時に観察し記録していることから、次の観察時間の毎分00秒までの1分以内に、ケアコード分類を選択して記録しているのである。ほぼ機械的に「介護サービス業務内容の観察・記述、ケアコード内容のコード化、対象者の観察・記述、対象者のID化」を繰り返し実施していく。実際の調査場面では調査員は手順よく調査する必要があり、逆に調査員が迷うことなく、誰が調査しても同じような内容となる方法とした。その意味からしても要介護認定改訂版のタイムスタディは調査員による信頼度を上げるために、逆に介護現場との乖離を大きくして、妥当性をより低下させた方法と言える。

（4） 介護時間の精度と実態は乖離する

タイムスタディ改訂版（瞬時タイムスタディ）調査による実測ケア時間と推定ケア時間の相関性が初版より高まり、精度が上がったとしている（図6-1・図6-2）。

しかし、これまで述べたように要介護改訂版のケアコード分類が初版に比べ、さらに①日常生活活動（ADL）の分割動作を中心とし、認知症のケアコードが不備なこと、②調査方法の変更により、身体介護サービス業務など客観的に捉えられることから記録する傾向にあること、③意図して調査員による記録結果の再現性を重視して、妥当性を低下する記録方法をとっていることなどから、介護実態を捉えることよりも、認定調査の信頼度の精度を上げることに重視されていると言わざるをえない。そして改訂版タイムスタディが捉える介護時間は、初版タイムスタディに比べ、より直接身体介護の分割動作を中心に捉えて、認知症介護や精神介護が軽視されている。また生活全般を捉える介護状況ではなく、介護時間を尺度とした一面的な介護評価であるといえる。

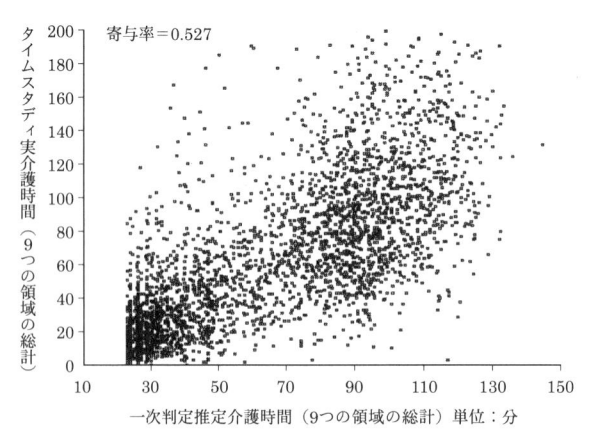

＊1995年に実施された「サービス供給指標調査」（n=2,896）における実測ケア時間と、同調査の結果を基に作成されたソフトによる推計ケア時間の分布

図6-1 要介護認定初版（1999年版）の介護時間分布

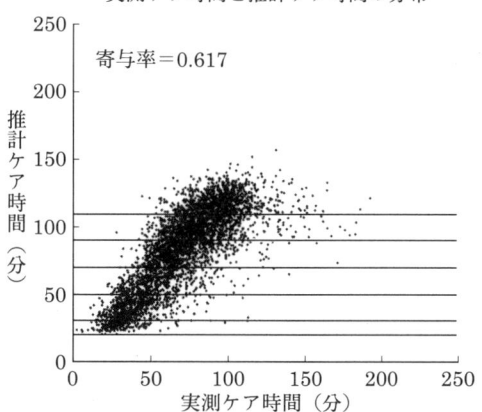

実測ケア時間と推計ケア時間の分布

寄与率＝0.617

＊2001年に実施された「高齢者介護実態調査（施設調査）」（n＝4,478）における実測ケア時間と、同調査の結果を基に作成されたソフトによる推計ケア時間の分布

図6-2　要介護認定改訂版（2003年版）の介護時間分布

第4節　介護時間を基軸とする要介護認定

　タイムスタディによる介護時間データを基軸とする要介護認定は、生活全般に関わる介護サービスの一部を捉えているにすぎないという認識が重要である。タイムスタディが捉える介護時間の内容を検証する必要がある。要介護認定改訂版による「介護時間」は実際に介護サービス業務に関わった客観的な介護労働時間のみを捉えており、「一部介助」や「全介助」の違いによる介護レベルや介護サービスの困難度、また客観的に捉えにくい精神介護は介護評価されていない。生活全般を捉えるための介護サービスの標準化と専門性を介護評価するには、要介護認定の尺度になっている要介護認定等基準時間のほかに別の指標が必要である。客観的に捉えられる介護時間とは別に、寝たきりや認知症の日常生活自立度を捉える指標、問題行動に関する個別的で多様な関わりや特別な医療に関するケアなどを介護評価する「総合介護認定」が必要である。

　介護保険の介護サービスを受けるためには、まず3つのハードルを越えなければならない。第1のハードルとして、40歳以上の全国民は被保険者として一定額の介護保険料を負担しなければならない。第2のハードルとして、要介護認定の審査により、要介護度の判定を受けなければならない。第3のハードルとして、介護サービス利用料の1割を自己負担しなければならない（石田一紀、住居広士『納得できない要介護認定』萌文社、1999年）。介護保険は、第1と第3のハードルが次第に高くなる一方で、その介護保険のハードル自身はその高さの調整ができない。

　全国の市区町村で介護保険料の3年目の介護保険料の見直し作業が進められた。開始から2

年が過ぎて、介護サービス利用量が開始前の予想より上回り、介護保険財政がわずか2年目ですでに約14％の390の自治体で赤字に陥っている（朝日新聞、2002年4月24日）。介護報酬の見直しを議論している社会保障審議会介護給付分科会の議論も、介護サービスの利益団体等による介護報酬単価の引き上げや獲得に奔走している。

その第1と第3のハードルが高くなり、被保険者がその自己負担を飛び越えられなくなる介護保険の財政破綻を避けるための手段として、厚生労働省から要介護認定による第2ハードルに対して伝家の宝刀が抜かれる。要介護認定調査検討会でやっと1年半ぶりの2002年3月28日にそのさやの一部が抜かれ、要介護認定の一次判定ソフト改訂版が公表された。その一次判定ソフト次第で、要介護度ごとの要介護認定者数等が決定されてくる。介護保険料が足りなくなれば、要介護認定の第2のハードルをより高く厳しく設定することで、要支援者・要介護者数を管理調整することになる。

厚生労働省は要介護認定の改善勧告を、各方面から受けて、挙げ句には総務省からも指摘された。それらに対応するために、運用していた要介護認定の一次判定ソフト初版（1999年版）を変更して、その精度を高めた要介護認定改訂版であると説明している。しかし従来通りの要介護認定の判定モデルの方法を単に踏襲しただけで、必ずしも改善勧告に対応できず、財政当局の意向に合うようにハードルが操作されている。この要介護認定改訂版による運用で要介護認定者数を推定して、それを基に介護保険料・介護報酬等が算定されて、2003年4月から要介護認定改訂版が実施された。要介護認定の一次判定ソフトの仕組みが、どのように改訂されたのか、要介護認定初版と改訂版を比較しながら検証する。

第5節　要介護認定改訂版における介護時間の課題

要介護認定の一次判定は、施設の介護職員が要介護者等に提供される介護サービス業務の介護時間をコンピュータで推定することで、要介護度を判別するシステムである。その実測された介護時間は、要介護認定改訂版でも結局居宅介護データは一次判定ソフトの構築には活用されず、施設介護サービス内の調査データだけで構築されている。しかもその調査は1人の調査員が1人の介護職員に付いて、その介護職員が行った1分間ごとの介護サービス業務を書き込んでいるために、入所者側1人1人がどのような介護サービス業務をどれくらい受けたかの調査ではないので、決して要介護者等にとり必要な介護時間を全て示していない（表6-3）。要介護者等が受ける実際の介護サービス業務の質が無視されて、介護サービス提供者の介護労働時間量に成り下がっている。介護する側の直接介護労働時間を調査することで、介護報酬の算定のためや施設等基準の標準データに変貌している。

表6-3　要介護認定における1分間タイムスタディの10の問題点（第5章第3節参照）

> ①認知症介護を捉えにくい。②ケアコード分類の設定が個々に異なっている。③全ての介護サービス業務が記録されない。④個人を特定できない介護時間が記録されない。⑤介護時間にばらつきがある。⑥必要な介護サービスと実際の介護サービスは異なる。⑦介護サービスで介護レベルの差異が記録されない。⑧ケアコード分類を細かく分類しすぎてケア項目が変化する。⑨介護環境によって現れない問題行動がある。⑩介護される側には、介護する側の介護時間では不十分である。

　本来の要介護者等における要介護度を判定するためには、介護時間だけによらない別の指標である総合介護度（TKI：Total Kaigo Index）が必要である。その総合介護度による質的介護評価では、介護サービスの困難度、関わり度、必要度等を把握することができる。1分間タイムスタディ調査による介護サービス業務の介護時間では、介護サービス業務の量的介護評価を把握することは困難である（表6-3）。特に要介護認定システムでは、認知症介護に関して介護時間として介護評価が困難であるために、別の指標である総合介護度の設定が必須である。1分間タイムスタディ調査による要介護認定では、介護モデルに基づく総合介護度を把握することは困難なのである。

　①　要介護時間ではなく、単なる日常生活活動の介護時間となる

　要介護認定改訂版では、介護職員と要介護者等との間の1対1による瞬間の直接介護時間しか調査されていない。介護サービスは、単なる介護サービス業務に関する介護時間の寄せ集めではない。さらにケアコード改訂版では、従来あった一部介助・半介助・全介助などの介護レベルのケアコードも、その区別もなくなり単なる「介助」として調査されている。要介護認定初版（1999年版）では、細かい介護過程に分けて351項目の介護サービス業務を捉えて合算されていたが、改訂版（2003年版）では、食事・移動・排泄・入浴など身体介護サービス業務における日常生活活動（ADL）評価の181項目のみに限定された（第6章参考資料）。その介護時間の質的介護評価や重みづけは、ますます無視されて調査すらされていない。誘いかけ・見守りなどの認知症介護が、身体介護時間の中に隠れてしまう。つまり寝たきり介護時間は増加するも、逆に認知症介護時間はより減少する改訂版ケアコードとなっている。

　ケアコード分類が介護過程に基づかないために、提供された介護サービス業務ごとの介護時間ではなく、さらにADL介護動作あるいは部分的な介護時間のみしか把握できず、要介護者等の全体像を捉えるには、改訂ケアコード分類に問題があった。また認知症介護に関するケアコードの項目は問題行動のみであり、認知症による介護サービス全般に関わる介護サービスの困難度は、介護時間だけでは捉えられない。調査員が付く他計式調査では客観的にわかりやすい身体介護が記録されやすいために、認知症介護が捉えられていない。さらに施設介護サービスという介護環境であるために、直接身体介護ではなく間接的な生活面に関する援助である「食事をつくる」、「掃除をする」、「洗濯をする」などの介護サービス業務は、個別の介護時間として殆ど捉えられない。

② 寝たきり優位、認知症不利の要介護認定

　要介護認定初版での認定調査票の基本調査で行われた要介護者等側に対する85項目の調査も、要介護認定改訂版では相変わらず身体介護障害を中心とする79項目に限定されている。結局は介護職員側からの日常生活活動（ADL）援助に関する介護時間と、要介護者等側のADL関連項目に関連する身体障害項目に限定されている。身体介護障害に限局したために、その相互の相関性がよけいに高まり、実測されたケア時間と推定ケア時間の寄与率を上昇させている（初版（1999年版）一次判定ソフト寄与率（相関係数の2乗）＝ 0.527 → 改訂版（2003年版）寄与率＝ 0.617）（図6-1・図6-2）。要介護認定改訂版では、あたかも精度が上がっているように見えるも、実際は推定ならびに実態ケア時間が介護実態とよけいに乖離している。ADLだけの調査項目と介護時間だけでは、ADLと要介護度が、認知症のない寝たきりの場合に高い相関性を呈することは、すでに2002年8月の日医総研の調査で証明済みである（図6-3）。逆に動ける認知症などの場合には、ADLに関連する身体介護障害が少ないために、ますますADL介護時間と相関しないために、少ない介護時間と判定されてしまう。さらに認知症介護では、要介護者等へのADL介護時間に相関しないため、それらが介護時間を減少させたり、あるいはADL介護時間に吸収されてしまう。ますます身体障害だけに限定されて、認知症介護は除外されている要介護度になる。つまり寝たきり優位、認知症不利の要介護認定になっている。

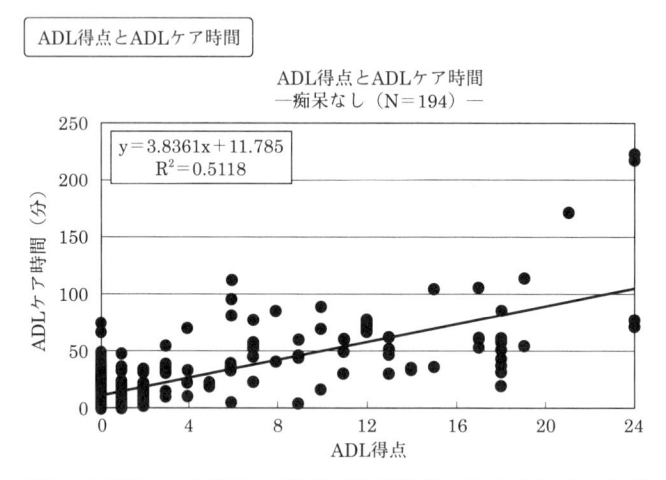

図6-3　ADLケア時間とADL障害との関係（日医総研2001年8月認知症（痴呆）患者に対する二次判定基準構築のための調査研究、R^2＝寄与率＝相関係数の2乗）

③　問題が多い格差が拡大する介護時間

　1対1による直接ADL介護サービスを主体とした介護時間の評価であるために、樹形図により分割される介護時間に、最も大きい影響を与える「食事」から、「排泄・清潔・移動」、「医療関連・間接生活」、最も影響の少ない「機能訓練・問題行動」の群と、t検定で有意差を認める4分割の介護時間グループ群になっている（図6-4）。最も長くなる1対1の食事介護時間が要

介護度の判定の基軸となるようでは、一次判定ソフト改訂版の妥当性に疑義が生じる。

　逆に機能訓練や問題行動の介護時間が最も少なくなり、それ以外との格差が拡大している。機能訓練や問題行動の介護時間がわずかなため、重度寝たきりになり、そのような介護サービスの手間が軽減しても、介護時間自体はあまり減少しない。つまり寝たきり有利で認知症不利な要介護認定改訂版になっている。各方面からの要介護認定に関する改善勧告で最も問題となっているのは、認知症老人に対する要介護度の判定である。それらは従来からの要介護認定初版（1999年版）の結果と相変わらず、問題行動の介護時間が最低の状態になっている。ますます認知症の介護時間が少ない要介護度が軽度となり、ますます認知症不利な要介護認定になっている。

　逆に1対1の介護時間が長くなりやすい「食事」の樹形図でも、大きな問題がある。食事摂取できず嚥下できない要介護者等が3.1分で、嚥下ができて食事摂取が全介助の場合に60.1分になる場合があり、それだけで要介護度が3段階も重度になる。「機能訓練」の樹形図では、上着着脱が全介助で1.5分、「問題行動」では排尿が全介助の場合にわずか2.1分の介護時間になっている。ここにも一次判定ソフト改訂版の特徴である寝たきり優位、認知症不利の樹形図の致命的な欠点が示されている。

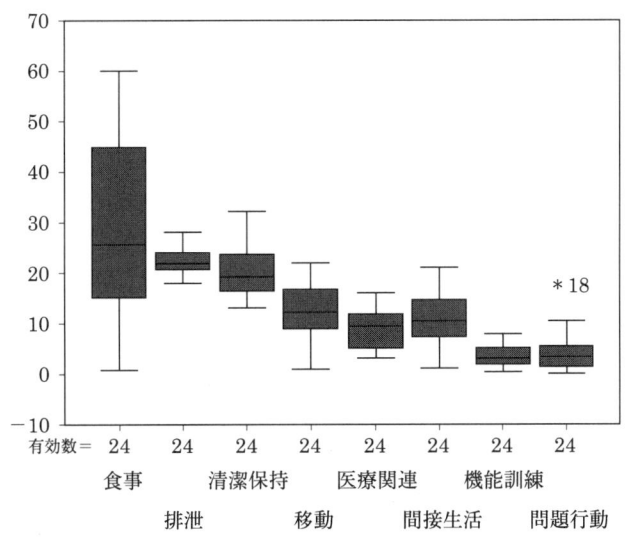

（箱ひげ図は、分布の統計である中央値、50%のケースが赤ボックス内の値となり、それから3倍以上離れている極値（＊）を示す。）

図6-4　改訂一次判定ソフトの樹形図における介護時間の箱ひげ図（↓は認知症高齢者の要介護2の状態像の例で用いられた極値、SPSS）

④　樹形図による逆転現象と変更率

　介護認定審査会での二次判定による要介護認定の変更が次第に増加している。要介護度の変更率が、2000年6月末は21.8%、2002年2月末では28.2%と、毎月0.32%もの上昇を伴

い、2002年度中には30%以上に達している。つまり3人に1人は1次判定ソフトによる要介護度が、二次判定で変更されている。

　この大きな原因は、推定ケア時間を設定するために、実測介護時間に対して樹形図を使用して統計学的に処理しているためである。認定調査の基本調査項目の数カ所に変更を加えるだけで、要介護度は簡単に上下する。樹形図はデータをそれ以上分割しても無意味になるまで、なるべく等質になるように次々と2分割してできあがる。その樹形図は、介護時間グループ間に統計的な有意差がなくても、それとは無関係に分割している。

　一次判定ソフト改訂版によって、推定ケア時間が52.4分で要介護2である典型的な認知症高齢者の状態像の例を検討してみる（第10回要介護認定調査検討会2000年3月28日）。樹形図をもとに、その状態像の例の逆転現象や変動を、改訂上州街道エクセル（http://www3.wind.ne.jp/hassii/kaigo/　一次判定改訂版のエミュレータ）で解析した。要介護2で認知症高齢者の状態像の例では、変更項目数が増えるほど、要介護度の逆転下降する組み合わせ数が非常に増加している（表6-4）。しかし逆転上昇する事例はない。この認知症状態像の例では、逆転現象で要介護度が軽度になることはあっても、決して重度にはならない。一次判定ソフト改訂版で要介護度が変化した時には、逆転現象と順方向変更が発生していることを検証する必要がある。

表6-4　一次判定ソフト改訂版の状態像の例（50.2分→要介護2）の変更に伴う変動

	変更項目数	変更事例数	要介護度 （最大変動）	推定ケア時間 （分、最大変動値）
逆転下降	一項目	4	要介護1	37.5分
	二項目	243	要介護1	33.3
	三項目	9488	要介護1	32.0
順方向下降	一項目	4	要介護1	40.8
	二項目	133	要介護1	34.3
	三項目	2165	要支援	29.3
逆転上昇	一～三項目	該当なし	該当なし	該当なし
順方向上昇	一項目	6	要介護3	82.7
	二項目	529	要介護4	109.8
	三項目	23180	要介護5	133.2

（上州街道.xlsによる推定。例外項目と警告コードは未処理。）

　要介護認定改訂版一次判定ソフトも、実測ケア時間を樹形図でグループを分別している。所詮は樹形図の宿命である調査項目や逆転現象に左右される傾向は、要介護認定初版と比較しても相変わらず起こる。一次判定改訂の樹形図による判別には統計学的にも無理がある。樹形図を用いるから逆転現象が起こりやすくなる。

　その要介護2の状態像の例（要介護認定等基準時間52.4分）の樹形図をたどると、歩行

第6章　要介護認定改訂版における介護サービスの標準化と専門性　95

（できる）→嚥下（見守り必要）→1人で出たがる（ある）とたどり、問題行動関連行為の介護時間の極値である20.3分に導いている（図6-5）。介護時間を20.3分に操作することで、要介護度を1段階より重度にして、改訂版は認知症に対しても改善していると説明されている。

本来ならば、この極値ある20.3分は欠損値として処理されるべきである。改訂版の樹形図の枝切り基準では、要介護認定初版（1999年版）のグループの最小ケース数（N＝25）ではなく、改訂版では類似度であるグループ間の尤離度で枝切りしたために、このような極値が残されている。それをわざわざ典型例として要介護認定の状態像の例として提示することは、まさしく情報操作と言える。つまり要介護認定は、介護保険のブラックボックスのうちに秘密裏に介護時間が操作されている。

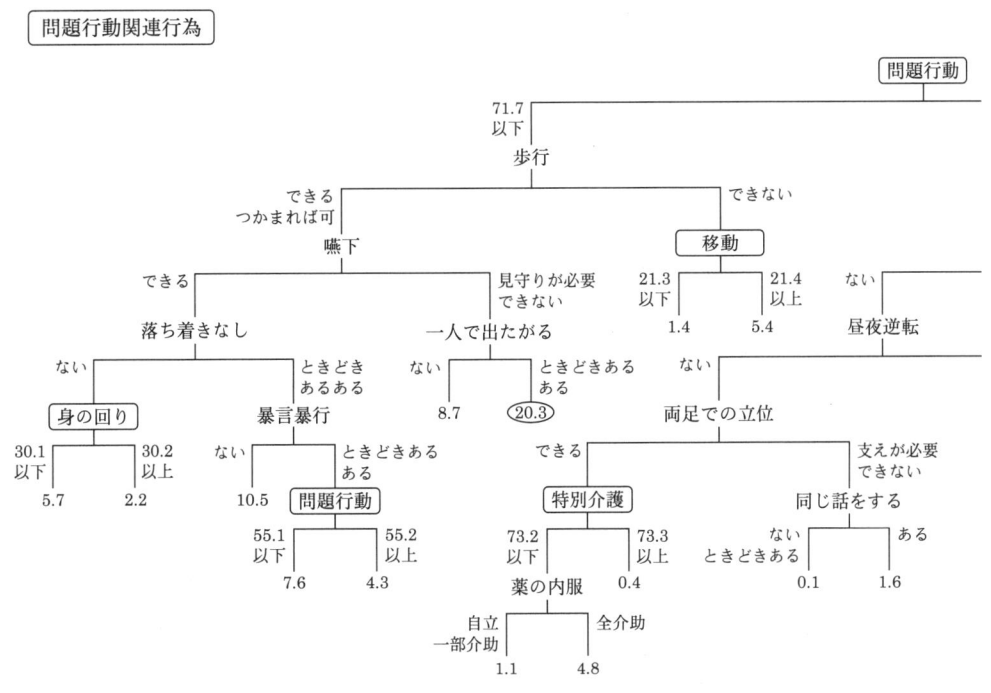

図6-5　一次判定ソフト改訂版樹形図にて状態像の例における問題行動介護時間の極値20.3分への誘導

要介護認定改訂版も、初版と同様に要介護認定SOSの状態である。そのような介護保険の要介護認定で泣かないためには、まず要介護認定の仕組みを情報公開することで、保険者と被保険者ならびに介護保険機関がともに十分に理解することで、二次判定で救済するしかない。要介護認定改訂版では、一部修正だけではもはや使い物にならないことを一次判定ソフト改訂版でも実証している。改訂版は初版の踏襲であり、統計学的に見かけ上は介護時間と要介護度の相関性を高めても、介護実態とはよけいに乖離している。本来ならば介護保険の見直しとともに要介護認定の抜本的な差し替えによる総合介護認定が必須である。

要介護認定ソフト改訂版の開発に、2002年度には17億円計上された。しかし厚生労働省内

での開発を断念して、民間研究所に委託することで責任転嫁している。一次判定認定ソフトは結局初版の介護時間の付け焼き刃となり、各自治体にその責務の転嫁がばらまかれることになる。2003年度からの介護保険制度の見直しを期待している被保険者・保険者・事業所らを裏切って、結局はいままでの通りの寝たきり有利、認知症不利の要介護認定になる。介護保険制度は、厚生労働省により薬害エイズやBSE等と同じように、抜本的な問題は先送りされている。結局は介護保険制度の見直し期間の3年間で、厚生労働省が介護保険の従来の踏襲を前提に準備しているのである。

「介護」は日本から生まれた新しい誇るべき概念である。介護保険の先輩であるオランダやドイツでも基本的には医療保険の補完として考えられている。アメリカには、国民皆医療保険すらない。北欧の高齢者ケアは福祉サービスの一部である。医療からも、福祉からも独立した「介護サービス」を提供する国民保険システムをもつ国は日本の他にはない。医療保険は前門の関所となり、介護保険は要介護認定に基づく後門の関所となる。要介護認定のハードル操作により、介護保険で泣かないためにも、要介護認定の改訂を求め続けることが必要である。21世紀は社会保障費が削減されて縮小していくマネジドケアの時代を迎えている。介護は日本から生まれた新しい概念であり、その介護に対応できる介護保険を護り介けるためには、総合介護認定という新しい時代の適用基準を再構築しなければならない。

第6節　介護サービスの標準化による要介護度の変動

要介護認定改訂版に対して、市区町村の介護認定審査会での二次判定による要介護認定の変更が次第に増加している。このことは一次判定による要介護認定の判定結果が、ますます介護実態とかけはなれていることを示唆している。この大きな原因は、ケア時間の推定に樹形図を使用したためである。一次判定ソフト改訂版でも介護時間の分割に対して樹形図の原理を使用している。認定調査の数項目に変更を加えるだけで、要介護度は簡単に上下する。そのためにかなり極端な変動も認められ、樹形図である限り要介護度の変更率の上昇を招く宿命になる。

樹形図は、データをそれ以上分割しても無意味になるまで、なるべく等質になるように、次々と2分割していくことによってできあがる（『Sと統計モデル』JMチェンバース他、共立出版、1994年）。改訂版でも、コンピュータの統計ソフト（S-Plus数理システム）による樹形図で、類似した推定ケア時間グループごとに、一部の調査項目ごとの変化に応じて、二分割しながら枝分かれした。あみだくじの階段のごとく、基本調査項目の心身の障害程度により、左右に枝分かれて下りながら、推定ケア時間に到達する。樹形図は、ケア時間グループ間に統計的な有意差がなくても、それとは無関係に分枝する。そのため調査項目や実測ケア時間がすこしでも変化すると、全く様変わりした樹形図が生み出される。最初の2層あるいは3層までの枝分かれにしか信頼性がなく、そのあとの層は再現性と信頼性が乏しくなる。

この樹形図により調査項目の障害度が悪化しても、要介護度が逆に軽くなる逆転下降が起こる。あるいは障害度が良くなっても、要介護度が重くなる逆転上昇などが頻繁に認められる（表6-4）。これらの現象は逆転現象と呼ばれ、樹形図を実際にたどることで、簡単にいくつも見いだすことが可能となる。樹形図の本質からこのような要介護度の逆転現象はむしろ当然のことである。樹形図の分割により、本来もつ介護特性とは異なった分析になり、枝分かれの末端に現れる推定ケア時間と介護状況との関係性が薄れてくる。つまり介護実態を反映できない一次判定ソフト改訂版となる。

　一次判定改訂版も、実測ケア時間を樹形図によりグループ分けをした。しかし所詮は樹形図の宿命である調査項目や逆転現象に左右される傾向は、初版と比較しても相変わらずである。そのために一次判定ソフト改訂版では、不公平を是正する変更の指標も添付されている。要介護度の変更のために、調査項目でより重度に変更する項目とより軽度に変更する項目が要介護度変更の指標（○●）にて提示されている。この事例は要介護2で「場所の理解ができない」場合に変更があると要介護1への逆転現象を起こす。上げるべき指標なのに、逆に要介護度が下がり、より重度に変更しにくい。

　要支援の場合にも、「起きあがり」と「立ち上がり」と「片足での立位」ができると、非該当（自立）となる。動ける認知症や独居老人、肢体不自由以外の視覚・聴覚障害者、内部障害者等は要支援となる場合も多く、さらに変更の指標で非該当（自立）へと追い込まれる恐れが出る。手段的日常生活活動（IADL）である洗身・つめ切り・薬の内服・電話の利用が一部介助となると、より重度の要介護1となる。上記の障害者等は、要介助でない場合も多く、つまり要支援となり予防給付さらに介護給付の適用からはずれる非該当や自己責任に追い出される。一次判定ソフト改訂版も要介護認定SOSの状態である。介護保険で泣かないためには、まず要介護認定の仕組みの情報公開により、利用者と提供者ともに十分に理解することで救済するしかない。

　要介護認定は、そもそもの介護時間の実測データから統計処理する段階での大きなミスがあり、その間違いをもう一度しっかり認識しておく必要がある。最も根本的な原因は一分間タイムスタディに問題がある。その間違いにより、さらに樹形図にてその問題を大きくしている。

　逆転現象や樹形図のたどり着いた推定介護時間が実態介護時間に合わないこと、認知症介護時間が反映されないこと、身体介護レベルのみで介護評価がなされることなどの問題がある。そのことからも一次判定改訂版で使用されている樹形図では統計学的処理は困難であり、無理矢理にグループごとに分割する樹形図を用いるからこそ逆転現象が起こりやすい結果となっている。

　樹形図は、有意差のないグループ化であるために、分別されたグループ間にも有意差はほとんどない（図6-6）。統計学での階段状のクラスター分析など、統計上の条件をすこしでも変えれば、どんどん階段や分類体系が替わってくる。枝分かれする数グループの分割までは信頼度はあるも、それ以上を枝分かれの処理するたびに信頼度と妥当性は低下する。介護時間を調査

しても、それが似たもの同志の調査項目ごとの分割になる。そのために似たもの同志が多いほど区分に多くの介護時間が割り当てられる。身体障害の項目でも似たもの同志の介護障害項目で相乗効果になってしまい、ますます身体障害項目と介護時間が密接に関係して、認知症とは乖離してくる。そのような相関関係を推測する場合には、本来ならば似たもの同志となる多重共線性は除外して一つの因子にまとめて、それから本来の相関関係を推測していくべきである。改訂版では、介護時間がもっと似たもの同志になるようにケアコード分類して、寄与率を高めたのである。

　樹形図の統計処理に関する保険数理になると、介護保険関係者はどうも難しいと感じて避けてしまう。しかし要介護認定の要介護度が介護実態と合わないことはたくさんの人が実感している真実である。

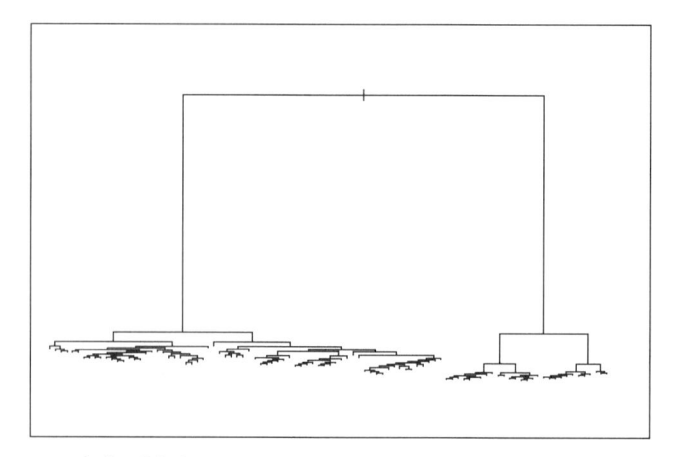

図6-6　要介護認定初版における直接生活介助（整容）の樹形図の統計解析原図
（日本介護支援協会監修『要介護認定SOS』インデックス出版、2000. 介護保険制度ウォッチング　http://www.mars.dti.ne.jp/~doi/）

第7節　介護サービスの標準化による要介護度分布

　2006年3月末時点では、要介護認定者数は総計432万3千名が認定されている。その要介護度の分布は、最重度の要介護5が10.7%であり、いままでの一次判定のモデル事業では、1996年度では要介護5の分布は17.2%、1997年度では20.3%、1998年度では8.3%、1999年度の最終案である初版（1999年版）では13.2%に設定された。さまざまに一次判定ソフトを改訂することで、要介護度の分布が容易に変化する。それは、要介護認定ソフトを作為的にさまざまな都合に変更すれば、要介護度分布を操作できるのである。

　介護保険が実施された直後から、要介護度分布の増減が鮮明になった。2001年9月時点では、要介護度重度の場合には、施設介護サービスでは増大し、居宅介護サービスで減少して、

特に最重度者の要介護5で著しい。施設介護サービスでは、介護老人福祉施設（特養）では4.1％、介護老人保健施設（老健）では2.3％増加し、療養型にて10％も急増している。要介護1の軽度者の場合は、施設介護サービスでは、特養では－7％、老健は－7％、療養型は－6％で、全面的に減少している。その反面、居宅介護サービスは要介護1の軽度者は5.5％増加した。つまり、施設介護サービスは、要介護度の重度者を中心に入所となり、居宅介護サービスから中重度者を吸い上げ、要介護度の軽度者を居宅介護サービスに吐き出している傾向がある。

厚生労働省の調査によると、介護保険事業所における経営状況では、施設介護サービスは収益の4.2～13.1％利潤が出て黒字傾向であり、訪問介護では－3.7％で損益となり赤字である。要介護度の分布による介護報酬では、特養で一人あたり毎月平均34.2万円、老健は37.1万円、療養型は46.3万円の介護給付費の実績があり、ほとんど全てが居宅介護サービスの区分支給限度最高額を上回る。現時点で施設介護サービス経営が安定していても、施設介護サービスでは要介護重度の要介護者の吸い上げ、軽度者の吐き出しの傾向がある。施設介護サービスの待機者がますます増加している現状では、厚生労働省は要介護最重度を最優先させて入所を後押している。さらに施設介護サービス経営が不安定になると、その傾向にますます拍車がかかる。

居宅介護サービスの場合は、訪問介護等では赤字があるために、要介護中重度者も取り込んで、質より回数の介護サービス経営となりやすい。平均的な在宅の滞在時間も、要介護5の介護時間は97.8分で、要介護1は101.1分と逆転現象を起こしている。今後、居宅介護サービスの経営は安定化を求めて、施設介護サービスと同様に、より要介護度の重度化に焦点を絞る傾向が出てくる。居宅介護サービスにおける介護報酬の動向により、その傾向が後押しされる。在宅では、要介護度が重度になるほど入所に有利となれば、家族介護から施設入所へ方向転換される傾向となる。要介護軽度や要支援の場合は、施設・在宅・家族ならびに市区町村からも介護予防が後回しにされて、悲惨な介護サービス放棄が蔓延してくる危険性を伴う。さらに2005年の介護保険改正で、要支援者（要支援1・2）には介護予防サービスが提供されるが、定額介護報酬となり、地域包括支援センターが管轄することで、ますます介護サービスの利用予防が展開されている。

要介護認定改訂版の特徴は、寝たきり有利、認知症不利である。それに従って、寝たきり有利、認知症不利の施設介護サービスと居宅介護サービスが給付される傾向となる。要介護度が軽度であり、手間がかかる認知症老人は、ますます施設介護サービスや居宅介護サービスから敬遠されて追い出される。認知症でも、身体機能の低下を伴うことで、要介護度の上昇があるまで生き延びるか、寝たきりになるしかなくなる。この認知症に特別な補足的介護サービスを提供しようにも、一次判定ソフト改訂版では、認知症介護を明確に要介護認定できない。つまり一次判定改訂版でも、介護保険は、寝たきり有利介護保険、認知症不利保険になる傾向を伴う。

経済学的観点では商品の価格は、その素材と加えられた労働力と需要によって決定される。介護報酬では、素材と需要は基準で規定され、介護労働時間で主に決定されている。A×介護時間（食事）、B×介護時間（移動）、C×介護時間（入浴）に算定する関係が存在する。介護報酬ではA・B・Cを無視して、単に介護時間に比例させて、その介護報酬を算定している。それを要介護度の分布の基準となる介護時間を用いることで、相対的価格評価している。

　介護報酬は、この要介護者等の要介護度の分布により設定され、介護保険の需要と供給が調整される。この分布によって、施設介護サービスの介護報酬と居宅介護サービスの支給限度額等が決まる。介護保険財源の半分は、国・県・市町村からの税金が投入されて、その他の半分は介護保険料から徴収される。財務省からの税金投入の増加が期待できない場合には、介護保険料だけを増加することも困難となる。そのために一定枠の介護保険の財源であるが、居宅介護サービスの中度化、施設介護サービスの重度化が進むような要介護度分布では、施設介護サービスと居宅介護サービスに対する介護給付費用が上昇してくる。そうなるとますます施設介護サービスの重度化は進み、さらに居宅介護サービスが中重度者の受け皿となる。介護サービスは生のある限り終わりのないサービスであり、介護保険も終わりのない社会保険であり、その債務が超過し続けることになる。

　そこで厚生労働省の取りうる最終手段は、要介護認定における要介護認定の基準を厳しく操作することである。一次判定改訂版のロジックを踏襲することで、要介護認定等基準時間の線引きをより上乗せして高く操作することができる。まず要介護5の基準時間を設定して、残りが一律の介護時間で無理矢理に分割されている。この基準時間を高くすることで、介護サービスにおける要介護中重度者の割合を下げて、軽度者の割合を引き上げられる。居宅介護サービスでは、非該当者や要支援者の割合を増やして、それ以外の中重度者数を減少できる。逆に要介護認定等基準時間が引き上げることにより、要介護度分布に基づく介護報酬の設定により、施設介護サービスの介護報酬や居宅介護サービスの支給限度額も操作される。ますます施設介護サービスと居宅介護サービス間の要介護度の重度化を求める傾向が出てくる。それでは医療保険における社会的入院への振り出し状態に戻らないように、同じような要介護度分布の操作をくり返すことになる。その度に要介護認定等基準時間によって厳しく操作される。ますます被保険者にとり利用しづらい介護保険となり、掛け捨ての社会保険となってしまう。要介護認定の根本的なロジックが変わらない限りは、国・国民・保険者・事業所ともに要介護認定のジレンマの中に巻き込まれている。

　要介護認定の関所にて強制送還されて、介護難民として介護保険で泣かないためにも、要介護認定の再構築のための構造改革を再三求めることが必要である。21世紀は社会保障費が削減されて縮小していくマネジドケアの時代を迎えている。介護は日本から生まれた新しい概念である。その介護に対応できる介護保険を将来にわたり持続するためには、総合介護認定という新しい時代の公平な適用基準となる質的介護評価に変革しなければならない。

謝辞

多数の保健福祉機関および関係者にご支援とご協力を賜り、ここに深謝申しあげます。この研究成果の一部は、2005年から2007年度の科学研究費補助金（基盤研究）「介護保険制度と要介護認定における介護モデルの構築に関する研究」による。

参考文献

1) 住居広士『要介護認定とは何か』一橋出版、2004。
2) 石田一紀、住居広士『納得できない要介護認定―介護保険のブラックボックスの秘密―』萌文社、1999。
3) 日本介護支援協会監修『要介護認定SOS―介護保険で泣かないために―』インデックス出版、2000。
4) 筒井孝子『図説よくわかる要介護認定』日本看護協会出版会、1999。
5) 全国社会福祉協議会『特別養護老人ホームのサービスの質の向上に関する調査研究（報告書）』1994。
6) 全国社会福祉協議会『保健医療福祉サービス供給指標研究事業報告書』1996。
7) 要介護認定調査検討「第10回要介護認定調査検討会議事次第」2000年3月28日。
8) 筒井孝子「高齢者の要介護および要介護推定方法に関する研究」医療経済研究、3、117-129、1996。
9) 住居広士「要介護高齢者の介護度による介護モデルの構築」厚生の指標、45、16-23、1998。
10) 日本医師会総合政策研究機構「要介護総合分類の開発に関する研究調査」日医総研報告書、1997。
11) 「認知症（痴呆）患者に対する二次判定基準構築のための調査研究会」調査報告会資料、2002年8月19日。
12) 日下部みどり、住居広士「一分間タイムスタディで介護を捉えられるか」日本公衆衛生学会誌、48、693、2001。
13) 住居広士「一次判定ソフトを問う」シルバー新報、第542-544号、環境新聞社、2002。
14) 住居広士『介護モデルの理論と実践』大学教育出版、1998。
15) 日本ケアワーク研究所「介護保険入門書―介護保障を支援するために―」インデックス出版、2002。
16) 介護保険の問題点と課題ホームページ　http://www.sala.or.jp/~keizou/
17) インサイド介護保険　http://www3.wind.ne.jp/hassii/kaigo/
18) 介護保険制度ウォッチング　http://www.mars.dti.ne.jp/~doi/
19) 特定非営利活動法人日本ケアワーク研究会　http://www.kaigo.gr.jp/
20) 住居広士「これでいいのか要介護認定の改訂版」ゆたかなくらし、246、46-55、2002。
21) 仙田崇、大内東「要介護度一次判定アルゴリズムの特徴分析」情報処理学会論文誌、45(6)、1725-1733、2004。
22) 筒井孝子「わが国の要介護認定の特徴と今後の課題」老年社会科学、27(4)、445-452、2006。
23) 武田俊平「市町村における高齢者の要介護指標の評価」日本公衆衛生雑誌、51(5)、335-346、2004。

参考資料 要介護認定改訂版（2003年版）のケアコード改訂版一覧表

3桁	大分類	2桁	中分類	1桁	小分類	コード
1	清潔・整容更衣	1	清拭（入浴時・排泄時を除く）	1	準備	111
				2	誘いかけ・拒否時の説明	112
				3	介助	113
				4	見守り	114
				5	後始末	115
		2	洗髪（入浴時を除く）	1	準備	121
				2	誘いかけ・拒否時の説明	122
				3	介助	123
				4	見守り	124
				5	後始末	125
		3	洗面・手洗い（入浴時を除く）	1	準備	131
				2	誘いかけ・拒否時の説明	132
				3	介助	133
				4	見守り	134
				5	後始末	135
		4	口腔ケア（義歯を含む）	1	準備	141
				2	誘いかけ・拒否時の説明	142
				3	介助	143
				4	見守り	144
				5	後始末	145
		5	整容	1	準備	151
				2	誘いかけ・拒否時の説明	152
				3	介助	153
				4	見守り	154
				5	後始末	155
		6	更衣	1	準備	161
				2	誘いかけ・拒否時の説明	162
				3	介助	163
				4	見守り	164
				5	後始末	165
		9	その他	9	その他	199
2	入浴	1	入浴（洗身・洗髪・洗面を含む）	1	準備	211
				2	誘いかけ・拒否時の説明（浴室内の移動・移乗・体位変換を除く）	212
				3	介助（浴室内の移動・移乗・体位変換を除く）	213
				4	見守り（浴室内の移動・移乗・体位変換を除く）	214
				5	後始末	215
		2	浴室内の移動・移乗・体位変換（浴槽への出入りを含む）	2	誘いかけ・拒否時の説明	222
				3	介助	223
				4	見守り	224
		9	その他	9	その他	299
3	排泄	1	排泄	1	準備	311
				2	誘いかけ・拒否時の説明（移乗・体位変換を除く）	312
				3	介助（移乗・体位変換を除く）	313
				4	見守り（移乗・体位変換を除く）	314
				5	後始末	315
		2	排泄時の移乗・体位変換	2	誘いかけ・拒否時の説明	322
				3	介助	323
				4	見守り	324
		9	その他	9	その他	399
4	食事	1	食事	1	準備	411
				2	誘いかけ・拒否時の説明	412
				3	介助（水分摂取を除く）	413
				4	見守り	414
				5	後始末	415
				6	水分摂取介助	416
		9	その他	9	その他	499
5	移動・移乗・体位変換	1	移動（浴室内の移動時を除く）	1	準備	511
				2	誘いかけ・拒否時の説明	512
				3	介助	513
				4	見守り	514
				5	後始末	515
		2	移乗（浴室内の移乗時排泄時の移乗時を除く）	1	準備	521
				2	誘いかけ・拒否時の説明	522
				3	介助	523
				4	見守り	524
				5	後始末	525
		3	体位変換（浴室内の体位変換時排泄時の体位変換時を除く）	1	準備	531
				2	誘いかけ・拒否時の説明	532
				3	介助	533
				4	見守り	534
				5	後始末	535
		9	その他	9	その他	599
6	機能訓練（居室での機能訓練を含む）	1	理学療法的訓練	1	準備	611
				2	誘いかけ・拒否時の説明	612
				3	実施・評価・デモンストレーション	613
				4	見守り	614
				5	後始末	615
		2	作業療法的訓練	1	準備	621
				2	誘いかけ・拒否時の説明	622
				3	実施・評価・デモンストレーション	623
				4	見守り	624
				5	後始末	625
		3	言語療法的訓練	1	準備	631
				2	誘いかけ・拒否時の説明	632
				3	実施・評価・デモンストレーション	633
				4	見守り	634
				5	後始末	635
		4	体操	1	準備	641
				2	誘いかけ・拒否時の説明	642

第6章 要介護認定改訂版における介護サービスの標準化と専門性

3桁	大分類	2桁	中　分　類	1桁	小　分　類	コード
6	機能訓練（居室での機能訓練を含む）	4	体操	3	実施・評価・デモンストレーション	643
				4	見守り	644
				5	後始末	645 考資料
		5	物理療法（牽引・温熱・電気療法など）マッサージ	1	準備	651
				2	誘いかけ・拒否時の説明	652
				3	実施・評価・デモンストレーション	653
				4	見守り	654
				5	後始末	655
		6	その他の機能訓練（日常生活動作訓練など）	1	準備	661
				2	誘いかけ・拒否時の説明	662
				3	実施・評価・デモンストレーション	663
				4	見守り	664
				5	後始末	665
		9	その他	9	その他	699
7	問題行動	1	問題行動発生時の対応	1	準備	711
				2	誘いかけ・拒否時の説明	712
				3	対応	713
				4	見守り	714
				5	後始末	715
		2	問題行動の予防的対応	1	準備	721
				2	誘いかけ・拒否時の説明	722
				3	対応	723
				4	見守り	724
				5	後始末	725
		3	問題行動の予防的訓練	1	準備	731
				2	誘いかけ・拒否時の説明	732
				3	対応	733
				4	見守り	734
				5	後始末	735
		9	その他	9	その他	799
8	医療・看護	1	薬物療法（経口薬・坐薬注射・自己注射輸液・輸血など）	1	準備	811
				2	誘いかけ・拒否時の説明	812
				3	実施	813
				4	観察（内服、自己注射施行時など）	814
				5	後始末	815
		2	呼吸器・循環器・消化器・泌尿器にかかる処置（吸引・吸入・排痰経口・経管栄養摘便・浣腸など）	1	準備	821
				2	誘いかけ・拒否時の説明	822
				3	実施	823
				4	観察	824
				5	後始末	825
		3	運動器・皮膚・眼・耳鼻咽喉歯科及び手術にかかる処置（牽引・固定温・冷罨法など）	1	準備	831
				2	誘いかけ・拒否時の説明	832
				3	実施	833
				4	観察	834
				5	後始末	835
		4	観察・測定・検査	1	準備	841
				2	誘いかけ・拒否時の説明	842
				3	実施	843
				5	後始末	845
		5	指導・助言	1	準備	851
				2	誘いかけ・拒否時の説明	852
				3	実施	853
				5	後始末	855
		6	診察介助	1	準備	861
				2	誘いかけ・拒否時の説明	862
				3	実施	863
				5	後始末	865
		7	感染予防	3	実施（消毒液などを用いる手洗いなど）	873
		8	巡視	3	実施	883
		9	その他	9	その他	899
9	その他の業務	1	その他の日常生活（起床・就寝、集うテレビを見る読書をするたばこを吸うなど）	1	準備	911
				2	誘いかけ・拒否時の説明	912
				3	介助	913
				4	見守り	914
				5	後始末	915
		2	行事・クラブ活動	1	準備	921
				2	誘いかけ・拒否時の説明	922
				3	実施・評価	923
				4	見守り	924
				5	後始末	925
		3	コミュニケーション	1	挨拶・日常会話	931
				2	心理的支援・訴えの把握	932
				3	その他のコミュニケーション	933
				4	伝達	934
		4	入所（院）者物品管理	1	入所（院）者物品管理（物品購入を含む）	941
		5	情報収集・生活指導	1	情報収集	951
				2	生活指導	952
		6	環境整備	1	寝具・リネン整備	961
				2	ベッド周囲環境整備・掃除	962
				3	入所（院）者の病棟等環境整備・掃除（職員に関する場所を除く）	963
				4	洗濯	964
		7	記録・調整（職員に関することを除く）	1	記録（看護・介護記録記入など）	971
				2	施設内調整業務（申し送りなど）	972
				3	施設外を含む調整業務	973
		8	職員に関すること	1	移動	981
				2	手洗い（消毒液などを用いないもの）	982
				3	待機（仮眠）	983
				4	職員に関する記録・調整	984
				5	休憩	985
				6	職員に関する環境整備・掃除（入所（院）者に関する場所を除く）	986
				7	その他職員に関すること	987
		9	その他	9	その他	999

第7章
介護サービスにおける量的介護評価の標準化と専門性

第1節　介護時間による介護サービスの介護過程

(1) 介護サービスにおける介護時間と介護実態

　要介護認定の一次判定ソフトは、施設介護サービス業務に関する要介護者等への介護時間を推測することによって判定されるシステムになっている。それは「1分間タイムスタディ」による介護施設内の調査に基づいた介護時間の量的介護評価である。介護保険制度がスタートした時から要介護認定の一次判定ソフトの判定結果が、介護サービスの実態と合わないという批判が多くあった。まずは、実際の1分間タイムスタディによる介護時間が、介護施設にてどのように調査されたのか、また調査された介護時間がどのような内容を示すのかを知ることが重要になる。その上で、調査された介護時間と介護サービス実態との差異はどのような原因であるのかを介護サービスにおける介護サービスにおける量的介護評価にて検証する必要がある。

1)「サービス供給指標調査研究事業報告書」(1995年3月)

　介護保険法の成立に先だって、全国における介護力強化病院、老人保健施設、特別養護老人ホームに入所あるいは入院している要介護者等の約3,400名に提供される介護サービスの業務量及び介護職員の身体的負担度・精神的負担感が調査された（「1996年度厚生省老人保健健康増進等事業」補助事業)。その調査方法として使用されたのが「1分間タイムスタディ」である。1人の介護職員に対して1人の調査員が付き、介護サービス業務内容、対象の要介護者等、提供介護時間、所要時間について、どのような介護サービス業務内容を、どの要介護者等（入所者）に、どのくらい行っているかを把握する調査であった。その介護サービス業務調査は他計式、つまり調査員が客観的に捉える介護職員の介護サービス業務に付いて、1分間毎に行われた主な介護サービス業務の1つを選んで調査票に記録する。その後にケアコード表（T.C.C: Total Care Code）に、合わせてケアコード分類のケアコード番号を記入した（第5章参考資料）。その調査は入浴日、非入浴日の二日間、48時間実施された。ケアコード分類に沿って、その介護サービス業務ごとに要介護者等別に対応させて統計学的に類似グループごとに分割していく樹形図により介護時間が算出されて、要介護認定初版の一次判定ソフト（1999年版）に示される推計介護時間の基礎データとなった。

1分間タイムスタディで調査された施設介護職員による要介護者等に対する介護サービス業務の提供時間で、要介護認定の一次判定ソフトが構築されていることになる。一次判定ソフトが介護実態を反映しているかどうかは、その1分間タイムスタディで調査された介護実態がどのようなものであったか、また介護実態と合わないとされるその理由について、1分間タイムスタディで捉えられる介護時間に、どういう量的介護評価の意義があるのかを検証していくことが必要である。

2) 介護サービスにおける介護環境

1分間タイムスタディ調査で捉える介護サービス業務は、他計式であることから「客観的に捉えられる介護サービス業務内容」であること、また施設介護職員に対する調査であるので、「提供した介護サービス業務」について、「介護する側からの視点」で調査されたことをまず認識しておくことが必要である。

当時の調査対象とされた介護施設は、主に集団処遇の対応が中心であった施設介護サービスということがいえる。つまり1人の介護職員が、数人の要介護者等を対象として介護サービス業務を提供する場合が多くあり、短時間に効率よく行われる介護サービス業務が優先される施設介護サービスであった。また多くの介護施設が、週に平均2回の入浴回数という状況であった。認知症介護を専門とする介護施設では、入所者が外に出られないように入り口等が施錠されて、問題行動を未然に防ぐようになるべく物を置かないような工夫がされていた。そこには、介護施設ならではの介護体制と介護環境があった。このような介護状況の中で1分間タイムスタディは行われている。

介護サービス提供体制が十分であったかどうかの検討はされていないが、介護現場の実態として少ない人数で効率よく集団介護サービスが行われていたことはいえる。そこで優先される介護サービスは、安全で効率の良い集団介護サービスである。そして問題行動を伴う認知症を有する要介護者等にとって、施設管理された介護環境での介護生活ということがいえる。

その施設介護サービスでは、どのような要介護者等にとっても個別性や多様性が乏しい一律の介護環境が提供されていた。つまり心身障害に関わる直接的な介護サービス業務内容だけでなく、それ以外にも提供されている介護サービス業務は、どの介護施設もどの要介護者等も同一に提供されていることが前提条件にされた。ハード面における介護環境及び、食事や洗濯、掃除といった直接的ではない間接的な生活援助に関する生活関連活動の介護サービス業務は、入所あるいは入院しているどの要介護者等にも同様に提供されている。逆の言い方をすれば、要介護者等の特性による差異は、心身の障害程度だけに関連していることが前提条件とされたことになる。それが施設介護サービスの特性であることを前提としている調査であることを認識する必要がある。

施設介護サービスでは、施設基準として最低限に整備すべき介護設備と人材等が規定されている。それは居宅介護サービスとは異なり、最低限の介護サービスの基準として、どの介護施設にも一律に適用された。そのことは施設介護サービスと居宅介護サービスとの相違である

が、しかしハードは同じでもソフトでもある介護サービス内容が一律に同じ条件になるとはいえない。

3） 施設介護サービスにおける集団介護サービスの実態

施設介護サービスのタイムスタディの中で、例えば入浴場面を考えてみる。週に２回の入浴回数である場合、１度に多人数の要介護者等の入浴を済ませなければならない。介護職員の人数も限られている。そうすると何が起こるであろうか。要介護者等は着せ替え人形、浴室は洗い場となり、ベルトコンベアーのように数分という時間間隔で次々に、しかも手際よく入浴介助が行われる。最悪な介護状況では、ほとんど裸になったまま布一枚をまとい、車椅子等に座らせ、浴室の前にずらりと並ぶ場合もある。あるいは入浴を拒否する人を数人で押さえつけ無理やり浴室に連れていくというようなことが起こる。要介護者等は自分でできる人も、それに介護時間がかかるので無理矢理に介助してしまうことはよくある。ここには要介護者等に対する尊厳や個別性、多様性というようなことには程遠い介護サービス状況も生まれる可能性がある。介護保険制度になり、このような極端な状況はかなり改善されてきたが、しかしまだまだ十分ではない。介護職員は限られた介護労働時間の中で今日しなければならないことを終了させるように介護サービスを提供する。すべての介護サービスを要介護者等の個人に合わせることは不可能と考えてしまう。

タイムスタディはこのような集団介護サービス状況を、介護する側に立って調査している。その調査から出て来たその結果では、介護する側が介護サービス業務上で必要としている介護労働時間と言える。確かに要介護者等が入浴するという介護サービス業務の目的は達成できているが、しかし一人の介護職員が提供した介護サービス業務を書き出したにすぎない。入浴場面では１人の介護職員が複数の要介護者等の入浴介助をすることは多くある。しかも「声かけ」だけで自分自身の入浴ができる人は見守りながら、他の要介護者等にも直接あるいは間接にも関わる。このような状況を一分間タイムスタディは捉えきれていない。

実際には直接介護サービス業務を、提供された要介護者等のみを対象にして介護時間を捉えている。そして１度に複数の要介護者等に関わるので、その要介護者等の人数で介護時間が割り算されている。そのために調査結果でいう入浴介護時間はわずかとなり、介護職員が提供して要介護者側が受けた実際の介護サービス業務時間とはかなり異なって来る。実際の調査報告では入浴時間がほとんど０分だったという要介護者等が多数いる。三大介護サービス業務である入浴、排泄、食事の中でも、介護職員にとり最も困難であり、要介護者等にとても大切な入浴介護サービス業務がほとんど捉えられていない。調査報告書では、それを実際には体調が悪く入浴できなかったか、そのようなことは普段では起こらないこととして、乏しい入浴介護時間の原因が報告されている。このようなタイムスタディが、適正に介護サービス実態を捉えているとはとても言えない。

そしてもう一つは、直接的に身体介護を受けなかった人の介護時間も０分となる。例えば声かけだけをして見守りをしながら他の要介護者等の直接介護をした場合は、その直接介護をし

た要介護者等の介護時間しか現れない。「見守り」は大切な認知症介護サービスであるといえる。しかし、その「見守り」は1分間タイムスタディのように他計式で第三者による客観的に視点の調査では捉えにくい介護（見守りとはわかりにくい介護）となる。その結果をもとに構築された一次判定ソフトを要介護認定として、無理やり介護される側にとって「必要とされる介護」にしようとしている。

　また別の介護場面、認知症介護サービスについて検討してみる。例えば問題行動としての徘徊を考えてみると、施設介護では入り口に施錠をしてあることがよくある。調査当時に、特に認知症を専門とする施設では、要介護者等の徘徊が自由にできる介護環境を工夫している。認知症を有する要介護者等にとっては直接に心身の抑制を受けずに自由に廊下を歩くことができる。そのような施設介護職員は徘徊する要介護者等をそれとなく見守り、問題行動が起こりそうな時だけに対応するようにしている。そこでは徘徊するだけで直接的に対応しなければ、問題行動の介護時間として捉えられない。しかも他の介護サービス業務をしながら見守りをする場合に、その「見守り」は客観的には介護時間としては捉えられないことが多い。認知症の要介護者等に対して最も介護問題となる徘徊などの問題行動も、管理された施設では問題行動としても捉えられずに「見守り」も介護時間として捉えられない。その場合には、1分間タイムスタディでは介護サービス業務を提供する介護職員も、提供を受ける要介護者等も介護サービス業務内容も存在しないことになる。

4）施設介護サービスにおける介護時間とは

　施設介護サービスで調査する1分間タイムスタディでは、その施設介護サービスの介護環境や介護サービスを提供する介護職員の体制等による特性と介護サービス実態を考慮する必要がある。その上で、調査された介護時間が何を意味するのかを量的介護評価で検証することが必要である。これまでの説明でもわかるように、1分間タイムスタディは介護サービス業務についてその提供時間を抽出している。それは主に客観的に捉えやすい直接的な身体介護が主体となっている。しかもそのときの介護サービス状況によって十分に捉えきれていない介護サービス業務や、実際に提供している介護サービス業務とは異なった内容になる施設介護サービスの特性が1分間タイムスタディには現れる。

　それは一分間タイムスタディが実際の介護時間を捉えきれていないということに繋がる。そして施設介護サービスに特有の介護サービス業務もある。しかし施設介護サービスのみを調査した1分間タイムスタディで構築された一次判定ソフトが、そのまま居宅介護サービスの要介護者等の判定にも適用されている。もともと居宅介護サービスを無視した状態で考案された一次判定ソフトの判定結果が、特に居宅介護サービスの介護サービス実態と乖離してしまうのは当然の結果といえる。

（2）施設と居宅における介護サービスの差異

　施設介護サービスでは食事や洗濯、掃除といった間接介護に関する介護サービス業務は、ど

の要介護者等にも同様に間接的に提供されて、ハード面での施設介護環境も一律である。一律ではあるが集団介護サービスが提供されて、要介護者別の介護サービス業務が個別性あるいは多様性に対応できていない側面もある。逆に、居宅介護サービスでは要介護者等と介護者をとりまく介護環境はさまざまである。例えば家屋の状況、階段があるとかトイレが和式であるとか、住む場所が街中なのか田舎なのかどうか、介護する家族の介護力、若い嫁が介護するのか年老いた夫あるいは妻が介護をするのか、その他、家族関係や経済的状況、近隣との付き合いや受けている介護サービス状況など、要介護者等を取り巻く介護環境の違いは実にさまざまであり、居宅介護サービスにおける介護環境は要介護者等に特有なもので極めて個別性と多様性が強いといえる。その介護環境の違い一つ一つが、要介護者等が受ける介護サービス業務内容と介護時間に影響する。

　認知症を有する要介護者等について考えた場合、例えば徘徊という問題行動があるとする。先ほど説明した通り施設介護サービスでは管理された介護環境と介護体制によっては、問題行動として表面化しないために認知症介護の介護時間として測定されない。しかし居宅介護サービスでは、1対1の介護サービス業務となり、見守りを含めて直接的な問題行動にも対応していることが想定できる。その要介護者等を取り巻く介護環境によってさまざまに介護サービス業務の内容も介護時間も異なってくる。施設介護と異なって取り巻く介護環境によって要介護者等の特性別の直接的な介護時間が大きく左右される。

　施設介護サービスで調査された介護時間は、その要介護者等を取り巻く介護環境を無視している。介護環境の一つ一つに左右される居宅介護サービスの介護時間は、施設介護で調査された介護時間とはまったく異なったものとなり、居宅介護サービスにおける介護時間の影響要因である居宅介護環境を考慮しなければ介護サービスの介護実態を表す介護時間とはなりえない。要介護認定の一次判定ソフトは施設介護データのみの量的介護評価で構築されていることに、大きな問題がある。

第2節　介護する側から見る介護サービスの標準化と専門性

（1）　介護サービス業務としての介護時間

　1分間タイムスタディは施設介護で働く介護サービス提供者から提供される介護サービス業務について調査している。その調査された介護時間は、介護職員の介護労働時間と同じ時間量となる。介護保険における要介護認定には、介護費用をどのように分配するかを判断する基準としての目的もある。介護サービス業務が要介護者等にどのように配分されているかを客観的に数字で表せる基準を構築する必要があった。それが施設介護サービスにおける介護サービス業務を分析することによって得られる介護時間となった。

1） 主なケアを一つ選ぶ介護労働時間

『同時に複数のケアを行った場合は「山田さんに話し掛けながらおむつを外す」など、主要と思われる業務（主にパーソナルケア）のコードを「ケアコード」欄に記入してください』として、1分間タイムスタディ調査後のケアコード分類がなされている。

1人の要介護者等に2つの介護サービス業務を提供している介護職員の場合に、どちらも要介護者等に対する介護サービス業務なので、2つのケアコードのうちどちらを選択しても要介護者等にとり、介護時間の差異はない。しかし実際の調査場面ではいろいろな状況があり、例えば2人の要介護者等に2つの介護サービス業務を提供する介護職員もいる。

介護職員が食事介護をする場面で、同じテーブルに座っている要介護者Aを見守りしながら、別の要介護者Bの食事介護をする。2つの介護サービス業務はどちらも直接処遇の介護サービスといえる。しかも介護サービス業務を提供する要介護者はA・Bと2人いる。食事介護にはたいていの場合、数分〜十数分という介護時間が必要となる。このような状況で、介護職員に要介護者Bの食事介護をケアコードとして選択すれば、選ばれなかった要介護者Aに対する「見守り」の介護サービス業務は存在しなくなる。その逆も同様に要介護者Bに対する「食事介護」の介護サービス業務は存在しなくなる。実際には介護職員が介護サービス業務を提供していても、調査記録上どちらか一つだけが選ばれていくのである。ケアコード分類の時点で「一つのケアを選ぶ」方法では、介護サービスの実態とは異なった調査結果となる。これは1分間タイムスタディが介護サービス業務として、介護職員が提供する介護労働時間を調査する目的としているからである。複数のケアコードを選択して記録すると介護労働時間より多くなり、介護サービス業務の提供時間と勤務した介護労働時間が合わなくなり、介護サービス業務の介護労働時間として、介護給付費の配分を考える上で問題を生じることになる。介護サービス業務として考慮する場合には、複数に重なって提供される介護サービス業務も一つに絞るという前提があるのである。

介護される側（要介護者等）からの視点から言えば、実際には介護サービス業務を受けているのに介護サービス業務を受けていないことになり、介護実態との格差が生じる原因の1つといえる。

2） 複数の要介護者に同時に介護サービス業務を提供する場合の「割り算」

『複数の入院・入所者を対象に行った場合については、対象となった入院・入所者のうち「入院・入所者ID」を6人まで記入してください。6人を超える場合、記入する必要はありません。』としている。

1分間タイムスタディでは、同じ介護サービス業務を対象とする複数の要介護者等に提供する場合に、その対象者IDを記入するようになっている。しかし、この場合の介護サービス提供時間はその要介護者等の人数で割り算され、それを1人1人に提供された介護時間として算定されている。介護サービス業務として分割して計算するために、介護される側（要介護者等）の視点ではなく、タイムスタディ調査計算上では介護職員の介護労働時間となる。この計

算では、要介護者等1人1人が実際に受けた介護時間よりも少なくなり、極端な場合は一分以下の数十秒で計算されることもある。複数の要介護者等が同じ介護サービスを同じ介護時間で受けているので、本来ならば割り算ではなく掛け算して介護時間を計算するべきである。

また施設介護サービスでは1人の介護職員が多数の要介護者等と関わる場面はかなり多く見られる。例えば集団処遇あるいはアクティビティ等に関連する介護サービス業務の場合がある。しかしその対象者が6人以上になるとその他大勢の対象となり記入されない。1対1で直接的に関わる介護サービス業務以外のその他の業務は要介護者等が受けた介護時間として記録されない。ただ1つの介護サービス業務として記録に残るだけで、介護サービスの対象者である要介護者等は記録には存在しないことになる。

このような条件で調査された介護時間のデータなので、1分間タイムスタディが単なる介護サービスの介護労働時間となり、要介護者等が受ける介護サービスの実態を捉えていない。しかも、1対1の直接身体介護に関する客観的に捉えやすい介護サービス業務のみを捉えているので、非常に片寄った部分的な介護時間のみを捉えていることになる。

（2） 限界のある介護時間

介護職員が提供できる介護時間は、最初から限定された介護状況である。施設介護サービス体制は、その日の介護サービス業務、介護職員数によって日々変化する。したがって、その日に提供できる介護時間は限られている。例えば「入浴日」を考えてみると、多くの介護施設では週2回という入浴回数である。入浴介助の要員としての介護職員が必要となるので、その他の介護職員は日々必要な介護サービス業務のうち優先されるものから選択する。その日のうちに入浴とその他の必要な介護サービス業務を終了させる必要がある。介護職員が提供できる介護時間にはすでに限界があるので、本来必要な介護サービスであっても優先順位から漏れた介護サービスは中止される。要介護者等が求めていてもできないために介護サービスが提供されないのである。介護サービス業務として介護時間を捉えるとき、それはあくまでも提供できる介護サービスに過ぎず、要介護者等が本来求めている介護サービスではない場合もある。

このような介護状況の中で、施設介護サービスでは安全で効率の良い介護サービス業務が優先される。その結果、要介護者等に提供できる介護サービス業務には限界がある。1分間タイムスタディはこのような限界ある施設介護サービスを介護時間として捉えている。

（3） 提供できる介護時間と必要な介護時間

介護施設では個別介護サービス業務だけでなく集団介護サービス業務が多くなるが、それは介護職員の体制にもよる。集団対応の介護時間と個別対応の介護時間は、居宅介護サービスにおける個別対応の介護時間に比べると要介護者1人当たりでは当然少なくなる。施設介護サービスで個別に提供できる介護時間は限られたものであるからである。1分間タイムスタディで捉える個別介護サービスの介護時間は限られた中での介護サービスの提供であることを認識す

る必要がある。しかも、調査員が介護職員に付いて行う他計式調査による介護サービス業務内容とその介護時間なので、ここでも客観的に捉えやすい介護サービス業務だけを調査していく傾向もある。介護サービス業務分析にそって、実際に捉えやすい介護サービス業務が抽出されていくという記録方法がとられている。あくまでも、介護職員の介護サービス業務としての介護労働時間の視点である。調査で得られた介護時間は、介護職員が実際に提供した実介護サービス時間ともずれているが、介護される側（要介護者等）からみる介護サービス時間とはさらに乖離していることになる。

　１分間タイムスタディでの介護サービス業務内容と介護時間は、調査された介護施設に入所あるいは入院されていた要介護者等を心身の障害程度の特性別に分類し、要介護認定の一次判定ソフトによる要介護認定の推計介護時間で算定される。介護サービスの実態とも、要介護者等が必要と思われる介護サービスとも乖離した個別介護時間を調査上のデータで、要介護者等の心身の障害程度の特性別だけで分析されたとしたら、推計介護時間そのものが信頼性や妥当性が乏しい結果となる。その介護時間のデータが公開されていないので、同じデータで検証することは困難であるが、１分間タイムスタディ調査により、介護時間が必要となる介護される側（要介護者等）の視点に立つ介護時間との比較をして検証する必要がある。

第３節　介護される側から見る介護サービスの標準化と専門性

（１）「のべ介護時間」による介護サービス

　施設介護サービスで提供できる介護サービスには限界があるため、介護サービス業務を調査して「要介護者等にとり必要な介護サービス」とするのは問題があることはすでに述べてきた。実際に提供している実介護時間を調査することは可能かもしれないが、介護サービス業務としての介護労働時間分析という視点ではなく、介護される側に立つ視点が必要となる。介護される側に立って実際に受けた介護時間を捉えるためには、介護サービス業務にそって介護労働時間に合わせたデータとするのではなく、要介護者等が受けた介護時間の全てとなる総合介護時間、つまり「のべ介護時間」の検討が必要である（第11章参照）。

　介護職員の介護労働時間に合わせて操作する方法ではなく、忠実に実介護時間を抽出しようとすると、介護職員の介護労働時間を超えた介護時間が増えてくる。それは「要介護者等に必要な介護サービス」であり、１分間タイムスタディでは実際に提供された介護時間を全て把握することが必要である。そのためにも「のべ介護時間」を検証することが重要である。

　１人の介護職員が複数の要介護者等と関わる場合に、１分間タイムスタディでは主な介護サービス業務の１つを選択する。しかしそのどちらも実際に提供されている介護サービス業務であるので、要介護者等の１人１人が受けた介護時間としてその両者を記録する必要がある。又、多人数を相手として介護した場合も同様に、要介護者等の１人１人の介護時間として加算

される必要がある。提供した要介護者等の人数分で分配する割り算ではなく、掛け算して「のべ介護時間」として合算していくべきである。

　要介護認定の一次判定ソフトの推計時間は、実際には想定しにくい介護時間の数字がよく登場する。その多くは介護職員、あるいは家族等が実際に実感している介護時間よりもはるかに少ない数値となっており、実態よりも多い数値はほとんどない。それは捉えきれない実介護サービス時間のままに、要介護者等の心身の障害程度の特性別だけで分割されたもので、統計や分析上から割当てられた数値に過ぎない。決して介護サービスの実態を表す介護時間ではない。まずは、施設介護サービスの実態としての介護サービス業務の時間を「のべ介護時間」として記録してから、要介護者等の特性別に分類することが必要である。しかし、それでも提供している全ての介護サービス業務の介護時間を表現しているものではない。1分間タイムスタディがどのように調査が行われているかを知ることで、その調査の限界や問題点を検証することが重要である。1分間タイムスタディ方法は、主に直接的に関わる身体介護サービス業務のみを捉えていることを認識する必要がある。1分間タイムスタディが介護サービスの実態を表すものではなく、要介護認定のための一助に過ぎないのである。

（2）「介護回数」による介護サービス業務

　要介護認定を構築する以前、「特別養護老人ホームのサービスの質の向上に関する調査研究（全国社会福祉協議会、1994年3月）」では、介護サービス業務を158種類（377業務のうち直接介護サービス業務のみを抜粋）に分けて、その介護サービス業務の1週間における提供回数が調査された（第2章参照）。次の1996年度の「サービス供給指標調査研究事業報告（全国社会福祉協議会、1995年3月）」では、それらを328種類の介護サービス業務に増やし、1分間ごとのタイムスタディによる介護時間の調査が3施設（特養、老健、介護力強化病院）で行われた。要介護認定初版（1999年版）は、その328種類の介護サービス業務に対する2日間にわたる1分間タイムスタディよって設計された。それらの両者ともに、統計学的に樹形図によって統計処理されて判定されているが、最初の158業務の介護サービスの提供回数の方が、要介護者等に対するその結果の妥当性や信頼度が介護現場に合致していた。1分間毎の介護時間を調査して、調査する介護サービス業務の種類も増やしたにもかかわらず、逆に介護サービスの提供介護回数よりも、妥当性と信頼度が低下していた。

　介護時間の測定は、介護労働時間が限られている中で調査を行うことになり、介護労働時間が少ない時にはいわば介護サービスの量と質を落とす介護方法で対応するために「介護の質の大変さ」を介護時間で表すことは実際上困難であった。「時間のデータではなく、回数のデータを用いたのは、提供される介護サービスを表現する上で、時間よりも、より現場の実態にあった介護サービスの提供ができると考えるからである。」とその要因を特養のサービスの質の向上に関する調査研究は考察している。

　介護サービス時間は、要介護者等の心身の障害状況以外に、その日の状態や、介護サービ

を提供する側の資質や対応する人数によって変化する。入浴介助を1対1で行う場合と、効率よく1人の介護職員が複数の要介護者等の入浴介助をする場合では、その介護時間は全く異なったものとなる。その変化する介護時間は、要介護者等の心身障害などの個別介護特性だけに左右されるものではない。つまり介護時間はそのときの介護環境や介護状況により変化する不安定なものといえる。

　要介護者等にとって、例えば入浴に関していえば、「何分の入浴介助が必要か」というよりは「週に何回の入浴が必要で、そしてそれには何分かかる可能性がある」という方がわかりやすいし、より介護実態に合致している。しかし要介護認定初版の一次判定ソフト開発には、より介護現場の実態にあった介護サービスの提供ができる「介護回数」ではなく、「介護時間」を採用している。それは何故であろうか？「介護職員の介護サービス業務の介護労働時間としての分析となっている」視点を検証すると明らかになる。要介護認定が「要介護者等に必要な介護サービス」ではなく、「どのように介護費用を分配するか」という目的手段になっている点を考えると、それは介護保険の経済と財政との関連も考えねばならない問題でもある。しかし、本来の要介護認定が要介護度を判定する基準であるとすれば、どうあるべきか介護時間以外も含めて包括的に総合介護認定すべきである。

（3）総合介護度を評価する指標と「介護負担度」

　要介護者等がどのような介護サービスがどのくらい提供されているかは、要介護者等の1人1人をとりまくさまざまな介護環境に左右されると同時に、その人の介護サービスに対する関わり度・困難度・必要度などによっても異なってくる。しかし、介護サービスとしての社会資源は無制限なものではなく、その中からその人に必要な介護サービスの内容と量を選択していかなければならない。介護する側と介護される側との間にある「介護関係」には、提供される介護サービスの質と量と決めるいくつかの指標によって決める介護評価が必要になってくる。

　筆者は介護モデルを構築する基本的介護サービス業務として、①生命（Life Care）②生活（Living Care）③ケアマネジメント（Care Management）④医療（Medical Care）⑤末期（Terminal Care）⑥在宅（Home Care）⑦家族（Family Care）の7つを設定し、それぞれを規定する介護サービスの質的介護評価として、その介護サービス業務における　Ⅰ関わり度　Ⅱ困難度　Ⅲ必要度　の相互作用の検討によって総合介護度（TKI：Total Kaigo Index）を構築すべきことを提唱している（第3章参照）。

　その総合介護度による質的介護評価は、そのときの要介護者等やそれをとりまく介護環境によって変化するが、介護サービスに対する介護負担度は、その介護サービスに対する困難度を示す一つの指標といえる。しかし、介護負担度は介護する側からみる主観的な介護評価である。介護者の介護負担感やストレスはこれまでも多くの研究が報告されているが、いまだ介護サービスに対する質的介護評価の報告は少ない。しかし、それは介護サービスにおける質的介護評価にも影響を与えることは確かであり、介護サービスの量と質を決める要因の1つとなり

える。介護サービスを介護評価する指標の1つとして「介護負担度」の検討も必要である。

第4節　介護時間による介護サービス標準化と専門性

　要介護認定の一次判定ソフト構築の基礎データとなった1分間タイムスタディの介護時間データは公開されていないので、その同じデータでこれまでの疑問を検証することは不可能である。したがって、同じ調査方法をなるべく忠実に再現することで検証調査をする必要がある。1分間タイムスタディ方法にて、介護保険で提供されている施設介護サービス及び居宅介護サービスについて検証調査を行ったので、それを報告する。その検証調査は、施設介護サービス（特別養護老人ホーム、介護老人保健施設、介護療養型医療施設）を対象として、個別介護サービスを重視するユニットケア対応の介護保険施設及び居宅介護サービスを対照として検証して報告する。厚生労働省の1分間タイムスタディは、全国規模で調査して統計処理されているが、本検証調査では日中の1時間（14:00～15:00）当たりに限定したものであり、調査場面のケーススタディなどから1分間タイムスタディの問題点について検証した。統計的な処理だけではなく、介護サービスの実態として詳細なる要介護認定の構築等の検証が十分に可能だと考えられた。その時間に施設介護サービスの調査を行うことで、特に問題となっている入浴介護時間や排泄介護時間の検討が可能であると考えた。

（1）　1分間タイムスタディによる介護時間の調査
1）　研究目的

　施設介護サービスにおける1分間タイムスタディによる介護サービスの介護時間の調査は、介護保険制度における要介護認定の一次判定の基軸となって、1分間タイムスタディでの介護時間が主なデータとして要介護認定基準が構築されている。つまり介護モデルに基づく総合介護度における質的介護評価である困難度、関わり度、必要度や、要介護度に関する介護サービスの質的評価などについて調査はされないで、介護時間のみで要介護認定の一次判定が策定されていることになる。

　介護保険が実施されてから、介護現場では要介護認定の結果が、介護サービスの実態と合わないという多くの指摘がされているが、今後も1分間タイムスタディによる介護時間の調査結果が、要介護認定を構築する基礎資料として重要視されている。2002年3月に公開された要介護認定改訂版でも一次判定ソフトでの基本的な姿勢は相変わらず、これまでを踏襲するものである。しかも要介護認定初版（1999年版）で指摘されている寝たきりが重点的に判定されていることや、認知症の介護評価が低いことに関しては、改訂版では初版をさらに引き継いでいる。

　1分間タイムスタディの検証調査による介護時間での介護サービスの実態が捉えられるの

か、又、介護保険制度における要介護認定の一次判定とその実態との整合性について、検証調査の結果から考察する。

２）１分間タイムスタディの方法
① できるだけ厚生労働省の要介護認定初版（1999年版）の基礎データとなった１分間タイムスタディを再現する方法とした。
② 介護する側の検証調査として、調査対象である介護保険施設の介護職員、ならびに居宅介護サービスでは、訪問介護するホームヘルパー及び訪問時の家族の介護者にも１人の調査員が付き、１分間毎に行った介護サービスの内容とその身体的負担度（0, 1, 2）と精神的負担度（0, 1, 2）の３段階を記録した。さらに介護される側として、各要介護者等側にも調査員がついて、その受けた介護サービスを記録した。
③ 調査後に、ケアコードにしたがって、その介護サービス業務のケアコード分類のIDを記録した。その検証調査の記録に関しては、特定の介護職員について第三者の調査員による他計式調査として、ケアコード分類のIDの記録は５年以上の実務経験がある調査員が行い、その上で厚生労働省の１分間タイムスタディ調査経験のある調査員がそれらを再チェックした。

３）１分間タイムスタディによる介護時間の検討内容
① 介護時間から要介護度が予想できるのか。
　要介護者等の要介護度に応じて介護サービスの介護時間が変化するのか。そうでない場合は何に影響されるのか。
② ケアコードが１つの介護サービス業務について正しく実態を捉えているのか。
③ 認知症の介護時間が、１分間タイムスタディでどのように捉えることができるのか、又１分間タイムスタディで認知症介護を捉えることが可能かなど。

４）ケアコード
１分間タイムスタディでは、「サービス供給指標調査研究事業報告書（全国社会福祉協議会、1995年３月）」のT.C.C（Total Care Code）のケアコード初版を使用して記録する（第５章参考資料）。公開された要介護認定改訂版（2003年版）の一次判定ソフトの基礎データに使用されたケアコード改訂版（要介護認定調査検討会ケアコード改訂版）も参照して検討した（第６章参考資料）。

第５節　介護時間による介護サービスの標準化と専門性の検証

（１）施設介護サービスの検証調査
１）調査日時：2001年３月26日（14:00～15:00）
　　施　　設：広島県M市介護老人福祉施設（特別養護老人ホーム）KU施設

調査対象：介護する側：施設介護職員3名と介護される側：入所者3名
調査日時：2001年6月4日（14:00～15:00）
施　　設：兵庫県T町介護老人福祉施設（特別養護老人ホーム）KY施設
調査対象：介護する側：施設介護職員3名と介護される側：入所者3名

　介護老人福祉施設の各介護職員に対して1名の実務経験5年以上の看護師あるいは介護福祉士が1分間タイムスタディにて介護サービスを観察して記録した。

　2）　1分間タイムスタディにおける介護時間の10の問題点の検証（第4章第3節参照）

　これから前述した1分間タイムスタディにおける介護時間の10の問題点について、上記の検証調査から各事例をとりあげて詳細に検証する。

問題点1．認知症介護を捉えられない。

　①　他計式調査では捉えにくい

　介護内容の記録から認知症介護であるのかどうかは判断が非常に困難である。要介護者等の認知症状態やその場の状況から、見た目や聞いた言葉だけの内容の記録だけでは、その声かけが、慰めや励まし、説得、気持ちを落ち着かせる目的なのかどうかという判断は難しいと思われる。スキンシップを含め、問題行動を防ぐ、認知症の問題行動に対する予防的介護サービスは記録だけでは判断が困難である。認知症の進行を防ぐような予防的対応は尚更その判断が困難である。精神的負担度を1としているので、認知症介護の有無は判定できる可能性はある。その介護サービスがどのような意図で行われているかどうかは、実際には介護サービスを提供する介護職員が個別に判断して、客観的立場の調査員がその都度問い合わせる必要がある。

事例1：同じ介護場面を介護する側、介護される側それぞれから検討する。
【介護する側】

時刻	ケアコード	介護サービス業務内容	負担度 身体的	負担度 精神的
:55	137	Hさん声かけ、ホールへ誘う。	0	1
:56	28	Hさん身支度の支援、見守り、ホールへ誘う。	0	1
:57	28	Hさん身支度、見守り。	0	1
:58	113	Hさんホール誘導。自立歩行見守り、居室からホールへ。途中、AさんMさん車イス。（全介助）ホール誘う。	0	1

（ケアコード初版：137 声かけ、28 更衣動作の見守り、113 歩行の見守り）

【介護される側】

:54	137	声かけをされ、応える。昼は起きておくようにと声かけ。	0	1
:55	137	話しながら、上着の着衣。声かけ。(パジャマをきているかと質問)	0	1
:56	30	話しに応える。話しながら、靴を履かせる。(全介助)	0	1
:57	113	1人でロビーへ移動。話しながら時間を尋ねロビーへ促す。おやつの時間を確認させる。	0	1
:58	142	テレビの近くまで移動。イスに座る。テレビを見ておくように促す。	0	1

(ケアコード初版:137 声かけ、30 更衣動作の全介助、113 歩行の見守り、142 助言・指導)

1分間タイムスタディに登場するHさんは要介護2であり、認知症高齢者の日常生活自立度はMで、昼夜逆転・収集癖・盗食等が見られ、専門医療の治療が必要である。上記の介護場面に対応した介護職員にその調査後に、介護サービス業務についての状況を問い合わせてみると、Hさんは着た服をすぐに脱いでしまうので訪室し、見守り等の様子観察をしている。又、昼夜逆転の傾向があり、日中はなるべく覚醒を促すようホールに誘っているということであった。調査記録からだけでは、このような問題行動に対する予防的介護であることは読み取れない。そして介護職員の精神的負担度は1と少し高くなっている。このことは認知症の為に、介護サービス業務についての特別な配慮がなされていると判定している。しかしここでのケアコードは、介護する側・介護される側、どちらも認知症介護としての問題行動に対するケアコードではない。又、介護される側の記録からも、重度認知症であることも不明である。このことは他計式では認知症介護が捉えにくいということを示唆している。

事例2:1人の要介護者等に対し、2人の介護職員が関わった介護場面である。この事例では介護する側2人の調査記録について検討する。

【介護する側】

時刻	ケアコード	介護サービス業務内容	負担度 身体的	負担度 精神的
34	130	Nさん(拒否、抵抗あり)二人で対応・説明。	2	2
35	130	Nさんズボンを下げ、オムツをはずす。(全介助)	2	2
36	130	Nさんオムツ汚染確認、オムツを上げ、ズボンをつける。	2	2
37	130	Nさん手を持っている。(相手がズボンを上げる)	2	2
38	130	Nさん体位をととのえ柵をする。	2	2
39	58	排泄確認Nさんの記録。	0	0

(ケアコード初版:130 その他の問題行動への対応、58 排尿のチェック)

【介護する側】

時刻	ケアコード	介護サービス業務内容	負担度 身体的	負担度 精神的
:33	68	Nさんの排泄介助をベッド上で2人で行う。(全介助)	2	2
:34	68	Nさんに声かけをして手を持たれながら、パットの交換をする。(全介助)	2	2
:35	68	同上	2	2
:36	30	Nさんのズボン上げ介助をする。(全介助)	2	2
:37	31	Nさんの衣類を整えて枕を足にはさむ。布団をかける。(全介助)	1	1

(ケアコード初版：68 おむつ交換、30 更衣動作の全介助、31 衣服を整える)

　この介護場面での介護サービスの目的はおむつ交換である。しかし介護に強い抵抗のある要介護者に対し2人の介護職員が関わり、1人は介護に抵抗を避けるために要介護者の手を持ちながら、もう1人の介護職員がおむつ交換をするという状況である。2人の介護職員に2人の調査員が関わっている。上記はその2人の調査員による調査記録である。1人の調査員は身体介護であるオムツ交換として捉え、もう1人の調査員は問題行動として捉えて記録している。

　さてどちらで捉えるかということは、1分間タイムスタディではどちらか一方つまり主な介護サービス業務としての記録を選ぶように指定されている。しかし実際は身体介護もなされ、問題行動に対する認知症介護も行われている。本来ならば、どちらか一方ではなく、どちらも介護サービスとして提供されているのである。

　ここには客観的な他計式調査では、どちらか一方が捉えられやすいということ、どちらか一方を選択しなければならないことの2つの問題がある。しかし実際には身体介護と認知症介護の両方が行われている。従って実際の介護サービス業務の全てを捉えきれていないのである。しかもここでは精神的負担度が非常に高くなっている。精神的負担感があっても、それは介護時間に影響していないので、その介護サービスの質的介護評価は要介護認定の1分間タイムスタディでは統計処理上では無視されている。

　②　タイムスタディでは捉えられない精神的負担感

事例3：認知症介護に対して精神的負担感が高くなっている。

【介護する側】

時刻	ケアコード	介護サービス業務内容	負担度 身体的	負担度 精神的
:39	138	Yさんトイレ誘導、声かけ。	0	2
:40	138	同上	0	2
:41	138	（排泄拒否）	0	2
:42	85	Yさん水分補給：お茶を手渡す。	0	1
:43	58	他職員とYさんの排泄有無等の相談を行う。	0	1
:44	181	Yさん他の職員がトイレ誘導をしているのを見守る。	0	1
:45	46	Yさん便器への移動介助。（全介助）＜職員2人で＞	1	1
:46	68	Yさん尿とりパットの交換。	1	1
:47	47	便器から車いすへの移動介助。（全介助）＜職員2人で＞	1	2
:48	47	同上	1	1

（ケアコード初版：138 ニードの把握、85 飲み物介助、58 排尿チェック、181 その他の見守り、46 車椅子から移乗介助、68 おむつ交換、47 便器から移乗介助）

【介護される側】

時刻	ケアコード	介護サービス業務内容	負担度 身体的	負担度 精神的
:26	137	スタッフに立って歩けるかと聞かれる。	0	1
:27	114	スタッフに手を引かれる。いやいや立ち上がる。歩く。トイレに誘導される。	0	1
:28	48	排尿（一部介助）。清拭後、ズボンを上げてもらう。	0	2
:29	48	同上	0	2
:30	3	手洗い。（一部介助）	0	1

（ケアコード初版：137 声かけ、114 歩行の介助、48 排尿援助、3 洗面一部介助）

　認知症介護は、全般的に介護職員にとり精神的負担感の高い介護サービス業務ということがいえる。身体介護と異なり、精神的負担度が高くなっている。まず必要な介護サービスについての説明場面でもかなり気遣いしていることが伺える。介護に抵抗や介護サービスの拒否に対しても、要介護者等に合わせて会話してタイミングを図ったりしている。介護サービスに当たる介護職員にその状況をインタビューすると、認知症の対応は介護サービスの全てに関わることであり、精神的負担感が大きいと答えている。
　しかしいくらその対応が困難だからといっても、必ずしも介護時間が長くなり介護評価され

るわけではない。その精神的負担感は、1分間タイムスタディの介護時間では評価されていない。認知症は介護サービスそのものを困難にしているが、それに対応する困難度や介護サービスの質は1分間タイムスタディの介護時間では評価されない。

③ 認知症介護のケアコードがなく、問題行動のみを捉えている。

認知症介護に関するT.C.C.ケアコードでは、問題行動・問題行動への対応のみとなっている。

【T.C.C.ケアコード：中分類（問題行動）小分類（問題行動への対応)】（第5章参考資料）

中分類	小分類	ケアコード	ケアの内容
問題行動	問題行動への対応	126	徘徊老人への対応、探索
		127	不潔行為に対する対応（不潔物などの後始末含む）
		128	暴力行為、暴言などの対応
		129	抑制帯の脱着
		130	その他の問題行動への対応

つまり問題行動が発生しなければ、認知症介護の介護時間は記録されないのである。認知症介護は、問題行動の発生や認知症の予防的介護のために提供される介護サービスが主体であり、根気強く要介護者等の尊厳のある生活（ROL）を損なわない配慮で提供される。そのための話しかけ、アクティビティ、回想法などの精神介護としての関わりなどさまざまな介護サービスがある。そのような介護サービスを行うことで問題行動等の発生を防ぐことができる。T.C.C.ケアコードにある問題行動への対応は、その問題行動が発生しなければ介護評価されない。

認知症介護が十分に行われることで、問題行動の発生が少なくなる可能性がある。これは問題行動が多くその介護時間が多いと、認知症介護サービス全体の量が多くなるのは同じような相関関係ではない。認知症介護サービスが少なく十分に行われないことで、問題行動への対応時間が多くなる可能性がある。T.C.Cケアコードには、認知症の予防的介護としてのケアコードがないので、認知症介護全体の時間は捉えられない。問題行動が少なく、T.C.C.ケアコードでいう問題行動のケアコードが少ないということは、1分間タイムスタディでは捉えられない認知症介護が多いのである。これは要介護認定改訂版でも、認知症介護には問題行動のケアコードしかないことは引き継いでいる（第5・6章参考資料）。

事例4：認知症介護に関するケアコードがなく、認知症介護を行っている。

【介護する側】

時刻	ケアコード	介護サービス業務内容	負担度 身体的	負担度 精神的
:39	138	Yさんトイレ誘導の声かけ。	0	2
:40	138	同上	0	2
:41	138	（排泄拒否）	0	2
:42	85	Yさん水分補給、お茶を渡す。	0	1
:43	58	他職員とYさんの排泄有無等の相談を行う。	0	1
:44	181	Yさん他の職員がトレイ誘導をしているのを見守る。	0	1
:45	46	Yさん便器への移動介助。（全介助）＜職員2名で＞	1	1
:46	68	Yさん尿取りパットの交換。	1	1
:47	47	Yさん便器からイスへの移動介助。（全介助）＜職員2名で＞	1	2
:48	47	同上	1	2
:49	116	Yさん車いすを押して、テーブルまで移動介助。	1	1

（ケアコード初版：138 ニードの把握、85 飲み物介助、58 排尿チェック、181 その他の見守り、46 車椅子から移乗、68 おむつ交換、47 便器から移乗介助、116 車椅子移動介助）

　ここでは認知症のある要介護者に排泄介護が行われている。排尿誘導する時点で、尿意の確認を行っているが、トイレに行くことを拒否している。排泄時間の確認をした後に、介護職員はトイレ誘導が必要と判断している。無理にトイレに連れていくのではなく、要介護者自身がトイレに行く気になるように介護サービスに配慮がされている。お茶を飲んでもらい気分をやわらげ、再度別の介護職員が声をかけている。その後介護職員2人で、排泄介護を行って問題なく終了している。

　このときの介護場面では、要介護者がトイレに行く気になるまで約6分間かかり、その後に排泄介護に約4分間、計約10分間を要している。しかし介護サービスに対する拒否や介護に抵抗などの問題行動は発生しなかった。要介護者の認知症の状況を把握した上で、問題行動が発生しないような配慮がなされた結果である。この事例の場合、トイレに行くまでの約6分間は、排泄誘導とは別に、問題行動の発生予防の認知症介護としての介護時間と考えることができる。認知症介護が十分行われた結果、問題行動への対応としての介護時間がない。しかしT.C.C.ケアコードには、問題行動の予防的介護のケアコードしかないために、認知症介護としてのケアコードは全く登場しないことになる。つまり、認知症介護が行われているにもかかわらず、認知症介護の介護時間が計測されない。

　この介護場面には、もう1つ大きな問題が隠されている。例えば予防的認知症介護のケア

コードがあったとしても、あまり変わらない介護時間になる可能性がある。予防的認知症介護は、第三者から客観的に観察しても把握しにくいという問題点がある。施設介護の介護職員も、認知症介護は要介護者等の生活全般に関わる問題であり、介護サービスの１つ１つに配慮が必要だと答えている。

　これは T.C.C. ケアコードに予防的認知症介護のケアコードがないことの問題だけではなく、１分間タイムスタディ（客観的視点）の特性から、その予防的認知症介護が捉えにくいのである。そして何らかの身体介護が行われた場合は、その身体介護と認知症介護が重なっているので、単純にその介護サービスにかかった介護時間だけでは提供された介護サービスの質的介護評価はできない。

問題点 2. ケアコード分類の設定が個々に異なっている。
　「排泄」の場合はトイレまでの誘導（移動時間）からのケアコードであるが、「入浴」のケアコードは浴室内のみの直接的介護サービスとなっており、ケアコードの組み立てがバラバラになっている。しかも入浴コードは介護される側の受ける介護サービス業務の一連の介護過程とは関係なく、介護する側である介護職員の介護サービス業務を中心としたケアコードの組み立てとなっている。主に日常生活活動（ADL）の介助からケアコードを設定しているために、特に入浴は複合的な日常生活活動の介助から構成されている。その場合に入浴に関する各部分を、総括的に入浴として把握せずに、各介助部分を各日常生活活動の介助に振り分けている。そのために、入浴する間の介護時間が多くかかるも、それらは分散して日常生活活動の介助の介護時間になっている。入浴は、排泄、食事と並ぶ三大介護の一つであり、介護サービスとして量的にも質的にも介護評価を高める必要がある。

T.C.C. ケアコード：入浴・排泄（第5章参考資料）
【入浴】

中分類	小分類	ケアコード	ケアの内容
入浴	入浴介助	32	浴室準備
		33	浴槽、リフトへの誘導
	入浴時の移乗	34	ストレッチャーから、浴槽内リフトへ
		35	浴槽内リフトから、ストレッチャーへ
		36	ストレッチャーから、特殊浴槽へ
		37	特殊浴槽から、ストレッチャーへ
		38	車椅子から、浴槽内リフトへ
		39	浴槽内リフトから、車椅子へ
	洗身	40	洗身一部介助

		41	洗身全介助
	監視	42	浴室内の監視
	機械操作	43	リフトの操作
	浴室整備	44	入浴作業終了後の浴室・浴槽の清掃、洗浄

【排泄】

中分類	小分類	ケアコード	ケアの内容
排泄	誘導・移乗	45	トイレ（ポータブルトイレを含む）まで誘導
		46	車椅子から、便器・便座への移乗介助
		47	便器・便座から、車椅子への移乗介助
	排尿誘導	48	排尿動作援助（衣服の着脱等は除く）
		49	排尿時の見守り
		50	排尿後の後始末
		51	尿収器の後始末
		52	ポータブルトイレの後始末
		53	膀胱訓練の準備・実施・後始末、手圧排尿・殴打法
		54	導尿、膀胱・膀胱瘻留置カテーテルの交換
		55	膀胱洗浄の準備・実施、後始末
		56	膀胱留置カテーテルの観察、尿量チェック・測定、尿パックの交換
		57	必要物品準備
		58	排尿頻度、量、間隔のチェック

問題点3. 全ての介護サービス業務が記録されない。

　1分間毎に記録されたケアコードID番号が複数にわたる場合には、主なケアコード1つを選択している（「同時に複数の業務を行った場合はパーソナルケアを選択、又30秒以下であっても実際に行った業務（移乗の援助、暴力行為などへの対応）については1分と見なし記録してください。複数を対象とするケアは対象者を6人まで記入、6人を超える場合は記入する必要はありません。」）。

事例5：同時に行われている介護サービス業務は、主な介護サービス業務内容に消されてしまう。

【介護する側】

時刻	ケアコード	介護サービス業務内容	負担度 身体的	負担度 精神的
:06	116・85	T車イスで廊下に移動する。水分補給の準備。（お茶をコップに入れる）手渡す。	1	1
:11	137・30	Oさん居室に行き、入浴の声かけをして、靴を履かせる。（全介助）	1	1
:12	181・27・116	Oさん声かけで、車イスの移乗の見守り。入浴後の着替え準備。車イスで浴室へ移乗。	0	1
:14	137・28・29・30	Oさん脱衣の自立をうながす声かけをする。上着とシャツを一部介助で脱がせる。靴を脱がせる。（全介助）	1	1
:23	103・29・106	Kさんベッド上で仰臥位から端座位。（全介助）上着を着る。Hさん上着を着る。	1	1
:34	137	Oさん入浴の声かけ、車イス準備。Nさんに入浴を伝える。	0	0
:35	103・106	Oさんベッド上で仰臥位から端座位に、端座位から車イス移乗をする。（全介助）	1	1
:36	30・116	Oさん靴を履かせる。（全介助）車イスで浴室へ移動する。	1	1
:37	423・412	入浴カードを取りに行き、入浴者の記録をつける。	0	1

（ケアコード初版：116車椅子の介助、28更衣見守り、29更衣一部介助、30更衣全介助、103身体の支え、106ベッドから車椅子、137声かけ、423職員の移動、412ケア記録）

【介護する側】

時刻	ケアコード	介護サービス業務内容	負担度 身体的	負担度 精神的
:07	409・423	入浴準備の確認。部屋移動。（スタッフ自身）	0	0
:08	27・29	Hさん入浴準備。説明、指示、声かけ。ズボンをはく。（一部介助）	0	1
:09	27・29	Hさん入浴準備。服を身支度、入浴への誘導。	0	1

（ケアコード初版：409職員間の連絡、423職員の移動、27衣服の準備、29更衣一部介助）

　すべての介護サービス業務内容を記録しようとすると上記のような記録になる。しかしその中で主な介護サービス業務の1つを選択すると次のようになる。

時刻	ケアコード	介護サービス業務内容	負担度 身体的	負担度 精神的
:06	116	Tさん車イスで廊下に移動する。水分補給の準備（お茶をコップに入れる）手渡す。	1	1
:11	30	Oさん居室に行き、入浴の声かけをして、靴を履かせる。（全介助）	1	1
:12	116	Oさん声かけで、車イスの移乗の見守り。入浴後の着替え準備。車イスで浴室へ移乗。	0	1
:4	29	Oさん脱衣の自立をうながす声かけをする。上着とシャツを一部介助で脱がせる。靴を脱がせる。（全介助）	1	1
:23	106	Kさんベッド上で仰臥位から端座位。（全介助）上着を着る。Hさん上着を着る。	1	1
:34	137	Oさん入浴の声かけ、車イス準備。Nさんに入浴を伝える。	0	0
:35	106	Oさんベッド上で仰臥位から端座位に、端座位から車イス移乗をする。（全介助）	1	1
:36	116	Oさん靴を履かせる。（全介助）車イスで浴室へ移動する。	1	1
:37	412	入浴カードを取りに行き、入浴者の記録をつける。	0	1

（ケアコード初版：116車椅子の介助、30更衣全介助、29更衣一部介助、106ベッドから車椅子、137声かけ、412ケア記録）

:07	423	入浴準備確認。部屋移動。（スタッフ自身）	0	0
:08	29	Hさん入浴準備。説明、指示、声かけ。ズボンをはく。（一部介助）	0	1
:09	27	Hさん入浴準備。服を身支度、入浴への誘導。	0	1

（ケアコード初版：423職員の移動、29更衣一部介助、27衣服の準備）

そのようになると選択されなかったケアコードは、全く行われなかった介護サービス業務になる。その主体となるケアコードは、客観的な他計式調査では日常生活活動介護のケアコードを選択しやすいので、つまり身体介護である寝たきり介護のケアコードが優先されて選択されやすい。すなわち精神介護である認知症介護のケアコードの記録がかき消されることになる。そのために、要介護認定の一次判定による介護時間では、寝たきりが有利で、認知症が不利の判定になる傾向を助長していることになる。

問題点4．個人を特定できない介護時間が個人の介護サービスとして記録されない。

日常生活活動（ADL）に直接関わる介護職員に付いた調査員の記録なので、家事・調理の準備などの間接的介護である生活関連活動などは、要介護者等を特定できない場合が多く、その場合には全くの調査対象外となっている。

その要介護者等に実施された介護サービス業務全体が記録されているわけではなく、介護職員が関わった直接的介護のみを記録しており、その人の介護サービス業務全体を記録したものではない。調理や洗濯なども要介護者等のその人にとり、必要な介護サービス業務であるはず

であり、それがなければ自立生活はできない。

事例6：タイムスタディは生活関連活動（IADL）を捉えず、その人の日常生活活動（ADL）の一部しか捉えない。

　まとめて「洗濯」をする場合に、その要介護者等の個人を特定できない介護サービス業務のために、要介護者等個人に対するケアコードとして記録されないので、介護時間として算定されないことになる。介護する側の記録から、下記の記録には登場しないが、その他に掃除・調理などの生活関連活動もある。介護職員以外の介護サービスに直接に関わらない生活相談員や事務職員等は、介護サービスに対する介護評価による介護時間に算定されないことになる。

【介護する側】

時刻	ケアコード	介護サービス業務内容	負担度 身体的	負担度 精神的
:06	165	洗濯物片づけ。洗濯機に入れる。	1	0
:17	166	洗濯物、洗濯機に入れる。	1	0
:18	166	洗濯物、洗濯機に入れる。	1	0
:19	166	洗濯物、洗濯機に入れる。	1	0
:20	166	洗濯物、洗濯機に入れる。	1	0
:21	166	洗濯物、洗濯機に入れる。	1	0
:22	165	浴室の物品管理。洗濯物、洗濯機へ。	1	0
:33	166	洗濯物、洗濯機に入れる。	1	0
:43	166	洗濯機、洗濯物入れる。	1	0
:59	166	洗濯物、洗濯機に入れる。	1	0
:60	169	オムツをたたむ。	1	0

（ケアコード初版：165洗濯物の収集、166洗濯機の準備）

問題点5．介護時間にばらつきがある。

　介護保険施設における入浴介護が主な場面となっているが、入浴介護に関するケアコードの捉え方により、介護時間にばらつきが生じる。しかしケアコード分類では、「入浴介護」に関するケアコードはほとんどなく、「更衣介護」が主体のケアコードになっている。そこで、更衣介護のみが抽出されており、「入浴介護」と介護サービス業務との関係性が乏しくなる。これは、認知症介護に対して問題行動のケアコードしかない場合と同様に、入浴介護サービスは三大介護の一つでもあり、とても困難度と必要度が高いにも関わらず、ケアコードにより関わ

り度である介護時間がとても低く介護評価されることになる。

事例7：介護老人福祉施設における入浴介護（その1）
【介護する側】

時刻	ケアコード	介護サービス業務内容	負担度 身体的	負担度 精神的
:02	30・68	Tさん靴下を履かせる。おむつをつける。	1	1
:03	30	Tさん下着シャツを着る。	1	1
:04	30	Tさん上着を着る。（全介助）	1	1
:05	30	Tさん2枚目上着を着る。（全介助）	1	1

（ケアコード初版：30 更衣動作の全介助、68 おむつ交換）

時刻	ケアコード	介護サービス業務内容	身体的	精神的
:08	30	Mさん脱衣室で上着2枚と下着シャツ2枚を脱がせる。（全介助）	1	1
:09	30	Mさん手すりを持たせ、立位介助し、ズボンを大腿まで下ろす。	1	1
:10	30	Mさん手すりを持たせ、立位介助し、ズボンを上げる。	1	1
:17	29	Hさんパンツをはく。（一部介助）	0	1
:18	29	Hさん下着シャツを着る。（一部介助）	0	1
:19	29	Hさん上着を着る。（一部介助）	2	1
:20	29	Hさんズボンをはく。（一部介助）	1	1

（ケアコード初版：30 更衣動作の全介助、29 更衣動作の一部介助）

時刻	ケアコード	介護サービス業務内容	身体的	精神的
:27	30	Kさん上着と下着を脱がせる。（全介助）	0	1
:28	30	Kさん立位を介助し、ズボンを下ろす。靴を脱がせる。	1	1
:29	30	Kさん上着と下着シャツを着せる。（全介助）	1	1

（ケアコード初版：30 更衣動作の全介助）

時刻	ケアコード	介護サービス業務内容	身体的	精神的
:32	30	Zさん上着と下着シャツを脱がせる。（全介助）立位介助をし、ズボンを下ろす。	1	1
:33	29	Zさんズボンを下ろす（一部介助）	0	0

（ケアコード初版：30 更衣動作の全介助、29 更衣動作の一部介助）

時刻	ケアコード	介護サービス業務内容	身体的	精神的
:45	30	Yさんオムツをつける。	1	1
:46	30	Yさん下着シャツを着せる。（全介助）	1	1
:47	30	Yさん下着シャツを着せる。（全介助）	1	1
:52	29	Zさん下着シャツを着せる。（一部介助）	1	1
:53	29	Zさんズボンに足を通させる。上着を着る。（一部介助）	1	1
:54	30	Zさん靴下を履かせる。（全介助）	1	1
:55	30	Zさん靴を履く。（全介助）立位介助でズボンを上げる。	1	1
:56	30	Zさんさるこを着る。（全介助）	1	1

（ケアコード初版：30 更衣動作の全介助、29 更衣動作の一部介助）

事例8：介護老人福祉施設における入浴介護（その2）

【介護する側】

時刻	ケアコード	介護サービス業務内容	負担度 身体的	負担度 精神的
:05	30	タオル準備。Oさんオムツ着脱。（全介助）	0	0
:06	30	Oさん靴下の左、履かせる。（全介助）	0	0
:07	29	Oさんの上着。（一部介助）靴下の右。（全介助）上着を着るように言う。	0	0
:08	30	Oさんズボン下げ（全介助）。ズボン。（一部介助）足をあげてもらっている。	0	0
:09	29	Oさん靴。（一部介助）立ち上がり。（一部介助）ズボン・下着装着。	0	0
:10	29	Oさんポロシャツ・ボタン。（一部介助）	0	0
:11	29	Oさん上着（一部介助）。他の人の身づくろいセットアップ。水分補給促す。	0	0

（ケアコード：30 更衣動作の全介助、29 更衣動作の一部介助）

時刻	ケアコード	介護サービス業務内容	身体的	精神的
:16	29	Aさん衣類脱衣（一部介助）。上着を脱ぐよう声かけ。着替えの用意。脱衣見守り	0	0
:17	29	Aさんの上着を脱いでのチェック。（ティッシュ・入れ歯あり）	0	1
:18	29	ポロシャツ（一部介助）。見守り。（全介助）	0	0

（ケアコード初版：29 更衣動作の一部介助）

事例9：介護老人福祉施設における入浴介護（その3）

【介護する側】

時刻	ケアコード	介護サービス業務内容	負担度 身体的	負担度 精神的
:11	28	HUさん更衣、声かけ、脱ぐ指示・見守り。全体の調整、順番確認。	0	1
:12	28	HUさん更衣声かけ、見守り。	0	1
:13	29	HUさん更衣声かけ。（一部介助）指示声かけ。	0	1
:14	29	HUさん立ち上がり指示、更衣。（脱・下着）（一部介助）	0	1

（ケアコード初版：28 更衣動作の見守り、29 更衣動作の一部介助）

時刻	ケアコード	介護サービス業務内容	身体的	精神的
:26	28	HUさん脱衣指示、見守り。	1	0
:29	28	HUさん脱衣準備、更衣指示。見守り。便片づけ指示。	0	1
:30	29	HUさん更衣準備。ズボン下、靴下。（一部介助）	0	1
:31	27	HUさん服を居室にスタッフが取りにいく。	0	1
:32	29	HUさん更衣介助。ズボン下。（一部介助）	0	1

:34	29	HUさん更衣介助、ズボン。(一部介助)	0	1
:45	30	Yさん入浴後、身体を拭き、オムツをつける。(全介助)	2	0
:46	30	Yさん更衣介助、上着。(全介助)	2	0
:47	30	Yさん更衣介助、上着。(全介助)	2	0
:48	30	Yさん更衣介助、下着。(全介助)	2	0
:49	30	Yさん更衣介助、下着。(全介助)	2	0
:50	30	同上	2	0

(ケアコード初版：28更衣動作の見守り、29更衣動作の一部介助、27衣服の準備、30更衣動作の全介助)

　要介護者等の要介護認定の要介護度のレベルに合わせて実際の介護サービスが行われているかどうかは調査結果からは判別できない。しかし更衣介助を全般に見ると、要介護者1人に対する介護は一部介助であったり、全介助であったりする。介護時間を見ただけでは、要介護者等の要介護度のレベルとは関わりなく、介護時間がまちまちで格差がある。

　1人の介護職員が提供する介護サービスを見た記録なので、介護職員が1人で介助したのか、2人で介助したのかが明確ではないので、要介護者等一人に対する実際の個別介護サービスの介護時間も判別できない。その時の介護場面の記憶から言えば、入浴後に衣服の更衣した記録のYさんの介助は2人で行っていた。

　1分間タイムスタディで全員の介護職員に調査員が付いていた場合には、1人の要介護者等に対する介護時間は、2人の介護職員が行った介護時間が加算されて算出される。上記の場合には、Yさんの入浴介助を2人の介護職員で行ったので、かかった各介護時間6分間の2倍となり、計12分間になる。このときは2人の介護職員で介護しているが、このときの介護を1人ですると、その介護時間を延長しないで、介護負担度が当然更に増すことが予想される。しかし実際に2人で行った介護時間は単に1人での介護時間の2倍の介護時間がかかっているが、介護負担は逆に半分に軽くなっていると思われる。

問題点6. 必要な介護サービスと実施された介護は異なっている。

事例10：認知症が強く、覚醒時では徘徊が見られる要介護者。

【介護される側】

時刻	ケアコード	介護サービス業務内容	負担度 身体的	負担度 精神的
:41	—	立ち上がり、歩きはじめる。廊下の西口まで歩く。外を見る。	—	—
:42	—	引き返し、男子用トイレに入る。ノブを回すが開かず、出てくる。	—	—
:43	—	いた前の部屋(310)スタッフ作業中の中に入る。スタッフと話す。	—	—

:44	137	部屋を出る。スタッフに声をかけられる。「いい天気だね」と答える。	0	1
:45	−	廊下を歩く。北口の窓から外をのぞく。	−	−
:46	−	すぐ引き返し、エレベーターのところに来て見る。	−	−
:47	−	元の3Fロビーソファに戻り座る。	−	−

(ケアコード初版：137 声かけ)

徘徊中は常に見守りが必要な認知症が強い要介護者の事例である。しかし実際には徘徊の間には見守りの声かけのケアコードの記入しかない。認知症介護には、問題行動への対応しかケアコードがない。さらに施設介護サービスであるために管理された介護環境であることや、介護職員の目が届きやすく見守りしやすいことで、特別な見守り等としてのケアコードしか登場しない。さらに見守り等は何気なく行われていることが多くあり、見守り介護サービスを受けていても客観的には捉えにくい可能性もある。しかし、居宅介護サービスでの調査であれば見守り等としてのケアコードが記録される事例は多いと想像される。

問題点7. 介護サービスの介助レベルでの差異は記録されない。

日常生活活動（ADL）に対する介護のケアコードについて検証する（T.C.C.ケアコード：更衣・移乗・移動、第5章参考資料）。

【更衣】

中分類	小分類	ケアコード	ケアの内容
更衣	衣服	27	衣服等の準備（靴下、靴含む）
		28	更衣動作の見守り、指示
		29	更衣動作の一部介助（靴下、靴含む）
		30	更衣動作の全介助（靴下、靴含む）
		31	衣服を整える

【移乗】

中分類	小分類	ケアコード	ケアの内容
移乗	移乗の介助	106	ベッドから、車椅子へ
		107	車椅子から、ベッドへ
		108	ベッドから、ストレッチャーへ
		109	ストレッチャーから、ベッドへ
		110	車椅子から、床・マットへ
		111	床・マットから、車椅子へ
		112	車椅子の操作、車椅子の移動（入所者が乗っていない状態）

【移動】

移動（施設内）	移動の介助	113	歩行の見守り
		114	歩行の介助
		115	車椅子による移動の見守り
		116	車椅子による移動の介助
		117	ストレッチャーによる移動

　日常生活活動（ADL）における基本動作の介助において見守り・一部介助・全介助などの介助レベルが、ADL項目ごとにばらばらのケアコードの表現となっている。

　移乗介護や移動介護では、更衣における介助レベルの分類はなく、移乗場所についてのみ分類されている。この場合、移乗介護の分類から記録すれば、移乗に対する見守り等はこのケアコードには含まれないことになってしまい、ケアコード分類を記録する時点で非常に混乱とばらつきを招くこととなる。

　介護サービスの現場では見守り・一部介助・全介助の介助レベルの差異は大きい上に、介護障害のレベルを含めたその他の個別性ならびに多様性の介護サービスで対応を行っている。要介護度の介護障害のレベルと実際に行っている個別あるいは多様性の介護サービスは異なっている。介護サービスの提供について、実際は介護障害レベルだけで決まるものではないからである。たとえ介助レベルが異って記録されても、介護時間には加算されていない。

事例11：介護サービス業務ごとにばらばらのケアコードの表現となっている。

【介護する側】

時刻	ケアコード	介護サービス業務内容	負担度 身体的	負担度 精神的
:11	30	Oさん居室に行き、入浴の声かけをして、靴を履かせる。（全介助）	1	1
:12	181	Oさん声かけで、車イスの移乗の見守り。入浴後の着替え準備。車イスで浴室へ移乗。	0	1

（ケアコード初版：30 更衣動作の全介助、181 その他の見守り）

　移乗コード分類について「全介助した場合」とすると、見守りのケアコードは記録しないことになる。本来は見守り等も移乗介護サービス業務として判断できるが、ケアコード分類の介助レベルがばらばらな分類であること、そのケアコードの原則が混乱とばらつきを招いていることから、調査員によっては「車椅子の移乗の見守り」を「181：その他の見守り」として判断している。181（その他の見守り）は移乗介護とはまったく別項目のケアコードとなってしまう。

T.C.C.ケアコードには、移乗、移動あるいは他の介護サービス業務では、介助レベル（全介助、一部、見守り）の分類がない。したがって介助レベルでの介護時間の差異は出ない。1分間タイムスタディのデータでは、個人データからの介護時間と実際に行われる介護サービスの介護実態とは異なっている。

問題点 8. ケアコード分類を細かく分類しすぎてケア項目が変化する。

1つの介護サービス業務のケアコードを細かく分類しすぎるために、一連の介護過程が別の介護サービス業務として記録されてしまう。

事例 12：一連の介護過程が別の介護サービス業務として記録される。

時刻	ケアコード	介護サービス業務内容	負担度 身体的	負担度 精神的
:19	324	Aさんの立位ズボン下ろし。（全介助）露出のタオルかけ。	0	0
:38	324	待機。Oさんの靴脱ぐ。（全介助）Kさんの立位。（全介助）スタッフ2人で行う。	0	0
:59	324	Kさん車イスチェンジ。	0	0
:60	324	HUさんの立位スタッフ2人で行う。（全介助）Kさんのおむつセッティング。	0	0

（ケアコード初版：324 立ち上がり訓練（かなり介助して））

立ち上がって衣服を脱ぐという場合に、更衣動作であるのに、立ち上がりケアコード324を記録している。又、車椅子の移乗をする介助についても、立ち上がり324として、移乗介護としての記録ではない。これはケアコードを細かく分類し過ぎたために、ケアコード化する段階でケア項目の判断が異なっている。それが主な介護サービス業務のケアコードを記録することにも影響される。

実は「更衣動作」であるにも関わらず、そのケアコードの内容として記録されていない。1つの介護サービス業務のケアコードを細かく分類しすぎるために、一連の介護過程が別の介護サービス業務として記録されている。

問題点 9. 介護環境によって現れない問題行動がある。

施設介護サービスと居宅介護サービスでは、介護環境が全く異なっている。施設介護サービスでは、特に認知症の要介護者等が入所する場合が多い。施設介護サービスの介護環境が、その構造的にも認知症にも対応できるようにして、同様に介護サービス体制も認知症（痴呆）対応ができるようになっている。例えば認知症の要介護者等が間違って外に出られないように、

入り口に自動ロックがかかるようになっていたり、事故防止のために危険物をなるべく置かないようにしている。又介護職員が、認知症の見守りに関して目の届きやすい工夫がされている。

事例13：Fさんの場合、要介護2、重度認知症で、認知症高齢者の日常生活自立度はⅣとなっている。この方の場合の認定調査の問題行動のチェック項目をみると、サ落ち着きなし・シ外出して戻れない・ソ火の不始末などのチェックはないが、これは介護環境上ではそのような行動が見られないと思われる。居宅介護サービスであれば、問題行動への対応が必要となり、異なったタイムスタディの介護時間データになったことが想定される。

> 事例13：Fさん　要介護2　認知症老人の日常生活自立度　Ⅳ
> 基本調査7　サ（-）・シ（-）・ソ（-）
> 基本調査9　日常生活自立度及び問題行動に関連する特記事項より

同じ程度の認知症（重度）で、身体的障害が少ない方について、施設介護サービスと居宅介護サービスを比較するとその差異がより顕著になる。

この場合に要介護認定でも認知症が軽度に判定されることが問題になっているが、施設介護サービスの介護時間データにより要介護認定を受けて、その後に退所して居宅介護サービスを受けている場合には、その差異が問題となる。つまり認定調査の段階で、施設介護サービスであるために目立った問題行動として出現しないことが、居宅介護サービスでは大きな問題行動が表面化することになる。施設介護サービスだから表面化しない問題行動でも、居宅介護サービスであれば要介護者等の見守りに、家族の介護がかかりきり、介護負担も大きくなることが予想される。認知症介護に対する要介護認定の構築のためには、1次判定に居宅介護サービスにおける1分間タイムスタディの介護時間データを導入する必要がある。

問題点10．介護される側には、介護する側の介護時間では不十分である。
事例14：徘徊のある自立歩行の要介護者。
【介護される側】

時刻	ケアコード	介護サービス業務内容	負担度 身体的	負担度 精神的
:01	－	3Fロビーに座っている。	－	－
:02	－	同上（両手をほほについて寝ている）	－	－
:03	－	同上（手をひざに置く、上体を斜めにしている）	－	－
:04	－	同上（時々目を開ける）	－	－

:05	−	同上	−	−
:06	−	同上（体を斜めにして眠っている）	−	−
:12	−	同上（時々目を開けて周囲をうかがうが興味示さず）	−	−
:13	−	同上（上体を斜めにして眠っている）	−	−
:14	−	同上（となりでさわいでも意に介せず）	−	−
:17	−	同上（薄目を開けて体制を直す）	−	−
:18	−	同上（体を斜めにして眠っている）	−	−
:21	−	同上（深く眠る）	−	−
:25	−	同上（隣の人にこっちに来るなと押されるが意に介せず眠る）	−	−
:26	137	スタッフに立って歩けるかと聞かれる。	0	1
:27	114	スタッフに手を引かれる。いやいや立ち上がる。歩く。トイレに誘導される。	0	1
:28	48	排尿（一部介助）。清拭後、ズボンを上げてもらう。	0	1
:29	48	同上	0	2
:30	3	手洗い。（一部介助）	0	2
:31	114	歩行介助トイレを出る。スタッフにどこに行くか聞かれる。	0	1
:32	114	廊下を歩いてソファの方に帰る。どこに座るかと聞かれる「そこ」とロビーを指さす。	0	0
:33	−	3Fロビーソファに座る。目はおきている。	−	−
:34	−	同上（周囲を見回す。終始無言）	−	−
:35	−	同上（ほほに手を当てて隣の人に興味を示す）	−	−
:36	−	同上（周囲に興味を示さず）	−	−
:38	−	同上（目を開けて周囲を見回すが興味を示さず、無言）	−	−
:40	−	同上（服のすそを引っ張る）	−	−
:41	−	立ち上がり歩き始める。廊下の西口まで歩く。外を見る。	−	−
:42	−	引き返し、男子用トイレに入る。ノブを回すが開かず、出てくる。	−	−
:43	−	開いていた前の部屋（310）スタッフ作業中に入る。スタッフと話しをする。	−	−
:44	137	部屋を出る。スタッフに声をかけられる。「いい天気だね」と答える。	0	1
:45		廊下を歩く。北口の窓から外をのぞく。		
:46	−	すぐ引き返し、エレベーターのところに来て見る。	−	−
:47		元の3Fロビーソファに戻り座る。		
:48	−	同上（じっと座っている）	−	−
:50	−	同上（目は開いているが周囲に興味なさそう）	−	−
:52	−	同上（服のすそ、そで口を気にする）	−	−
:53	−	同上（体を斜めにして座っている）	−	−
:54	−	同上（ズボンのゴミやしわを気にしてつまんで引っ張る）	−	−

:55	−	同上（靴下を気にして引っ張る）	−	−
:56	−	同上（ズボンのゴミを盛んにつまんで取る）	−	−
:58	−	同上（靴下、靴を気にして引っ張る。くつを盛んにいじる）	−	−
:60	−	同上（上半身をまっすぐに立ててすわる）	−	−

（ケアコード初版：137 声かけ、114 歩行の介助、48 排尿動作援助、3 洗面一部介助）

　この事例は、徘徊のある自立歩行の要介護者である。介護職員から直接的に介護サービスを提供されたのは、1時間のうち排泄時の6分間と声かけの2分間だけである。徘徊の途中も介護職員に一度声をかけられているが、その他は自由に過ごしている。このような方には安全・安楽に自由にできる介護環境を提供して、できるだけ自由に生活を過ごしてもらうことはよくある。その介護環境作りができていれば、徘徊などの問題行動に直接的に対応しなくても、穏やかな日常生活が送れるのである。この場合の安全・安楽な介護環境とはどういうことが考えられるであろうか。①危険な場所や危険物があまりない、②徘徊しても外に出られない、③常に介護職員がいろいろな場所にいるので、目が届きやすく、声かけや見守り等ができることが必要条件となる。だから逆にそのような介護環境が提供できなければ、常に認知症があれば、見守り等が必要な要介護者等となる。

　この事例から、介護する側の介護サービス業務中心のケアコードにはないが、介護される側からの視点でみると、要介護者等に対する介護サービス業務の実態と、実際に必要とされている介護サービスの実態が把握できる。

第6節　介護時間による介護サービスの標準化と専門性の問題点

（1）　1分間タイムスタディによる介護時間の10の問題点

　検証調査の結果、1分間タイムスタディ調査による介護時間について10の問題点があった（第5章第3節参照）。

> ①認知症介護を捉えにくい。②ケアコード分類の設定が個々に異なっている。③全ての介護サービス業務が記録されない。④個人を特定できない介護時間が記録されない。⑤介護時間にばらつきがある。⑥必要な介護サービスと実際された介護サービスは異なる。⑦介護サービスの介護レベルでの差異が記録されない。⑧ケアコードを細かく分類しすぎてケア項目が変化する。⑨介護環境によって現れない問題行動がある。⑩介護される側には、介護する側の介護時間では不十分である。

ケアコード分類が細かくまちまちであるために、提供した介護サービス業務ごとの介護時間ではなく、さらに細かい動作あるいは部分的な介護時間のみしか把握できず、要介護者等の全体像を捉えるにはケアコード分類に問題があった。2002年3月に要介護認定調査検討会で公表された要介護認定改訂版（2003年版）の一次判定のためのケアコード改訂版では、要介護認定初版（1999年版）のケアコード初版よりも、さらに認知症介護が捉えにくい分類となった。介護保険施設で認知症に対応しているユニットケアでも、特に認知症介護の介護時間が増加しているにも関わらず、認知症介護のケアコードはほとんど記録されず、身体介護と重なる認知症介護がほとんど身体介護の介護時間に取り込まれた。直接的な身体介護以外はその他の介護サービス業務として、要介護者等に対応している介護時間とならない。要介護者等への介護時間は身体介護時間のみが捉えられ、認知症介護に関してはより低い介護時間の介護評価となり、ユニットケアにおいても、認知症介護による介護サービスの質の向上は介護時間ではほとんど介護評価できなかった。

さらに認知症介護に関するケアコードの項目が問題行動のみであり、認知症による介護サービス全般に関わる介護サービスの困難度や必要度などは介護時間では捉えられなかった（図7-1）。他計式調査では客観的にわかりやすい直接的な身体介護が記録されやすいために、認知症介護などの精神介護がとらえにくいことがわかった。さらに施設介護サービスという介護環境であるために、直接的介護ではなく間接的な生活面に関する「食事をつくる」、「掃除をする」、「洗濯をする」などの生活関連活動に対する介護サービスは、要介護者等への個別の介護時間として殆ど捉えられていなかった。要介護度を知るためには介護時間だけに寄らない別の指標である質的介護評価である総合介護度の判定が必要であり、その総合介護度の質的介護評価により、困難度、関わり度、必要度を把握することができる。1分間タイムスタディ調査による介護時間だけでは、介護サービスの標準化と専門性を介護評価することは困難である。特に認知症介護に関して介護サービスは介護時間として測定できるものではなく、介護モデルに基づく質的介護評価である総合介護認定の構築が必須である。

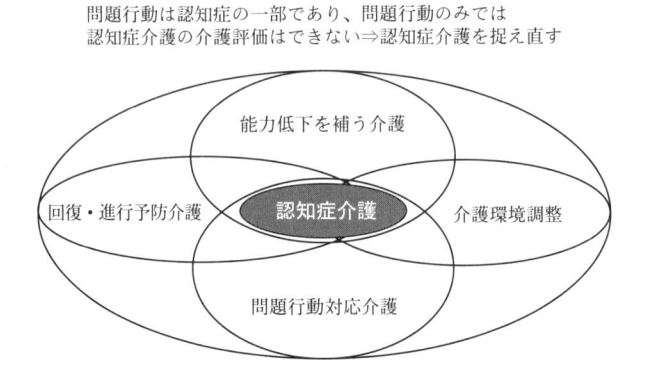

図7-1 認知症介護の捉え方を見直す必要がある

（2） 認知症介護に関する介護評価の問題点

① １分間タイムスタディの特徴として、他計式調査であるために客観的で介護する側の視点にたった介護サービス業務分析として介護時間を捉えている。したがってその調査票に記録される内容として、直接的身体介護に関することが主体となる。認知症介護が身体介護の中の介護時間に取り込まれていく可能性がある。さらに認知症介護としての客観的評価が困難であるために認知症介護と評価できないことが多くある。

結局、認知症介護も直接的身体介護の中に取り込まれてしまい、直接的身体介護時間が多くなり、認知症介護時間は非常に少なくなっている。１分間タイムスタディの介護時間データにより、寝たきり優位、認知症不利の要介護認定の一次判定を構築しているといえる。

② 認知症介護に関するケアコードの問題

特に要介護認定改訂版（2003版）のケアコード改訂版は、日常生活活動（ADL）に対する介護のケアコードになり、認知症介護は問題行動への対応のみをケアコードとして捉える仕組みになった（第６章参考資料）。そのために身体介護に関わる認知症介護は、問題行動に対する介護サービス業務以外は、ほとんど身体介護として記録される。

認知症介護は問題行動に対する介護のみではない。認知症介護には、認知障害を補う様々な介護サービス、家庭的な雰囲気を作ることや危険防止のための介護環境の整備などがある。又、認知症の回復・進行を予防するようなアクティビティや、精神介護を目的とした心理的な関わりなどがある。問題行動は、認知障害などに伴う介護環境の不適応障害などによって、混乱や思い込みなどの症状として現れる。それは認知症症状の中の一つであり、様々な介護サービスによる対応が必要である。

問題行動に対する介護は、要介護者等本人よりも介護する側が受ける介護負担感にも左右される。問題行動に対する介護をするかどうかは、介護する側の判断によることが多い。問題行動が介護サービスの提供をより困難にしているときに、「介護する側にとっての問題行動」に対する介護サービスを提供することになる。

施設介護サービスでは、問題行動を起さないように安楽・安全な生活ができるよう援助される。その時の認知症介護は様々に工夫されている。介護保険施設におけるユニットケアを活用する個別介護サービスもその一つと言える。しかし問題行動を起すそれ以前までの認知症介護サービス業務は、１分間タイムスタディではほとんど介護評価されない。しかもより良い認知症介護をしたことで問題行動がなければ認知症介護の介護時間は記録されない。このことは問題行動の捉え方とケアコード分類に大きな問題があるといえる。

③ 寝たきりと認知症における身体介護時間

１分間タイムスタディでは、主に身体介護を捉えやすい特徴があるために、認知症介護として提供されるも、寝たきり介護と同様に単なる身体介護時間として記録される（図7-2）。

直接的身体介護には、寝たきり等に伴う身体障害に対する身体介護と認知症に伴う身体介護がある。しかし認知症による身体介護は、本来であれば認知症介護として捉えるべきである

が、寝たきり等による身体障害に対する身体介護としてのケアコードが記録される。したがって、寝たきり等の身体障害による身体介護時間が増えて、認知症による介護時間はほとんど記録されない。特に寝たきりと認知症との区別がつきにくい「寝たきり認知症」における認知症介護は、身体介護から抽出する必要がある。このことが解決できなければ認知症介護を介護評価することは困難である。

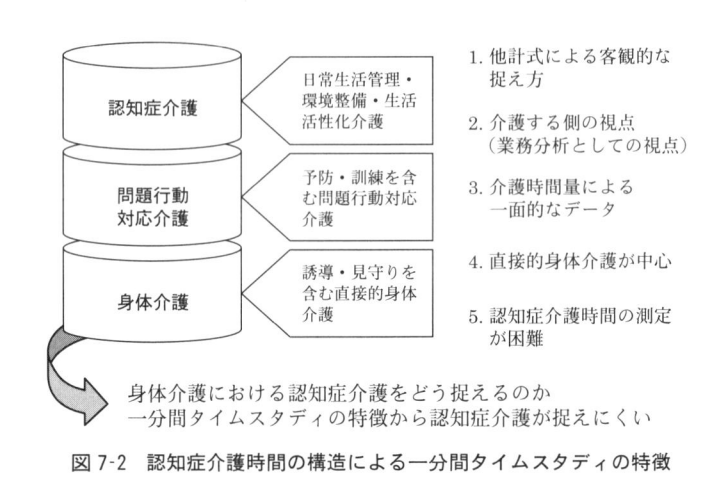

図7-2　認知症介護時間の構造による一分間タイムスタディの特徴

（3）　介護モデルによる総合介護度の構築に向けて

　検証調査では、一貫して1分間タイムスタディが何を表現するのか、介護サービスの何を見ているのかを検討してきた。1分間タイムスタディは単に介護サービスの介護時間の量を測るものである。しかし介護サービス量だけで、介護サービスの全体を介護評価できるものではない。介護サービスが必要かどうかは、それに関わる様々な介護要因があり、それをもとに介護する人が介護サービスの判断をしている。どのような介護サービスがどれくらい必要かということは、心身障害状態による身体介護の介護時間の推測だけでは決まらない。1分間タイムスタディの介護時間による量的介護評価が、どのような意味を持ち、介護評価するときにどのような問題点があるのかを検証すべきである。

　介護サービスがどのような介護モデルの構造で成りたっているのかを知ることが、介護評価を可能にしていく介護過程と考える。その介護評価には量的介護評価だけではなく、質的介護評価も必要である。そのためにも介護モデルの構築が必要であり、同時に介護サービスの質的介護評価のための具体策である総合介護認定を構築していかなければならない。

謝辞

　多数の保健福祉機関および関係者にご支援とご協力を賜り、ここに深謝申しあげます。この研究成果の一部は、2002年から2003年度の科学研究費補助金（基盤研究）「1分間タイムスタディによる介護モデルの構築に関する研究」による。

参考文献

1) 住居広士『要介護認定とは何か』一橋出版、2004。
2) 羽江忠彦「看護業務（労働）の一側面―タイム・スタディ結果を用いて―」広島修大論集、22(1)、59〜91、1981。
3) 住居広士、日下部みどり「1分間タイムスタディによる介護サービスの標準化の検証―介護保険における要介護認定への提言―」ハイテクインフォメーション、142、37-43、2002。
4) 工藤修一「要介護認定システムの再評価と簡素化への提案」大分大学教育福祉科学部紀要、24(1)、141-153、2002。
5) 山本隆志、山本勝、飯沼雅朗「介護保険における要介護認定システムの効率化方策」名古屋工業大学紀要、54、87-94、2002。
6) 赤木由嘉名、大島巌「精神障害者ケアガイドラインにおける精神障害者の要介護評価」精神科診断学、12(1)、85-95、2001。
7) 中山正次「統計的処理に徹する要介護認定の方法―抜本的見直しを示唆」総合社会保障、39(2)、58-63、2001。
8) 伊藤弘人、宮本有紀「痴呆性疾患に対する要介護認定のあり方―評価尺度の適用の観点から」精神科診断学、12(1)、51-59、2001。
9) 池上直己、山本慶太「介護保険における要介護認定の基本的な考え方と精神障害」精神診断学、12(1)、7-17、2001。
10) 宮裕昭「介護環境を考慮した要介護認定の必要性について」日本老年行動科学学会、9(2)、13-21、2004。
11) 石井豊恵、他「タイムスタディによる結果の解析手法」看護研究、37(4)、333-344、2004。
12) 小埜寺直樹、木下晋一、寺本岳志、成行貴久、高村純一、古谷野亘「特別養護老人ホームは入所者の重度化に耐えられるか」厚生の指標、51(4)、14-17、2004。
13) 和泉徹彦「介護保険におけるサービス評価モデルの検討」人間福祉研究、7、129-144、2004。
14) 田中信正「公的介護保険の認定基準とサービス」日本保険医学会誌、102(2)、30-45、2004。
15) 松田明子「在宅における要介護者の摂食・嚥下障害の有無と身体機能、主介護者の介護負担感および介護時間との関係」日本看護科学学会誌、23(3)、37-47、2003。
16) 片野一之「要介護老人の介護時間量調査報告」医療・福祉問題研究会、11、5-58、2000。
17) 日本医師会総合政策研究機構「痴呆患者に対するケアの実態と要介護認定方法に関する調査研究」2002.7。
18) 上野桂子、松井順子、依田佳子、西尾かをる、川辺真司、加藤千重子「ケアマネジメント業務分析と適切な介護報酬に関する検討」訪問看護と介護、9(9)、690-695、2004。
19) 藤田達也、西田裕介、大橋卓哉、大島琴美、劉恵林「Time Study法を用いた脳卒中片麻痺を呈する通所リハビリテーション利用者の施設内生活状況の把握」理学療法学、19(3)、211-215、2004。
20) 村瀬千春、柴田弘子、川本利恵子、和田敏正「痴呆症状のある高齢者の睡眠障害と移動動作の能力レベル差による援助の実態調査から」高齢者のケアと行動科学、9(1)、93-103、2003。

第8章
介護サービスにおける質的介護評価の標準化と専門性

第1節　身体介護に伴う介護負担と認知症介護

(1)　介護時間による介護評価

　介護保険制度では、1分間タイムスタディを基軸とした要介護認定等基準時間を要介護認定における要介護度の尺度としている。そして、その要介護認定の要介護度に伴って、1人あたりに提供される介護サービスに対する介護報酬や支給限度額の上限を設定している。要介護認定における介護評価は、直接的身体介護に伴う介護時間による量的介護評価が重視されており、介護サービスにかかる介護負担と認知症介護の質的介護評価が軽視されている判定である。

　要介護認定改訂版の1分間タイムスタディでは、毎分00秒の介護サービス業務内容を1分間ごとに抽出しているために、よけいに直接的身体介護が重視されて、それに伴う介護負担と認知症介護を捉えにくくなっている。その上、介護サービス業務内容を抽出するための分類であるケアコードには、認知症介護として「問題行動」のケアコード項目があるのみで、そのために行っている予防的介護等やそれにかかる介護負担を捉えることも困難となる現状にある。今回、1分間タイムスタディで、介護負担と認知症介護を捉えるための介護サービスに対する質的介護評価の方法を検証して、得られた結果を基に介護サービスの標準化と専門性を考察する。

(2)　介護負担と認知症介護の検証調査

1)　調査対象

　広島県M市K介護老人福祉施設の介護職員3名と施設介護サービスを提供される要介護者を調査対象とし、その調査員は5年以上の実務経験のある3名とした。

2)　調査期間と調査時間

　2003年4月、8月、2004年5月における平日午後1時間における施設介護サービス業務を調査した。

3)　調査方法

　要介護認定改訂版（2003年版）の1分間タイムスタディの他計式調査法に基づき、介護職

員に付いた調査員が、介護職員から要介護者等へ提供される介護サービス業務内容を記録した。その調査記録用紙及びケアコード表は、要介護認定改訂版に用いられた第8回介護認定調査検討会資料の記録用紙とケアコード改訂版を参照した（第6章参考資料）。介護老人福祉施設の各介護職員に対して1名の実務経験5年以上の看護師あるいは介護福祉士が1分間タイムスタディにて介護サービスを観察して記録した。

4） ケアコードの記入方法

1分間タイムスタディ調査終了後に、大分類された9種類のケアコード（①清潔・整容・更衣、②入浴、③排泄、④食事、⑤移動・移乗・体位変換、⑥機能訓練、⑦問題行動、⑧医療・看護、⑨その他の業務の181項目）に基づき、毎分00秒に行われた介護サービス業務内容についてケアコードを記録した。

5） 介護負担度と認知症介護の記入方法

調査記録用紙に、Zaritの介護負担度（Zarit et al., 1980）の中で、Zaritがa single global burdenと定義した第22問の質問項目を用いて、全体として毎分ごとに提供されている介護サービス業務がどの位大変であるかを、身体・精神負担度を総合した介護負担度として記録した。

その際に介護職員が認知症介護を行ったかどうかという各5段階の質的介護評価の項目を作成して、調査中に毎分00秒の介護サービス業務内容と共に認知症介護の程度を調査員が記入する。その際、第三者の調査員から見た介護職員の介護負担度と、それと同時にどの程度認知症介護を行ったかどうかも記録をする。調査終了した直後に、調査対象である介護職員に、調査員によって記入された介護サービス業務内容の記録に添って、介護職員自身が認識した介護負担度と、認知症介護を行った度合を再評価してもらった。

① Zaritの介護負担度

全体を通してみて、介護サービス業務内容に対してどのくらい介護職員自身の介護負担になっていると思うかを5段階で記入する。

5段階の内容は、

- まったく負担はない→「0」
- 多少負担に思う→「1」
- 世間並みの負担だと思う→「2」
- かなり負担だと思う→「3」
- 非常に大きな負担である→「4」

となっている。（本文中では「」内の記号及び数字を用いて示している。）

② 認知症介護度

要介護者等へ提供される介護サービス業務内容について、どの程度認知症介護が行われたかについて5段階で記入する。この指標については、筆者独自で作成したものである。

5段階の内容は、

- 声かけ・指示・認知症介護が不要→「0」
- 声かけ・指示不要。見守りが必要→「1」
- 認知症介護が軽度に必要→「2」
- 認知症介護が中等度に必要→「3」
- 認知症介護が全介助に必要→「4」

とした。(介護負担度と同じく、本文中では「」内の記号及び数字を用いている。)

(3) 結果および考察

1) 認知症介護が介護負担に影響する

表8-1に表したのは、認知症介護が必要なFさんに対する排泄介助を介護職員が提供している介護場面である。介護サービス業務内容に記されているのは、「ことばかけ」や「一部介助」、「見守り、声かけ」であるが、それに伴う介護負担は「2」と記録された。排泄介助という身体介護に、認知症介護が重なり、そのために介護負担が中等度に影響したと思われる。

表8-1 調査員A調査記録用紙からの介護負担と認知症介護

時間	ケアコード	介護サービス業務内容	要介護者	介護負担度	認知症介護度
14:00	312	排泄ことばかけ	Fさん	2	2
14:03	323	立ち上がり一部介助	Fさん	2	2
14:04	314	排泄中見守り、排泄中の声かけ、見守り	Fさん	2	2

(ケアコード改訂版:312排泄誘いかけ、323排泄時の移乗介助、314排泄見守り)

表8-2に表したのは、認知症介護が必要なOさんとの介護職員のコミュニケーションの介護場面である。その記録には全般にわたり会話している介護場面の記入がされているが、14:18を見ると、ただ「質問をする」だけの会話場面であるはずなのに、介護職員の介護負担度を「1」と記録していた。また、14:19「答える」、14:20「説明」では、介護負担度は「0」であるが、認知症介護度は「2」と捉え、認知症介護は行っていると記録された。

表8-2 調査員B調査記録用紙からの介護負担と認知症介護

時間	ケアコード	介護サービス業務内容	要介護者	介護負担度	認知症介護度
14:18	722	なぜ他人のタンスをさわっていたのか質問する	Oさん	1	2
14:19	713	ご飯の時間を聞かれ答える	Oさん	0	2
14:20	513	車いすを押しながらビューティ教室の説明	Oさん	0	2

(ケアコード改訂版:722問題行動の予防的対応の誘いかけ、713問題行動発生時の対応、513移動介助)

第8章 介護サービスにおける質的介護評価の標準化と専門性 143

表8-1、8-2から、身体介護に認知症介護が重なるために、介護負担度が大きくなっていることを示しているといえる。介護負担度には、身体的な負担のみではなく精神的な負担も含まれている。上表に示された介護サービス業務内容は、声かけ等の軽度の介護サービス業務であるはずなのに、介護負担度が「1」以上になっているのは、認知症介護に対して介護職員に精神的負担があると判断されたと思われる。

2） 認知症介護の有無は、第三者でも捉えられる可能性がある

調査員A～Cは、1分間タイムスタディ調査中に介護職員における認知症介護度を、第三者的に判断して記入した。そして、調査終了した直後に、対象の介護職員に、認知症介護度を記入してもらい、その適合度を再評価する方法をとった。表8-3は、個別に関わった介護時間を抽出した中から、1分間タイムスタディ記録における認知症介護の有無に焦点を当て、認知症介護の有無を、「0」の無と、「1」以上「4」以下の有に区分して出した結果である。これは、認知症介護度が「1」以上「4」以下ということは、その度合いは違っても、「認知症介護を行った」という有の判定ができていると判定した。

3人の調査員が1分間タイムスタディ調査中に記入した認知症介護と、調査直後に介護職員が記入した認知症介護では、「1」以上「4」以下と記入したものの誤差は、調査員A→3分、調査員B→1分、調査員C→7分しかなかった。つまり、調査員Aは86％、調査員Bは93％、調査員Cは80％、介護職員と同様に認知症介護を行った有無が判断できている（表8-3）。これは、その要介護者等に介護サービスの提供を行っていない第三者の調査員の介護評価でも、介護職員が認知症介護を行っているかどうかの有無を判断できる可能性があるということを示唆している。全介護時間（n＝540）にわたる調査員と介護職の認知症介護の一致係数は、Kendall W＝0.60（$p < 0.01$）で、中等度強の一致性が認められた。

認知症介護は、「その人の認知症介護を行ったかどうか」という視点から見るため、記入の際の明確な説明があれば、介護職員と第三者とは同様な調査が得られる可能性が示唆された。

表8-3 認知症介護の有無を捉える第三者評価

認知症介護	調査記録A		調査記録B		調査記録C	
記入者	介護職A	調査員A	介護職B	調査員B	介護職C	調査員C
個別介護時間	22分		19分		36分	
無「0」	3分	0分	5分	2分	7分	0分
有「1～4」	19分	22分	14分	15分	29分	36分
有無一致率	86％		79％		61％	

3） 介護負担の有無は、第三者でも捉えられる可能性がある

認知症介護の有無と同様に、3人の調査員が1分間タイムスタディ調査中に記入した介護負担度と、調査直後に介護職員が記入した介護負担度では、「1」以上「4」以下と記入したもの

の一致率は、調査員Aは86%、調査員Bは68%、調査員Cは71%、介護職員と同様に介護負担の有無を判断できている。これは、その要介護者等に介護サービスの提供を行っていない第三者の調査員の介護評価でも、介護職員の介護負担度の有無を判断できる可能性があるということを示唆している。介護負担度は、「介護に負担を伴うか」という視点から見るため、記入の際の明確な説明があれば、介護職員と第三者とは介護負担度の有無は同様な評価が得られる可能性が示唆された。全介護時間（n＝540）にわたる調査員と介護職の介護負担の一致係数は、Kendall W＝0.37（p＜0.01）で、やや中等度弱の一致性が認められた。

表8-4 介護負担の有無を捉える第三者評価

介護負担	調査記録A		調査記録B		調査記録C	
記入者	介護職A	調査員A	介護職B	調査員B	介護職C	調査員C
個別介護時間	22分		19分		36分	
無「0」	9分	12分	6分	2分	10分	0分
有「1〜4」	13分	10分	11分	17分	25分	34分
有無一致率	86%		68%		71%	

4） 介護負担と認知症介護を捉えていく必要がある

今回の調査では、Zaritの介護負担度（a single global burden）と、独自に考えた認知症介護度をもとにその質的介護評価を示した。しかし、本来の1分間タイムスタディには、その介護サービス業務内容に対する質的介護評価の指標はなく、実際に行われた介護時間のみが記録されるようになる。つまり、そのために直接的身体介護のみが介護評価の対象となりやすいのである。表8-1、8-2の調査結果では、認知症介護のケアコードが記録されていない場合、FさんもOさんも認知症は伴うもほとんど身体介護量は軽い。しかし、介護サービス業務に対する質的介護評価を記入することで、介護負担度や認知症介護がどの程度あったかどうかという質的介護評価をすることができる。

要介護認定改訂版（2003年版）の1分間タイムスタディを用いて、介護保険施設における介護職員の介護負担度と認知症介護度を、調査員の第三者評価ならびに介護職員により質的介護評価を行ったことで、介護負担度と認知症介護度における次のような関係を知ることができた。①認知症介護は介護負担に影響を与える②認知症介護と介護負担度の有無は第三者でも捉えられる可能性がある③介護負担度と認知症介護度を捉えていく必要がある。介護負担度と認知症介護度とは、それぞれ関連性もあり、その相互作用について介護サービスにおける標準化と専門性についてさらなる検討が必要である。介護サービスの質的介護評価については、特に記入方法ならびに指標を検討すべきである（図8-1）。

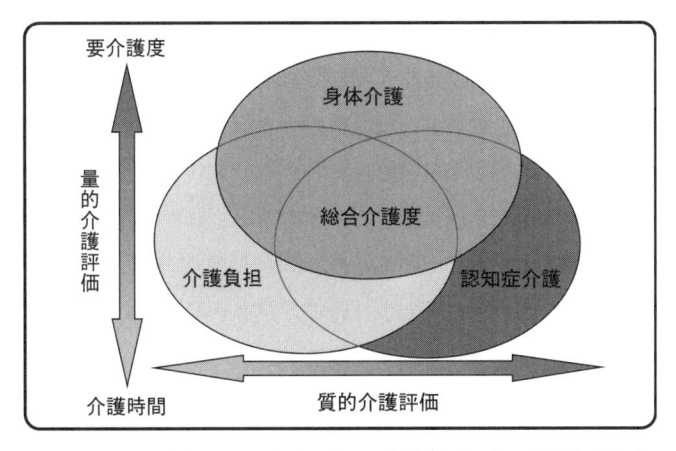

図 8-1　量的介護評価の要介護認定から質的介護評価の総合介護認定

第2節　介護サービスの標準化と専門性における質的介護評価の課題

(1)　ケアコードの検討—ケアコード初版からケアコード改訂版まで—

　要介護認定初版（1999年版）のケアコード初版と要介護認定改訂版（2003年版）のケアコード改訂版を比較すると、認知症介護に対するケアコード分類は一見増えているかのように見える（図8-2）。しかし、問題行動のみを認知症介護としてケアコードを取り上げていることに変化はない。ケアコード初版では「見守り」が、問題行動とは別のケアコードとして、日常生活活動項目に追加されていたが、見守り等自体は身体介護ケアコードの分類に含まれている。従ってこの日常生活活動に対する「見守り」自体は、それの属する日常生活活動に含まれる介護サービスに対する介護時間となる。このことは客観的に問題行動として捉えられる場合のみが、認知症介護としての「見守り」の介護時間となる。実際には、問題行動がない「見守り」では、認知症介護にもならないことになり、それらの介護評価が困難となった。「見守り」を身体介護サービスとする改訂版ケアコードでは、初版よりもさらに認知症介護における質的介護評価が制限されたケアコードといえる。

　身体介護のケアコードにある「誘い掛け・拒否時の説明」も、1分間タイムスタディの調査ではそれを含めている身体介護のケアコードの分類の中に取り込まれることになり、「見守り」と同様に認知症介護としての介護時間の抽出は困難となった。特に問題行動ではなく、認知障害による生活援助の場合は、認知症介護は、客観的な他計式調査では捉えにくいケアコードであるという検証結果になった。

　それらを総合すると、ケアコード改訂版はケアコード初版よりも、さらに認知症介護を捉えにくくなったといえる。2003年4月から使用されている要介護認定改訂版一次判定ソフトは、このケアコードを使用した一分間タイムスタディの介護時間データによって構築されている。
　細かく分類されていたケアコード初版の323項目が、ケアコード改訂版では181項目に縮小

整理されている（第14章第2節参照）。準備から終了・後片付けまでのケアコードとなり、一見ケアコードが記録しやすいようになった。しかし日常生活活動に関する身体介護に関するケアコード以外は、その他の業務としてケアコード分類するようになっており、主にケアコード改訂版分類は日常生活活動中心のケアコードとなっている。実際の介護場面でいえば、日常生活活動に関する身体介護に、認知症介護も含まれているのである。生活手段のみの援助では日常生活を過ごすことは困難である。特に認知症を有する要介護者等にとっては、身体介護の先にある目的を達成するための生活援助の認知症介護の方がより重要となってくることが多い。

　ケアコード改訂版は、ケアコード分類しやすく調査する側にとっては使いやすいものとなっている。しかし、介護実態と照らし合わせると、重要な介護サービス業務の多くを削除して、身体介護のみを捉えるケアコードに変化した。このことはこれまでよりもさらに介護実態とかけ離れていくことになる。

　ケアコードに関しては、まず、認知症介護のケアコードの見直しが必要である。問題行動のみを捉えるのではなく、その他の認知症介護として介護環境整備、認知障害の精神介護サービス、介護予防のためのアクティビティなどを、認知症介護のケアコードに含めた新しいケアコードの構築が必要である。そのためには、問題行動の捉え方を見直すとともに、認知症介護モデルを検討していくことが必要である。その上で、実際に行われている介護サービスと照らし合わせ、認知症介護のケアコードを抽出する必要がある。

ケアコード初版			ケアコード改訂版			
問題行動への対応	126	徘徊老人への対応、探索	7 問題行動	1 問題行動発生時の対応	1	準備
	127	不潔行為に対する対応			2	誘いかけ・拒否時の説明
	128	暴力行為、暴言などの対応			3	対応
	129	抑制帯の脱着			4	見守り
	130	その他の問題行動への対応			5	後始末
				2 問題行動の予防的対応	1	準備
					2	誘いかけ・拒否時の説明
					3	対応
					4	見守り
					5	後始末
				3 問題行動の予防的訓練	1	準備
					2	誘いかけ・拒否時の説明
					3	対応
					4	見守り
					5	後始末
				9 その他	9	その他

図8-2　ケアコード初版と改訂版の問題行動

事例：認知症介護は、ケアコード初版に比べ改訂版の方がより捉えにくい

第8章　介護サービスにおける質的介護評価の標準化と専門性　147

表8-5　認知症介護がより捉えにくいケアコード改訂版

時刻	ケアコード	介護サービス業務内容
:40	931 941	職員Hさんを交えて会話。タオルをたたむ。Kさんに声かけ。
:41	941 931	お絞りをたたみながら見守り。KAさんへ声かけ。
:42	941 931	洗濯物をしまう。Kさんに声かけしながら洗濯物。
:43	931 999	KAさんへ声かけ。おしぼりたたみ見守り。Tさんへ声かけ。たたんだおしぼり確認。Kさんへ声かけ。
:44	931 941	TさんKAさんへ声かけ「ありがとう」おしぼりをしまう。Kさんと一緒に洗濯物を移動。

（ケアコード改訂版：931コミュニケーション日常会話、941入所者物品管理、999その他）

　表8-5は認知症介護として常に「見守り」、「指示」、「確認」、「声かけ」などが行われている。ケアコード改訂版でも認知症介護は、問題行動に関する介護サービス業務のみのケアコード700番台を取り上げているが、上記では記録はされていない。しかも直接的身体介護をする場合は、認知症介護すべてが身体介護のケアコードに取り込まれていく仕組みとなっている。介護施設におけるユニットケアの場合は、特に「見守り」が多く、常に声かけと認知症に対する生活援助が行われている。見守り等が多い上に、問題行動がほとんど出現しない介護状況では、どんなに認知症介護が行われてもそれらは身体介護として捉えられるか、認知症介護ではなく単なる会話として片づけられてしまう。要介護認定改訂版のケアコード改訂版においては、その傾向がより強くなっている。

（2）　認知症介護における介護時間の抽出

　身体介護に含まれる認知症介護をいかに分離できるのか、又は、身体認知症介護として新しい介護サービス業務を創造するのか、いずれにしても認知症介護として身体介護から質的介護評価を抽出する方法を検討する必要がある。現行のままでは、身体介護の中に認知症介護が埋没している状態で、認知症介護には何ら質的介護評価されないシステムになっている。

　介護サービスの対象者は、「寝たきりで認知症なし」「寝たきり認知症」「動ける認知症」の3つの介護状態に分類できる（図8-3）。問題になるのは、寝たきり認知症の中に、寝たきり介護と認知症介護が混在していることである。この場合の身体介護を、寝たきり介護と認知症介護に分類するのか、又は寝たきり認知症介護として新しい介護サービス業務をつくり出すのか、次のような3つの方法が考えられる。

　第1の方法として、寝たきり介護と認知症介護とに介護サービス業務を分類する方法として、認知症介護のケアコードを再検討して、1分間タイムスタディでも認知症介護の抽出を可能にすることが求められる。しかし他計式調査では認知症介護が身体介護に隠れて捉えにくいという欠点がある。ケアコードの見直しができたとしても、現行の1分間タイムスタディの調査方法では認知症介護の介護評価が困難であり、その調査方法の検討も同時に必要である。

第2の方法として、寝たきり介護と認知症身体介護との関係に新しい方式を構築することである。寝たきり度が強くなれば、認知症介護は少なくなる傾向がある。それぞれがどのような介護サービス業務の相互関係にあるのかを検討する必要がある。その件については「サービス供給指標調査研究事業報告書」（1995年）の中でも検討されたが、それを困難な問題のままにして放置されている。両者の関係性から、それぞれの介護サービスによる包括的介護評価を構築する必要がある。

　第3の方法として、介護サービスの方式を「寝たきり介護」「寝たきり認知症介護」「動ける認知症介護」の3つの要介護等状態像に分類して介護評価する方法がある。要介護状態像に関しては、要介護者等の心身の障害の特性によって分類が可能と考える。その分類によって、要介護者等への介護サービスを質的介護評価できれば、身体介護から認知症介護を抽出できる可能性が出てくる。

　いずれにしても身体介護の中に混在している寝たきり介護と認知症介護をどのように分析するのかは今後の重要な課題である。認知症介護の介護評価が非常に低い現状では、要介護認定によっては厳しい介護サービスの適用が増える可能性がある。要介護認定改訂版の一次判定での基準の見直しが進められ、介護時間に関わりなく動ける認知症高齢者の指標を追加するなどして、一次判定における補正方式も出されているが、基本的には一次判定における介護時間が大きく影響している。今後益々要介護者等が増加することを考えると、さらにコンピュータの一次判定ソフトによる介護サービスの介護時間の量的介護評価だけでなく質的介護評価となる総合介護認定が重要な役割を果たすことは確実である。

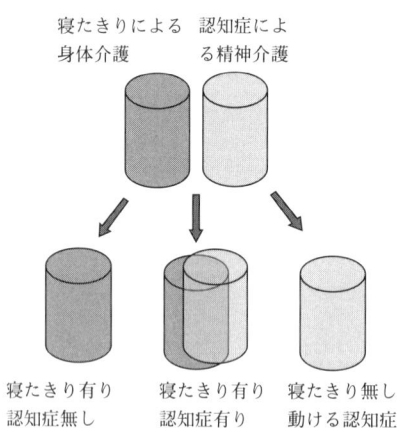

①一分間タイムスタディで捉える直接的身体介護の中に認知障害などによる認知症介護としての精神介護がある。

②しかし、他計式調査による客観的な視点により認知症介護を身体介護として記録してしまう。

③認知症介護を直接的身体介護として捉えられるため、認知症介護ではなく身体介護時間が増加する。

④寝たきりによる身体介護推計時間が増加し、認知症介護推計時間が減少する。

一分間タイムスタディで測定した身体介護時間に含まれる認知症介護時間を抽出する必要がある。

図8-3　身体介護の中に認知症介護が隠れる

第3節　介護サービスの質的介護評価の構築に向けて

　本章の検証調査では一貫して1分間タイムスタディが何を表現するのか、介護サービスにおいて何を見ているのかを検討してきた。1分間タイムスタディは介護サービスの量的介護評価を測るものである。しかし介護サービス量だけで、介護サービス全体を介護評価できるものではない。介護サービスが必要かどうかはそれに関わる様々な要因があり、それをもとに介護サービスを提供する人が介護サービスの公平と適用の判断をしている。だから、どのような介護サービスがどれくらい必要かということは心身障害程度による身体介護時間の推測だけでは決まらない。1分間タイムスタディの介護時間による量的介護評価が、どのような意味を持ち、介護サービスの質的評価をするときにどのような働きがあるのかを検証すべきである。

　介護サービスがどのような構造で成りたっているのかを知ることが、介護サービスの介護評価を可能にしていくと考える。その介護サービス評価には量的指標だけではなく、質的指標も必要である。そのためにも介護モデルに基づく質的介護評価である総合介護度（TKI：Total Kaiog Index）の構築が重要となり、同時に介護サービスの質的評価のための総合介護認定度確立していかなければならない。

　要介護認定一次判定ソフト改訂版が2002年に公開され、要介護認定一次判定ソフト改訂版で2003年4月から要介護認定が一次判定されている。要介護認定改訂版一次判定ソフトの策定に先立って厚生労働省は、1分間タイムスタディの調査が行った。そのタイムスタディデータにより一次判定ソフト改訂版が構築されているので、その要介護認定一次判定ソフト改訂版の介護評価の課題についても検証していく必要がある。

（1）介護サービスの内容と記録方法

　要介護認定改訂版の1分間タイムスタディは、施設介護サービスにおける48時間の他計式調査により実施されて、原則的には要介護認定初版（1999年版）の一次判定ソフトの調査方法とほぼ同じ方式である。その記録票も内容としてはほぼ同じであり、その記録内容はどんな介護サービスを、誰に、行ったかという2つの内容を記録している。要介護者等に提供される介護サービスのうち介護職員から直接的介護サービスとして提供されるものを選択していくことになる。つまり、要介護者側からみると間接的介護サービスの記録はなく、直接的介護サービスを主体的に記録していくことになる。

　しかし、1分間タイムスタディの記録内容の観察方法が違っている。初版（1999年版）では、「1分以内の主な介護サービス業務」という方法であったが、改訂版（2003年版）では「毎分00秒の瞬間に行っている主な介護サービス業務」が調査の方法となった。このことが介護時間にどのように影響してくるか、毎分00秒の瞬時に観察したことが主な介護サービス業

務となり、瞬時に観察できる介護サービス業務となると、より客観的に捉えやすいことが優先される。

複数の介護サービス業務を行っているときは、「どの介護サービス業務を記述して良いかわからない場合には職員の方の手が空いたときに確認してください」となっていた。このことは完全な他計式調査ではなく、介護サービスを提供する介護職員自身の主観的判断も加わることになる。実際にどの程度の頻度でその事態が起こるかは、瞬時の判断となる条件が調査員の判断にも影響することになる。

（2）問題行動に対する介護サービスについて

「一般の介護サービス業務と区別が出来ない場合があるときは、介護職員の方に確認してください」とある。この場合にまず問題となるのは、調査員の瞬時の判断で認知症介護の判断が可能かどうか。瞬時の判断となると、捉えやすい客観的観察がより重要視されることになる。その場合、認知症介護が身体介護からどの程度抽出できるのかが新たな問題となる。

次に問題になるのが、認知症介護かどうかがわからないときに、その判断を介護サービス業務を提供する介護職員に任せることである。原則は他計式調査である、そこに介護サービス業務を提供する介護職員自身の判断が加わることとなり、客観的データの中に主観的な判断が加わることを前提にしている。認知症介護に対する介護サービスの捉え方については今後も検証する必要がある。

（3）ケアコード分類の特徴と課題について

ケアコード改訂版の番号の組み合わせは3桁の数字となり、181種類のコードとなる。特徴として初版（1999年版）に比較して、ケアコード分類が選びやすい方式になっている（表8-6）。しかし、初版に比較して改訂版では、

① より身体的介護（日常生活活動（ADL）介護）が中心となっている。
② 食事介助におけるケア項目に入っていた経管栄養が、医療処置としてのケアコードに入り、直接的身体介護以外のその他のケアコードとして分類された。
③ 初版の「見守り」が、改訂版ではそれぞれの身体介護サービス業務のケアコードの中に取り込まれ、認知症介護としての抽出がより困難となった。
④ 初版と同様に、改訂版でも問題行動に関わる介護サービスのみが認知症介護として分類された。

以上のように、要介護認定一次判定ソフト改訂版を構築した1分間タイムスタディでは、初版とはケアコード及び記録する介護サービス業務内容、観察方法が変更された。これらの変更が、調査介護時間と実態介護時間など、実際に要介護者等が受けた介護時間にどのような影響を与えるのか、今後も検証していく必要がある。要介護認定における介護時間を今後も一次判定コンピュータシステムが重要視することに間違いはない。

表 8-6　ケアコード改訂版の基本的な構造

大分類（100の位）	中分類（10の位）	小分類（1の位）
1. 清潔・整容・更衣 2. 入浴 3. 排泄 4. 食事 5. 移動・移乗・体位変換 6. 機能訓練 7. 問題行動 8. 医療・看護　※ 9. その他の業務※	（主にケアの目的と種別）	1. 準備 2. 誘いかけ・拒否時の説明 3. 介助 4. 見守り 5. 後始末 ※医療・看護などの場合は上記1～5と異なりますので注意してください 9. その他

第4節　日常生活活動に対する介護サービスの標準化と専門性

（1）　日常生活活動支援のための介護サービス

　日常生活活動支援のための介護サービスのうち、三大介護（入浴、排泄、食事）に特に関連の深い「入浴介護」について検討する。入浴介護の実施手順と介護時間は、その準備から終了までの介護時間が目安となっている。その実施手順をみると、各種施設介護サービスでの調査で大きな差異が認められる。例えば介護職員1人だけが入浴介護に入った介護記録では、その介護職員は浴室の中で介助したが、要介護者1人当たりの介護時間は約8.5分となっていた。この場合には、準備、誘導、更衣などの介護時間は、入浴時間には含まれていない。つまり1分間タイムスタディでのケアコード分類に格差があると、大きくその介護時間の結果が異なる。

　日本医師会総合政策研究機構（JMARI）の調査（2001年3月）では、日常生活活動（ADL）に対する介護サービス業務のみに注目している。ADL・処置以外の介護サービス業務内容は問われておらず、さらにADL介護に入浴介護を含めていないので、入浴介護における介護時間量は出ていない。日医総研の調査のADL介護時間では身体障害に関係する介護時間だけに絞り、ADLと介護時間は相関しやすくなることを前提した調査になっている。ADL介護時間と寝たきり度とは、数字的には相関係数が0.715と高くなり、この散布図をみるかぎり強い相関があるように報告している。日医総研調査はADL介護に注目した調査で、介護時間とADLとの関係性を検討している。その他には医療処置に関しての介護時間も調査しているが、それ以外は「その他のケア」として認知症介護などの限定した介護サービスはまったく問われていない。

　日医総研の調査結果では、要介護者等に対するADL評価で全てが捉えられているように報告されている。それには介護負担度ならびに認知症介護度についての質的介護評価の検討がさ

れていない。要介護認定が介護時間だけで判定されているから、要介護認定改訂版では介護時間とは関係の少ない ADL 項目と認知症高齢者に対応する変更の指標によって要介護度が変更されている。それだけでは介護サービスの標準化と専門性により、要介護者個人の尊厳ある生活は護れない。日医総研のタイムスタディは、医療費と介護給付費の関係性が主眼であり、介護保険を医療保険に取り込むことも想定されている。1つ1つのタイムスタディの調査結果をそれぞれの側からの視点で検証していく必要がある。

（2） 日常生活活動の介護サービスの標準化と専門性の疑問点

施設介護サービスの場合は1人の介護職員が1つの介護サービスについて、最初から最後まで1人の要介護者等に関わるとは限らない。特に施設介護サービスにおける入浴などの場合は、準備する人、浴室まで誘導する人、浴室で身体を洗う人、入浴後に着替えを手伝う人など分業的作業により、すべてに違う介護職員が関わる可能性は大きい。そうした場合に、介護する側から見た1分間タイムスタディの介護時間量と介護される側が受けた介護時間量がかなり異なっており、本来の入浴介護時間が記録されていない。入浴の場合は、多くの介護職員が一度に多くの要介護者等に関わることが多くある。介護職員の1人が複数の要介護者等に関わったときの介護時間の集積の方法が問題となる。まず関わった複数の要介護者等の全員を調査時に記録できるかどうか、又要介護者等が複数のために介護時間を、その人数で割り算する問題、それに入浴に主に関わった介護職員のみを記録する問題などがある。入浴介助に関わった介護職員が、それぞれの介護サービス業務が異なると、これらの全てが入浴介助で関わったとし場合、実際に1分間タイムスタディで実測された介護時間数（介護される側の人が受けた介護時間数）と介護実態の差異は大きい。だからこそ施設介護サービスの調査であるために、居宅介護サービスの結果とは大きく異なる介護状況の結果となる。このことからも施設介護サービスでの1分間タイムスタディの介護時間データを居宅介護サービスに適用できないことを示唆している。

療養型病床群における動ける認知症の日医総研の調査では、問題行動に対する介護時間は、ADL とほとんど相関していない。在宅介護の場合には極端に認知症に対応する介護時間が増大している。この在宅の認知症に対応する介護時間が問題であり、在宅の場合には15分間ごとの自計式の介護時間であるので、1回対応すればそれだけで15分間になる仕組みなので、認知症に対応する介護時間が極端に増大している。施設介護サービスでは、ほとんど介護時間は増大していないが、在宅介護サービスでは増大があるため、施設介護サービスにおける認知症介護に対応する介護時間の加算が必要であると考察している。さらに施設介護サービスにも加算が必要であると推定しているも、その根拠となるデータを示していない。本来の介護保険における介護サービスの質的介護評価の標準化と専門性を検証しなくてはならない。

（3） 日常生活活動（ADL）に対する介護サービスの調査結果

　日本医師会総合政策研究機構（JMARI）による長期入院患者に関する新しい支払い方式に関する調査（2001年3月）で行われたタイムスタディ調査によると、要介護度と介護時間はあまり相関していないことが判明している。そして介護時間は、要介護度よりもADLレベルの方により相関していた。施設介護サービス内での日常生活活動のみの介護サービスを測定したために、よけいにそのような結果を招いていた。1分間タイムスタディの調査によってさらに詳しいデータを集めて、ADLの障害度の結果により、要介護認定や介護費用等の分配を決めようとするのであれば、本来の意味での必要な介護サービスを求める「要介護度」とは異なる指標になる。

　1分間タイムスタディ調査の方法により、要介護認定システムにも大きな影響が出る。方法によっては要介護度の判定だけでなく、どこに介護費用がかかっているかという財政的調査にもなる。1分間タイムスタディ調査による医療調査を、病院でする場合には病棟が対象となり、自計式で調査票を記入することになっている。その患者特性の調査票を、医学モデルに基づくMDS（Minimum Data Set）のアセスメント表による患者評価で書き込まれている。MDSは、ケアマネジメントにおける課題分析票（アセスメント票）の1つとして主に看護系サービスで使用されている（厚生省監修『高齢者ケアプラン策定指針』厚生科学研究所、1994年）。個別介護サービス業務内容については日常生活活動（ADL）介護と医療処置以外は、その他の介護サービス業務としてその内容が問われていない。つまり入浴介助における認知症介護は、ADL介護以外その他の介護サービスになり把握されていない。

　日医総研のタイムスタディの結果では、

① 療養型の場合、入院患者のADL状態が総介護時間に大きく影響する（基本的な影響因子）。

② 要介護度／ADLスコアと総介護時間の相関をみると、要介護度よりもADLスコアの方の相関が強かった。

③ 要介護度と総介護時間をみると、要介護度が重くなるに従い、バラツキが大きくなっている。

という結果が報告されている。1分間タイムスタディの結果より、日本医師会総合政策機構は新介護報酬の支払い方式の提言を行うことを目的としている。

　厚生労働省の要介護認定調査検討会による要介護認定改訂版1分間タイムスタディの調査結果の資料も、日本医師会総合政策機構（日医総研、JMARI）のタイムスタディの結果に酷似している。厚生労働省のケアコード改訂版の分類の内容を見ても、介護サービス業務に関して、ADL援助が主な内容となっている。そしてそれ以外として医療・看護、問題行動、その他の項目を設けている。しかし日医総研の予備調査においてADL以外で、介護時間へ影響を与える因子として「認知症の有無（問題行動の有無）」や「処置の有無」が挙げられていた。

（4） 日常生活活動（ADL）と介護時間の関係

　ADLと介護時間は、ADLの中等度までは相関すると思われるが、問題はその両端の障害程度における軽度と重度のADLである。認知症とは無関係に、ADLが重度障害になると、その介護サービスに費やす介護時間が減少してくるのである。逆にもしADLが中等度の障害になると介護時間は上昇して、ADLが軽度障害になると介護時間は減少してくる傾向がある。認知症による介護時間への影響は、ADLが重度障害になると低下して、ADLが中等度障害の時が最も影響は大きくなり、ADLが軽度であると影響は中等度になる傾向がある。ADLの障害だけでは、介護時間とは必ずしも相関している訳でもなく、両端では逆相関している場合もある。だからこそADL障害だけで、最も問題となる寝たきりと認知症の介護サービスの介護評価を論じられないことになる。認知症と寝たきりの片方の因子だけで、介護サービスの標準化と専門性の介護評価を示すことは困難である。

　これらのことを踏まえて、1分間タイムスタディによる再検証でも、一貫して要介護認定の構築には、1分間タイムスタディだけで不十分であることが証明できた。それには、厚生労働省が準備している新しいタイムスタディだけではなく、厚生労働省の要介護認定新版（2009年）における一次判定方式についても不十分であるといえる（第14章参照）。

（5） 介護報酬のための介護サービスの標準化と専門性

　厚生労働省の要介護認定調査検討会の資料によるケアコード改訂版（2003年版）の分類では、認知症介護においては問題行動のみのケアコードを取り上げている。認知症への対応は問題行動に対する介護サービスだけではない。しかも1分間タイムスタディでは、施設介護サービスでは問題行動に対する介護サービスを単独で捉えることも困難である。認知症介護に対して介護サービス全般について質的介護評価が必要であり、問題行動だけの介護サービスに限定すれば、認知症における要介護認定はますます軽視された判定となる。

　介護職員からの検証からも、認知症介護に対する介護サービス業務の1つ1つに困難を感じていることは明らかである。それらは介護時間として捉えられない、つまり量的介護評価では捉えにくい介護サービスをどのように記録するかが今後の課題である。介護負担ならびに認知症介護を質的介護評価しない限り、介護保険における介護サービスの標準化と専門性は得られないのである。

　介護サービスに対する介護評価の標準化と専門性から要介護度の構築というよりも、介護労働時間の使用度として介護時間を量的介護評価している。日医総研の場合は、介護報酬改正の支払い方式の提言を目的としている。厚生労働省は、一次判定以外にも、新しい介護労働時間の使用度を別立てとして、介護保険制度における新しい介護報酬体系を設定しようとしている。要介護認定システムには、介護保険の運営のために介護保険財政や介護保険料や介護報酬を設定する目的があり、どうしても「介護時間」にこだわらなければならない現実がある。要介護度の全てを介護時間で介護評価しようとするならば、質的介護評価は今後も課題が残る。

第5節　介護評価から介護サービスの標準化と専門性まで

（1）利用者本位の介護サービスの選択

　介護保険制度の理念には、この制度が利用者本位で、利用者自身による介護サービスの選択が可能であることが掲げられている。このことは、この制度が利用者の介護サービスの内容を理解し、自主的に選択することを可能にしたと同時に、利用者自身の自己責任が問われることになった。この制度が理念に基づいて、円滑に運営されるためには、介護サービスに対する介護評価やこれを利用することの有用性について、すべての国民に対する啓蒙教育が必要であった。またその内容として、介護サービスの標準化と専門性を担保し、その量と質の向上を図るシステムの構築には、利用者自身の参加が不可欠であることを前提にすべきであった。

　介護サービスの標準化と専門性の調査として、わが国では1993年度に介護サービスを提供している特別養護老人ホームにおいて「介護サービスの質が高い」といわれる51施設を抽出し、その介護施設で提供されている介護サービスの内容とその介護回数等についてのデータと高齢者の特徴を表す心身状況のデータを収集した（「特別養護老人ホームのサービスの質の向上に関する調査研究」全国社会福祉協議会、1994年3月）。

　次にこの提供されている介護サービスの介護回数と高齢者の心身状況の介護情報データを対応させて統計的な分析を行った。この結果、明らかになったのは、高齢者の心身の状況の特徴によって、提供されている介護サービスの内容とその提供回数が異なっていることである。つまり介護施設で提供されている介護サービスは、高齢者の心身の状況の特性に応じて提供されていると報告された。

　これをさらに詳細に統計学的分析を続けることによって、高齢者の心身の状況の特徴から提供されるべき介護サービスの介護時間を推測する樹形図（Tree Analysis）を導き出している。そして最終的には、この樹形図を用いて、高齢者の心身の状況に対応する特性別の介護サービスの介護時間を推測するシステムを策定している。以上のようなプロセスを経て、策定された推測ソフトを用いて算出される介護サービスを、ここでは「標準的な介護サービス」と呼ぶことにする。

　その報告書では、標準的な介護サービスが示されている様式を「介護サービス内容推定表」といい、この介護サービス内容が介護サービスの標準化の基本となる。介護サービス計画の作成を行うにあたっては、標準的な介護サービスの内容と実際に提供されている介護サービスの専門性の比較検討を行うことが重要な介護過程となる。

　介護保険制度における介護サービスの標準化と専門性は、一体どのように介護サービスにおいて介護評価がなされるべきであろうか。介護サービスを介護計画する際も、その他のサービスと同じようにそれぞれの策定段階を経てから、組み合せる各介護サービス内容は異なってく

るも、最終的に提供される介護サービスの内容は介護計画としてケアマネジメントされる。まず第1段階では、要介護者等本人の心身状況、家族状況、経済的問題、利用を希望する介護サービスの有無などを勘案して、1週間の介護サービス計画や1ヶ月の介護サービス利用料、1日の介護サービスのスケジュールを決定する。第2段階では、実際行われている介護サービス内容を把握して、必要と推測される介護サービスの標準化と専門性を検討して、実際行われる介護サービスに組み入れる内容が決定される。第3段階では、要介護者等の特性を把握しながら、介護サービスの介護過程を考える。これらの介護過程には、介護サービスを策定するときの介護目標が必要となる。

個々の介護サービスの達成目標を設定することは非常に難しい。達成目標の設定をいかに客観的に行えるか、あるいは達成する目標の達成度を設定することもかなり難しい作業と考えられる。すでに介護評価の項目が要介護認定の基本認定調査項目として調査されているから、この介護保険サービスの達成目標は、要介護等状態の変化という変数を評価していることになる。

残念なことに、介護保険制度によって、わが国ではじめて構築された要介護認定のデータベースは、介護サービス計画にはほとんど活用されておらず、前述したような介護過程の分析は、市区町村では行われていない。なぜなら要介護認定データベースの重要性や有用性についての理解が、いまだ十分に得られていないからである。しかし今後この要介護認定の結果を分析し、介護サービスの標準化と専門性を評価する指標を開発する研究は、介護保険制度における介護サービス計画をする際の有用な指標として重要性が高まることになる。一日も早くこの要介護認定システムから収集される介護サービスの標準化と専門性のデータを解析して、それを介護過程につなげることや、そのデータの一部を達成目標として設定することなど、この要介護認定システムが公平なる適用のために有効に活用されることを祈念したい。

(2) 要介護認定から介護報酬と介護保険料まで

厚生労働省による要介護認定の目的は、介護時間により介護報酬や介護保険料の策定のための手段として用いることである。そのために要介護者等の本来の要介護度を要介護認定するのではなく、介護報酬と介護保険料を決定することが優先されている。だから、厚生労働省はいつまでも介護時間に固執しているが、それに固執すればするだけ、要介護認定の結果が介護実態と乖離してくる。

認定調査の結果が悪かったから介護実態と相違するのではなく、1分間タイムスタディから構築される介護時間の量的介護評価だけでは、介護実態が捉えられないのである。ケアコード分類を、いかにうまく設定できても、介護実態を介護時間だけで捉えること自体は困難である。それらの問題点を、1分間タイムスタディによる介護時間の調査結果から検証した。各方面から要介護認定に関していろいろな問題点が出ても、その原因がなぜか1分間タイムスタディの介護時間に結びついていない。要介護認定の構築のために、最初に介護回数の調査が行

第8章　介護サービスにおける質的介護評価の標準化と専門性　157

表8-7　介護回数と1分間タイムスタディのケアコード分類

```
介護回数の介護業務分類コード
103 入浴：衣類、タオルの準備
104 入浴介助（洗身、髪を洗う）
105 入浴：ひげ剃り、髪を整える
106 入浴：移乗
107 浴室の監視
108 入浴の際の着替え
```

```
1分間タイムスタディのケアコード初版分類（第5章参考資料）
入浴介助      32 浴室準備
              33 浴槽、リフトへの誘導
入浴時の移乗  34 ストレッチャーから、浴槽内リフトへ
              35 ストレッチャーから、特殊浴槽へ
              37 特殊浴槽から、ストレッチャーへ
              38 車椅子から、浴槽内リフトへ
洗身          40 洗身一部介助
              41 洗身全介助
監視          42 浴室内の監視
機械操作      43 リフトの操作
浴室整備      44 入浴作業終了後の浴室・浴槽の清掃、洗浄
```

われて、さらにより精度を上げようとして1分間タイムスタディの調査に変換された過程をたどりながら、要介護認定が構築された（表8-7）。

介護時間は1分間タイムスタディによる他計式調査であり、別の調査員が介護職員に付いて調査している。特に入浴の調査等に偏差がかなり生じており、ほとんど8割近くの調査対象者が、2日間も入浴していないデータになっていた。要介護認定初版（1999年版）のデータによれば、平均12秒間しか入浴されていないことになる。その原因が48時間の調査のため、入浴されていない人が出たとその理由を掲げて、その調査自体は成功したとして報告書では言い訳をしている。

要介護認定の構築するための調査である最初の「特別養護老人ホームのサービスの質の向上に関する調査研究」（全社協、1994年3月）では、介護サービス業務を158種類（377業務のうち直接介護のみを抜粋）に分けて、その介護サービス業務の1週間における提供回数が調査された。その次に、328種類の介護業務に増やし、1分間タイムスタディによる介護時間の調査が、3施設（特養、老健、介護力強化病院）で行われた（「サービス供給指標調査研究事業報告書」全社協、1995年3月）。後者のデータから構築された要介護認定初版では、328種類の介護サービス業務における2日間の1分間タイムスタディによって設計された。両者ともに、統計学的な樹形図によって分別判定されているが、最初の158業務の介護サービス業務の提供回数の方が介護時間よりも、要介護認定の妥当性や信頼度が高かった傾向があるといわれている。

それはなぜであろうか。1分間ごとの介護時間を調査して、その介護サービス業務の数も倍

に増やしたにも関わらず、逆に介護サービス業務の提供回数よりも、介護時間における妥当性と信頼度が低下している。それらを比較検証した客観的データはなく、その介護現場だけが取り残されている。その原因として「サービス供給指標調査研究事業報告書」では、介護時間の測定は、介護労働時間が限られている介護実態のなかで測定を行うこととなる。すなわち介護時間が少ないときにはいわば介護サービスの量と質を落とすという方法で対応するために「介護の大変さ」を介護時間で表すことは、実際上難しかったと報告書では言い訳している。「介護時間のデータではなく、介護回数のデータを用いたのは、提供される介護サービスを表現する上で、介護時間よりも、より現場の実態にあった介護サービスの提供ができていると考えるからである。」(特別養護老人ホームのサービスの質の向上に関する調査研究)と考察しながらも、次の報告書では、1分間タイムスタディの方がより精巧であると仮定して、1分間タイムスタディに変更している。要介護者等の個々にさまざまに異なる介護時間を多く集めて、それを平均化することで標準化して信頼性を高めようとした。その妥当性や信頼性の低下の原因が、1分間タイムスタディに潜在している可能性があり、そのことはほとんど検証されていない。

　まずその要介護認定の根本的原因について検証しなければならない。1分間タイムスタディが調査できれば、要介護度が適正に判定できるとは限らない。なぜなら介護時間を推計するときに、その変数として要介護者等の心身の障害度しか従属変数に入れていないからである。たとえ介護サービス業務にかなりの介護時間を要する要介護者等も、心身障害度が軽ければ介護時間の予測値が低く出てしまう。心身の障害度の場合には、それらが中等度までは確かに介護時間は相乗して延びるが、問題はさらに寝たきり重度になると相反して介護負担が軽度になり、より介護時間が少なくなる介護実態がある。心身障害と介護時間の1対1の調査手法である1分間タイムスタディだけでは、どうしても心身の障害度に応じた右上がりの要介護認定になってしまう。1分間タイムスタディによる介護時間が、介護の手間を反映しているのかという妥当性と信頼性の問題が残っている。

(3)　看護サービスと介護サービスの評価は異なっているのか

　看護サービスと介護サービスとの比較検討を行っているが、そもそも看護サービスは病院・診療所等という医療看護環境の中で提供されることが多く、実際の調査でも病院・診療所等での看護サービス業務調査により分析されている。しかし介護保険制度下においては、在宅生活を目標とする在宅での要介護者等に提供される介護サービスは、病院・診療所施設での看護サービスとは異なった側面をもっている。1つ1つの看護サービスの内容とは別に提供される介護サービスの種類そのものが、要介護者等の心身レベルではなく、その在宅における介護環境に大きく左右される。訪問看護等においては、要介護者等の生活そのものを支えるのではなく、医療介護サービスの専門技術を提供するのであり、直接に要介護者等の生活を支えるものは介護サービスそのものである。

　看護の起源では、勿論今でいう介護を含んでいた。先端医療技術が進む中で、看護師等の役

割は医療看護現場の中にあって医療看護処置の補助的な看護サービス業務へと変化して、本来持っていた看護サービスの役割である療養上の世話そのものを生活支援する役割を見失っている。その生活に密着した支援を介護サービスという形で自ら手放す結果となってきた。

　看護サービスが果たすべき役割とは何であろうか。厚生省保険局医療課において、全ての看護サービス業務を数量化するためのルーツの1つとして、看護業務分類コード（362種類）が開発された。この開発には、1996年度から3年間を費やして、「発生率」という概念を新たに示した。発生率は、調査対象となった患者258名が当該看護サービスを受けている場合を100%として、全患者のうち何人が看護サービスを受けたかを示す指標である。看護業務として患者に提供されている看護サービス業務内容として多いのは、「身の回りの世話」、「ナーシングケアシステム運営や管理」に関する看護サービス業務がかなり多く、次いで「医療・看護的業務」が見られることがわかった。発生率2%以上10%未満の看護サービス業務としては、80種類の看護サービス業務が示された。こうした発生率を示す看護サービス業務としては「酸素吸入の準備、実施、後始末」「持続吸引等のカテーテルの管理」「心電図検査等の準備」「中心静脈内注射の準備」といった医療・専門看護的な業務内容が示された。このように、いわゆる専門看護的な看護サービス業務を行っている割合は低いことがわかった。

　2003年7月からホームヘルパー業務において、在宅における筋萎縮性側索硬化症（ALS）に対して医療法や保健師助産師看護師法で業務独占として禁止されていた医療業務である痰の吸引が条件付きで認められた。それはあくまでも専門職としての医療業務としては認められていない。要介護者等の尊厳ある生活を護るためには、今後それぞれの業務というよりも専門職としての役割の視点を見直していくことが重要となっている。

第6節　介護サービスの介護の手間から標準化と専門性まで

　心身障害レベルのみでは、特に在宅においては実際の日常生活自立度は食い違っていることがある。身体能力があっても、居宅介護サービスが活用できないで、生活環境によっても日常生活自立度が変化する。しかし現在の要介護認定の一次判定は、施設介護サービスにおける介護時間の調査のみで構築されている。したがってその判定を在宅介護に適用するには無理があり、それらの誤差が拡大する可能性がある。つまり心身障害レベルでの心身能力のみではなく、在宅では実際の自立生活に向けた介護評価が重要である。要介護認定によって出される要介護度の結果と、実際の在宅における日常生活自立度との差異を是正する必要がある。

　要介護認定には要介護者等の身体的な障害レベルだけではなく、様々な介護要因等も介護評価すべきである。そのことを考慮しなければ、個別性や多様性の介護生活を考慮しながら、介護サービスをパッケージして必要な介護サービスを提供できない。要介護認定の設定時点での介護サービスの標準化は、主に心身障害レベルに応じた介護時間による要介護者等の特性分類

となっている。しかし実際に介護サービスを介護計画する段階では、家族の介護力・経済力・家屋条件などさまざまな介護環境を勘案する必要がある。介護サービス計画を策定するために、ケアマネジメントにおいては介護サービスの種類や地域社会資源の状況に主眼を置いている。在宅介護においては家族の介護力等も前提となっているので、居宅介護サービスを標準化するときは、その家族介護を除外した残りの不足する介護サービスをパッケージ化して標準化するという前提条件が必要となっている。

　要介護認定が「介護の手間」を示すとは、非常にさびしい厚生労働省の認識である。要介護者等を単に手間のかかる人であると見なして区別しているからである。さらに要介護認定において、介護の手間を介護時間で計る理由にもしている。それを介護時間といわないのは、介護の手間には、その質的介護評価を含めているといわんばかりである。実際は、要介護認定では介護した時間しか示していない。その狙いは、介護時間による介護サービスの量的介護評価による介護報酬や介護保険料などの策定のためである。そのために介護現場では、要介護者等の介護時間をつり上げて、より介護報酬を得たいというモラルハザードや逆選択が起こる原因ともなる。さらにそのモラルハザードと逆選択による介護報酬から利益の獲得のために、より介護の手間のかからないように要介護者等に対して介護サービスを提供する傾向になる。介護サービスの標準化と専門性も介護報酬の上下によって変貌してしまう。要介護認定に介護サービスに対する質的介護評価をいれなければ、より良い専門性のある介護サービスが駆逐されてしまう。例えばスウェーデン等から広まりつつあるユニットケアは、個人の尊厳のある生活を護る介護サービスであるも、その１分間タイムスタディの介護時間の量的介護評価よりも、逆に介護サービスの質的介護評価が高まっている可能性があるが、その専門性や介護報酬等には日本の介護保険では充分には反映されていない（第11章参照）。介護サービスに対して介護時間による量的介護評価に質的介護評価を加えないと、介護報酬のための標準化と専門性になってしまう恐がある。

　介護自体を負担と想定することにより、介護サービスそのものを介護負担として捉える現実がある。しかし、要介護者等自身は介護の手間がかかろうとも、生き尽くしたいと願っている。要介護者等の尊厳ある生活は大切に護り介(たす)けなければならない。介護サービスをネガティブイメージとして捉えることから解消されなければならない。たとえ介護の手間と見なされても、要介護者等も精一杯生き抜きたいと思っている。

　介護サービスの提供だけが先行するのではなく、求められる介護サービスは何かを基礎に置く必要がある。そのために介護保険制度において、介護サービスの標準化と専門性に関する質的ならびに量的介護評価を確立する必要がある。すべての国民が生きがいをもって安心して生涯を過ごせる長寿社会を実現することが社会保障の理念でもある。介護サービスを受けることが介護負担の増加につながると、同時に国の社会保障制度そのものの後退につながる。すべての人が社会保障で最低限度の保障を受けるという「国民の権利としての社会保障」の理念が確立されてこそ「福祉国家」といえる。

謝辞

多数の保健福祉機関および関係者にご支援とご協力を賜り、ここに深謝申しあげます。この研究成果の一部は、2002年から2003年度の科学研究費補助金（基盤研究）「1分間タイムスタディによる介護モデルの構築に関する研究」による。

参考文献

1) Zarit SH, et al.: Relatives of the impaired elderly: Correlates of feelings of burden. Gerontologist 20; 649-655, 1980.
2) 荒井由美子他「Zarit 介護負担尺度日本語版の短縮版（J-ZBI_8）の作成」日本老年医学会、40、497-503、2003。
3) 住居広士『要介護認定とは何か』一橋出版、2004。
4) 全国社会福祉協議会『保健医療福祉サービス供給指標研究事業報告書』1996。
5) 厚生労働省要介護認定調査検討会議事次第、2000年8月～2002年3月。
6) 石田一紀、住居広士『納得できない要介護認定―介護保険のブラックボックスの秘密』萌文社、1999。
7) 日本介護支援協会監修『要介護認定SOS―介護保険で泣かないために―』インデックス出版、2000。
8) 全国社会福祉協議会『特別養護老人ホームのサービスの質の向上に関する調査研究（報告書）』1994。
9) 日下部みどり他「一分間タイムスタディで介護を捉えられるか」日本公衆衛生学会誌、48、693、2001。
10) 深谷昌弘『評価が変える介護サービス―与えるサービスから選ばれるサービスへ―』法研、2003。
11) 里宇明元「介護負担感の概念と研究の動向」クリニカルリハビリテーション、10(10)、859-867、2001。
12) 荒井由美子「家族介護者の介護負担と居宅ケアの質の評価」精神科、7(4)、339-344、2005。
13) 荒井由美子「要介護高齢者を介護する者の介護負担とその軽減に向けて」日本老年医学会雑誌、42(2)、195-198、2005。
14) 筒井孝子他「わが国におけるZarit Burden Interviewの因子構造の検討に関する研究」日本保健科学会雑誌、9(1)、5-15、2006。
15) 後藤真澄「要介護度別の介護サービス利用特性に関する研究」厚生の指標、50(7)、17-22、2003。
16) 黄京蘭、関田康慶「介護サービスに対する家族介護者の意識と評価に関する分析」厚生の指標、51(7)、9-15、2004。
17) 安梅勅江「家族の介護意識と要介護者の自己決定阻害の関係に関する研究」厚生の指標、53(8)、25-32、2006。
18) 川口裕見「痴呆性高齢者の認知能力の他者評価に関する研究」高齢者ケアと行動科学、8(2)、37-45、2002。
19) 宮裕昭「介護環境を考慮した要介護認定の必要性について」高齢者ケアと行動科学、9(2)、13-21、2004。
20) 森鍵祐子、右田周平、大竹まり子、他「主観的介護負担を測定する尺度の使用状況に関する文献的考察」日本在宅ケア学会誌、9(1)、104-113、2005。
21) フランソワ＝グザヴィエ・メリアン『福祉国家』白水社、2001。

第9章
認知症介護における介護サービスの標準化と専門性

第1節　認知症介護における介護時間

（1）認知症介護の低い介護時間

　介護保険施行後に、要介護認定初版（1999年版）により判定された要介護度では特に認知症の要介護者等における介護実態が合わないなどの問題点が指摘されていた。要介護認定における一次判定は、施設介護サービスにて介護サービスが提供されている介護時間が参考指標となっている。第10回要介護認定調査検討会で公開された要介護認定改訂版（2003年版）の一次判定ソフト改訂版が2003年4月から使用されている。ここでも要介護認定における要介護度の介護評価は介護時間の基準で判定されている。本章では、要介護認定の一次判定において、特に認知症介護に主眼をおき、認知症介護に対する介護評価である要介護度がなぜ低く認定されるかについて検証した。要介護認定初版（1999年版）ならびに要介護認定改訂版（2003年版）の一次判定ソフトの基軸となった施設介護サービス業務データと同様な施設介護サービスにおける従来型の集団介護サービスにおいて、1分間タイムスタディによる介護時間の検証調査を行ったので、前述までの結果も合わせて考察を加え報告する。

　介護保険における要介護認定の要介護度の判定は、コンピュータによる一次判定と、その原案をもとにした保健医療福祉の学識経験者で構成される介護認定審査会が行う二次判定の2段階で行われている。要介護認定におけるコンピュータによる一次判定では、介護老人福祉施設、介護老人保健施設等の介護施設に入所、あるいは入院された要介護者等を対象に、施設介護職員の介護労働時間について、48時間の介護サービス業務内容とその介護時間を調査した1分間タイムスタディが基軸になっている。そのことに着眼して、一次判定の基盤となっている1分間タイムスタディの介護時間について、実際に介護する側と介護される側の介護サービス業務内容及び、介護時間の調査を行い、本章では認知症介護に焦点を当て検証し、認知症における介護サービスの標準化と専門性について考察する。

第9章　認知症介護における介護サービスの標準化と専門性　163

> **1分間タイムスタディとは**
> 　1995年介護保険施行前の調査として、全国約50施設において、老人保健福祉施設等に勤務する介護職員が要介護者に提供するケア内容及びケア提供時間の測定を目的として行われた。対象者は介護力強化病院・老人保健施設・特別養護老人ホームに入所、入院中の要介護者約3,400名であり、方法としては、介護職員一人に調査員一人が張り付き、一分間毎にケア内容を記録し、ケア内容についてコード分類を行っている。そのデータが高齢者の状態に応じたサービスの標準化の基礎資料となっている。
> 　　　　　　　　　　　　　「サービス供給指標調査研究事業報告書」全国社会福祉協議会、1995

（2）　介護時間の検証調査

①　調査対象　M市KU介護老人福祉施設、T町KY介護老人福祉施設及びKU市居宅介護保険事業所における介護職員10名及び要介護者15名を調査対象とした。対照としてKA市KN介護老人保健施設（ユニットケア対応）の要介護者4名及び介護職員6名の計10名を調査した。それぞれの要介護者等は、平均要介護3として認知症を伴っている方を対象とした。介護老人福祉施設の各介護職員に対して1名の実務経験5年以上の看護師あるいは介護福祉士が1分間タイムスタディにて介護サービスを観察して記録した。

②　調査期間　2001年3月・6月・9月、2002年3月で、入浴日のある午後1時間：14:00～15:00を調査した。

③　調査方法

1）1分間タイムスタディ方法により、介護職員並びに要介護者等について介護サービス業務内容と介護サービス業務内容に対する身体的負担度・精神的負担度（3段階評価：負担なし0、中等度負担1、非常に負担2）の調査を実施した。

2）調査記録用紙及びケアコード表は、サービス供給指標調査研究事業報告書（全国社会福祉協議会、1995）におけるケア記録用紙とケアコード表におけるケアコード初版（第5章参考資料）を参考にした。要介護認定改訂版に用いられた第8回介護認定調査検討会資料の記録用紙とケアコード表におけるケアコード改訂版（第6章参考資料）を参照した。

3）1分間タイムスタディは、調査対象である要介護者または介護職員一人に一人の調査員がつき、1分毎の介護サービス業務内容を記録しながら、それに対するケアコードと身体的負担度と精神的負担度を記載した。

（3）　認知症介護における介護時間の検証調査の結果

①　他計式調査では認知症介護は捉えにくい

　事例は、認知症の要介護者における1分間タイムスタディ検証調査における実際の介護サービス業務内容の記録の一部である（表9-1）。1分間タイムスタディは、1人の介護職員に1人の調査員が付いて、客観的に介護職員の行動を1分間ごとに記録する他計式調査である。この事例における調査対象者である要介護者は、調査後の介護職員の介護情報によると、昼夜逆転により毎晩午後10時頃から覚醒して、十数回のトイレや徘徊が朝まで続いて、常時目が離せ

ない介護実態であった。この要介護者に対する介護職員の認知症介護は、夜間における問題行動を予防的介護をするために、要介護者との日中の関わりの介護時間を多くして、日中の覚醒を促そうとしていた。このことは、認知症状態から起きる昼夜逆転による問題行動を予防するための予防的認知症介護ということを想定している。認知症介護としての介護評価は、調査結果では認知症介護ではなく、声かけや更衣介助、身体介護として捉えられている。認知症介護としての介護評価は、介護サービス業務を提供した介護職員に付いた調査員が記録できていない。つまり客観的に記録する他計式調査のデータでは、この認知症介護の1分間タイムスタディの介護時間は記録できていない。1分間タイムスタディが他計式調査であるため、調査員は客観的に捉えやすい直接的身体介護のみを記録している。介護職員の専門性による問題行動の予防的介護や精神介護はケアコードでは捉えにくいため記録されず、介護職員の認知症介護の専門性も介護評価されない結果となっている。

表9-1　他形式調査では認知症介護は捉えにくい

時間	ケアコード	介護サービス業務内容	身体的負担度	精神的負担度
:54	137	声かけをされ答える。昼は起きておくようにと声かけ。	0	1
:55	137	話しながら上着の着衣、声かけ（パジャマは着ているかと質問）	0	1
:56	30	話に答える、話しながら靴を履かせる。（全介助）	0	1
:57	113	一人でロビーへ移動、話しながら時間を尋ねロビーへ促す、おやつの時間を確認させる。	0	1
:58	142	テレビの近くまで移動、椅子に座る、テレビを見ておくように促す。	0	1

（ケアコード初版：137 声かけ、30 衣服動作の全介助、113 歩行見守り、142 助言・指導）

② 認知症介護に関するケアコードがない

　認知症介護に関するケアコードがほとんどないために、認知症介護における介護評価は問題行動の対応のみの介護評価となる（表9-2）。これは認知症介護に関するケアコードが問題行動のみとなっているからである。問題行動は、要介護等状態における認知症の一部にすぎない。例えば放尿を行う場合、その行動の結果だけを捉えて、必然的に問題行動とする。これは表面的な部分を取り上げて、介護職員がそれに対応した結果のみを認知症介護と捉えている。問題行動の対応だけが認知症介護と考えるところにそもそも欠陥がある。認知症介護には、問題行動をおこさず穏やかな生活を送ってもらうための予防的介護や精神的安定を図るための精神介護サービス、または認知症を改善させるための工夫などがある。問題行動がないことは、その周辺の予防的介護や精神介護が十分に行われているからである。

　介護職員においては認知症の方の問題行動に対する介護サービスだけを行うのではなく、なぜ問題行動と呼ばれる異常行動を起こしているのかその原因を追求して、利用者の日常生活を観察して、最も適した対応、いわば予防的介護を加えて実践している。つまり認知症は後天的

な脳障害による知的能力の欠損あるいは低下からおこる生活不適応状態といえる。利用者の知的能力の欠損や低下の部分をいかに支えて、本来のその人らしさの尊厳のある生活（ROL）を呼び戻せるような生活援助が求められている。認知症介護は、その人らしい生き方への道標になる大切な介護サービスである。認知症介護には、知的能力等の低下を補う精神介護サービス、介護環境の整備、認知症の回復や進行予防的な介護サービス、認知症症状に対する介護サービスとその内容は様々といえる。したがって、認知症の一部である問題行動のみを取り上げて、それで認知症介護サービスを介護評価していることには問題があるといえる。

表9-2 認知症介護に関するケアコードがない

TCCケアコード初版：サービス供給指標調査研究事業報告（1995）（第5章参考資料）

問題行動	問題行動への対応	126	徘徊老人への対応、探索
		127	不潔行為に対する対応
		128	暴力行為、暴言等の対応
		129	抑制帯の脱着
		130	その他の問題行動への対応

要介護認定改訂版（2003）のケアコード改訂版（第6章参考資料）

問題行動	1	問題行動発生時の対応	711	準備
			712	誘いかけ・拒否時の説明
			713	対応
			714	見守り
			715	後始末
	2	問題行動の予防的対応	721	準備
			722	誘いかけ・拒否時の説明
			723	対応
			724	見守り
			725	後始末
	3	問題行動の予防的訓練	731	準備
			732	誘いかけ・拒否時の説明
			733	対応
			734	見守り
			735	後始末
	9	その他	799	その他

③ 問題行動だけでは認知症介護を捉えられない

事例は排泄介助の場面であるが、要介護者に対する排泄誘導に介護の拒否が見られる（表9-3）。要介護者の介護の拒否という問題行動に対して、介護する側は排泄誘導のタイミングを図ったり、気分転換を図ろうとお茶を勧めている。結局この介護場面では、排泄誘導に6分間かかっている。しかし問題行動としての認知症介護の介護サービス業務として捉えていない。認知症介護として判断できる介護場面であるが、1分間タイムスタディでは実際に問題行動が発生しなければ、認知症介護としての介護評価ができない調査方法となっている。

表9-3 問題行動だけでは認知症介護を捉えられない

時間	ケアコード	介護サービス業務内容	身体的負担度	精神的負担度
:39	138	Yさんトイレ誘導声かけ。	0	2
:40	138	同上	0	2
:41	138	Yさん排泄拒否。	0	2
:42	85	Yさん水分補給、お茶を渡す。	0	1
:44	58	他職員とYさんの排泄有無等の相談を行う。	0	1
:44	181	Yさん他の職員がトイレ誘導しているのを、見守る。	0	1
:45	46	Yさん便器への移動介助。（全介助）	1	1

（ケアコード初版：138 ニード把握、85 摂取介助、58 排尿のチェック、181 その他の見守り、46 便器からの移乗介助）

④ 介護時間では認知症介護の質的介護評価が捉えられない

事例は、介護に抵抗する介護場面で、介護職員の介護サービス業務内容は問題行動の対応として捉えられている（表9-4）。このときの介護職員は、身体的負担度・精神的負担度について、それぞれ共に2（非常に負担）と答えているが、認知症による介護負担は、要介護認定における介護時間に反映されるものではない。つまり介護負担が大きくても、要介護認定の介護時間が増えるとは限らない。1分間タイムスタディに基づく要介護認定は、介護時間のみで介護サービスを量的介護評価しようとしているので、介護負担度が介護時間に介護評価されなければ、その介護負担も介護評価されない。つまりどんなに苦労したり、困難な介護サービス業務であっても、その大変さや苦労した部分や質というものは全く介護評価されず、認知症がない方と同じ比重で介護評価されてしまう危険がある。介護サービスの質的介護評価の対応そのものの工夫が必要である。

表9-4 介護時間では認知症介護の質的介護評価が捉えられない

時間	ケアコード	介護サービス業務内容	身体的負担度	精神的負担度
:34	130	Nさん（拒否、抵抗あり）二人で対応・説明。	2	2
:35	130	Nさんズボンを下げオムツを外す。（手を握り、全介助）	2	2
:36	130	Nさんオムツ汚染を確認、オムツを上げズボンをつける。	2	2
:37	130	Nさん手を持っている。相手がズボンを下げる。	2	2
:38	130	Nさん体位を整えて柵をする。	2	2

（ケアコード初版：130問題行動への対応）

認知症がありながらも、身体的に障害が少ない方の場合の要介護認定の介護時間は低く出る。このことは介護現場において多くの介護職員が同感されている部分ではなかろうか。すなわち、身体介護は介護評価されても、認知症介護の介護評価が不足している結果といえる。介護負担度は、介護サービスが困難であることを示して、そこの部分を質的介護評価しなければ介護実態とかけ離れた介護評価となる。

⑤ 認知症介護は介護サービス全般に関わる

事例は、2人の介護職員にそれぞれ一人ずつ調査員が付き、同じ介護場面を2人の調査員が調査している。おむつ交換の場面である（表9-5）。要介護者は介護サービスに対し、強い介護の抵抗をするため、2人の介護職員で関わっている。要介護者は、おむつ交換の介護サービスに強い抵抗を示し、介護職員に対して手で抵抗しようとしたため、1人の介護職員がおむつ交換を行う介護場面である。この時の1分間タイムスタディの記録からのケアコードが、同じ介護サービス業務を提供しているにも関わらず、全く異なった見方をしていることに気付かされる。

1人の調査員は、介護の抵抗という問題行動（ケアコード初版：130問題行動への対応）に対する介護サービス業務と捉え、もう1人はおむつ交換（ケアコード初版：68おむつ交換）という身体介護として捉えられた。この介護場面では、問題行動に対する認知症介護あるいは、身体介護のどちらか一方の介護サービスが提供されたのではなく、両方を併用した介護サービスを要介護者に提供されたと考えるべきといえる。つまり認知症介護と同時の身体介護などその他の介護サービスも提供されることであろう。したがってこの事例の場合、認知症介護と身体介護の両方が重なって提供されたと判断できる。しかも認知症介護は個別性ならびに多様性を伴う介護サービス業務内容を含み、その他の介護サービス全般に関わる。

表 9-5 認知症介護は介護サービス全般に関わる

	時間	ケアコード	介護サービス業務内容	身体的負担度	精神的負担度
調査員A	:34	130	Nさん（拒否、抵抗あり）二人で対応・説明。	2	2
	:35	130	Nさんズボンを下げオムツを外す。（手を握り、全介助）	2	2
	:36	130	Nさんオムツ汚染を確認、オムツを上げズボンをつける。	2	2
	時間	ケアコード	介護サービス業務内容	身体的負担度	精神的負担度
調査員B	:33	68	Nさん排泄介助をベッド上で2人で行う。（全介助）	2	2
	:34	68	Nさん声かけをして手を持たれながら、パット交換をする。	2	2
	:35	68	同上	2	2

（ケアコード初版：130 問題行動への対応、68 おむつ交換）

⑥ 個別介護サービスも認知症介護を介護評価されない

事例は、要介護者がユニットケアによる個別介護サービスにより、湯船に浸かっている間の1分間タイムスタディの記録である（表9-6）。

要介護者と介護職員が浴室へ行ってまた戻るまで、更衣、洗身、洗髪介助等が同じ介護職員により1対1で介護サービス業務が行なわれていた。要介護者が湯船に浸かっている時間も、介護職員は他の人の洗身等するのではなく、ずっとそばにいて、家族の話等や個別の会話、マッサージ等を行なっていた。個別介護サービスの増加により、この他にも不穏状態にある要介護者に、気分転換の散歩を勧める、お茶を勧める、不機嫌をなだめる声かけを多くする等、色々な個別介護サービスの働きかけがされていた。

表 9-6 個別介護サービスも認知症介護を介護評価されない

時間	ケアコード	介護サービス業務内容
:39	699	湯船につかる。ROM 訓練（湯の中で） 麻痺側の汚れをとる。マッサージ。
:40	932	「調子がいいから」と励ます。
:41	931	他のスタッフがきてコミュニケーション。
:42	931	コミュニケーション。
:43	931	湯をかける。「髪の毛を染めてもらわんと」
:44	932	湯加減を聞く。
:45	932	「もう暫く温まろうね」タオルを洗う。
:46	513	「もう上がろう」 湯から出るのを、腰を持ち全介助。

（ユニットケア対応型介護施設）
（ケアコード改訂版：699 機能訓練その他、932 心理的支援、931 日常会話、513 移動介助）

ユニットケアで小人数の要介護者を対象としたより個別介護サービスが行なわれていたと考えられる。しかし、このような個別介護サービスで質の高い認知症介護と思われる介護サービスも直接的身体介護、あるいはコミュニケーションとしての介護サービス業務内容の記録のみとなり、認知症介護としての記録はほとんどない。

⑦　身体介護の中に認知症介護が隠れてしまう

１分間タイムスタディでは主に直接的に提供される身体介護が捉えやすい特徴がある。認知症介護として行われる直接的身体介護の介護時間は、寝たきり介護と同様に単なる身体障害の状態に応じた直接的身体介護の介護時間として記録されていく。しかし、直接的身体介護には、寝たきりなどの身体障害に応じた身体介護と認知症に応じた認知症介護が混在している。このことは、身体介護に関して、その混在する認知症介護を分離して捉えることは困難である。認知症介護を介護評価をする場合には、身体介護に隠されている認知症介護を身体介護から抽出する必要がある（図9-1）。

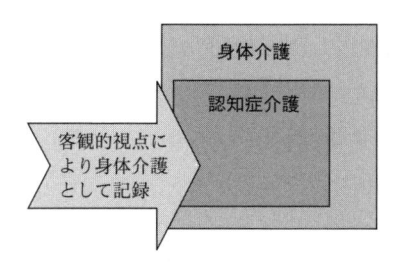

①一分間タイムスタディで捉える身体介護の中に認知症などによる身体介護がある。

②しかし、他計式調査による客観的な視点により本来は認知症介護であるのに身体介護を記録してしまう。

③認知症介護も身体介護として捉えられるため、認知症介護ではなく身体介護時間が増加する。

④寝たきりによる身体介護の推計時間が増加し、認知症介護の推計時間が減少する。

一分間タイムスタディで測定した身体介護時間に含まれる認知症介護時間を抽出する必要がある。

図9-1　身体介護の中に認知症介護が隠されている

（4）　認知症介護における介護時間の検証

認知症介護として、問題行動は認知症の一部であり、その問題行動の発生時の対応だけを捉えて認知症介護サービス全般の介護評価をすることには問題がある。つまり、その人らしさの尊厳のある生活（ROL）という視点が失われる結果となる。また要介護者等の問題行動の変化は、要介護者等とともにその介護現場にいる介護職員の問題行動への対応にも大きく左右されることが考えられる。このことから認知症介護サービスの内容を検討して、問題行動に対する介護サービスを含めて、その捉え方を見直す必要がある。

認知症介護サービスは、単独またはその他の介護サービスと同時に提供され、介護サービス全般に関わると考えられよう。したがって、身体介護やその他の身体障害レベルに合わせた介護サービスを身体介護サービスとすると、認知症介護サービスは、その身体介護サービス上に付加される介護サービスといえる。そして、さらに認知症介護等に伴って引き起こる介護サー

ビスの介護負担度などの質的介護評価も追加されるべきではなかろうか。身体介護サービス、認知症介護、そして介護負担度それぞれの介護評価は三層構造の立体的な介護関係にあり、その全てを介護評価することで身体介護と認知症介護を合わせた介護サービス全般の標準化と専門性を介護評価することができる。

　認知症介護サービスは、調査員には捉えづらい介護職員の判断による介護である場合が多く、客観的な他計式調査の1分間タイムスタディでは十分に把握することは困難である。それを捉えるためには、調査された介護職員自身が記録する自計式調査の併用も必要になる（第10章参照）。

　1分間タイムスタディでは、認知症介護サービスに関するケアコード自体がなく、問題行動対応のみを捉えており、十分な認知症介護サービスの介護評価ができていなかった。しかも、介護サービス全体を介護時間で捉えるという単一的な方法で量的介護評価しようとしている。認知症介護サービスの介護評価を行うためには、介護サービス全体の捉え方、問題行動の捉え方、介護負担の問題などを解決する必要があり、それらを包括的に質的介護評価できる新しい総合介護認定システムを構築する必要がある。求められている認知症介護は、問題行動の対応と見なされている部分のみをその人らしさと捉えて介護するのではなく、そこに至った経緯や、今その対応をとることが利用者にとってどんな影響をもたらすかを考察しながら介護する必要があろう。そしてじっくりと、お互いの介護関係を結び、歩み寄る心の介護サービスの形成ができる認知症介護に築き上げる必要がある。

　求められている認知症介護サービスとは、要介護者等本人は当然ながら、その家族にとっても質の高い専門性のある介護サービスでなければならない。介護保険の理念でもあるように、尊厳のある生活（ROL）を営むためには、介護職員が要介護者等に対して真の介護サービス、すなわち信頼のある介護サービスであり、かつ専門性のある介護サービスを提供するためには、いかに要介護者側からの介護ニーズを把握できるかにかかっている。そのような介護サービスの方向性を導くためにも、互いに歩み寄り、個別性と多様性の高い介護サービスであっても、それらを質的介護評価する必要がある。そのためにも公平なる介護サービスの適用基準の指標ともいえる要介護認定の一次判定基準となる1分間タイムスタディの介護時間のデータが重要な課題となる。

第2節　認知症介護における介護サービスの標準化と専門性の特徴

　認知症の状態を捉えることは専門医学的にもかなり難しい判断が必要である。認知症の診断をしてもその病態を正しく捉えられるのは、専門の精神科医師でさえ困難であるともいわれている。それほどに認知症の状態を捉えることは非常に困難である。介護サービスでは、そのような診断や認知症の病態の解釈ではなく、介護する側ならびに介護される側から捉える認知

症介護サービスとは何かについて探求する必要がある。

　認知症の症状には、①記銘力・記憶力障害　②見当識障害　③計算力障害　④感情障害　⑤思考力障害　⑥行動異常などがある。これらの症状のうちで社会生活を送る上で、家族や介護者など他者の迷惑になったり、介護を困難とする障害、あるいは自分を傷つけてしまうような恐れ、又は実際の要介護者等自身の行動による「問題行動」があり、それらがしばしば問題行動として発生している。

　これらの認知症について、本章では1分間タイムスタディによる検証調査から介護場面を捉えて、具体的に検証した。認知症を有する要介護者等に介護サービスを提供する時には、まず介護職員がどのような介護サービス業務を提供しようとしているのかを、その要介護者等に合わせた形で説明して理解してもらう必要がある。それには要介護者等にわかりやすい言葉であったり、実際に介護の身振りをみせたり、誘導したりする。介護職員は今からどのような介護サービス業務を提供しようとしているのかについて、介護サービスを提供する受け手である要介護者等に納得してもらわなければならない。それから介護サービスを提供するタイミングをはかりながら、実際の介護サービスを提供する。その介護サービス業務内容を説明しても、それを理解することが困難である要介護者等には時間をかけて説明して、それでもわかりにくい場合は、わかるよう身振りなどで具体的に説明する必要がある。なぜならその説明を十分にしないままに、相手の理解や了解なしに介護サービスを提供すると、介護される要介護者等にとって「何をされるかわからない恐怖」から混乱を生じて、介護に抵抗したり、介護職員に乱暴する問題行動などが発生する場合がある。このような場合に、それを問題行動として取り上げられているが、もともとは要介護者等が「なにをされるかわからない恐怖」のために混乱しているのである。最初から介護サービスを拒否しているわけではなく、そのような原因で介護職員側から問題行動を引き起こしていることは介護の現場ではよくある。

　このように、実際に介護サービスを提供するまでにそれを理解して了解をもらうだけでも、かなりの介護時間をかけることになり、介護サービスを提供するまでに「説明・説得・誘導等」という介護時間が必要となる。そして実際には要介護者等に説明しただけでは、その介護サービス業務が提供できない場合にも、介護職員は必要性があれば、実際に介護サービスを提供することになる。もし要介護者等に説明して了解され、介護サービスを提供できるとしても、その途中でわからなくなったときや、混乱してしまった時には、すぐに生活援助ができるように、しばらく見守ることがある。それらは「見守り」という認知症介護に対する介護サービス業務内容となる。実際に要介護者等に対して介護サービスを提供する時には、身体に対する直接的身体介護サービス業務である日常生活活動の「一部介助」や「全介助」となる。そしてその介護サービス業務が提供できたときには、「大丈夫でしたね」や「よかったですね」など励ましやねぎらいとしての「声かけ」を行い、あるいは失敗したときは慰めといった精神的に安定が図れるような「声かけ」や「会話」などの精神介護サービスが提供される。

　認知症を有する要介護者等への介護サービス業務には、理解力の低下や、記憶障害など不足

の知的能力を補うような知的介護サービス業務や、精神面への働きかけをする特別な精神介護サービス業務が、実際の身体介護に重ねて付加される形で提供される。それは、要介護者等における認知症の状態や程度に合わせて、介護職員等が介護サービス業務内容から判断して提供する。

介護サービス業務における最初の導入である、①誘いかけや説明による「説明・説得・誘導等」、そして②できるかどうか様子観察である「見守り」、③行為ができない場合に対する身体介護としての「一部介助」「全介助」、そして④介護サービス業務終了後の「声かけ・励まし・慰め」などの精神介護のはたらきかけなどが行われる。このように一連の介護過程の流れの中で、それぞれの介護場面において、要介護者等の知的能力や精神状態に応じて必要な精神介護サービスが提供されている。

（1） 客観的に捉えにくい認知症

認知症の症状である、①記銘力・記憶力の低下　②見当識障害　③計算力障害などは必ずしも外見的に症状として出現するものではない。それらは日常生活を送る上で精神的な自立生活ができなかったり、ある場面での行動や言動によって判断できる。例えば、記銘力障害では物事を記憶することが困難となり、一度できたことが次の機会には全くできなかったり、新しい事を覚えていくことが困難となる短期記憶障害やひどい物忘れになる。そのような場合は、その場ですぐに判断できる症状ではなく、その人の日常生活を全般的に見ていると判断できる。だからこそ介護職員は要介護者等における日常生活状況から判断した上で、要介護者等ができること、できないことや個別性や多様性について、その特徴や症状を普段から知っておく必要がある。要介護認定における認定調査では、認知症はその場ですぐに判断できる症状ではないので、特にその要介護者等を知らない調査員であれば、客観的に捉えにくい認知症の知的能力や精神状態は把握するのが困難となる。

（2） 客観的に捉えやすい問題行動

知的能力や精神状態のように客観的にとらえにくい認知症の病態とは逆に、問題行動と言われる行動異常は、認知症の中でも客観的に捉えやすい。たとえば、大声を出したり、他の人に暴力を振るう、歩き回る、徘徊などの問題行動は、その要介護者等をよく知らない場合でも目立つ言動としてわかりやすい症状である。認知症として客観的にとらえやすく、時に介護に抵抗したり、問題行動への対応が必要となり、しばしば介護サービスの提供を困難とさせる状況が生じる。認知症すなわち問題行動であるという印象があるのはそのためである。

その問題行動はなぜ認知症の要介護者等に起こるのか。1つには、要介護者等における心理的な不安や怒りが考えられる。認知症がない場合であれば、不安や怒りに対してその時々に原因が認められ、そのことにうまく納得できる形で介護する必要がある。認知症がない場合には、要介護者等は介護状況やその場の介護環境に適応する能力がある。しかし認知症がある場

合には、要介護者等はその判断や適応する知的能力の低下や精神状態が混乱しているために納得できないままに、感情や欲情がそのまま表現されて問題行動が出現することがある。また時には他の人に直接的に暴言や暴力などを振う介護場面もある。

2つ目に、認知症による理解困難が問題行動の原因となる。例えば、排泄を誘導しようとしてもそのことがうまく理解できない場合に、介護職員はそのことを説明するもそれでも理解が困難となると、必要であれば無理矢理でも排泄を促そうとする。介護される側である要介護者等にとって、何をされるかわからない不安が生じて、自分を守ろうとして介護に抵抗する。又はその時は排泄したくないと思っていても、そのことをうまく介護職員に伝えられずに、直接的に介護に抵抗したりする。そのような場合に、介護する側の意図する介護サービスがうまく提供できずに、介護する側にとっては「介護サービスの提供が困難」と判断してしまう。このとき「介護に抵抗」として問題行動が指摘されることになる。介護する側も問題行動の原因となり介護サービスの提供を困難にするという意味合いから、問題行動と判断されることが多い。又、問題行動が起こる原因として、要介護者等が周囲の介護環境やその変化に適応できないことや、理解困難なために引き起こされる。つまり介護する側やその介護環境によって引き起こされることがよくある。認知症介護では、介護職員は要介護者等における普段の日常生活の特徴をよく知っておくことが必要となる。しかし実際には認知症の程度や状況の判断は医療介護の専門家でも難しく、介護する側にとっても、時には介護サービスの提供が困難な場合に、問題行動と判断されやすい介護状況を生む。問題行動はそのこと自体が介護問題の原因ではなく、問題行動そのものが直接に介護する側等に不利益を及ぼすだけでなく、介護サービスの提供を困難にすることや、他の人に迷惑になるという意味で問題行動と指摘されることも多い。

（3） 認知症は不安定である。

問題行動も含めて、例えば「気分の落ち込み」などは、そのときの介護状況によって、認知症が出現したり、介護状態が変化する。身体障害とは異なり、認知症の症状は変化しやすいといえる。その日々によって出現する認知症の症状や頻度、程度などが異なっていることがよくある。介護サービスが精神面に影響する因子が多く、介護環境の変化や介護職員の関わり方によってもその症状が変化する。客観的に捉えにくい症状に加えて、変化しやすい認知症に対応する介護サービスに困難が伴うのが、認知症介護の特徴の一つでもある。しかし、要介護者等をよく知りながら介護者等の関わりが良好であるとその両者に信頼関係が生まれて、1つの認知症介護サービスが他の認知症の症状を改善させたり、困難と感じていた介護サービスができるようになることもある。要介護者等の普段の日常生活をよく観察して、その特徴として認知症を把握することが大切である。

（4） 認知症介護サービスは個別性と多様性に富む

認知症の症状は、それ自体が日々によって変化しやすいので、要介護者等によっても個別に

様々に異なっている。認知症の症状を引き起こす原因もさまざまである。どの部分の知的生活能力や精神状態が障害されているのかによっても、表出される認知症の症状は異なってくるので、個別性と多様性が富む介護サービスが必要である。

そのために集団介護サービスで関わることよりも、日常生活援助では個別介護サービスで関わることが認知症介護では求められている。1人1人の間合いや介護状態に合わせたきめ細かな介護サービスを提供していくためには、集団介護サービスよりも個別介護サービスの方が、認知症に適用しやすいといえる。従来の介護施設で行われる集団介護サービスよりも、ユニットケアやグループホームといったより個別介護サービスで家庭に近い介護環境の方が、認知症介護サービスに適している（第10・11・12章参照）。

第3節　認知症介護における介護評価の課題

① 問題行動として捉えるのか、身体介護として捉えるのか。

介護老人福祉施設における認知症介護で調査した1分間タイムスタディの箇所（事例1）であるが、これは主な介護サービスの目的は排泄介護である。しかし、認知症介護への拒否が強いので、2人の介護職員で対応している。これは認知症の症状があるために、認知症介護サービスの提供が困難になっている要介護者等に対して、介護職員が特別な配慮と問題行動への対応を行っている。この1分間タイムスタディの場合、それを問題行動として捉えるのではなく、排泄介護として捉えることの方が多い。ただその際には認知症に対する配慮により、認知症に対する介護サービスもなされていると解釈すべきである。そしてこのとき対応した介護職員は2人とも、精神的負担度を「2」と応え、認知症介護サービスに介護負担が大きいことを示している。1分間タイムスタディ方法による記録では、それらの介護サービス業務の重なり方によっては、身体介護に重なる認知症介護が見えなくなってしまうので、それが1分間タイムスタディの問題となっている。

例えば放尿という問題行動に対する対応の場合に、放尿についての後片付け（事例2）は、問題行動に対する介護サービス業務ではあるが、要介護者等が特定できず、さらに後片付けの段階では、そこに要介護者等がその介護現場にいないので、認知症介護サービスが提供されていることが、要介護者等の介護時間に算定されない。このような場合は、1分間タイムスタディの介護時間では、要介護者等に対応する放尿の後片付けのみを取り上げてもと要介護者等の介護時間に算定されないことになる。

【事例1：介護する側（同期介護場面）】

時刻	ケアコード	介護サービス業務内容	負担度 身体的	負担度 精神的
:34	130	Nさん（拒否、抵抗あり）2人で対応・説明。	2	2
:35	130（68）	Nさんズボンを下げ、オムツをはずす。（全介助）	2	2
:36	130（68）	Nさんオムツ汚染確認。オムツを上げ、ズボンをつける。	2	2
:37	130（68）	Nさん手を持っている。（相手がズボンを上げる）	2	2
:38	130（99）	Nさん体位をととのえ柵をする。	2	2
:39	412	排泄確認。Nさん記録。	0	0

（ケアコード初版：130問題行動への対応、68おむつ交換、412介護記録）

時刻	ケアコード	介護サービス業務内容	負担度 身体的	負担度 精神的
:33	48	Nさんの排泄介助をベッドで2人で行う。（全介助）	2	2
:34	56	Nさんに声かけをして手を持たれながら、パットの交換をする。（全介助）	2	2
:35	56	同上	2	2
:36	30	Nさんのズボン上げ介助をする。（全介助）	2	2
:37	31	Nさんの衣類を整えて枕を足にはさむ。ふとんをかける。（全介助）	1	1

（ケアコード初版：48排泄動作援助、56パットの交換、30衣服を整える、31浴室準備）

【事例2：介護する側】

時刻	ケアコード	介護サービス業務内容	負担度 身体的	負担度 精神的
:45	130（157）	（不明）ごみ箱に放尿あり、後片付け。	0	0
:46	130（157）	同上	0	0
:47	130（157）	同上	0	1

（ケアコード初版：130問題行動への対応、157居室内の掃除）

② 認知症介護で介護時間は増加しない

1分間タイムスタディにおいてアンダーラインの文字部分が、実際にケアコード分類された排泄介護になる（事例3～7）。この結果で認知症介護を伴う排泄介護が、身体介護より長い介護時間がかかるということが言えるであろうか。この1分間タイムスタディには問題が2つある。

1つは、排泄介護を目的として介護サービスが提供される場合には、排泄の有無を確認してから排泄終了するまで、排泄前と同じ状態の落ち着いた介護環境に戻すまでを含む。事例からもわかるように実際の排泄介護（アンダーライン）では、それほどの介護時間はかかっていない。因みに事例では、自立歩行、歩行器使用による歩行、車椅子介助などをとりあげている。むしろその介護現場では排泄意思の確認と誘いかけ、排泄終了後の心の落ち着きを戻すことに介護時間がかかっている。それが認知症介護サービスの特徴であり、つまり直接的身体介護の排泄介護には介護時間の増加が認められず、その前後に介護時間がかかっている。しかし、認

知症介護サービスに対する独自のケアコード分類がないので、日常会話である「137声かけ」であるコミュケーションがしばしば登場することになる。事例7では一度排泄介護に対する拒否があり、水分補給とあるが、お茶を飲んでもらいながら、排泄介護のタイミングをはかっている。結局、排泄誘導までに6分間もかかっている。

　2つ目は、1分間タイムスタディはケアコードを細かく分類しているので、排泄の誘導から終了までの介護過程として捉えられず、排泄介護に関するケアコードは、直接的身体介護による排泄時に関わる介護サービス業務内容のみとなっている。そのために認知症に対する特別な介護サービスが提供されたとしても、介護時間に影響しないのである。排泄のみを考えると認知症が介護サービス業務に影響する場面は、排泄時の直接的身体介護だけでなく、その前後の要介護者等に対する排泄の確認をし、トイレへ行く気にすること、トイレ後又排泄後に落ち着いた気持ちに取り戻すという精神介護サービスに介護時間を要する。しかもそのことが1分間タイムスタディに当てはまるケアコードがないので、日常会話の声かけのコミュニケーションで片付けられている。

　そして介護職員の精神的負担はトイレへの誘導から排泄終了までの全般で検討すると、誘導開始からの前半時点に大きくなる傾向があった。排泄介護そのものよりも、誘導から排泄動作に入るまでの介護負担が大きいので、さらに認知症介護サービスに対する特別な専門性のある介護サービスを必要としている。

【事例3：介護する側】

時刻	ケアコード	介護サービス業務内容	負担度 身体的	負担度 精神的
:26	114	Sさんソファーからの立ち上がり。（一部）	0	2
:27	114	Sさん手引き歩行介助。ソファーからトイレまで移動。	0	2
:28	29	Sさんパンツを下げ、トイレに座る。（一部介助）	0	2
:29	29	Sさん（パンツをすぐに上げようとする）説得。パンツ内の確認後、パンツ・ズボン上げ。（一部）	0	2
:30	2	Sさん手洗い誘導、指示、見守り。	0	0
:31	2	Sさんタオルをかけるよう説明、指示、手ひき歩行。	0	0

（ケアコード初版：114歩行の介助、29更衣動作の一部介助、2洗面動作の指示）

【事例4：介護する側】

時刻	ケアコード	介護サービス業務内容	負担度 身体的	負担度 精神的
:06	137	Mさん声かけ（会話）人形を抱えている。子供とみなして会話。	0	0
:07	114	Mさんトイレの誘いかけ、椅子からの立ち上がり。（一部介助）手引き歩行。	0	0
:08	29	Mさんトイレ移動見守り、紙パンツ下げ。（一部介助）	0	0

:09	49	Mさん排泄誘導。	0	0
:10	59	Mさん排泄誘導見守り、(腹部マッサージ)見守り。	0	0
:11	60	Mさん排便後、見守り。	0	0
:12	65	Mさん排便後清拭(一部介助)指示・見守り。(ズボン上げ一部介助)	0	0
:13	113	Mさんトイレから洗面台へ自力歩行、見守り、手洗い指示、見守り。	0	0
:14	114	Mさんトイレ→ソファーへ歩行移動。(一部手引き歩行)	0	0
:15	137	Mさん声かけ。(会話)	0	0

(ケアコード初版：137 声かけ、114 歩行の介助、29 更衣動作の一部介助、49 排尿時の見守り、59 排便動作の援助、60 排便時の見守り、65 排便の後始末、113 歩行の見守り、114 歩行の介助、アンダーラインは排泄介護のケアコード)

【事例5：介護する側】

:13	137	Nさんに排泄の声かけをする。排泄チェック表の確認をトイレでする。	0	1
:14	45	Nさんを誘導(歩行器を一緒に押す)する。途中手を上げる行動がある。	0	1
:15	45	途中手を上げる行動があるも、優しく声かけをしながら移動。(一部介助)	0	1
:16	45	Nさんを洋式トイレまで誘導する。(全介助)	0	0
:17	48	排泄チェック表を確認し、換えのパンツを持ちNさんの介助をする。	0	0
:18	48	Nさんのたち上がり介助を声かけしながら行う。(一部介助)	0	0
:19	3	Nさんに声かけをしながら手洗い介助を行う。(一部介助)	0	0
:20	114	Nさんの手洗い後、声かけをしながら歩行器で誘導する。(一部介助)	0	0
:21	114	Nさんの歩行器の押す介助をする。(一部介助)	0	0
:22	114	同上	0	0
:23	58	排泄チェック表の確認をする。	0	0

(ケアコード初版：137 声かけ、45 トイレまで誘導、48 排尿動作援助、3 洗面一部介助、114 歩行の介助、58 排尿チェック、アンダーラインは排泄介護のケアコード)

【事例6：介護する側】

:04	137	Oさん廊下をいざりされている。排泄の有無の声かけ。	0	1
:05	111	Oさん車椅子移動。〈職員2名で〉(全介助)	1	0
:06	45	Oさん車椅子でトイレまで移動介助。(全介助)	0	1
:07	45	同上	0	1
:08	46	Oさん立位。(一部介助)介助で便器移動。	1	1
:09	29	Oさん衣類操作。(一部介助)	0	1
:10	49	Oさん便器での座位保持。	0	1
:11	49	同上(排泄を促す声かけ)	0	1
:12	50	Oさん排泄の後始末介助。	0	0
:13	68	Oさんオムツ交換。	1	1
:14	47	Oさん立位介助。(一部介助)車椅子への移動。	1	1

:15	3	Oさん排泄後の手洗い介助。（一部介助）	0	0
:16	116	Oさんトイレから車いすで移動介助。（全介助）	1	0
:17	176	Oさん車いすからイスへの移乗介助：立位介助。（一部）	1	0
:18	176	同上	1	0
:19	137	Oさんコミュニケーション。（お人形を手わたす）	0	1

（ケアコード初版：137 声かけ、111 車椅子へ移乗、45 トイレまで誘導、46 便器へ移乗、29 更衣動作の一部介助、49 排尿時の見守り、50 排尿後の後始末、68 おむつ交換、47 車椅子へ移乗、3 洗面一部介助、116 移動の介助、176 椅子へ移乗、アンダーラインは排泄介護のケアコード）

【事例7：介護する側】

:39	137	Yさんトイレ誘導の声かけ。	0	2
:40	137	同上	0	2
:41	49	（排泄拒否）	0	2
:42	84	Yさん水分補給：お茶を手渡す。	0	1
:43	409	他職員とYさんの排泄有無等の相談を行う。	0	1
:44	84	Yさん他の職員がトイレ誘導をしているのを見守る。	0	1
:45	46	Yさん便器への移動介助。（全介助）＜職員2名で＞	1	1
:46	68	Yさん尿とりパットの交換。	1	1
:47	47	Yさん便器から車イスへの移動介助。（全介助）＜職員2名で＞	1	2
:48	47	同上	1	2
:49	116	Yさん車いすを押して、テーブルまで移動介助。	1	1

（ケアコード初版：137 声かけ、49 排尿の見守り、84 飲み物の用意、409 連絡、46 便器へ移乗、68 おむつ交換、47 車椅子へ移乗、116 移動の介助、アンダーラインは排泄介護のケアコード）

③　介護される側からの一分間タイムスタディ

　介護される側から調査した1分間タイムスタディの介護時間を検討する必要がある。この事例8は、徘徊のある自立歩行の要介護者である。介護職員から直接的身体介護を提供されたのは、1時間のうち排泄時の6分間と声かけの2分間のみである。徘徊の途中も介護職員に一度声をかけられているが、その他は要介護者一人が自由に過ごしている。このような要介護者等には自由に安全・安楽できる介護環境を提供して、できるだけ自由に過ごしてもらうことはよくある。調査中に、入ったトイレからなかなか出てこられないので心配になり、それを調査していた調査員が介護職員を呼びに行く場面もあった。認知症に対する介護環境造りができていれば、徘徊などの問題行動に直接に対応しなくても、穏やかな尊厳のある生活が送れるのである。この場合の安全・安楽な介護環境とはどういうことが考えられるか。Ⅰ危険な場所や危険物があまりない、Ⅱ徘徊しても外に出られない、Ⅲ常に介護職員がいろいろな場所にいるので、目が届きやすく、声かけができる、という専門的な認知症介護サービスが必要である。そのような介護環境が提供できれば、逆に問題行動も減少するので見守りが主体の認知症介護サービス業務内容となる。

【事例8：介護される側】

時刻	ケアコード	介護サービス業務内容	負担度 身体的	負担度 精神的
:41	−	立ち上がり、歩きはじめる。廊下の西口まで歩く。外を見る。	−	−
:42	−	引き返し、男子用トイレに入る。ノブを回すが開かず、出てくる。	−	−
:43	−	いた前の部屋（310）スタッフ作業中の中に入る。スタッフと話す。	−	−
:44	137	部屋を出る。スタッフに声をかけられる。「いい天気だね」と答える。	0	1
:45	−	廊下を歩く。北口の窓から外をのぞく。	−	−
:46	−	すぐ引き返し、エレベーターのところに来て見る。	−	−
:47	−	元の3Fロビーソファに戻り座る。	−	−

（ケアコード初版：137 声かけ）

第4節　認知症介護サービスにおける介護評価の実態調査

　介護保険における要介護認定の要介護度の判定は、コンピュータによる一次判定の介護時間と、その基準から認定された要介護度を基にして、市区町村における保健医療福祉の学識経験者で構成される介護認定審査会が行う二次判定の2段階で行われている。要介護認定初版（1999年版）におけるコンピュータによる一次判定では、介護老人福祉施設（特別養護老人ホーム）、介護老人保健施設（老人保健施設）等の施設に入所、あるいは入院されている要介護者等の約3,400名を対象にした介護施設の介護職員の介護労働時間について、48時間の介護サービス内容とその時間を調査した「一分間タイムスタディ」が原点になっている。しかし介護保険の導入時点から、特に認知症に対して要介護認定により判定された要介護度と実際の要介護者等の介護実態に差異があることが指摘されている。

　そこで要介護認定の一次判定の基盤となっている一分間タイムスタディの介護時間について、実際に介護する側と介護される側の介護サービス業務内容及び介護時間の調査を行い、その問題点について検証した。

　調査対象は、2市における2つの介護老人福祉施設を調査対象とし、ならびに居宅介護保険事業所を対象として、介護職員10名および要介護者15名を、要介護者は平均要介護3の認知症を伴っている要介護者を調査対象にした。その調査期間は、2001年3月と6月と9月であり、調査方法は要介護認定の基軸になった1分間タイムスタディ方法により、介護職員並びに要介護者等の介護サービス業務内容と介護職員の身体的ならびに精神的負担度について、介護施設で入浴日の午後1時間に限定して調査を行った。

今回調査した一分間タイムスタディの介護時間では、介護職員と要介護者等のそれぞれ1人に調査員1人ずつが側に付いて、介護職員が行った介護サービス業務について1分間ごとに記録していく他計式調査を実施した。なお、調査記録用紙及びケアコード表は、サービス供給指標調査研究事業報告書（全国社会福祉協議会、1995年）時のケア記録用紙とケアコード初版（第5章参考資料）を参照した。

現在の介護保険制度における要介護認定では、認知症介護に対する要介護認定による介護評価が不十分ということが指摘されている。1分間タイムスタディ検証調査結果による介護時間の10の問題点（第5章第3節参照）のうち、今回は特に認知症介護について焦点を当てて検証し、認知症介護評価について考察した。

（1） 認知症介護の介護時間の問題点と原因

まず1番目の問題点として、前述のごとく1分間タイムスタディによる他計式調査では、認知症介護サービスは捉えにくい。1分間タイムスタディ検証調査での実際の記録では、1人の介護職員に1人の調査員が側に付いて、客観的に介護サービス業務内容を1分間毎に記録する他計式調査である。認知症の事例として1分間タイムスタディの介護サービスの受け手である要介護者は、毎晩10時頃から起き出し10数回のトイレや徘徊が朝まで続き、常に見守りが必要で目が離せない状態であった。このときの介護職員による介護評価から、夜間の問題行動を予防するために日中の関わりを多くして、日中の覚醒を促そうとしていた。このことは認知症状態からくる昼夜逆転による問題行動を予防するための予防的認知症介護サービスということができる。

しかし1分間タイムスタディの調査結果では、介護職員の関わりは、認知症介護としてではなく、声かけや更衣介助、身体介護として捉えられ、認知症介護としての介護評価はほとんどない。認知症介護としての介護評価は、介護サービスを提供した介護職員の側に付いて初めてわかる。つまり客観的に記録する1分間タイムスタディによる他計式調査の記録からでは、この認知症介護の記録がなければその把握は困難である。

2番目に認知症介護サービス業務に関する1分間タイムスタディのケアコード分類がない。したがって、特有の認知症介護サービスにおける介護評価は困難となる。要介護認定初版（1999年版）の一次判定の基礎データとなっている1分間タイムスタディで使用されたケアコード初版（T.C.C.）では、認知症介護サービスに関するケアコードは問題行動のみとなっている。本来要介護者等の問題行動は、認知症状態による認知症症状の一部でしかない。認知症は後天的脳障害による知的能力の欠損あるいは低下と精神状態の混乱などから起こる生活不適応状態といえる。そして認知症介護サービスにはその知的能力の低下を補うため、あるいは精神状態を落ち着かせる介護サービス、介護環境整備、認知症の回復や進行予防のための介護予防、認知症症状に対する介護サービス業務内容は様々である。したがって認知症の一部である問題行動のみを取り上げて、認知症介護サービスを介護評価することには問題がある。

3番目に問題行動だけでは、認知症介護サービスを捉えられない。例えば排泄介護の場面で、要介護者等の排泄誘導に対する介護の拒否が認められる。介護の拒否という問題に対して、排泄誘導のタイミングを図り、気分を変えようとお茶などをすすめて、結局この介護場面では排泄誘導に6分間もかかっている。しかしそれらは問題行動としては捉えていない。認知症介護サービスとして判断できる介護場面であるが、1分間タイムスタディでは、実際に問題行動が発生しなければ認知症介護としての捉え方ができない調査方法となっている。

4番目に介護時間だけでは介護負担等が捉えられない。例えば介護に抵抗する介護場面で、問題行動への対応として捉えている。このときの介護職員は介護負担度について、非常に負担と答えている。しかし認知症による介護負担は、介護時間に反映されるものではない。したがってどんなに介護サービスが困難であり介護負担度が増したとしても、介護時間以外の介護負担度は介護評価されないことになる。介護負担度は介護サービスの提供が困難であることも表現している。そのことも介護評価しなければ、介護サービスの実態とかけ離れた介護評価となる。それでは介護サービスなどの社会資源の利用によって、介護負担の軽減につながらないことを前提にすることになる。

5番目に認知症介護は、介護サービスの全般に関わっている（図9-2）。例えば2人の介護職員にそれぞれ1人ずつ調査員が付き、同じ介護場面を2人の調査員がそばで調査すると、おむつ交換の場面では、要介護者は介護に対して強い抵抗をするために、2人の介護職員で関わっている。1人の調査員は、その問題行動に対する介護サービス業務と捉え、もう1人はおむつ交換という身体介護サービス業務として捉えた。この場面では、問題行動に対する認知症介護あるいは身体介護のどちらか一方の介護が提供されたのではなく、両方の介護サービスが併用されて提供されたと考えるべきである。つまり認知症介護と同時に身体介護など他の介護サービス業務も提供されている。しかも認知症介護は、個別に多様な内容を含み、その他の介護サービス全般に関わる介護サービスだといえる。

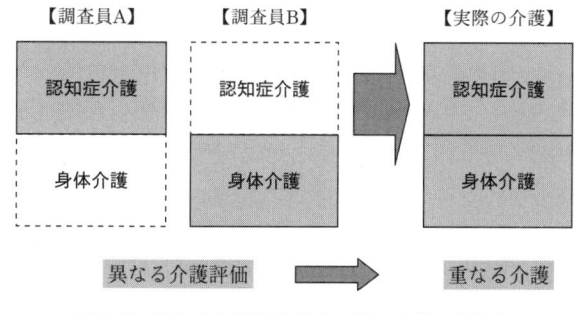

図9-2 認知症介護は介護サービス全般に関わる

（2） 認知症介護サービスの重層構造

> 認知症介護の介護評価の問題点と原因
> ① 他計式調査では認知症介護は捉えにくい。
> ② 認知症介護に関するケアコードがない。
> ③ 問題行動だけでは認知症介護サービスを捉えられない。
> ④ 介護時間では認知症介護の質的介護評価が捉えられない。
> ⑤ 認知症介護は介護サービス全般に関わる。
> ⑥ 個別介護サービスも認知症介護を介護評価されない。
> ⑦ 身体介護の中に認知症介護が隠れてしまう。

第5章第3節で前述した1分間タイムスタディ10の問題点のうち、認知症介護の介護時間の問題点と原因として、さらに7つの項目をあげた。認知症介護として、様々な介護サービス内容が考えられる。問題行動は認知症の一部であり、その問題行動の発生時の対応のみを捉えて認知症介護の介護評価をすることには問題がある。認知症介護の内容を検討し、問題行動に対する介護サービスを含めて、その介護時間を見直す必要がある。

認知症介護は、その他の介護サービス全般に関わる。したがって身体介護やその他の障害レベルに合わせた介護サービスを、基本的身体介護サービスとすると、認知症介護はその基本的身介護に重層的に付加される介護サービスといえる。そして、さらに認知症介護に伴って起こる介護サービスの介護負担度も介護評価されるべきである。基本的身体介護サービス、認知症介護サービス、そして介護負担度それぞれの評価は三層構造の関係にあり、その全てを介護評価することで介護サービス全体を捉えることができる。

認知症介護は介護職員の絶え間ない判断と見守り等によることが多く、客観的な他計式調査では十分に把握することは困難である。それらを捉えるためには、介護職員自身による自計式調査の主観的調査も併用する必要がある。介護サービスの捉え方と考え合わせると、認知症介護サービスを介護評価するためには、調査方法と介護評価それぞれに新たな手法が必要であり、介護サービスを重層的に捉える必要がある。

1分間タイムスタディでは、認知症介護サービスに関するケアコードはほとんどなく、問題行動の対応のみを捉えており、十分な認知症介護の介護評価ができていない。しかも介護サービス全体を介護時間で捉えるという単一的な方法で介護評価している。認知症介護の介護評価を行うためには、介護サービス全体の捉え方、問題行動の捉え方、介護負担の問題などを解決することで、新しい認知症介護に対する介護モデルを再構築する必要がある。

（3） 認知症介護サービスの付加的介護サービス

認知症介護に対する付加的介護サービスとして、例えば介護職員による要介護者等との会話が認知症介護として付加される場合には、その会話の目的全体を考えてみると、そのコミュニケーションの1つ1つは促し、確認、説明など様々な付加的介護サービスである。

それは、身体介護のそれぞれに付随するものであるが、それぞれの身体介護も含めてもっと広く捉えるとするなら、自分で意思決定、意思表示などができない要介護者等や自分で行動に移せない要介護者等などに対して、身体介護だけでなく声かけや訴えを聞くなどの認知症介護のためのコミュニケーションなどが提供される。そのことはつまり、認知症の要介護者等などの自分で生活管理や自立生活が送れない要介護者等に対して行われる身体介護ならびに認知症介護のためのコミュニケーションとなる。

　1つ1つの介護サービスを考えるだけでなく、全体的な生活管理に関しての認知症介護として捉えられる必要がある。身体介護のみのケアコードであれば、認知症介護をそのケアコードで介護時間を捉えることが困難となる。その場合、別の捉え方をするために、介護サービスを全体的に捉えると、要介護者等からの能動的な行動だけでなく、生活管理のために介護職員側からの働きかけも認知症介護ということになる。

　認知症のない要介護者等の場合は、行為の可能・不可能の有無はあるとしても、ある程度自分の意志で生活が送れる可能性がある。認知症の要介護者等の場合はそれが困難であり、生活全般の管理が必要となる。そのために生活リズムに合わせた働きかけが必要となり、朝起きてからの洗面や更衣・食事・離床・水分を促す・アクティビティなどの日常生活活動への働きかけとしての声かけや誘導など、身体介護と同時に認知症介護が行われている。排泄に関する介護も同様であり、排泄時間の管理とその誘導・身体介護を含めた排泄介護等がある。今回の調査でも丁度食事後のベッド臥床後に、午後3時のおやつに向けて、1人1人におやつの時間だと知らせて、認知症の要介護者等に離床を促している。認知症のない要介護者等ならば、ある程度は自分の意思で自立生活を送ることができる。実際におやつの時間などでは、自分は寝るからとベッドに横になったままの要介護者等がおられたが、その方は年齢相応の認知症があるために自分で生活管理が困難であると思われた。

　今回の調査で、なるべく認知症介護としての記録では、これまでのように認知症介護として多くの場合に介護職員のコミュニケーションが併用されていた。しかしそれは要介護者等自身が意思表示や自立生活が困難であるために、介護職員側からの働きかけとして行われている。それは身体介護も含めながら、認知症介護が併用されていたといえる。その場合、身体障害などの寝たきりだけでなく、認知症状態によっても介護時間が変化する。しかし1分間タイムスタディでは問題行動や症状に合わせた認知症介護の介護時間のみが影響されている。そのために要介護認定の基盤となる1分間タイムスタディでは、その変化する介護時間は身体障害に伴う介護時間のみが介護評価されている。

　生活全般で介護職員側からの働きかけが必要な要介護者等の場合には、認知症介護について介護評価できないと、認知症介護としての介護時間が抽出できないと思われる。それも介護時間で捉えるとするならば、生活全般の中でどのくらい働きかけが行われているかどうかを1分間タイムスタディの介護時間を再検証する必要がある。

第5節　認知症介護サービスの標準化と専門性のために

(1)　「寝たきり認知症」をどう分析すべきか

　心身障害に関わる介護サービスには、「身体介護」と「認知症介護」が重なって含まれている。しかし1分間タイムスタディによる介護時間だけでは、それらを分離して捉えることは困難である。1分間タイムスタディの介護時間で捉えようとすると、その介護サービスはどちらも含んだ介護時間でしか捉えられない。そのために「寝たきり認知症」の介護問題を解決しなければ認知症の介護評価は解決できない。

　寝たきりと認知症の影響は、介護サービスに対して相関関係ならびに相反関係が混在している。しかしその「寝たきり」と「認知症」との関係を、要介護認定は介護時間の指標だけで介護評価しているので矛盾が発生している。

　それらを分析するには、認知症介護に対する介護サービスの新しい指標が必要となる。それは「身体介護」とは別にした「認知症介護」の指標を創設する必要がある。問題行動に対する介護サービスだけでなく、生活管理全般に関連する認知症介護に関する介護サービスの標準化と専門性の確立が必要である。つまり認知症介護に関する介護評価の判断基準である。

> 認知症介護に関する介護評価基準
> 1. 声かけ又は指示と認知症介護は不要
> 2. 声かけ又は指示は不要であるが見守りが必要
> 3. 指示と共に具体的な認知症介護が軽度に必要
> 4. 指示と共に具体的な認知症介護が中等度に必要
> 5. 指示しても理解できず、認知症介護が全介助に必要

　「身体介護」における「直接的身体介護」と「認知症介護」について着目すると、上記のような認知症介護に関する介護評価基準があれば、「寝たきり認知症」における介護時間について、「身体介護」と「認知症介護」の関係を見極めることができる。

　認知症介護を1分間タイムスタディの介護時間で捉える方法である他計式調査で、介護サービスのケアコードを検討したところで、その記録だけでは身体介護を中心とした介護時間の介護評価となる。例えば病棟看護に関する1分間タイムスタディの調査記録でも、「Mチューブ抜去の見守り」としながらも、問題行動に対する予防的介護としてのケアコードが選択されないのである。経管栄養という医療看護処置に注目してしまうと、「問題行動に対する予防的介護」ではなく、「経管栄養の処置」となってしまい、医療看護処置のケアコードとして選択される。これらは1分間タイムスタディによる介護時間の介護評価だから陥りやすい問題である。認知症介護に関する介護評価基準があれば、身体介護に含まれる認知症介護の介護時間も

```
┌─────────────────────────────────────────────────────┐
│                         ╱╲                          │
│                        ╱介護╲                        │
│  要介護者等を取り巻く  ╱ 負担 ╲                       │
│  ハード、ソフト共に   ╱困難さに関╲                    │
│  環境が、身体介護・   ╱する質的指標╲                  │
│  認知症介護・介護    ╱────────╲                 │
│  負担全てに影響する ╱  認知症介護  ╲                 │
│  家族介護力・家屋環境╱ 問題行動対応を中心とした╲         │
│  ・経済的環境・社会 ╱ 認知症に対する特別な介護 ╲        │
│  的環境など       ╱──────────────╲       │
│                 ╱     身体介護         ╲      │
│                ╱ 心身障害に関する直接及び間接介護であ ╲    │
│               ╱ り、「寝たきり」「認知症」を含む基本的身体介 ╲   │
│              ╱護                                    ╲  │
│             ╱────────────────────────╲ │
│                                                     │
│    「認知症介護」には問題行動対応等の直接介護以外を含まない       │
│    その他の認知症介護（アクティビティや治療的関わり）は量的評価   │
│    が困難であるため付加介護として個別に検討される必要がある      │
└─────────────────────────────────────────────────────┘
```

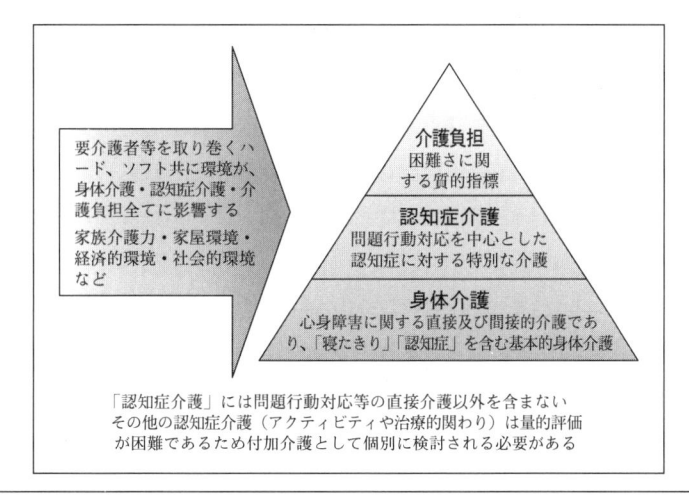

身 体 介 護：身体介護に関する直接及び間接介護サービスである。その中で主にいわゆる「寝たきり」介護を介護評価して、自立生活ができない部分の基本的身体介護としての介護評価となる。
認知症介護：主に問題行動に対する特別な介護時間だけが介護評価されているので、基本的身体介護に比較して不十分な介護時間となる。したがって、それを介護時間だけで介護評価するのではなく、認知症介護に関する介護評価基準である。
介 護 負 担：介護サービスを提供する時の困難度を示す質的介護評価である。

図9-3　身体介護・認知症介護・介護負担の全てが影響する総合介護認定

抽出して評価できる可能性がある。

　1分間タイムスタディの介護時間のデータは、「身体介護」も「認知症介護」も合わさって重層化した「寝たきり認知症」の介護時間となっている（図9-3）。1分間タイムスタディの介護時間で、それらを別々に捉えることができないとしたら、認知症介護に関する介護評価基準から「身体介護」と「認知症介護」を、それぞれ介護評価する必要がある。介護に抵抗する場合は、身体介護に対する介護時間に影響するのではなく、1分間タイムスタディの検証調査では身体介護に対する介護時間に著明な延長は認められなかった。むしろ身体介護を導入するまでに介護時間がかかることや、介護負担感が増大する身体介護以外の影響が認められた。要介護認定における1分間タイムスタディ方法では、認知症介護を伴っても、身体介護の介護時間のみを捉えているので、身体介護の介護時間自体への直接的な影響は少なくなる。

　家族介護力を中心とした在宅の要介護者等をとりまく介護評価でも、基本的身体介護・認知症介護・介護負担が全てに影響する。そしてそれらは極めて個別性ならびに多様性に富みながら、現時点では要介護認定において認知症介護に付加的介護評価はされていない。

　問題行動を中心とした認知症に対する直接的な身体介護以外では、認知症介護は施設介護サービスの方式によって介護サービス業務内容もかなり異なっている。認知症介護での従来型の集団介護サービスと、ユニットケアでの認知症介護の個別介護サービスの対応では、介護サービスの標準化と専門性に大きな差異が出る。それは介護サービスの質的介護評価に関わる問題でもある。この場合も必要な介護サービスの量として介護時間で標準化するだけでなく、介護モデルに基づく「総合介護度（TKI：Total Kaigo Index）」で示す身体介護・認知症介護・

介護負担により、介護サービスに対する質的介護評価として総合介護認定する必要がある。

（2） 認知症介護サービスの標準化と専門性による介護評価

　認知症の症状は客観的にとらえにくい上に、その症状は一定したものではなく、その日のさまざまな介護環境の変化や介護者等によって影響される。認知症は極めて個別性や多様性に富み、その介護サービスを標準化する場合には、介護サービスが提供された介護時間である要介護度の中に、依然として標準化されていない専門的な認知症介護サービスを含める必要がある。介護保険制度の目標となる尊厳ある生活（ROL）に向けた介護サービスとなるためには、その判定がコンピュータによる介護時間だけで可能なのかが疑問であり、要介護認定をコンピュータによる判定だけに偏って任せる危険性があることに間違いはない。

　認知症介護サービスが、問題行動への対応のみで介護評価されると、もし心理的に落ち着いているとしたら、認知症介護度が重度でも、問題行動の頻度は少なくなる。そうした場合には、問題行動が少ない方が、より認知症介護を提供しているのだが、要介護認定では逆に介護時間の減少により軽い要介護度の判定が出ることになる。認知症介護に対する介護サービスの質的介護評価をする場合には、1分間タイムスタディの介護時間の量的介護評価では、それらを包括的に介護評価することは困難となる。

　どのような認知症介護サービスが認知症について効果があるのか。個別対応型の施設介護サービスであるユニットケア、家庭生活様を中心とした抑制の少ない施設生活、又は入所者の意思を尊重した個別介護サービスが、認知症に有効といわれている。介護サービスの質的介護評価を行う場合の参考として、これまでにも医療では「病院機能評価」のような調査から医療サービス評価する場合がある。例えば、褥創の発生・チューブ類の有無など、そして介護サービスの提供の状況、更衣の頻度、入浴の頻度などが介護評価されている。新たな認知症介護により問題行動が減少したことによる認知症介護サービスに対する質的介護評価を加えることも検討する必要がある。介護サービスに対する介護評価は、介護サービスの提供時間だけではない、いくつかの方法で介護評価する必要がある。なぜなら介護サービスの提供時間のみでは、介護サービスの質的介護評価は困難である。しかも介護サービスの提供時間は、そのときの介護保険施設における入所者の介護状況によって大きく変化する。また認知症介護に対する介護サービスの提供時間の測定は非常に格差を伴い曖昧であり、未だその実態が見えていない。認知症介護の介護サービスの介護評価を考えた場合、個別対応のユニットケアでも、やはり介護時間では認知症介護サービスの有効性が見えてこない可能性がある。障害老人の自立度判定基準（寝たきり度）との関係で、元気な認知症の方の場合は身体介護サービスを少なくして、逆に入所者の意思を尊重して、その人らしい尊厳のある生活に合わせることが重要となる。したがって認知症介護サービスとしてはごく普通に声かけが行われ、特別な身体介護だけでなく、その人の意思をどのように判断して生活援助するかが重要となる。

　利用者の意思を尊重して、介護する側だけでなく介護される側の尊厳のある生活を合わせる

ほど、人手を必要とする介護サービスとなる。そのことを介護評価できなければ、今後の認知症介護を公平にかつ適切に介護評価することは困難となる。

謝辞

　多数の保健福祉機関および関係者にご支援とご協力を賜り、ここに深謝申しあげます。この研究成果の一部は、2002年から2003年度の科学研究費補助金（基盤研究）「1分間タイムスタディによる介護モデルの構築に関する研究」による。

参考文献

1) 小山秀夫著『高齢者ケアのマネジメント論』厚生科学研究所、1997。
2) 住居広士著『―介護保険総合研究―介護モデルの理論と実践』大学教育出版、1998。
3) 土肥徳秀著『全国一律不公平』萌文社、2000。
4) 石田一紀・住居広士著『納得できない要介護認定』萌文社、1999。
5) 全国社会福祉協議会『サービス供給指標調査報告』1995。
6) 全国社会福祉協議会『在宅福祉サービスの効果に関する調査研究報告書』1995。
7) 筒井孝子・小山秀夫著『介護力強化病院・老人保健施設・特別養護老人ホームにおける施設版「高齢者タイプ」の有効性の検討』病院管理、1997。
8) 宮本有紀他「介護老人保健施設痴呆専門棟入所者の要介護度は認知機能を反映しているか」老年精神医学、12(10)、1169～1175、2001。
9) 松村菜穂美「痴呆デイケア施設における痴呆度と寝たきり度と介助量の関係」社会保障研究、39(2)、189-203、2003。
10) 筒井孝子「痴呆性高齢者の在宅介護の特徴からみた要介護認定のあり方に関する研究」Health Sciences、20(1)、70-81、2003。
11) 遠藤まり子「痴呆性高齢者の家族介護者からみた痴呆の問題行動と要介護度との関連」埼玉県立大学紀要、4、77-86、2003。
12) 保坂恵美子、松尾誠治郎、佐藤祐一「介護保険下における痴呆性老人を抱える家族の介護負担と介護サービス評価について」久留米大学文学部紀要、4、1-16、2004。
13) 東野定律、筒井孝子「介護保険制度実施後の痴呆性高齢者に対する在宅の家族介護の実態」東京保健科学学会誌、5(4)、244-257、2003。
14) 松村菜穂美「食事中の見守りを含めた個別的介助量と要介護者の認知症・寝たきり度との関連性―認知症デイケアにおける秒単位の介助量測定から介助量の定量化へ」病院管理、43(2)、91-102、2006。
15) 遠藤英俊「介護保険改正と認知症ケアの新しい潮流」プライマリ・ケア、28(3)、161-168、2005。

第10章
個別介護サービスにおける量的介護評価の標準化と専門性

第1節　個別介護サービスにおけるユニットケア

(1) 介護サービスの基盤整備

　日本の長寿社会に向けて、高齢者保健福祉推進十か年戦略（ゴールドプラン）が1989年に策定されて、施設介護サービスならびに居宅介護サービスに対して重点的な介護サービス整備を推進した。さらに増大する介護ニーズに対応するために、その目標値を上げた高齢者保健福祉推進十か年戦略の見直し（新ゴールドプラン）が1994（平成6）年に改訂された。この改訂では、その基本理念として①利用者本位・自立支援、②普遍主義、③総合的サービスの提供、④地域主義の4つが掲げられた。その法的整備のために、福祉法等関係八法の改正により、1990年に都道府県と市町村において、老人保健福祉計画の策定を義務づけて、地域における介護サービスの基盤整備の実施を求めた。介護保険実施後の5か年間にわたる高齢者保健福祉施策の方向（ゴールドプラン21）を1999年に策定した。社会保障制度審議会が介護保険制度を1995年に初めて勧告し、社会保障の方策として増大する財源として社会保険方式を中心とする路線を採ることが当然とされた。社会保険が1950年勧告の生存権に対する国家責任から、1995年勧告では社会連帯の責任に基づく国民としての義務的な責任負担に転嫁された。そして介護保険法が1997年に成立し2000年4月から実施により、従来の保健医療福祉サービスから転換して、社会保険方式による介護サービスの提供が開始された。介護保険制度は、それまでの措置制度あるいは保健医療福祉サービスの提供から、利用者主体の自己選択・自己決定による介護サービスの利用を可能にしたのである。

(2) 個別介護サービスとしてのユニットケア

　介護保険制度において介護サービスの整備がされていく中で、介護の社会化をするために要介護者等が利用者主体となる新たな介護サービスの提供システムの創設が求められた。新介護システムへの転換から、従来型の介護施設における大規模・画一的な集団介護サービスから、利用者1人ひとりに合わせた個別介護サービスに重点が置かれた。集団介護サービスの中心である介護保険施設において、居宅介護サービスと類似した個別介護サービスとしてユニットケ

アという新しい介護サービスが注目されるようになった。

　ユニットケアに至る歴史的過程として、1990年代以前から先駆的に小規模な個別介護サービスに取り組んだ介護事業がある。1970年代末から1980年代にまず島根県等で小規模託老所としてユニットケアが創設された。1990年代から特別養護老人ホームの個室化が整備され始めて、1990年代半ばから岡山県や福島県等における老人保健施設等で、入居室を区切りいくつかの単位に分割して施設介護サービスを提供するユニットケアが開始された。1999年には全室個室の特別養護老人ホームが登場して、全国各地においてユニットケアへの取り組みが拡大した。そして厚生労働省は2002年度に、従来ある大半の施設の形態である集団介護サービスからユニットケアに転換を進められた小規模生活単位型介護老人福祉施設（新型特別養護老人ホーム）が制度化された。2005年10月から介護保険施設の報酬体系が、①ユニット型個室②ユニット型準個室③従来型個室④多床室の4類型とし、食費等ならびに①と②についてはユニットケアを評価された居住環境に伴う居住費がより過重に自己負担に転稼された。

　ユニットケアとは、介護施設の居室をいくつかの単位であるユニットに分けて、利用者も少人数に分けて同一の介護職員が、家族介護に対応する居宅介護サービスのように、施設介護サービスと共に生活するという個別介護サービスの提供を行うシステムである。従来型の介護施設での全入所者を対象とした集団対集団介護サービスに対して、ユニットケアは少人数の入所者を少人数の介護職員が個別介護サービスを提供する。少人数対少人数の個別介護サービスを提供するユニットケアでは、個人の尊厳のある生活（ROL: Respect of Living）が重視されている。個別介護サービスすなわち一人ひとりの個別性や多様性を尊重して、個人の生活力を引き出す生活援助を行う。施設介護サービスでもなく、居宅介護サービスでもない、新しい第3の施設介護サービスの選択肢として個別介護サービスとしてユニットケアが構築された。

第2節　ユニットケアにおける量的介護評価

（1）　個別介護サービスに対する介護評価

　近年介護保険施設では、脱集団介護サービスとしてユニットケアによる個別介護サービスへの整備が展開されている。これらは、利用者の人権尊重、利用者本位の個別介護サービスの提供の実現であり、従来型の効率性を重視した集団介護サービスからの脱却を目的としている。個別介護サービスで求められているのは、利用者の個別性と多様性を尊重する個別介護サービスである。これに対して介護保険制度では、介護サービスの標準化と専門性の介護評価として、要介護認定による施設介護サービスの介護時間である量的介護評価が重視されている。介護保険制度では、介護施設の要介護者等にどれくらい介護サービスを行う必要があるかについて介護時間という「介護の手間」を共通の尺度として、要介護度の判定基準の一つとしている。つまり介護保険制度では、施設介護サービスの標準化と専門性である量的介護評価が重視されているといえる。

本章ではユニットケアを行っている介護保険施設で、介護職員自ら介護サービス業務内容を時間毎に記録する自計式タイムスタディ調査により、1日間の24時間において、どのような入所者に対して、どのようなユニットケアによる施設介護サービス業務が、どれくらい提供されているのかについて調査研究し、個別介護サービスの標準化と専門性について量的介護評価による検証調査を実施した。

（2） ユニットケアにおける24時間の自計式タイムスタディの調査
1） 調査対象
M市O特別養護老人ホーム（介護老人福祉施設）のユニットケアにおける全介護職員13名ならびに接する全入所者の要介護者68名を対象とした。

2） 調査期間
2005年7月22日（金）AM9:00～7月23日（土）AM9:00の24時間を、介護職員自ら介護サービス業務内容を時間毎に継続的に記録する自計式タイムスタディ調査をした。

3） 調査手技
要介護者等の心身障害の特性は、要介護認定における認定調査票の回答を得た。タイムスタディ調査は、全介護職員に対する自計式タイムスタディにより、全介護職員13名から要介護者に提供される介護サービス業務内容の調査を実施した。

4） タイムスタディ調査票の記入方法
介護職員がどのような介護サービスを、どの要介護者等に、何分間、提供したかを、メモを取りながら、合計1時間あたり5分以内の誤差で24時間にわたり1時間ごとに継時的にまとめて記録した。調査ケアコード表は、要介護認定改訂版（2003年版）の調査手技になった第8回要介護認定調査検討会資料のケアコード改訂版を参照して銘記した。その後にケアコード表の大分類である①清拭・整容・更衣、②入浴、③排泄、④食事、⑤移動・移乗・体位変換、⑥機能訓練、⑦問題行動、⑧医療・看護、⑨その他の業務に9つに分類した（第6章参考資料）。

5） 統計解析
統計解析はSPSS 9.0 for WindowsとAmos 7.0（SPSS Japan Inc.）を用いて、平均の比較を独立したサンプルのt検定とPearsonの相関係数ならびに共分散構造分析を使って統計的解析を行った。

第3節　ユニットケアにおける自計式タイムスタディ調査

（1） 入所者の身体特性等の状況
特別養護老人ホームの入所者68名の性別は、女性47名で69%、男性21名で31%であった。約7割が女性である。同施設の年齢状況は、平均年齢82.95±8.84歳である。85～89

歳の人が16名（25%）で最も多く、次いで80〜84歳14名（21%）、90〜94歳13名（19%）、75〜79歳11名（16%）、69歳までと70歳〜74歳各5名（7%）、95歳〜99歳3名（4%）、100歳以上1名（1%）の順であった。後期高齢者（75歳以上）数は、58名で全体の85%を占めていた。さらに85歳以上が約半数を占めており、施設内でも高年齢化が進んでいると言える。

同施設の要介護度状況は、要介護4が25名（37%）で最も多く、次いで要介護5が21名（31%）、要介護3が15名（22%）、要介護2が7名（10%）、要介護1が0名（0%）の順であった。平均要介護度は3.91±0.95であった。厚生労働省の平成14年介護事業経営実態調査結果の介護老人福祉施設の入所者の平均要介護度は、3.47（平成13年度介護給付費調査13年度審査分）であり、調査対象施設の3.91は平均要介護度3.47を上回った数値である

同施設の障害老人の日常生活自立度の状況は、B2が21名（32%）で最も多く、次いでC2が16名（24%）、A2が11名（16%）、A1が5名（7%）、J2とC1が3名（4%）、自立とJ1名が0名（0%）の順であり、情報のない人が1名（1%）であった。寝たきりの区分であるCとBが全体の7割を占めている（図10-1、表10-1）。

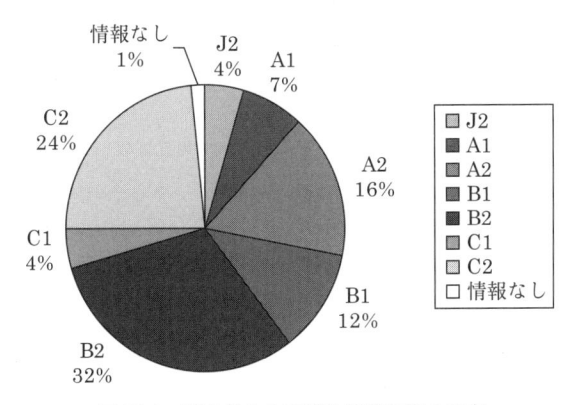

図10-1　障害老人の日常生活自立度の分布

表10-1　障害老人の日常生活自立度（寝たきり度）判定基準（厚生省、1991）

	ランク	内容
生活自立	ランクJ	何らかの障害等を有するが、日常生活はほぼ自立しており独力で外出する 1. 交通機関等を利用して外出する 2. 近所へなら外出する
準寝たきり	ランクA	屋内での生活は概ね自立しているが、介助なしには外出しない 1. 介助により外出し、日中はほとんどベッドから離れて生活する 2. 外出の頻度が少なく、日中も寝たり起きたりの生活をしている
寝たきり	ランクB	屋内での生活は何らかの介助を要し、日中もベッド上での生活が主体であるが、座位を保つ 1. 車いすに移乗し、食事、排泄はベッドから離れて行う 2. 介助により車いすに移乗する
	ランクC	一日中ベッド上で過ごし、排泄、食事、着替えにおいて介助を要する 1. 自力で寝返りをうつ 2. 自力では寝返りもうたない

同施設の認知症高齢者の日常生活自立度の状況は、Ⅳが21名（32%）で最も多く、次いでⅢaが15名（22%）、Ⅱbが10名（15%）、Ⅰが9名（13%）、Ⅱaが6名（9%）、Ⅲbが3名（4%）、自立が2名（3%）、Mが1名（1%）の順であった。日常生活に支障を来すような症状・行動や意思疎通の困難さが見られ、認知症介護を必要とするⅢa以上が約6割を占めていた（図10-2、表10-2）。

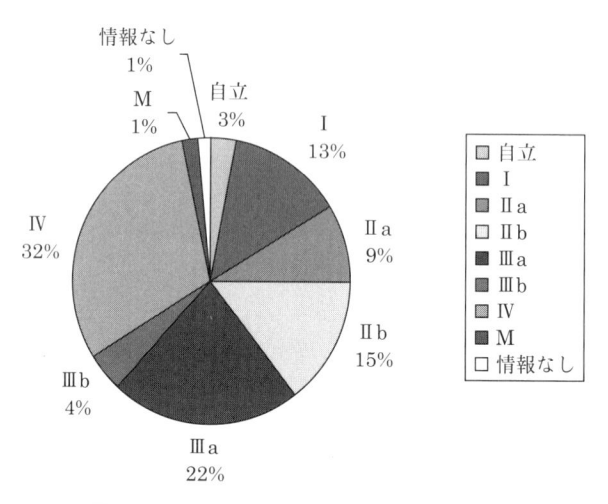

図10-2 認知症高齢者の日常生活自立度の分布

表10-2 認知症高齢者の日常生活自立度判定基準（厚生省、1993）

ランク		判定基準	見られる症状・行動の例
Ⅰ		何らかの認知障害を有するが、日常生活は家庭内及び社会的にほぼ自立している	
Ⅱ		日常生活に支障を来すような症状・行動や意思疎通の困難さが多少見られても、誰かが注意していれば自立できる	
	Ⅱa	家庭外で上記Ⅱの状態がみられる	たびたび道に迷うとか、買物や事務、金銭管理等それまでできていたことにミスが目立つ等
	Ⅱb	家庭内でも上記Ⅱの状態が見られる	服薬管理ができない、電話の応対や訪問者との対応等一人で留守番ができない等
Ⅲ		日常生活に支障を来すような症状・行動や意思疎通の困難さが見られ、介護を必要とする	
	Ⅲa	日中を中心として上記Ⅲの状態が見られる	着替え、食事、排便、排尿が上手にできない、時間がかかる。やたら物を口に入れる、物を拾い集める、徘徊、失禁、大声、奇声をあげる、火の不始末、性的異常行為等
	Ⅲb	夜間を中心として上記Ⅲの状態が見られる	ランクⅢaに同じ
Ⅳ		日常生活に支障を来すような症状・行動や意思疎通の困難さが頻繁に見られ、常に介護を必要とする	ランクⅢに同じ
M		著しい精神症状や問題行動あるいは重篤な身体疾患が見られ、専門医療を必要とする	せん妄、妄想、興奮、自傷、他害等の精神症状や精神症状に起因する問題行動が継続する状態等

（2） ユニットケアにおける自計式タイムスタディの調査結果

1） 要介護度別の介護時間

　介護老人福祉施設の入所者68名のうち、要介護2〜要介護5の区分で1日の平均介護時間を比較した。実際に施設介護サービスを受けた介護時間数を、要介護度別に分けた入所者数にて記述統計解析を行った。なお要介護1には、該当者がいない。タイムスタディ調査時間中である24時間に介護サービスが提供された全介護時間（24時間）は3,479分であり、1人あたりの平均介護時間は53.5分±34.0である。

　入所者1人あたりに提供した平均介護時間がもっとも長かったのは、要介護5の75.7分±29.2（時間分布37%）であった。次いで、要介護4が50.8分±34.9（時間分布26%）、要介護2が36.9分±29.6（時間分布19%）、要介護3が35.1分±24.8（時間分布18%）の順であった。1%未満の統計的有意差（$p < 0.01$）は、要介護2と要介護5の間と、要介護3と要介護5の間で認められた。また5%未満の統計的有意差（$p < 0.05$）は、要介護4と要介護5の間で認められた。これ以外の要介護度では、有意差は認めなかった（図10-3）。要介護度と介護時間とのPearsonの相関係数は0.444であった。したがって1%水準で有意差を認め、要介護度が重度化するほど介護時間が長くなっており、ほぼ要介護度の重度化に伴って、介護時間が上昇する傾向を認めた。

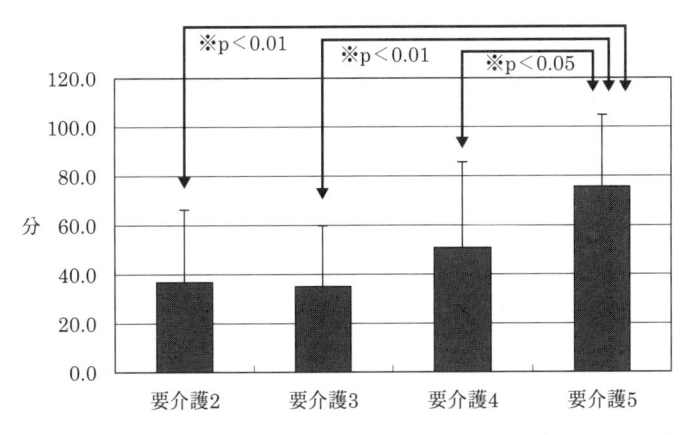

図10-3　ユニットケアにおける要介護度別一人あたり介護時間量（N＝65）

2） 障害老人の日常生活自立度（寝たきり度）別の介護時間

　同施設の入所者に対して、障害老人の日常生活自立度別の介護時間を比較した。入所者一人あたりに提供された1日の平均介護時間が最も長かったのは、寝たきり度Cの65.6分±31.5（時間分布31%）であった。次いでJが56.3分±58.4（時間分布26%）、Bが54.7分±34.3（時間分布26%）、Aが37.3分±28.5（時間分布17%）の順であった。その次にJがCに次いで2番目に介護時間が長かったが、その他の障害老人の日常生活自立度では、要介護度と同様に寝たきりに伴って介護時間が上昇している傾向を認めた。

統計的有意差については、1％未満の統計的有意差（p＜0.01）で障害老人の日常生活自立度AとCの間でのみ認められた。これ以外の寝たきり度では、統計的有意差は認めなかった。寝たきり度と介護時間とのPearsonの相関係数は、0.264で5％水準で有意であった。自立Jを除いた寝たきり度A～Cまでの相関係数は、0.336と1％水準で有意であった。したがって、寝たきり度を伴うほど介護時間が若干長くなっている傾向がある（図10-4）。

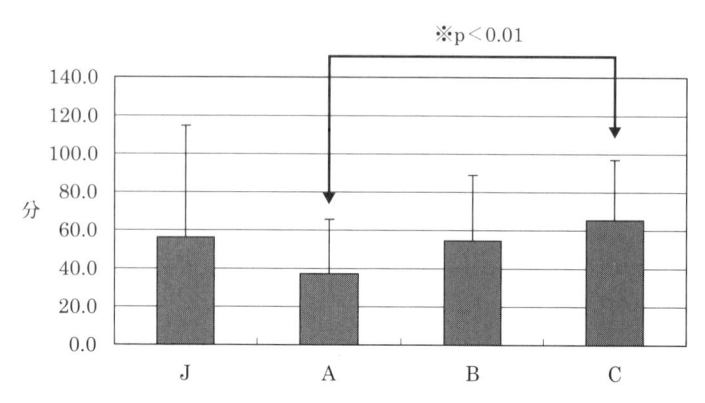

図10-4　ユニットケアにおける障害老人日常生活自立度別一人あたり介護時間量（N＝64）

3）　認知症高齢者の日常生活自立度別の介護時間

同施設の入所者に対して、認知症高齢者の日常生活自立度別の介護時間を比較した。なおMは該当者1名のため検討から除外する。入所者一人あたりに行った介護時間がもっとも長かったのは、認知症高齢者の日常生活自立度Ⅳの66.6分±28.6（時間分布29％）であった。次いでⅡが51.3分±35.7（時間分布23％）、Ⅲが49.8分±36.0（時間分布22％）、Ⅰが33.2分±24.6（時間分布15％）、自立22.5分±29.0（時間分布11％）の順であった。統計的有意差については、1％未満の統計的有意差（p＜0.01）が、自立度ⅣとⅠの間のみで認められた（図10-5）。自立度と介護時間とのPearsonの相関係数は0.372であり、1％水準で有意差があり、自立度が重度化するほど介護時間がやや長くなっている傾向がある。

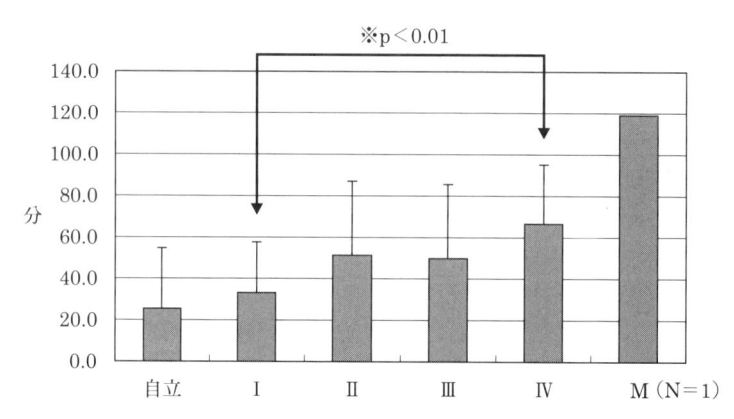

図10-5　ユニットケアにおける認知症高齢者日常生活自立度別一人あたり介護時間量（N＝64）

第10章 個別介護サービスにおける量的介護評価の標準化と専門性　195

（3） ユニットケアにおける個別介護サービスの介護時間

1） 個別介護サービス業務内容別の介護時間

24時間中の介護時間について個別介護サービス業務内容別の総合介護時間を比較検討した。最も総合介護時間の多い個別介護サービス業務内容は、排泄の793分（時間分布23%）であり、次いで食事573分（時間分布16%）、清潔整容更衣537分（時間分布15%）、その他の業務524分（時間分布15%）、入浴507分（時間分布15%）、移動移乗体位変換480分（時間分布14%）、医療看護55分（時間分布2%）の順となっていた（図10-6）。この個別介護サービス業務内容を大きく、日常生活活動（ADL）内容と生活関連活動（IADL）内容の2つに大別して比較した。なおADLは、清潔整容更衣・入浴・排泄・食事・移動移乗体位変換とすると時間分布では83%を占めて、IADLは、機能訓練・問題行動・医療看護・その他の業務とすると時間分布では17%を占めていた。三大介護といわれる入浴・排泄・食事の介護サービス業務内容が全体に占める割合は、1873分で時間分布54%を占めてほぼ過半数であった。

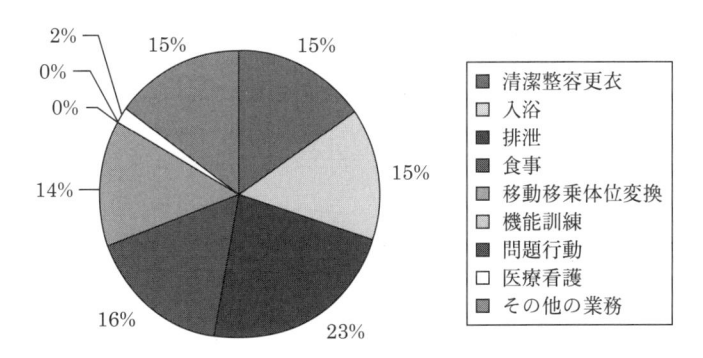

図10-6　ユニットケアにおける総合介護時間の個別介護サービス内容の比較

2） 要介護度別における日常生活活動別の介護時間

個別介護サービス業務内容別で、要介護者1人あたりの平均介護時間の比較および、統計的有意差について述べる（図10-7）。

まず、要介護度別の排泄では、最も1人あたりの介護時間が長いのは、要介護5で16.3±11.0分である。次いで要介護4の11.2±11.2分、次いで要介護3の10.5±11.7分、最短が要介護2の7.0分±17.2であった。食事では、最も介護時間が長かったのは要介護5の17.0±14.6分、次いで要介護4の6.2±6.6分、次いで要介護3の4.1±3.8分、最短が要介護2の4±2.4分であった。食事について1%未満の統計的有意差が、要介護2と要介護5の間、要介護3と要介護5の間、要介護4と要介護5の間のみで認められた。入浴では、最も介護時間が長かったのは要介護2の11.5±8.3分、次いで要介護5の9.7±10.7分、次いで要介護4の6.8±9.5分、最短要介護3の5.4分±9.0分であった。

移動移乗体位変換で、最も介護時間が長かったのは要介護5の12.9±8.1分で、次いで要介護4の6.8±7.5分、次いで要介護3の3.3±3.6分、最短が要介護2の1.8±1.5分であっ

た。その他の業務で、最も介護時間が長かったのは要介護 4 の 12.4 ± 16.7 分で、次いで要介護 5 の 7.6 ± 11.5 分、次いで要介護 2 の 3.5 ± 5.4 分、最短が要介護 3 の 3.3 ± 3.6 分であった。移乗移動体位変換について 1% 未満の統計的有意差は要介護度 2 と要介護 4 の間、要介護度 2 と要介護 5 の間、要介護度 3 と要介護 5 の間のみで認められ、5% 未満の統計的有意差は、要介護 4 と要介護 5 の間のみで認められた。

個別介護サービス業務内容において統計的有意差があったのは食事と移動移乗体位変換とその他の業務の 3 つのケア内容のみであった。介護時間と要介護度別の Pearson の相関係数は、食事は 0.450 と移乗移動体位変換は 0.508 では 1% 水準で有意差があり、要介護 2 から要介護 5 と要介護度が重度になるにつれて介護時間が多くなっている傾向がある。しかし、その他の排泄、入浴、その他の業務の介護サービス業務内容では相関係数は、排泄 0.23、入浴 0.05、その他の業務 0.159 であり有意は認められず、排泄、入浴とその他の業務では、要介護度の重症化と介護時間の増加の相関関係が希薄であった。

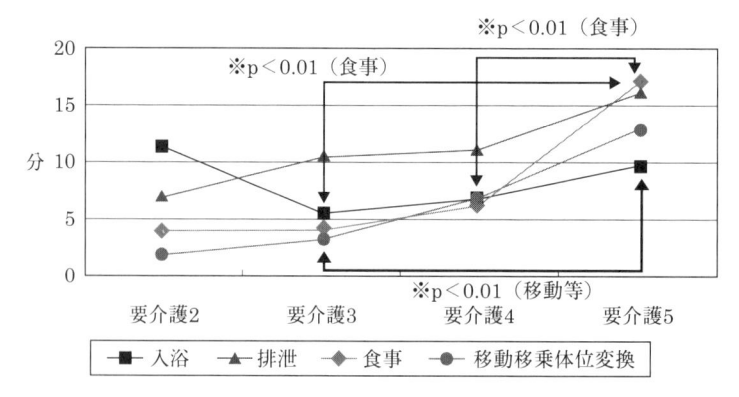

図 10-7　ユニットケアにおける要介護度別の食事・排泄・入浴・移動等の平均介護時間量

3) 障害老人の日常生活自立度（寝たきり度）別の介護時間

障害老人の日常生活自立度別で、個別介護サービス業務内容について一人あたりの平均介護時間の比較および、統計的有意差について解析した。排泄では、もっとも一人あたりの介護時間が長いのは、寝たきり度 C の 15.0 ± 9.7 分、次いで B の 14.4 ± 11.4 分、次いで A の 7.6 ± 12.2 分、最短が J の 1.7 ± 2.9 分であった。食事では、最も介護時間が長かったのは B の 11.6 ± 12.8 分、次いで J の 11.0 ± 14.9 分、次いで C の 8.8 ± 10.5 分、最短が A の 4.4 ± 3.3 分であった。入浴では、最も介護時間が長かったのは生活自立 J の 12.0 ± 8.7 分、次いで C の 10.2 ± 10.9 分、次いで A の 8.1 ± 10.8 分、最短が B の 5.4 ± 8.7 分であった。

移乗移動体位変換では、最も介護時間が長かったのは C の 13.1 ± 7.3 分、次いで J の 7.7 ± 10.8 分、次いで B の 6.4 ± 7.6 分、最短が A の 3.3 ± 4.2 分であった。障害老人の日常生活自立度では、要介護度と比較して、障害の重症化と介護時間の増加の関係は低い傾向であった。この内、統計的有意差があったのは食事と移乗移動体位変換の 2 つの個別介護サービス業

第 10 章　個別介護サービスにおける量的介護評価の標準化と専門性　197

務内容のみであった。まず食事では、5%未満の統計的有意差がAとBの間のみで認められた。次に移乗移動体位変換では、1%未満の統計的有意差がAとCの間と、BとCの間のみで認められた（図10-8）。個別介護サービス業務内容における介護時間とのPearsonの相関係数は、排泄は0.304であり5%水準で有意差あり、また移動移乗体位変換は0.393であり1%水準で有意差があったことから寝たきり度が重度化するほど介護時間が若干長くなっている傾向を認めた。その他の食事、入浴、その他の業務の介護サービス業務内容では相関係数は、食事0.101、入浴0.022、その他の業務0.009であり有意差はみられなかった。

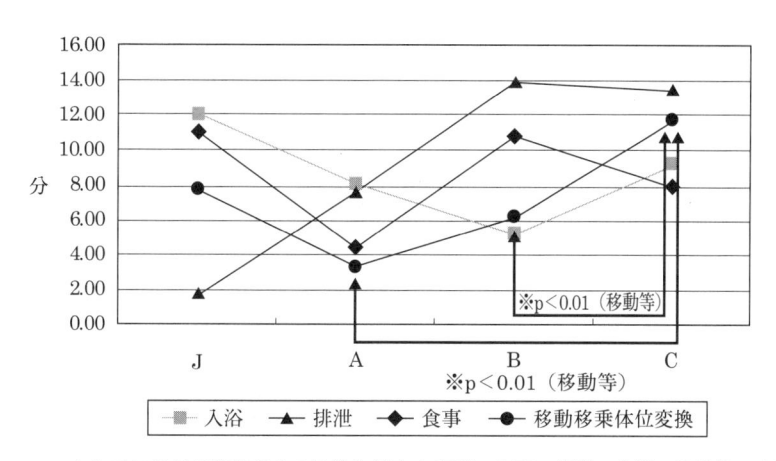

図 10-8　ユニットケアにおける障害老人の日常生活自立度別の食事・排泄・入浴・移動等の介護時間量

4）認知症高齢者の日常生活自立度別の介護時間

認知症高齢者の日常生活自立度別で、一人あたりの介護時間の比較および、統計的有意差について解析した。日常生活自立度Mは、該当者1名のため除外する。

排泄では、もっとも一人あたりの介護時間が長いのは、Ⅳの16.5±10.1分、次いでⅡの11.7±13.4分、次いでⅠの11.1±14.0分、最短がⅢの10.4±9.5分であった。食事では、最も介護時間が長かったのはⅣの14.8±13.0分、次いでⅢの8.4±11.5分、次いでⅡの5.5±6.6分、次いでⅠの3.7±3.1分、最短が自立の1.5±2.1分であった。入浴では、最も介護時間が長かったのは自立の15.0±21.2分、次いでⅣの8.1±10.7分、次いでⅡの7.6±10.3分、次いでⅠの7.3±8.4分、最短がⅢの5.9±7.7分であった。

続いて、移動移乗体位変換で介護時間が最も長かったのは、Ⅳの11.5±8.5分、次いでⅡの7.6±8.3分、次いでⅢの5.4±6.2分、最短がⅠの3.4±4.3分であった。その他の業務では、介護時間が最も長かったのはⅢの10.6±16.7分、次いでⅡの9.9±12.4分、次いでⅣの4.9±6.4分、次いで自立の4.0±1.4分、最短がⅠの1.1±2.3分であった。

認知症高齢者の日常生活自立度別においては、自立度の重度化と介護時間の増加に関連が若干認められた。この内、統計的有意差があったのは食事と移乗移動体位変換とその他の業務の3つの個別介護サービス業務内容のみであった。まず食事では、1%未満の統計的有意差をⅠと

Ⅳの間のみで認められた。次に移乗移動体位変換では、1%未満の統計的有意差は自立とⅡの間と、ⅠとⅣの間のみで認められた。最後にその他の業務では、5%未満の統計的有意差はⅠとⅡの間と、ⅠとⅢの間のみで認められた。(図10-9)。個別介護サービス業務内容における介護時間とのPearsonの相関係数は、食事は0.409であり、移動移乗体位変換は0.353であり、2つの個別介護サービス業務内容は1%水準で有意差があり、自立度が重度化するほどやや介護時間が長くなっている傾向を認めた。その他の排泄、入浴、その他の業務の介護サービス業務内容では相関係数は、排泄0.206、入浴−0.006、その他の業務0.137であり有意差はみられなかった。

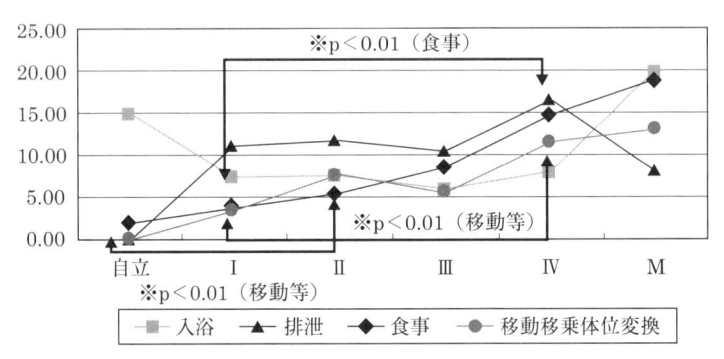

図10-9 ユニットケアにおける認知症高齢者の日常生活自立度別の食事・排泄・入浴・移動等の介護時間量

5) ユニットケアの介護時間と各介護要因間の相互関係

ユニットケアにおける介護時間と各介護要因間の相関係数を基に、Amos7.0 (SPSS Japan Inc.)を用いて変数間の因果関係を共分散構造分析によるパス図で表現した(図10-10)。変数間の相関係数は双方向の矢印の中央部に示している。それぞれの因果関係を直接関与と間接関与として判定して総合的関与が想定でき、有意確率($p<0.01$)からモデルの適合性は高いと判断できる。

要介護度には、食事と移動移乗体位変換が直接関与し、日常生活自立度には障害老人では移動移乗体位変換、認知症高齢者では食事を介して間接関与していることが示唆された。その他の介護サービス業務である入浴、清潔整容更衣、医療看護、排泄は、要介護度に直接ならびに間接的な相互関係が乏しいことが示唆された。日常生活活動の身体動作能力では、移動移乗体位変換と入浴、排泄とは近似の関係にあるが、しかし介護時間では移動移乗体位変換が身体介護に関与し、食事が認知症介護等の精神介護に関与することで、要介護度に影響を与えていると考える。入浴、清潔整容更衣、医療看護、排泄は、介護時間以外の潜在的要因が関与している。これは介護時間という関わり度だけの関係図なので、その他介護負担などの困難度、介護ニードの必要度の三次元的パス解析することでより介護実態を総合的介護評価できる可能性が示唆された。

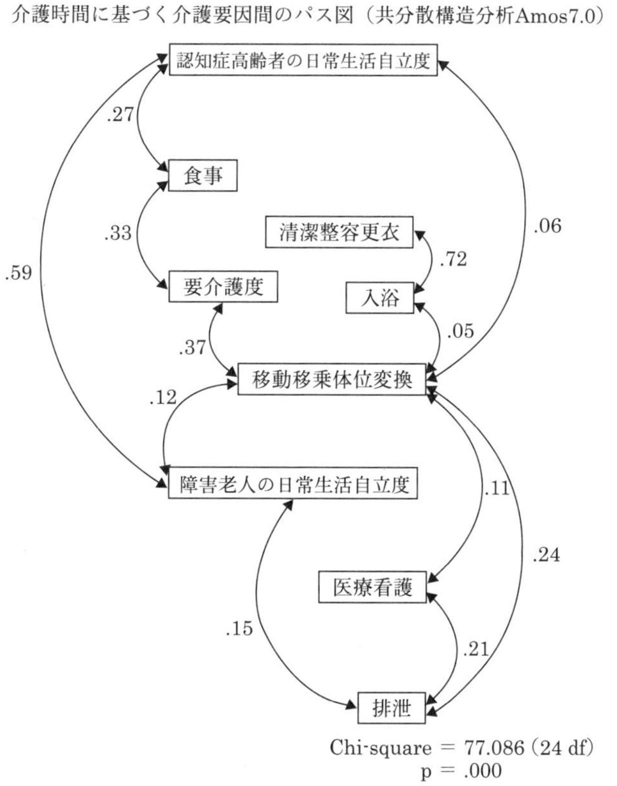

介護時間に基づく介護要因間のパス図（共分散構造分析Amos7.0）

[図：認知症高齢者の日常生活自立度、食事、清潔整容更衣、要介護度、入浴、移動移乗体位変換、障害老人の日常生活自立度、医療看護、排泄の各要因間のパス図。係数は .27、.33、.59、.06、.72、.05、.37、.12、.11、.24、.15、.21 等]

Chi-square = 77.086（24 df）
p = .000

図10-10　ユニットケアにおける介護時間と介護要因間との相関図

第4節　量的介護評価による介護サービスの標準化と専門性

ユニットケアでの自計式タイムスタディ実証調査で得られた介護時間の結果から、次の4点について量的介護評価により個別介護サービスの標準化と専門性の検証を行った。

① 介護する側からの視点の介護時間だけでは要介護度の状態の介護評価が困難である

要介護度が重度になるにしたがって介護時間が増加傾向にあることは、結果で述べた通りである。しかし各要介護度のランクと介護時間の統計的有意差はごくわずかであり、要介護度と介護時間の相関性はとても弱い。各要介護度別の平均介護時間の格差は、大幅に増加している区分があり、要介護3と要介護4の間で約15分間、さらに要介護4と要介護5の間では約25分間の増加となっている。逆に要介護2と要介護3の間では、ほとんど一人あたりの介護時間の格差がない。要介護度が重症になるに従って、なめらかに介護時間が増加するのではなく、要介護度が悪化することで、介護時間が増加しながら分散しているといえる。

介護保険の要介護認定の基礎データとなっているタイムスタディの特徴について、「他計式による客観的な捉え方であること、介護する側の視点であること等」の指摘をしている。今回の調査では介護職員自身が記録する自計式調査を用いたが、他計式と同様に、主観的にも捉え

やすい身体介護が主に記録され、介護する側の介護職員の直接的身体介護サービス業務に視点がおかれた調査につながったといえる。介護保険におけるタイムスタディでは、要介護者等にどれくらい介護サービスの提供を行う必要があるかについて介護時間を共通の「ものさし」として「要介護認定等基準時間」を設定して、要介護度の判定基準の一つとしているが、介護時間のみでは要介護者等像を捉えにくく、要介護者等個人に実際に必要な介護時間と一致していないと考える。この要介護認定に対する様々な問題点が、指摘されている厚生労働省でも、「一次判定のコンピュータシステムは、認定調査の項目等ごとに選択肢を設け、調査結果に従い、それぞれのお年寄りを分類してゆき、1分間タイムスタディ・データの中からその心身の状態が最も近いお年寄りのデータを探しだして、そのデータの中から要介護認定等基準時間を推計するシステムである」と説明して、「この要介護認定等基準時間は、あくまでも介護の必要性を測る「ものさし」であり、直接、訪問介護・訪問看護等の在宅で受けられる介護サービスの合計時間と連動するわけではない」としている。介護時間は要介護度のランクに分類するための量的介護評価であって、要介護者等に必要な介護サービス量ではないといえる。

② 介護時間の大半が日常生活活動（ADL）介護サービスである

24時間の総合介護時間について、介護サービス業務内容をADL介護サービスと生活関連活動（IADL）介護サービスで比較すると、ADL介護サービスが全体の約83%を占めて、IADL介護サービスは約17%であり、その大半がADL介護サービスであった。ADL介護サービスとは、その大部分が身体介護サービスであることから、要介護度が重度になると身体介護の介護時間が多くなる傾向である。いいかえると、身体介護が必要な人ほど、介護時間の増大により要介護度が重度になりやすいと考えられる。居宅介護サービスにおいて訪問介護のタイムスタディ調査でも、身体介護の介護サービス業務内容について利用者の日常生活自立の状態に応じて、提供される介護時間が多くなっている。特に寝たきり状態の利用者に対して介護時間が増加している結果があり、利用者の寝たきり度が重度になると身体介護の介護時間が増加しているということができる。今回の調査では、要介護認定改訂版のケアコード改訂版の分類を参照していることから、要介護度と身体介護サービスの関連性において、要介護認定の一次判定の基礎データとなっているタイムスタディ方法が身体介護時間を増大させる影響を与えていることが推察できる。要介護認定のタイムスタディでは、ケアコードが食事・移動・排泄など直接的身体介護サービスを中心としたADLケアコードになっている。そのために身体介護サービス以外の間接介護と認知症介護や精神介護が要介護度に反映されにくくなっているのである。施設介護サービスおよび介護職員の介護サービス業務の効率性を優先した身体介護サービスだけであると、その介護サービスは要介護者等にとり受動的となり、生活者としての積極的・主体的な生活を送ることを阻害する危険性がある。

③ 認知症高齢者の介護時間量は、タイムスタディでは介護評価が困難である

認知症高齢者の日常生活自立度が重症化するほど、介護時間がわずかに増加する弱い相関性が示唆された。しかし介護サービス業務内容である問題行動に対する介護時間は、24時間中0

分間であり、まったく問題行動に対する予防的介護、認知症介護が行われていなかったことになる。実際の調査時には、問題行動以外に対する認知症介護および見守り等が行われていた。調査において、問題行動に対する介護サービス業務内容が記録されなかった点について、問題行動の予防的介護および認知症介護が、他の介護サービス業務内容とすりかわって記録されたと推論できる。介護サービス業務内容の中の「その他の業務」は、全入所者中では3位の44分間を要しており、認知症高齢者の日常生活自立度ⅡあるいはⅢレベルになると「その他の業務」の介護時間の標準偏差の分散が大きくなり、個別性と多様性に富んでいることがわかる。ユニットケアにおいて、直接的介護サービスと重複して間接的介護サービスが提供されていることが推察される。認知症高齢者に対する介護サービスについては、介護する側から介護時間だけで介護評価することが困難であると考える。

認知症介護サービスの介護評価については、その量的介護評価から質的介護評価に転換する必要があると考える。認知症高齢者への重要な介護サービスとして、行動障害（問題行動）予防の介護サービスを位置づけ、介護職員にも専門的研修を行う必要がある。行動障害（問題行動）予防の介護サービスとは具体的には、「見守り」、「近くでの付き添い」と「行動障害への早期介入」等がある。「見守り」について、「認知症高齢者は意思を正確に伝達できない結果、さまざまな問題行動をおこす。常時見守り、早期介入することにより症状の軽減をしめす」ように、認知症高齢者の介護サービスとして、見守りや行動障害を予防するための働きかけなどを質的介護評価すべきであると考える。さらに夜間、認知症高齢者の多くに、中途覚醒が出現することから、事故回避への見守りや安全への個別介護サービスが重要となる。

④　ユニットケアの生活環境による介護環境要因が影響を与える

ユニットケアの生活環境が介護サービスに与える影響について述べる。まず入浴介護サービスについて、要介護度の軽度である要介護2および障害老人の日常生活自立度の軽度であるJランクの一人あたりの介護時間が延長していたことは、調査実施施設におけるユニットケアとの関連性を推察した。例えばユニットでは1対1の入浴介護サービスとなり、従来型施設の集団介護サービスにおける入浴の流れ作業的介護サービスではなかった。利用者の「できること」を引き出しながら、利用者自身のペースに合わせた入浴介護サービスが、要介護状態の軽度者の入浴介護時間を増加させたと考える。これについて、全国老人福祉施設協議会が実施した『介護老人福祉施設の報酬体系の再構築に関する調査研究（老施協総研、2005年）』の報告書にも同様のタイムスタディ調査結果がある（図10-11）。同報告書では、ユニットケア型の施設と従来の集団型の施設で要介護度別に入浴介護サービスを比較している。この調査結果からも、ユニットケア型施設でより入浴介護時間が延長していたが、従来型施設では、要介護度が重度になるにしたがってもあまり介護時間が増加していなかった。

ユニットケアを導入した介護保険施設では、入浴介護サービスを1人ひとりの意向や状態に合わせた時間帯、回数等を整備し取り組んでおり、ユニットケアが三大介護の流れ作業的な集団介護サービスから質の高い個別介護サービスへ変容することができる。入浴以外のケアで

も、個別介護サービスを実施し、利用者個人に必要な介護サービス内容を提供することで、適切な介護時間をかけることができ、介護サービスの量と質を高めることができると考える。ユニットケアの介護環境が介護サービスに与える影響の一つとして、共通の憩いの場であるユニットケアの介護環境が個別介護サービスの個別性と多様性を高めている。

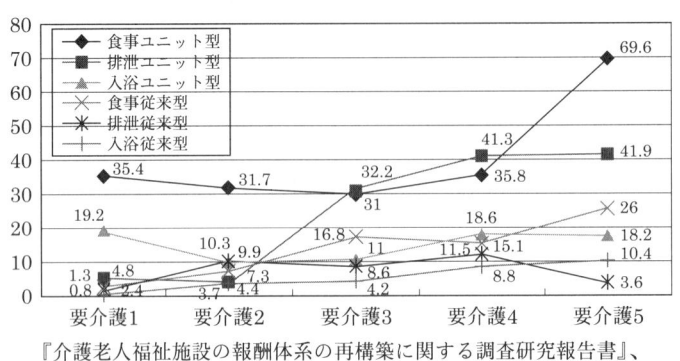

『介護老人福祉施設の報酬体系の再構築に関する調査研究報告書』、老施協総研、2005年（一部修正）

図10-11　ユニット型と従来型施設介護サービスの三大介護時間

第5節　個別介護サービスの標準化と専門性の量的介護評価

　施設介護サービスにユニットケアを導入すると、個別介護サービスを1人1人の意向や状態にあう時間帯、回数等を整備し取り組んでおり、ユニットケアが、三大介護である入浴、排泄、食事等の流れ作業的介護サービスから量と質の高い個別介護サービスに変容できる。個別介護サービスを提供して、個別の要介護者等にとり必要な個別介護サービス業務内容を提供することが、介護サービスの標準化と専門性を高めて、普段の生活どおりの尊厳のある生活（ROL）を護ることにつながると考える。

　ユニットケアの生活スペースである介護環境が個別介護サービスを創作している。要介護者等の生活スペースが小さな単位であると同時に介護職員にとっても動線が小さくなり、要介護者等に寄り添った個別介護サービスが可能になる。特に従来型の集団介護サービスにおけるデイルーム兼食堂のような大型の共用空間でない小規模の共用空間としてのリビングのような生活空間が有効に創作されている。ユニットケアにおける小規模な共用空間は、入所者間の交流の場や役割を果たす場となり、入所者自身が主体的・自発的に生活する意欲を向上させることにつながる。ユニットケアの居室と共用空間のあり方について、ただ個室化すればよいのではなく、個室化されたいくつかの部屋が居間のような空間を囲んで小さなまとまりをつくり、そのいくつかの居間のような空間がさらに共用の広いスペースを取り囲む形にすると要介護者等の生活スペースが組み立てられる。もちろんユニットのハード面の施設整備のみでなく、介護職員による個別介護サービスの提供システムであるソフト面に対する創作も重要である。入所

者が居室で孤立しないように、生活機能を向上するために活動や参加を行うための共用空間への誘いかけや交流への働きかけを行うことも容易となる。要介護者等が快適に生活できるプライベート空間の個室と共同空間のありかたについて、ユニットケアではハードとソフトの両面から考える必要がある。個別介護サービスの提供の場として、「個人」と「共用」の介護環境の創作を検討しながら、要介護者等の心地よい尊厳のある生活づくりの支援することが重要であると考える。

謝辞

　本章の執筆にあたり、ご協力を賜りました國定美香、棚田裕二、小川真史、有村大土様ならびに調査の趣旨をご理解いただき、ご協力くださいました介護福祉と老人福祉の関係者の皆様に深謝申し上げる。多数の保健福祉機関および関係者にご支援とご協力を賜り、ここに深謝申しあげる。この研究成果の一部は、2005年から2007年度の科学研究費補助金（基盤研究）「介護保険制度と要介護認定における介護モデルの構築に関する研究」による。

参考文献

1) 一番ヶ瀬康子『介護福祉学の探求』有斐閣、2-3、2003。
2) 國定美香、住居広士、藤原芳朗、山岡喜美子編『わかりやすい介護技術演習』ミネルヴァ書房、2005。
3) 山口宰「ユニットケア導入が認知症高齢者にもたらす効果に関する研究」社会福祉学、46(3)、75-85、2006。
4) 外山義、辻哲夫、大熊由紀子、武田和典、高橋誠一、泉田照雄『ユニットケアのすすめ』筒井書房、2000。
5) 本間照雄「個別支援から考えるケアの基本―ユニットケアの発展を通して」中央法規、おはよう21、4、10-23、2006。
6) 住居広士「タイムスタディから構築される要介護認定一次判定ソフト」介護福祉研究、12、100-103、2004。
7) 國定美香「改訂版タイムスタディと旧版一分間タイムスタディの検証」福山市立女子短期大学紀要、31、21-25、2005。
8) 日下部みどり、住居広士、他「改訂版一次判定ソフトにおける介護時間の検討」介護福祉研究、11、64-67、2003。
9) 石田一紀、住居広士『納得できない要介護認定』萌文社、1999。
10) 石橋潔「タイムスタディ調査によるホームヘルプ労働専門性の検証」社会文化論集、6、139-159、1999。
11) 武田留美子、日下部みどり、住居広士、他「ユニットケアにおけるケア時間の検証」『介護保険時代の介護福祉研究』大学教育出版、2003。
12) 西島英利・川越雅弘「要介護認定制度と痴呆性疾患評価の問題点」季刊精神科診断学、12(1) 39-49、2001。
13) 村瀬千春、柴田弘子、川本利恵子、和田敏正「痴呆症状のある高齢者の睡眠障害と移動動作の能力レベル差による援助の実態の検討」高齢者のケアと行動科学、9(1)、93-103、2003。
14) 老施協総研「介護老人福祉施設の報酬体系の再構築に関する調査研究報告書」、全国老人福祉施設協議会、2005。
15) 國定美香「介護保険の要介護認定における一分間タイムスタディ」福山市立女子短期大学紀要、29、91-96、2003。
16) 曳木久美、住居広士、國定美香他「1分間タイムスタディが捉える痴呆介護評価」介護福祉研究、11、68-70、2003。
17) 筒井孝子「高齢者の要介護および要介護推定方法に関する研究」医療経済研究、3、117-129、1998。
18) 松村菜穂美、柏木とき江・他「重度痴呆患者デイケア施設の通所者における「痴呆度」と「寝たきり度」別ケア時間の実態」日本看護管理学会誌、4(1)、108-109、2000。

第11章
個別介護サービスにおける質的介護評価の標準化と専門性

第1節　個別介護サービスの標準化と専門性の検証

　介護施設における個別介護サービスであるユニットケアを、タイムスタディによる質的介護評価を通じて検証すると、総合介護時間の増加という個別介護サービスに対する質的介護評価をすることができた。同じような介護時間でも、従来型の介護施設における集団介護サービスと比較すると、ユニットケアでは個別性と多様性に富んだ介護サービスを提供できる個別介護サービスの可能性が示唆された。質的介護評価によるタイムスタディでの介護時間から、介護職員が要介護者等に寄り添う介護時間が長くなっており、要介護者等にとりゆったりした介護時間の流れのために、その分介護職員における介護時間も重層的にかけていることが示唆された。

　ユニットケアにおいて1つの個別介護サービス業務に介護時間をかけるのではなく、実際は個別介護サービス業務を重ね合わせながら、複数の要介護者等に関わることで総合介護時間が増えていた。介護時間を単に1つの介護サービス業務で埋めていくよりも、介護サービス業務を重ね合わせることで、しかも複数の要介護者等に関われることで、要介護者等に対する総合介護時間をさらに増大することができる。本章では質的介護評価による個別介護サービスの標準化と専門性から、個別介護サービスであるユニットケアは、個別生活援助を可能とする効率的で専門性を有する介護モデルであるかを検証する。

（1）　ユニットケアとは何か

　従来型の介護保険施設の大半は、共同生活の空間において集団介護サービスを提供する形態となっていた。従来型は大部屋等を原則として整備されて、他の居住性の高い施設サービスを整備する中で、解決しなければならない課題が多分にあった。介護施設における大人数の要介護者等の集団に対して、大人数の介護職員が介護するという集団対集団にて施設介護サービスが提供されていた。そのような施設介護サービスでは、集団生活を優先するために、個別介護サービスを中心に提供することが困難となり、個別介護サービスの提供には限界があった。

　このような施設介護サービスを解決するために、適正な入所者の小集団に対して適正な介護

職員を配置して、個別介護サービスを提供するユニット型の介護保険施設が整備されている。介護職員が介護施設全体の要介護者等に施設介護サービスを提供していたものを、小グループに分けて個別介護しやすくする。2001年度から、これまでの平均4人の大部屋から、プライバシーが守られる個室とする全室個室による「ユニット方式」と呼ばれる新型特別養護老人ホームの整備が開始された。「新型特別養護老人ホーム」は、これまでの平均4人の大部屋から、プライバシーが守られる個室となる。また従来は全介護職員が施設全体の入所者に施設介護サービスを提供していたのを、小グループに分けて個別介護サービスを提供しやすくした。ただしこの「新型特別養護老人ホーム」では、新たに部屋代等を徴収することになり、一方で行政からの補助金等が減ることも含めて、介護保険の経済と財政面での賛否両論もある。小規模な家庭的雰囲気の中で個別介護サービスを行なうことを目的として広がってきた「ユニットケア」を、改めて検証する必要がある。

　2003年度より小規模生活単位型介護福祉施設サービス費ならびに居住費の徴収が、介護保険の介護報酬に新設された。小規模な家庭的雰囲気の中で個別介護サービスを中心に提供することを目的として広がってきたユニットケアにおける介護モデルの検証が求めている。そこで、要介護認定の一次判定の基準の源泉となった1分間タイムスタディによってユニットケアを調査することで、集団介護サービスと個別介護サービスとの標準化と専門性を検証するために、今回ユニットケア対応の介護保険施設にて調査を行なった。そして1分間タイムスタディの結果からユニットケアの現状と課題を導き出した。今回の調査では、要介護認定では依然として考慮されていない介護される側の要介護者等側に調査員が付いて記録した介護時間についても、1つの視点として検証を行なった。

（2）ユニットケアの検証調査

　1）　調査対象：K市K介護老人保健施設（ユニットケア対応）の要介護者4名及び介護職員6名の計10名とし、調査対象者の要介護者は、平均要介護3とし、認知症を伴う方とした。

　2）　調査期間：2002年3月の入浴日がある午後13:30〜15:00の1時間30分間調査した。

　3）　調査方法　1分間タイムスタディ方法により、介護職員と要介護者のそれぞれ1人に調査員1人ずつが付いて、介護職員が行った介護サービス業務について、1分間ごとに記録していく他計式調査を行った。ユニットケアにおける各介護職員に対して1名の実務経験5年以上の看護師あるいは介護福祉士が1分間タイムスタディにて介護サービスを観察して記録した。

　調査記録用紙及びケアコード表は、サービス供給指標調査研究事業報告書時のケアコード初版と要介護認定調査検討会ケアコード改訂版を参照した（第5・6章参考資料）。介護保険施行前の調査として、1分間タイムスタディは1995年に、全国約50施設において介護施設等に勤務する介護職員が要介護者等に提供する介護サービス業務内容及び介護サービスの提供時間の測定を目的として行われた。対象者は特別養護老人ホーム・老人保健施設・介護力強化病院に入所、入院中の要介護者約3,400名であった。その方法として、介護職員一人に調査員一人が

張り付き、一分間毎に介護サービス業務内容を記録して、介護サービス業務内容についてケアコード分類を行っている。そのデータが要介護状態に応じた要介護認定における介護サービスの標準化の基礎資料となっている（「サービス供給指標調査研究事業報告書」全国社会福祉協議会、1995年）。

（3） 結果
1） ユニットケアにより増加する総合介護時間

1分間タイムスタディによる検証調査での記録から、介護職員自身も一緒におやつを食べながら、介助や他の人の見守りをして、複数の要介護者と関わりながら水分補給をする介護時間の記録である（表11-1）。そのときの介護状況を図式化すると図11-1のようになる。居間で介護職員はお茶の席に要介護者等と一緒につき、入所者Aさんのおやつの摂取の介助をしながら、その隣でおやつを食べているBさんを見守っている。居間の隣にはキッチンがあり、先に食べ終わられたCさんが皿洗いをしているのも、介護職員は見守り、声かけをしていた。ユニットケアで少人数の要介護者等を少人数の介護職員で個別介護サービスを提供するために、それぞれの方に合った個別的関わりが提供されていた。また小さな空間なので、一緒に席についておやつを食べるという家庭的介護の中で、必要な見守りもでき、複数の方に関わることができていたといえる。

介護時間に注目すると、Aさんに3分間食事介助しながら、同時並行してその他の介護として3分間見守りなどをしている。同時間に2つの介護サービスの提供を行うと、その介護職員が提供している介護時間は、両方を加算した介護時間となる。すなわち総合介護時間としては3分＋3分＝6分間となる【総合介護時間＝個別介護時間＋間接介護時間】。

小さな空間なので、複数の方に関わることができ、図11-1のように3人の方に関わる状態が3分間続いていた。同じ介護時間に複数の要介護者等に介護サービスを提供すると、その介護職員が提供した総合介護時間は、各介護時間を介護を行った要介護者数を掛けたものといえる。総合介護時間は、Aさん6分間＋Bさん2分間＋Cさん2分間＝10分間となる【総合介護時間＝各介護時間×各要介護者数の合算】。

個別介護と間接介護を同時並行で行い、一人の介護職員が複数の要介護者等と関わる場面が多いことで、総合介護時間の増加が見られた。ここでも、介護時間に注目すると、例えば図11-1のように3人の要介護者に関わる状態が、20分間続いたとすると、総合介護時間は3人×20分間で、60分間となる。同じ介護時間に複数の要介護者等に介護サービスを提供すると、その介護職員が提供した総合介護時間は、介護時間に介護を行なった対象者の数をかけ合わせたものといえる【総合介護時間＝Σ（各介護時間×各要介護者数）】。一人の介護職員が複数の要介護者等と関われる介護場面が多いことで、総合介護時間の増加が認められた。

表 11-1　1人の介護職員が多数の要介護者等と関わる介護時間（介護する側からの検証調査）

時刻	ケアコード改訂版 （2003年版）	ケアコード初版 （1999年版）	介護サービス業務内容
14:06	413・999	81・999	Aさんのおやつの摂取介助しながら、一緒に食べる。
14:07	413・415	81・83	Aさんのおやつの摂取介助しながら、Bさんにティッシュを渡す。
14:25	413・914	81・181	Aさんのおやつの摂取介助しながら、皿を洗っているCさんを見守り。

（ケアコード改訂版：413 食事介助、999 その他、415 食事後始末、914 その他見守り）
（ケアコード初版：81 食間食部分介助、999 その他、83 食間食後始末、181 その他見守り）

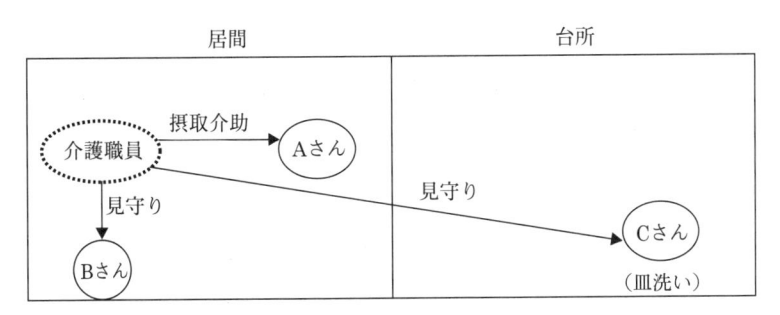

図 11-1　ユニットケアにおける介護サービス関係図

2）ユニットケアにより増加する個別介護サービス

　ユニットケアによる個別介護サービスの増加が、入浴介助の場面で顕著に表れていた。要介護者が浴室へ行ってまた戻るまで、更衣、洗身、洗髪の介護サービス等が同じ介護職員により1対1で行なわれていた。要介護者が湯船に浸かっている時間も、介護職員は他の人の洗身等するのではなく、ずっとその要介護者のそばにいて、家族の話等の個別会話、コミュニケーション、マッサージ等を行っていた介護時間の記録である（表11-2）。
　そのような増加する個別介護サービスには、この他にも不穏状態にある要介護者等に、気分転換の散歩を勧める、お茶を勧める、不機嫌をなだめる声かけを多くする等、色々な個別介護サービスが提供されていた。ユニットケアでは小人数の要介護者等を対象としているため、より多くの個別介護が行なわれていた。ユニットケアで小さな空間に分かれ、小人数の要介護者等を少人数の介護職員で介護するために、要介護者等と同じ介護時間を過ごすということができるために、それぞれの方に合った個別介護サービスが提供されていた。ユニットケアで少人数の要介護者等を対象としているために、より個別的な関わりが増加していたと考えられる。

表11-2　個別的な関わりが増加する介護時間（介護する側からの検証調査）

時刻	ケアコード改訂版	ケアコード初版	介護サービス業務内容
13:39	699	357	湯船につかり、関節可動域（ROM）訓練、麻痺側の汚れをとり、マッサージする。
13:40	931	141	「調子がいいから」と励ます。
13:41	931	141	他のスタッフと会話するのを見守る。
13:42	931	137	声かけする。
13:43	931	138	「髪の毛を染めてもらわんと」と話し、湯をかける。
13:44	932	138	湯加減を聞く。
13:45	932	138	「もう暫く温まろうね」と話し、タオルを洗う。

（ケアコード改訂版：699 機能訓練その他、931 日常会話、932 心理的支援）
（ケアコード初版：357 マッサージ、141 心理的援助、137 声かけ、138 訴えを知る）

3）ユニットケアにより可能となる個別生活援助

　要介護者側の介護される側から検証すると、それまで介護職員に誘導されて椅子に座っても、落ち着かず、介護職員が去ると、すぐまた立って歩こうとされていた要介護者側からのタイムスタディの調査記録の一部である（表11-3）。この要介護者の方は、それまで介護職員に誘導されて椅子に座っても、落ち着かれず、介護職員が去るとすぐまた立って歩こうとされていた。しかし、この調査記録にあるお茶の時間では、介護職員も座って一緒にお茶を飲んでいたため、落ち着いて座っておられ、他の要介護者と話をする介護職員を見て笑ったりしていた。

　その他にも、後述する介護職員と要介護者等が家事的援助を一緒に行なっている介護場面が多く見られた。テレビを見ていた方が洗濯物の畳みを頼まれて介護職員と一緒に畳まれて、その後で介護職員にお礼を言われて嬉しそうな表情をされていたことも、要介護者側の介護される側からの調査記録で検証できた。介護職員が要介護者等のすぐそばにいることで、不安感が強い方にも安心を与えて、そこが家庭的な居場所として落ち着かれることにつながる。ユニットケア内で介護予防をするためのリハビリテーション介護として歩かれている要介護者等には、色々な介護職員から声かけがされていた。介護職員と要介護者等が家庭的生活を一緒に

表11-3　（介護される側からの検証調査）役割・居場所を見つけやすい介護時間

時刻	ケアコード改訂版	ケアコード初版	介護サービス業務内容
14:39	414	82	カステラを食べながら、周りを見る。
14:40	414	82	カステラを食べながら、他の利用者と話をする介護職員を見て笑う。
14:41	414	82	カステラを食べながら、ジュースを飲む。

（ケアコード改訂版 414：食事見守り）（ケアコード初版：82 食間食見守り）

送っている場面が多く見られ、個別生活援助を主体とすることが可能となった。ゆったりした生活時間の流れがあり、介護職員がすぐ近くにいることが、要介護者等が役割や居場所を見つけやすい介護環境にしているといえる。

4） 個別介護と間接介護を同時並行で行なっている介護場面が多い

1分間タイムスタディ検証調査でのユニットケアの介護場面の記録で、介護職員が要介護者等と一緒に洗濯物を畳んでいる介護場面の記録である（表11-4）。介護職員は、洗濯物を畳むという間接介護サービスを行ないながら、Kさんにも一緒に畳んでもらうようお願いをしている。また近くにいたTさんにも声かけをするという個別介護サービスを同時並行で提供している。

他にも、介護職員が要介護者等と一緒に洗い物をする介護場面や、調理をしながら見守り、声かけをしている介護場面等、個別介護サービスと間接介護サービスを同時並行で行なう介護場面が多く見られた。ユニットケアでは小さな空間に分かれているためと、またユニットケアの理念として利用者と同じ介護時間を過ごすということを主体としているために、そのような介護場面が見られると考えられる。

ここでも、1分間タイムスタディの介護時間に注目して検証すると、3分間Kさんに声かけ見守りをしながら、同時並行で3分間洗濯物を畳んでいるため、総合介護時間は3分プラス3分で6分間となる。同時間に2つの介護サービスを提供すると、その介護職員が提供した総合介護時間は、両方を足した2倍の介護時間といえる（**総合介護時間＝個別介護時間＋間接介護時間**）。個別介護と間接介護を同時並行で行なうことが多いことで、総合介護時間は2倍となり、その増加が認められた。ここでいう総合介護時間の増加により、介護サービスの量は手厚いままに維持しながら、その能率を上げているといえる。

表11-4 個別介護と間接介護を同時並行で行なっている介護時間（介護する側からの調査）

時刻	ケアコード改訂版	ケアコード初版	介護サービス業務内容
14:04	941・931	169・137	洗濯物を畳む、Kさんに声かけ、「畳んで下さい。」
14:05	941・931・933	169・137	同上、Kさんに洗濯物を渡し、オムツの畳み方を説明。
14:06	932・941	138・169	同上、Tへ声かけ 「ズボンのゴムきつい。」

（ケアコード改訂版：941 物品管理、931 日常会話、933 その他会話、932 訴えの把握）
（ケアコード初版：169 洗濯物整理、137 声かけ）

第2節　タイムスタディにより検証するユニットケアの質的介護評価

（1）　ユニットケアにより増加する総合介護時間

個別介護サービスの施設介護サービスであるユニットケアは2つ以上の介護サービス業務と、複数の要介護者を同期させて介護できる仕組みになっている。介護職員の介護活動する範

囲を狭めることで、介護職員は常に「・・しながら、・・する」介護状況になる。2つ以上の介護サービスを同時に行うことで、介護サービスを重ねて複数の介護サービスを同時に行うことで、介護時間をゆったりと取れる介護状況となる。従来型の施設介護サービスにて集団に対して1つの介護サービスを提供するよりも、ユニットケアでは効率よく同時に個別介護サービスを展開させている。

　ユニットケアの特徴は、個別介護サービスと間接介護サービスを同時並行で行い、さらに1人が複数の要介護者等と関われることにより、総合介護時間の増加が見られた。これは、1人の介護職員の介護者時間を、要介護者等のそばで個別的で多様性に富む個別介護サービスの提供により多く分配している。施設介護サービスで従来から批判されてきた集団介護サービスにおける流れ作業的介護とは異なり、尊厳のある生活（ROL: Respect of Living）に向けた個別介護サービスの提供といえる。同じ介護時間でも、その介護サービス業務内容を重層化することで、介護サービスの質の向上にもつながる。

（2）　ユニットケアにより増加する個別介護

　ユニットケア対応する介護施設の構造と介護システムにより、主に個別介護サービスが提供しやすい介護環境となっている。各ユニットの中でトイレを済ませて、料理を作り、食事をして、しかも介護職員もその中で一緒に食事をする。より個別介護サービスが提供できて、介護職員がその側にいる介護時間が長いことで、見守りがしやすく、問題行動に対しても早期に認知症介護サービスが提供しやすい。不穏状態にある要介護者等と一緒に散歩に出る、何度も声かけをするといったことも認知症介護につながる。介護職員が要介護者等の側にいることは、必要な介護サービス業務をすぐに提供できることで、要介護者等の安心や満足にもつながる。介護職員が要介護者等と一緒に洗い物をする場面や、調理をしながら見守り、声かけをしている場面等、ユニットケアにより増加する個別介護サービスとそれに伴う間接介護サービスを同時並行に重層化して展開しやすくなる。

（3）　ユニットケアにより可能となる個別生活援助

　介護職員が家事をしながら、要介護者等を気遣い時々振り返り、声かけがなされ、同時に見守りも行われていた。しかもその要介護者等は少人数であり、少人数でも介護職員が個別生活援助しながら要介護者等を個別介護することが可能となる。居宅介護サービスとユニットケアの大きな差異は、その要介護者等が常に少人数だということである。ゆったりした介護時間の流れがあり、介護職員が要介護者等のすぐ近くにいることが、要介護者等に対する個別生活援助を提供しやすい介護環境にしていた。

　要介護者等に手伝ってもらい一緒に介護職員が個別生活援助を行うことなど、要介護者等にもその活動や参加を持ってもらうことで、その人のできる能力を引き出す介護予防も行われている。居場所や役割を見つけやすいユニットケアの介護環境は、残存能力の発見や、要介護者

自身の意欲を高めることにもつながり、少人数、個別生活援助という介護モデルがより創造しやすくなる。

（4） ユニットケアによる家庭的介護環境

ユニットケアによる家庭的介護環境は、役割や居場所を見つけやすい介護環境となり、残存能力の発見や、要介護者等自身の意欲を高めることにもつながる。常に介護職員が要介護者等のすぐ近い側にいることによる家庭的な満足感ならびに介護予防などのより個別的な介護サービスが提供できる。介護職員が側にいる介護時間が長いということは、見守りがしやすく、問題行動に対しても早期に予防的介護も提供しやすいといえる。不穏状態にある要介護者等と散歩に出る、何度も声かけをするといったことも予防的介護につながる。また、介護職員がそばにいることは、必要な介護サービスをすぐに提供できることで、要介護者等の家庭的な介護環境による安心や満足にもつながる。

（5） 質的介護評価による介護サービスの標準化と専門性

1分間タイムスタディを通してユニットケアを検証して、総合介護時間の増加という質的介護評価をすることができた。同じ介護時間でも、従来型と比較してユニットケアでは、多くの介護サービスを提供できて充実していることがいえる。また、介護職員が要介護者等に寄り添う介護時間が長いということも、タイムスタディの結果から検証することができた。ゆったりした介護時間の流れが、要介護者にとっても必要なものであり、その分介護時間も多くかかることになることが、タイムスタディから検証できた。個々の介護サービスの質的介護評価は、タイムスタディによる介護時間の量的介護評価だけでは不可能である。質の高い介護サービスは必ずしも介護時間が多くかかるわけではないが、そこはタイムスタディとは別の総合介護時間の評価軸（総合介護時間＝個別介護時間＋間接介護時間）でもって質的介護評価しなくてはならない。

（6） ユニットケアにおける介護モデルの課題

今回のタイムスタディ調査から、ユニットケアにおける介護モデルのあり方を検証できた。しかしユニットケアの場合は前述のような長所だけでなく、ユニットケアの濃い人間関係が合わない要介護者等もいるし、ユニットケア以外とその他との関わりが縮小される危険性がある。介護職員は、休憩するには意識してユニット外に出ない限り取れないために、結局はほとんどユニット内から出られない状態で勤務時間を過ごすことになる。認知症介護には利点が多々あるも、身体障害が主体となる寝たきり介護に対応するには介護職員のマンパワーの問題が介在する。常に同じ要介護者等が同じ場所で同じ時間を過ごすことになり、ユニットケアにおける課題も色々と指摘され、ユニットケアを含めた介護保険施設のあり方は試行錯誤の中にあるといえる。

厚生労働省には、介護制度改革本部が発足され、介護保険制度改革の議論が高まっている。介護保険施設だけでなく、地域密着型サービスグループホームや特定施設入所者生活介護、ケアハウス、そして新型特養、有料老人ホームなどの居住性の向上が求められる中で、まず介護保険制度におけるユニットケアにおいての介護モデルのあり方が議論される必要がある。

第3節　ユニットケアにおける個別介護サービスの標準化と専門性の構築

（1）　ユニットケアのタイムスタディ

　介護保険の導入時点から、要介護認定により判定された要介護度と実際の要介護者等の介護実態に差異があることが各地で指摘されている。そこで1分間タイムスタディによる介護時間が意味するものは何かを検討するため、これまでいくつかの介護保険施設や病院等で調査を行なってきた。本章はユニットケアに焦点を当てて、タイムスタディにより施設介護サービスにおける集団介護と個別介護を比較検証した。2001年度から、「新型特別養護老人ホーム」の整備が開始され、全室個室で「ユニット方式」と呼ばれる構造になっている。「新型特別養護老人ホーム」は、これまでの平均4人の大部屋から、プライバシーが守られる個室となった。また、介護職員が施設全体の利用者を集団介護していたものを、小グループに分けて個別対応しやすくした。ただしこの「新型特別養護老人ホーム」は、新たに部屋代等を徴収することになり、一方で行政の補助金は減るために、賛否両論もある。しかし小規模な家庭的雰囲気の中で個別介護サービスを提供することを目的として広がってきた「ユニットケア」の介護サービスを質的介護評価する必要がある。

　そこで要介護認定の一次判定の源泉となった一分間タイムスタディによってユニットケアを調査することで、集団介護サービスと個別介護サービスとの比較検討を考慮して、ユニットケア対応の施設でタイムスタディ調査を行った。

（2）　ユニットケアの1分間タイムスタディ

　1分間ごとに記録していく他計式調査のタイムスタディを実施した。調査日時は、2002年3月1日の入浴のある午後14:00～15:00に行い、調査方法は1分間タイムスタディ方法により、介護職員並びに要介護者等の介護サービス業務内容について、入浴日の1時間に限定して調査を行った。要介護認定改訂版（2003年版）の一次判定ソフトの基礎データに使用されたケアコード改訂版（要介護認定調査検討会ケアコード）も参考にして検討した。さらに要介護認定初版（1999年版）の調査記録用紙及びケアコード表であるサービス供給指標調査研究事業報告書（1995年3月）を参照した（第5・6章参考資料）。調査対象は、ユニットケア対応の介護老人保健施設の要介護者4名および介護職員6名で、要介護者は、平均要介護3の認知症を

伴っている方を対象にした。調査した1分間タイムスタディでは、介護職員と要介護者のそれぞれ1人に調査員1人ずつが付き、介護職員が提供した介護サービス業務内容について1分間毎の調査結果より、ユニットケアの特徴として以下の4点が検証できた。

ユニットケアの個別介護サービスの特徴
1. 個別介護サービスと間接介護サービスを同時並行で提供している
2. 1人の介護職員が複数の要介護者等と関わる
3. 個別的な関わりが増加する
4. 役割・居場所を見つけやすい介護環境である

第4節　ユニットケアにおけるタイムスタディによる質的介護評価

　記録用紙および記録方法は、1分間ごとに区切った介護時間の軸が1時間分あり、ここではそのうちの数分間を抽出している。タイムスタディ調査では、介護職員が提供した介護サービス業務について、要介護者等側に付いた調査員が1分間毎にその介護内容を記録している。タイムスタディ調査後に、所定のケアコード分類表にしたがって、ケアコードを記録した。

（1）　個別介護サービスと間接介護サービスを同時並行で提供している

　介護職員が要介護者等と一緒に洗濯物を畳んでいる介護場面の記録である。介護職員は、洗濯物を畳むという間接介護を行ないながら、Kさんにも一緒に畳んでもらうようにお願いをする、また近くにいたTさんにも声かけをするという個別介護サービスを同時並行で行なっている。他にも、介護職員が要介護者等と一緒に洗い物をする場面や、調理をしながら見守り、声かけをしている介護場面等、個別介護サービスと間接介護サービスを同時並行で行なう場面が多く見られた。

　ユニットで小さな空間に分かれているため、またユニットケアの理念として利用者と同じ時間を過ごすということがあるために、そのような介護場面が多く見られると考えられる。ここで、介護時間に注目して見ていくと、3分間Kさんに声かけ見守りをしながら、同時並行で3分間の洗濯物を畳んでいるため、総合介護時間は3分プラス3分で6分間となる。同時間に2つの介護サービスを行なうと、その介護職員が提供した総合介護時間は、両方を足した2倍の介護時間といえる。個別介護サービスと間接介護サービスを同時並行で行なうことが多いことで、総合介護時間は2倍となり、その増加が見られた。ここでいう総合介護時間の増加は、介護サービスの量は手厚いままなのに、その介護サービスの能率が上がっているということができる。

　介護する側ではなく、要介護者側から捉えた介護時間では、総合要介護時間（要介護者1人

1人が受けた介護時間の合計）＝個別介護時間＋間接介護時間が成り立つ。ただし、実際の調査では間接介護時間について個人特定をする場合には、要介護者側から捉えることも必要となり、それで実介護時間と実調査時間での差異を解消することも考えられる。

【介護する側】

時刻	ケアコード改訂版	介護サービス業務内容
:04	941	オムツをたたむ。
:05	941・931	洗濯物をたたむ。Kさんに声かけ「たたんでください」
:06	941・931・933	洗濯物をたたむ。Kさんに洗濯物を渡したたみ方を説明。
:07	932・941	Tさんへ声かけ、「ズボンのゴムきつい？」洗濯物をたたむ。
:08	941・972	洗濯物をたたむ。スタッフと会話（調整）、エプロンを引き出しにしまう。
:09	941	タオルをたたむ。洗濯物をたたむ。
:10	931・941	職員Hさんを交えて会話。タオルをたたむ。Kさんに声かけ「手伝ってください」
:11	941・931	おしぼりをたたみながら見守り。KAさんへ声かけ。

（ケアコード改訂版：941物品管理、931日常会話、933その他会話、932訴えの把握、972調整業務）

タイムスタディの事例は、介護職員がユニットケア内の要介護者と一緒にお茶を飲みながら会話している介護場面である。従来型の集団介護の施設介護サービスの場合では他の間接業務は別の場所にて行われるが、ユニットケアではこれまでのように介護職員の休憩は別の場所ではなく、ユニットケアではこのように家庭的介護の中で、同じユニット内の介護時間を共有する家庭的介護のように一緒にお茶を飲みながらリラックスできる雰囲気で個別介護サービスを提供している。

要介護者等にとっては、介護職員というより共に介護時間を過ごす家族や友達のような家庭的雰囲気がある。そこにはこれまでにない要介護者等にとって安楽・安心できる場所としての工夫が見られる。介護する側と介護される側という向かい合った介護関係ではなく、共に寄り添い、心身の癒しも提供しようとする個別介護サービスがある。この介護場面から、2つのことが言える。1つは別々の介護場所で介護時間を過ごすのではなくそれを共有することで、要介護者等にとっては継続した個別介護サービスが受けられる。又もう1つは、家庭的介護の工夫がある個別介護サービスが提供できる。

しかし共に過ごす介護時間が長いことは、別の意味でいえば人間的関わりが狭くなりやすく、又介護職員としての介護サービスの質も同時に問われていくことにもなる。

【介護する側】

時刻	ケアコード改訂版	ケアコード初版	介護サービス業務内容
:31	987・921・931	426・401・137	お茶の準備（職員用）カメラの準備、調整、Kさんへ声かけ。
:32	987・931	426・137	お茶の準備　Mさんと会話。
:33	987・931・414	426・137・181	同上、椅子に座りKAさんと会話、お茶を飲む。
:34	987・931	426・137	お茶をのみながらKAさんと会話、Yさんと会話。
:35	987・931	426・137	ケーキとお茶を食べながらKAさんと会話。
:36	987・931	426・137	ケーキを食べながらKAさんと会話。
:37	987・931	426・137	同上、HさんKAさんと会話。
:38	987・415	426・83	ケーキを食べる。お茶片付け。

（ケアコード改訂版：987 職員その他、921 行事準備、931 日常会話、414 食事見守り、415 食事後始末）
（ケアコード初版：426 職員の食事、401 行事準備、137 声かけ、181 その他見守り、83 食間食の後始末）

（2）1人の介護職員が複数の要介護者等と関わる

　水分補給のタイムスタディの介護時間の記録を挙げる。介護職員自身も一緒におやつを食べながら、介護サービスを提供しながらそしてその他の見守りをしながら、複数の要介護者等と関わっている。

【介護する側】

時刻	ケアコード改訂版	介護サービス業務内容
:36	413・999	Aさんのおやつ摂取介助しながら一緒に食べる。
:37	415	Bさんにティッシュを渡す。
:38	415	同上
:39	713・415・513	Cさんの訴えに応じて、口の周り食べこぼしを拭く、車椅子介助し居室へ移動。
:40	513	車椅子介助し居室へ移動。
:41	163・513・533・961	介助でくつを脱ぐ。全介助でベッドへ移乗、臥床介助、布団をかける。

（ケアコード改訂版：413 食事介助、999 その他、415 食事後始末、713 問題行動の対応、513 移動介助、163 更衣介助、533 体位変換介助、961 寝具整備）

　そのときの介護状況を図式化すると図11-1のようになる。居間で介護職員はお茶の席に一緒につき、Aさんのおやつの摂取介助をしながら、隣でおやつを食べられているBさんを見守っていた。居間の隣にはキッチンがあり、先に食べ終わられたCさんが皿洗いをされているのも、介護職員は見守り、声かけ等をしていた。

　ユニットで少人数の要介護者等を少人数の介護職員で見るために、それぞれの方に合った関

わりがされている。また小さな空間なので、一緒に席についておやつを食べるという家庭的介護の中で、必要な見守りもしながら、複数の入所者の方に関わることができていたといえる。

　ここでも、介護時間に注目してみると、3人の方に関わる状態が20分間続いたとすると、総合介護者時間は3人×20分間で、60分間となる。同じ介護時間に複数の要介護者等に介護サービスを提供すると、その介護職員が提供した総合介護時間は、各介護時間に介護サービスを提供した各要介護者の数を積算して合算したものといえる。1人の介護職員が複数の要介護者等と関わる場面が多いことで、ここでも総合介護時間の増加が見られる。

【介護する側】

時刻	ケアコード改訂版	介護サービス業務内容
:08	411・713	水分補給しながらHさんの不穏をなだめるよう声かけをする。
:09	964・713	オムツをたたみながらMさんに声かけ　Hさんに寒くはないか確認。
:10	964・713	同上
:11	161	Hさんの上着を居室までとりに行く。
:12	161	同上
:13	153	Hさんに全介助で上着を着せる。
:14	153・411	同上／水分補給
:15	412	Mさんの傍に座って、オヤツを食べることを知らせる声かけ。
:16	411・982	水分の補給準備。
:17	411・713・513	水分補給しながらHさんの不機嫌をなだめる声かけ、説明／Hさんの車椅子介助で移動。

（ケアコード改訂版：414食事見守り、713問題行動の対応、964洗濯、161更衣準備、153整容介助、411食事準備、412食事誘いかけ、982手洗い、513移動介助、アンダーラインは予防的介護）

　タイムスタディ調査の中では、「～しながら」「～する」というように、1人の介護職員が複数の要介護者等に同時に介護サービスを提供する介護場面が多く見られた。上記のアンダーライン部分は別の個別介護サービスを提供しながら、認知症介護による興奮をなだめる予防的介護が行われている。同時に2つの介護サービスを提供するとき、要介護者側から見れば1人1人が介護サービスを受けるという点で、介護する側から提供できる介護時間も介護サービスを受ける側の介護時間も増加する。

　しかし要介護認定のための1分間タイムスタディ調査では、これらのうち「介護サービス業務1つを選ぶように」指定されている。実介護時間から縮小した介護時間しか介護サービスが提供されていないことになる。要介護認定では、複数の要介護者等に提供する介護時間は、その要介護者等の人数によって除算されて各要介護者等に分配されて縮小している。タイムスタディ調査は介護する側の介護労働時間を対象として、介護サービス業務分析の形式になってい

るといえる。しかし、介護現場での実際の介護場面では、同時に複数の要介護者等に介護サービスを提供することが多くあり、1分間タイムスタディの調査方法でも、積算により実際に提供された総合介護時間で把握することができる。

（3） 個別的な関わりが増加する

入浴介助の場面で、個別的な関わりの増加が顕著に表れていた。浴室へ行ってまた戻るまで、更衣、洗身、洗髪の介助等が同じ介護職員により1対1で行なわれていた。湯船に浸かっている介護時間も、介護職員は他の要介護者等の洗身等をすることもなく、ずっと1人の要介護者のそばにいて、家族の話等の個別の会話、マッサージ等を行なっていた。

個別的関わりの介護時間の増加は、この他にも不穏状態にある要介護者に、気分転換の散歩を勧める、お茶を勧める、不機嫌をなだめる声かけを多くする等、色々な働きかけの認知症介護がされていることも記録されていた。ユニットケアでは少人数の要介護者等を対象としているために、より個別的な関わりの介護サービスの提供が行なわれていたと考えられる。

下記事例は、ある要介護者が湯船に浸かっておられる間のタイムスタディによる入浴介助の記録である。入浴の誘導・介助を終了して要介護者の部屋に帰るまで関わりをしている。個別的な関わりが増加することに、集団介護サービスとの大きな差異を認める。その個別的な入浴介護サービスの介護時間に31分を要している。従来型の集団対応では、このような入浴介護時間は不可能でもあり、個別的な入浴介護時間を縮小している。

このことはユニットケアの方がより個別的な関わりと一連の介護過程の介護サービスを、1人の介護職員が関わる点から、介護される側にとり精神的混乱を招くことなく落着いた状況で介護サービスが受けられる。特にユニットケアでは殆どの要介護者等が認知症を合併している場合が多く、周囲の介護環境に適応することが困難となる認知症のある方にとって、ユニットケアの入浴介助にてより安楽・安心して介護サービスが受けられる。

【介護する側】

時刻	ケアコード改訂版	ケアコード初版	介護サービス業務内容
:26	514	113	入浴室へ。
:27	514	113	移動、暑いのでと拒む。
:28	163	29	湯の確認、準備。（長靴）着脱の一部介助、見守り、立位介助。
:29	223	38	立位介助　チェアへの座位。（一部介助）
:30	211	32	手が荒れるため手袋をはめる。湯確認、体にかける。
:31	213	40	体にお湯をかける。背中の一部介助、洗身、手でご飯を食べたからきれいにしよう。
:32	213	40	足を洗う。

:33	213	41	お湯をシャワーでかける。顔を洗ってと促す全介助。タオルで顔を拭く。
:34	123	18	洗髪の声かけ、洗髪一部介助、自分で洗ってもらうよう声かけ。
:35	123	19	すすぎ。(全介助)
:36	153	22	立位一部介助　臀部を全介助(洗身)、浴槽に入る。(一部介助)
:37	213	41	髪の毛をタオルで拭いてあげる。浴槽に入る。(一部介助)
:38	931	137	お湯へつかる間に自分の手袋をはめる。コミュニケーション。
:39	663	357	ROM訓練(お湯の中で)、麻痺側の汚れをとる、マッサージ。
:40	932	141	同上、調子がいいからと励まし話す。「花見行こうね」コミュニケーション。
:41	932	141	同上、他のスタッフがきてOさんとコミュニケーション。(見守り)
:42	931	137	同上、コミュニケーション。
:43	932	138	同上、お湯をかけてあげる。髪の毛染めてもらわんと・・と話す。
:44	932	138	同上、湯加減を聞く。
:45	932	138	同上、もうしばらくあたたまろうね。タオル洗う。
:46	223	179	もうあがろうと促す。湯から出るのを腰を持って。(全介助)
:47	223	179	立位介助、上がり湯をかけてあげる(シャワー)、タオルをかける。
:48	223	114	脱衣場まで歩行介助、身体を拭く。
:49	163	29	新しいパンツを倉庫からとる。下着を一部介助、トレーナー。(一部介助)
:50	163	29	同上
:51	163	30	ズボンを全介助、立位介助、パッとはく。パンツズボンのあげ。(一部介助)
:52	163	30	椅子へ座る介助。くつした介助、靴介助、カーディガンを着る。
:53	163	30	同上
:54	153	23	ヘアードライヤーで乾かす。
:55	932	141	同上、時折笑顔をかわす。
:56	153	22	くしで整える。
:57	931	137	立位の介助、他の利用者とのコミュニケーション。

(ケアコード改訂版：514移動見守り、163更衣介助、223浴室内移動介助、211入浴準備、213入浴介助、123洗髪介助、153整容介助、931日常会話、663機能訓練実施、932訴えの把握、153整容介助)
(ケアコード初版：113歩行見守り、29更衣一部介助、28更衣の見守り、32浴室準備、40洗身一部介助、41洗身全介助、18洗髪一部介助、19洗髪全介助、22整容の準備、137声かけ、357マッサージ、141心理的援助、138ニードの把握、179移乗介助、114歩行の介助、30更衣全介助、22整髪)

(4) 役割・居場所を見つけやすい介護環境である

　従来型の施設介護サービスでは介護職員が行う間接的介護サービスである洗濯や調理、掃除というような介護サービス業務を、ユニット内では介護職員が要介護者等と一緒にしている。このことは普段の生活の中に要介護者等自身でできることを見つけて、要介護者等の自信につ

ながったり、昔の生活ぶりを思い出して積極性を引き出す可能性がある。認知症介護としても、このことは要介護者等の心身の安楽・安定につながり、全体的な生活機能を引き上げることが知られている。特に要介護者等の尊厳のある生活（ROL）を生活援助の中で見出すことは大切である。毎日自然な生活リズムで介護時間が流れる様子は、家庭での介護生活に最も近い介護環境であるかもしれない。やりがい・動機付けといった精神介護による働きかけは、新しいことを学習することよりもこれまでの経験や馴染みのことの方が、要介護者等にとっても受け入れやすい。できることが要介護者等の自信となったり、モチベーションを向上させることになる。日常生活活動や精神機能向上には、具体的な心身機能を訓練するよりも、精神介護による働きかけが認知症を有する人にとっては有効である場合が多い。

【介護する側】

時刻	ケアコード改訂版	介護サービス業務内容
:17	415・933	食器片づけ、Kさんへ声かけ、食器を手伝ってもらうよう声かけ。
:18	414	食器を洗う。（Kさんと一緒）
:19	414	同上
:20	414・931	同上、Kさんと会話。
:21	414	同上
:22	414	同上
:23	414・931	Kさんの食器洗い見守り、声かけ。「ありがとう」

（ケアコード改訂版：415 食事後始末、933 その他会話、414 食事見守り、931 日常会話）

【介護される側】

時刻	ケアコード改訂版	介護サービス業務内容
:35	524	介護職員に椅子を押され、テーブル側に移動。くしゃみをする。
:36	524	周りを見る。
:37	414	ジュースを出される。コップを持って飲む。周りの人たちの話を聞き笑う。
:38	414	同上
:39	414	カステラを出され食べる。周りを見る。
:40	414	同上、他の利用者と話をしている介護職員を見て笑う。
:41	414	同上、ジュースのお代わりを出されて飲む。
:42	414	同上

（ケアコード改訂版：524 移乗見守り、414 食事見守り）

　これまでは介護職員の介護する側からタイムスタディの結果を検証してきたが、要介護者側の介護される側からのタイムスタデスィの記録も合わせて検証する。この要介護者の方は、それまで介護職員に誘導されて椅子に座っても、落ち着かれず、介護職員がその場を去るとすぐ

また立って歩こうとされていた。しかし、このタイムスタディの調査記録にあるお茶の時間では、介護職員も座って一緒にお茶を飲んでいたため、落ち着いてそのまま座っておられ、他の要介護者等と話をする介護職員を見て笑ったりされていた。介護職員がすぐそばにいることは、不安感が強い方にも安心を与えて、そこが居場所となり落ち着かれることにつながる。

　その他にも、ユニットケア内をリハビリテーション介護のために歩かれている方には、色々な介護職員から声かけがされていた。また、先にも述べたように介護職員と要介護者等が家事的な間接介護を一緒に行なっている介護場面も多く認められた。それまで、テレビを見られていた要介護者等が洗濯物の畳みを頼まれて一緒にされて、後で介護職員にお礼を言われて嬉しそうな表情をされたことも、要介護者等の介護される側のタイムスタディの調査記録で認められた。ゆったりした生活時間の流れがあり、介護職員がすぐ近くにいることは、要介護者等が役割や居場所を見つけやすい介護環境にしているといえる。

第5節　ユニットケアにおける個別介護サービスの検証

　1分間タイムスタディからみたユニットケアにおける介護サービスについて、質的介護評価にて検証したことを述べる。ユニットケアの特徴で挙げたように、個別介護サービスと間接介護サービスを同時並行で提供していること、また一人の介護職員が複数の要介護者等と関わることにより、総合介護時間の増加が認められる。これは1人の介護職員の介護時間を、要介護者等のそばで個別介護サービスを提供することにより組合わせて多く提供できるといえる。施設介護サービスで従来から批判されてきた集団介護サービスにおける流れ作業的介護サービスとは異なる個別的な介護サービスの提供といえる。同じ介護時間でも、その介護サービス業務が重複することで、介護サービスの標準化と専門性の向上の質的介護評価にもつながる。

　ユニットケアの特性で挙げた、より個別的な介護サービスが提供できて、介護職員が側にいる介護時間が長いことは、見守りがしやすく、問題行動に対しても早期に予防的介護サービスが提供しやすいといえる。タイムスタディ調査で認められた不穏状態にある要介護者等と散歩に出る、何度も声かけをすることも早期の予防的介護につながる。また、介護職員が側にいることは、必要な個別介護サービスをすぐに提供できることで、要介護者等の安心や満足にもつながる。ユニットケアにおいて居場所を見つけやすい介護環境は、残存能力の発見や、要介護者等自身の意欲を高めることにもつながる。

　ここまで述べてきたことは、ユニットケアでないと不可能というわけではないが、ユニットケアの少人数、家庭的介護環境というシステムが、介護サービスの提供により有効な影響を与えたことがタイムスタディ調査で多く認められた。本章のタイムスタディの調査を通して、調査対象の結果からユニットケアにおける個別介護サービスの標準化と専門性を改めて確認することができた。

1分間タイムスタディを通して、ユニットケアにおいて総合介護時間の増加という介護評価をすることができた。同じ介護時間内でも、従来型の集団介護サービスと比較して個別介護サービスのユニットケアでは、多くの介護サービスを提供して充実していることがいえる。また介護職員が要介護者等に寄り添う介護時間が長いことも、タイムスタディの調査結果から認められた。ゆったりした生活時間の流れが、要介護者等にとって必要なものであり、その分介護時間も合わせて多くかけられることになる。

個々の介護サービスの質の評価を、介護時間で行う場合には、質が高い介護サービスを必ずしも個別の介護時間だけでなく、そこは総合介護時間による別の介護時間の介護評価軸でもって質的介護評価できる可能性がある。ユニットケアの場合には、本章で挙げたようなタイムスタディの調査結果には、介護職員の人数や、1人1人の介護サービスの質等が関わってくる。

(1) ユニットケアの調査結果のまとめ
1) 質的介護評価による介護時間について
① 総合介護時間が増加する

介護する側が複数の要介護者等を対象として介護サービスを提供すると、提供できる介護サービスの総合介護時間は調査時間よりも多くなる。この場合、介護される側の1人1人が受ける介護時間は、調査された介護時間だけでなく介護サービスの項目とその記録介護時間を積算する。介護する側が提供する要介護者数によっても介護時間を変化させて、対象者が増えるとその介護時間はその対象者数の倍数となる。それは介護される側から捉える介護時間ということがいえる。

② ケアコードによるタイムスタディ調査

要介護認定のための1分間タイムスタディでは、介護サービス業務の項目の選択を最初から1つと限定しているため、実際に複数の対象者に提供した場合の介護時間を無視している。調査は介護する側の介護サービス業務の介護時間を対象として介護労働時間の分析の形式となっている。しかし、実際の介護場面では、同時に複数の対象者に介護サービスを提供することが多くあり、1分間タイムスタディの調査方法では、実際に提供された総合介護時間の把握はそれらの積算で求めることができる。

③ ケアコード分類の検証

ケアコード分類が多岐にわたりすぎると、実際の介護時間よりタイムスタディの調査結果との誤差が大きくなる可能性がある。同時期に複数の介護サービスを把握するには、調査員間の信頼度を高めるために、ケアコードをわかりやすい内容にする必要がある。身体介護項目・間接的介護項目・認知症介護サービス業務項目・その他医療看護処置・雑務等に分類して、しかも誰もが信頼度が高く誤差が少ないケアコードは、より拡大して捉えられるケアコードの再現性は高くなる。そういう視点では、要介護認定の源泉となったT.C.Cケアコード初版1999年版よりも、2003年版のケアコード改訂版の方が介護サービス業務内容としては捉えやすく

なっている。しかしケアコード改訂版には、それぞれの介護サービスにおける介護レベルについて記載がない。つまりケアコード改訂版では介護サービスについて質的介護評価は困難であり、量的介護評価のみをすることになる。しかも認知症介護についてはケアコード上項目には問題行動に対するケアコード以外にはほとんどない状態であり、実際の検証調査では認知症介護の抽出が困難となる。

④　介護される側からのタイムスタディ調査の可能性

介護される側からのタイムスタディ調査では、直接介護サービスのみしか捉えられない可能性がある。介護する側に直接関わらない間接介護サービスは記録されず、介護サービス全体が把握できない。したがって、介護される側からの調査を検討することで、介護する側からの調査だけでなく介護される側からのタイムスタディも包括的に介護評価して把握できる方法を検討する必要がある。

（2）　ユニットケアにおける介護サービスの特性と専門性

1)　一人の介護者が複数の対象者と関われる

介護される側である要介護者等にとっては、提供される介護サービスが多くなる。介護職員による複数の要介護者等との関わりは、1人の要介護者にとっては他の要介護者と個別介護サービスを個別の介護時間ほど提供されていることになる。Σ（各介護時間×各要介護者数）＝総合介護時間となる。さらに介護サービス業務をしながら個別的な関わりを持つ場合は、個別介護時間＋間接介護時間＝総合介護時間となる。これら全てを合算するとタイムスタディ調査時間内の総合介護時間は、これまでのタイムスタディ調査方法に比べるとかなり多くなる。これまでの集団介護サービスに比較してもユニットケアにおける介護時間は多くなり、介護される側にとっても提供される介護時間は増えていることを示唆している。

2)　集団介護サービスに比べ、より個別的に関わりがある

ユニットケアでは、少人数の介護職員が少人数の要介護者等を対象としている。その関わりはユニットケアに介護職員が何人いるかが関係するが、少なくともユニットケア全体の介護状況を確認しながら、より個別的な関わりを増やしている。

3)　常に介護する側と介護される側（要介護者側）が同じ時間を過ごしている

介護職員が常に要介護者等の側に居るという点では、見守りがしやすく、問題行動に対しても早く対応できる。このことは要介護者等にとっては、より安楽・安心と満足なる生活援助につながる。特に認知症介護の面から考えると、適切にコミュニケーションできないことなどから低下している知的能力への対処や、問題行動に対する予防的介護サービスが早期に提供できる。

4)　日常的な生活を経験することで自分を取り戻す可能性

施設介護サービスで、介護職員が行う間接介護である洗濯や調理、掃除というような介護サービス業務を、ユニット内で要介護者等と一緒に提供できる。このことは普段の生活の中に、要介護者等自身でできることを見つけ、要介護者等自身の自信につながったり、昔の生活

ぶりを思い出して積極性を引き出せる可能性がある。認知症介護により、心身の安定につながり全体的な生活機能を向上させることは知られている。認知症介護サービスとして行われる回想法などもその一つと考えられる。特に要介護者等の求めることを見つけることは大切であり、毎日自然なリズムでゆったりとした介護時間が流れる様子は、家庭での生活が最も近い介護環境であるといえる。

第6節　介護時間による個別介護サービスの標準化と専門性の課題

（1）　介護時間による介護サービスの標準化の問題点

1）　最も詳細なる介護時間の測定方法は、1分間タイムスタディであると思われる。複数介護サービスが記録される場合に、どの介護サービスが選択されるかが問題となる。必ずしも重層化している介護サービスが適切に捉えられるとは限らない。複数の介護サービスの把握に関しては、調査員による調査時のケアコード分類と記録方法に影響される可能性がある。

2）　介護時間のみで介護サービス全体の把握が困難である。介護サービスの質をどう評価すればよいか。しかしタイムスタディの介護時間の結果だけで介護評価することが適切かどうかも疑問である。

3）　要介護度を把握するには介護時間では不十分である。したがって介護時間のみで要介護度（要介護認定）を判定することに問題がある。このことは同じ要介護度でもその後の介護状況が様々であることで、介護時間と介護実態との差異が出現している。しかしまずは1分間タイムスタディで提供する個別介護サービスを捉える方法を検討する必要がある。

4）　認知症介護をケアコード化してタイムスタディ調査で抽出する必要がある。認知症介護は問題行動のみではなく広い範囲にわたる。しかし基本的身体介護と認知症介護の区分は介護時間だけでは困難である。様々な調査員による認知症介護に対する介護評価の記録が必要となる。

（2）　ユニットケアに対する介護時間による介護サービスの標準化の問題点

1）　増えているのべ総合介護時間は、タイムスタディの介護時間だけでは捉えられない。主な介護サービスの一つを選んだ結果、同時に提供された重層化している介護サービスが捉えられない。ユニットケアでは特に重なった介護サービスの把握が問題となる。「～しながら」、又は複数の要介護者を対象としても、介護サービスが一つだけ選んで記録されると、実際に提供される介護時間ではなく、介護職員における介護労働時間に介護サービスを振り分けることになる。

2）　個別介護サービスと間接介護サービスに対する質的介護評価がない。タイムスタディは介護時間による量的介護評価なので、介護サービスの質は捉えにくい。従来の集団型の介護サービスと同じ介護評価を受けて、ユニットケアが個別介護サービスと間接介護サービスを提供してもその介護評価を受けないことになる。

3) ユニットケアで行われる認知症介護が何も介護評価されずに、他の介護サービス業務として捉えられやすい可能性がある。認知症のある要介護者等にとっての認知症介護には重要な役割があり、それらを認知症介護として捉えられるべきである。ケアコード改訂版の分類では、認知症介護としての声かけ、誘い、説得などが身体介護のケアコードの中に取り込まれている。問題行動に対する単独介護サービスのみしか捉えられない可能性があり、従来に比べてそれ以外の認知症介護が低く評価される可能性がある。

4) タイムスタディ調査では、介護環境によっては認知症による問題行動が予防されており、問題行動が少なくなる可能性がある。本章の関わったユニットケアでは鍵のかからない開放施設であり、認知症の程度も中等度〜軽度であり、問題行動も少ない介護状況であった。その介護環境が逆に問題行動の介護時間を減少させているが、その質的介護評価を受けていない。

5) 施設介護サービスにおける集団介護サービスとユニットケアによる個別介護サービスでは、その介護環境が大きく異なり、タイムスタディの結果に大きな影響を与える。ユニットが集団介護と異なることは①一人のスタッフは複数の人の介護サービスを同時に提供できる可能性がある。②介護サービス業務を行いながら、声かけや会話が進む③家事に関する間接介護サービス業務などを一緒に行う。集団処遇が主な対応となるこれまでの施設介護サービスからの発想だけでは、ユニットケアにおける個別介護サービスの質的介護評価は困難である。

(3) 介護サービスにおける完全個室化とユニットケア化

厚生労働省は、介護保険制度実施後に特別養護老人ホームの完全個室化をめざすことを策定している。さらにユニットケア化も同時に整備されることになった。つまりこれからの介護サービスの主体は、介護する側の介護時間の流れから、介護される側の介護時間へと変換していくと思われる。介護される側の要介護者等における介護時間に合わせる個別介護サービスがさらに求められてくる。そのために、介護する側の介護職員も、その介護サービスの流れを把握しながら、介護される側との接点となる介護サービスの標準化と専門性を検討していかねばならなくなる。従来からの要介護認定の介護時間を、介護する側から介護される側の両者における介護時間の調査に変更することが求められる。1つ1つの介護時間を要介護者等の個々に検証しながら、それぞれの質的介護評価に基づく介護モデルを構築しなければならない。

(4) ユニットケアの課題と個別介護サービスの模索

今後ともユニットケアでは、個別介護サービスのあり方を模索されながら展開されていくと考えられる。今回のタイムスタディ調査では認められないが、ユニットケアの小さな空間での濃い人間関係が合わない要介護者等もいるし、ユニットケア以外との関わりが少なくなる危険性、介護保険法改正に伴う居住費・食費等の自己負担への転換による過重負担の課題などユニットケアの課題も色々と指摘されている。ユニットケアを含め施設介護サービスのあり方は試行錯誤の中にある。介護時間だけでなく介護サービスの質や専門性についても介護評価でき

る仕組みの検討、さまざまな介護施設のあり方が考えられる中で、個別介護サービスを展開することも今後の課題である。

1分間タイムスタディの結果からユニットケアでは、要介護者等の尊厳のある生活（ROL: Respect of Living）を尊重して、その人の生活リズムに合わせた普通の生活を送れる個別介護サービスを提供できる可能性がある。1日のユニットケア全体の動きとその介護状況全体をタイムスタディから見ることで、個別介護サービスと間接介護サービスの介護状況がどうなっているのかが見えてくる。個別性に合わせた普段の生活を送るための必要な個別介護サービスを、要介護者等の個別性と多様性に重点がおかれることが、尊厳のある生活の介護モデルを構築するための原則となる。

謝辞

多数の保健福祉機関および関係者にご支援とご協力を賜り、ここに深謝申しあげます。この研究成果の一部は、2002年から2003年度の科学研究費補助金（基盤研究）「1分間タイムスタディによる介護モデルの構築に関する研究」による。

参考文献

1) 住居広士『要介護認定とは何か』一橋出版、2004。
2) 西谷達也『施設革命ニユットケア』筒井書房、2000。
3) 高橋誠一、三浦研『個室・ユニットケアで介護が変わる』中央法規出版、2003。
4) 武田瑠美子、日下部みどり、住居広士他「ユニットケアにおける介護時間の検証」介護福祉研究、11、71〜74、2003。
5) 大久保幸積「ユニットケアの効果を数値化し検証する」痴呆介護、4(3)、89-95、2003。
6) 宮島渡「集団から個別ケアへ移行する際の落とし穴」痴呆介護、4(4)、76-79、2003。
7) 松原茂樹、足立啓他「入所者に対する介護職員の関わりに関する考察─ユニットケア型高齢者福祉施設における介護職員のケアのあり方に関する研究」日本建築学会計画系論文集、561、137-144、2002。
8) 外山義「介護保険施設における個室化とユニットケアに関する研究」医療経済研究、11、63-88、2002。
9) 住居広士「タイムスタディによるユニットケアにおける介護モデルの検証」介護福祉士、2、60-63、2004。
10) 特養・老健・医療施設ユニットケア研究会『ユニットケア白書2003』全国コミュニティライフサポートセンター、2003。
11) 外山義、他『ユニットケアのすすめ』筒井書房、2000。
12) 筒井孝子「特別養護老人ホームにおける個別介護プログラム作成のための基礎的研究─要介護高齢者の介護の程度および介護時間の分析」老年社会科学、15、150-156、1996。
13) 種橋征子「特別養護老人ホームにおけるユニットケア実践の課題─介護職員の仕事上の負担を中心に」発達人間学論叢、9、31-41、2005。
14) 田辺毅彦、足立啓、大久保幸積「特別養護老人ホーム介護スタッフのユニットケア環境移行後のバーンアウトの検討」老年社会科学、27、3、339-344、2005。
15) 岡田耕一郎「介護サービス組織としてのユニットケア施設の課題─従来型特別養護老人ホームとの比較から」東北学院大学論集、155、1-49、2004。
16) 坂本宗久『ユニットケア個性化大作戦─個別ケアから個性化ケアへ』筒井書房、2005。

第12章
在宅介護における居宅介護サービスの標準化と専門性

第1節　訪問介護サービスの標準化と専門性の調査

　まず在宅介護には、家族介護と地域資源として介護保険制度等における居宅介護サービスがあることを考慮する必要がある。介護保険制度の居宅介護サービスには、在宅への訪問系介護サービスと通所系介護サービス、居住系介護サービスとして短期入所系介護サービス、地域系介護サービスとして地域密着型サービス等があるが、利用している介護サービスによって、介護サービスの標準化と専門性に差異がある。独居となる要介護者等の場合には、家族介護による生活援助はないので、居宅介護サービスが頼りとなる。家族介護と居宅介護サービスが、同じ要介護認定の土俵上で、要介護認定等基準時間の介護時間により介護評価できるかどうかは未だ解決されていない課題である。在宅介護として介護評価する必要性はあるものの、それぞれの居宅介護サービスの標準化や専門性は大きく異なっているので、介護時間だけで介護評価するわけにはいかない。

　在宅介護において介護保険制度では、家族介護が前提とされている。その補完的な役割として介護保険の居宅介護サービスが機能すると考えられている。要介護認定等基準時間の介護時間のごとく、単純に在宅介護を在宅介護時間量により、そして施設介護サービスの介護時間量と比較すると、在宅介護の単時間あたりの介護時間は施設介護サービスよりもかなり増大している可能性がある。それは必要条件となる居宅介護サービスだけでなく、それ以外の介護サービスつまり1対1により付加される個別介護サービスも伴うからである。例えば外出や、訪問介護員と一緒に過ごす時間に受ける介護サービス、その他介護の手間の回数からいっても、手厚い個別介護サービスの介護時間を受けることになる。そのような居宅介護サービスをそのまま、要介護認定の施設介護サービスの介護時間だけで判定してしまうことには問題がある。

　本章にて調査対象となるホームヘルパーは、訪問介護サービスとして「身体介護」又は「生活援助」など介護報酬による訪問介護の種別があり、どのような内容の訪問介護サービスを行ったかという訪問介護サービスの標準化と専門性についていくつかの特徴と今後の居宅介護サービスにおける介護評価の課題を検証する。

（1） 在宅介護における訪問介護サービスの検証

1） 在宅介護の調査

調査日時：2001年6月4日

調査施設：兵庫県T町特別養護老人ホームK施設の訪問介護ステーション

調査対象：訪問介護に行くホームヘルパー1名

調査日時：2001年8月27日

調査施設：岡山県K市L訪問介護事業所

調査対象：訪問介護に行くホームヘルパー4名

各訪問介護員（ホームヘルパー）に対して1名の実務経験5年以上の看護師あるいは介護福祉士が1分間タイムスタディにて介護サービスを観察して記録した。

2） 在宅介護における訪問介護サービスの1分間タイムスタディ

① 訪問介護員（ホームヘルパー）が行う訪問介護サービスは多岐にわたる

訪問する種別が「身体介護」「生活援助」などと事前に決まっていても、訪問介護の状況によって実際には多岐にわたる介護サービス内容となる（表12-1）。例えば、「家事に関わる掃

表12-1 多岐にわたる訪問介護サービス内容

時刻	ケアコード初版	介護サービス業務内容
:47	157	寝室のテレビを拭く。扇風機を拭く。
:48	157	タンスを拭く。ベッドサイドを拭く。
:49	157	鏡台を拭く。
:50	157	同上
:51	157	同上
:52	157	同上
:53	163	近所のスーパーへ買い物。
:54	163	同上
:55	163	同上
:56	163	同上

（ケアコード初版：157居室内の掃除、163買い物）

時刻	ケアコード初版	介護サービス業務内容
:51	157	燃えるごみの整理。
:52	157	同上
:53	157	近所のごみ捨て場へ行く。（ごみ捨て）
:54	157	同上
:55	157	同上

（ケアコード初版：157居室内の掃除）

除、洗濯、調理」「買い物」「郵便局への投函」「花の水やり」といったものまで、さらには高齢者家族への病院受診の説明や指導などもある。その訪問介護サービス業務内容は、日常生活活動（ADL）から生活関連活動（IADL）の全般に関わる生活援助である。もちろん身体介護もあるが、生活関連活動に関する家事全般に関わる訪問介護サービスが多く、身体介護との割合からいえば、施設介護サービスに比較して生活関連活動に対する生活援助の割合が多いと思われる。在宅生活を送るためには家族介護と共に身体介護だけではなく、生活関連活動の全般に関わる間接介護も必要であることは言うまでもない。

② 訪問介護サービス内容は、家族の在宅介護力に左右される

調査対象である訪問介護サービスを利用している事例の家族における介護環境は様々である。その生活状況と居宅介護サービス利用の内容は、家族の在宅介護力にも左右されると思われる。例えば、事例は高齢者夫婦2人暮らしである（表12-2）。訪問介護サービスを受けている妻は、軽度の認知症を伴うが、歩行は見守りで可能である。しかし生活全般に対しても見守りが必要である。夫は明治生まれで90歳になるも、今でも畑仕事に出かけるが、物忘れがある。訪問時も焦がした鍋が台所にあり、問題行動の一つである火の不始末にも注意が必要である。夫は何とか自分の身の回りのことを行い、妻の世話も少しできている。しかし排泄の世話などは十分ではなく、訪問介護時の紙パンツの交換も、濡れてもそのままになっていて、陰部ケアが必要である。在宅生活をするものの介護者である夫の高齢化及び物忘れなどがあり、要介護状態である妻の排泄ケアも十分に出来ていない介護状況である。夫には他人を家にいれたくないという考えがあり、これまで介護サービスの利用がなかった。ようやくの介護支援専門員等の説得で、ホームヘルパーと通所介護サービス（週一回）の利用をするようになった。

表12-2　様々な介護環境である訪問介護サービス

時刻	ケアコード初版	介護サービス業務内容
:28	137	会話。（虫さされの訴えに対し場所と状況確認）
:29	408	デイサービスへの誘い。（夫及び本人）
:30	509	年金受け取りの説明。期日の確認。（夫へ）
:31	45	トイレの誘導（歩行見守り）靴をはく。
:32	49	ポータブルトイレ使用で排泄見守り。服を脱ぐ。（一部介助）
:33	27	更衣準備。
:34	29	更衣介助。（下着）
:35	29	紙パンツ及びパンツをはく。（一部介助）
:36	29	上着更衣一部介助。
:37	29	同上

（ケアコード初版：137声かけ、408家族の指導、509申請、45トイレまで誘導、49排泄時の見守り、27衣服の準備、29更衣の一部介助）

ホームヘルパーは1日に2回訪れて、配食サービスも利用しながら食事の世話、及び妻の身体介護、特に排泄介護を行っている。家族が同居しても高齢夫婦の場合は、家族介護力が期待できない場合も、居宅介護サービスで補完しなければならない。独居になれば、それを見守りする家族も居なくなる場合もある。

このように在宅介護では、家族の在宅介護力に訪問介護サービスの内容とその回数が最も大きく左右される。その他経済的なもの、家屋の介護環境、隣近所など周囲との関わりによっても、居宅介護サービスの内容が変化すると思われる。

③ 訪問介護サービスは1対1の介護であるために個別介護時間が長くなる

表12-3の事例は食事の介護場面であるが、食事介護だけに74分を要していた（表12-3）。食事介護に関して言えば、施設介護サービスでも、施設介護における身体介護時間の中でも、食事介護は長い介護時間となっている。しかし在宅介護のホームヘルパーによる直接身体介護である食事介護では、1対1の介護サービスになるので、個別介護サービスとして施設介護サービスよりもその介護時間は長くなる。食事介護に使う自助具等も、家庭にあるものを利用するので、施設介護サービスのように便利に使えるものばかりではない。したがって、その他の身体介護時間も、1対1の個別介護サービスにより介護サービスを提供するのでよけいに長い介護時間となる。このことからも、単に施設介護サービスの介護時間と比較することには問題があるが、在宅介護における個別介護サービスの標準化と専門性を考慮されなければならないと思われる。

表12-3　個別介護時間が長くなる訪問介護サービス

時刻	ケアコード初版	介護サービス業務内容
:36	75	食事介助、味噌汁を飲んでくださいと伝える。
:37	75	同上　ご飯を食べましょうと言う。
:38	75	同上
:39	75	同上　肉団子の一口の介助。
:40	75	同上
:41	75	同上　ご飯の介助。
:42	75	同上
:43	75	同上
:44	75	同上　肉団子の介助。

（ケアコード初版：75食事の摂取）

又別の表12-4の事例では、言葉が話せないために筆談というコミュニケーション方法をとっていた（表12-4）。在宅介護においては、心身障害による介護状態にも個別性や多様性が強く、要介護者等の1人1人にあった訪問介護サービスの量と質の介護保障という面では、介

表12-4　個別性と多様性を伴う訪問介護サービス

時刻	ケアコード	介護サービス業務内容
:25	138	汗取りマット干しのことを筆談で伝える。
:26	138	汗取りマットを押し入れにしまわず、使用するように筆談で伝える。
:27	138	同上
:28	138	次回来た時にマットと拭くことと洗うことを筆談で伝える。
:29	138	マットを干す。

(ケアコード初版：138ニードの把握)

護時間だけでは解決できない問題が多くある。

（2）　在宅介護における1分間タイムスタディの課題

　介護職員が関わる介護サービスの介護時間の量を評価すると、施設介護サービスと居宅介護サービスの訪問介護では大きな差異が認められた。施設介護サービスは日常生活活動（ADL）に関わる身体介護が中心になり、居宅介護サービスは在宅における生活全般の生活関連活動（IADL）に関連する介護サービスが主体となる。しかし介護施設基準として入所している要介護者等には公平に基本的介護サービスが提供されるために、施設介護サービスでの生活関連活動に関する個別介護である間接介護が比較的少なくなる傾向がある。ただし要介護認定の1分間タイムスタディにおいては、居宅介護サービスにおける介護時間が活用されていないので、在宅介護は施設介護サービスから想定した要介護認定の介護時間で判定されている。居宅介護サービスで提供されている間接介護サービスは、在宅においては公平に同等ではなく、要介護者等をとりまく在宅における介護環境に大きく左右されている。居宅介護サービスの場合は、それは間接介護サービスだけでなく身体介護サービスにも大きく影響される。それに反して施設介護サービスでは、介護環境が施設基準として平均的に規定されているので、身体介護サービスへの影響はより少なくなる。しかし間接介護サービスは、ユニットケアによる少人数型の施設介護サービスなどで多く提供されていることから、間接介護サービスは介護環境に大きく影響される。

　1分間タイムスタディで捉える居宅介護サービスにおける介護時間は、在宅の要介護者等の24時間にわたる生活全般から見るとほんの一部の介護時間であることが認識される。しかし居宅介護サービスで提供される訪問介護サービスでは、全てその受け手が1人の要介護者等と限定されているので、全ての介護時間が加算されるので単時間当たりの介護時間は増大することになる。そのために施設介護サービスの介護評価だけではなく、居宅介護サービスにおける介護評価も再構築する必要がある。介護時間についても、日常生活活動に関する身体介護サービスだけでは不十分であり、要介護者等をとりまく介護環境に影響される生活関連活動に対す

る間接介護サービス、さらに家族介護力についても介護評価されるべきである。

　介護時間については、施設介護サービスと居宅介護サービスを比較する場合には、「介護時間」だけの測定だけでは介護評価は困難である。今回の在宅調査は訪問介護サービスに関する調査であり、家族介護についても1分間タイムスタディで調査する必要がある。家族介護力については単純に介護時間の測定で比較することには問題がある。介護する側における家族介護に対する測定技術などの課題があり、家族と要介護者等という介護関係における介護時間を、施設介護サービスにおける介護時間と比較することへの公平性の問題がある。比較するとしたら「介護時間」ではない居宅介護サービスの質的介護評価に関する別の指標となる介護モデルに基づく総合介護度（TKI：Total Kaigo Index）を構築する必要性が示唆された。

第2節　居宅介護サービスの標準化と専門性の検証

（1）　居宅介護サービスに影響する家族介護力と介護環境

　1分間タイムスタディ検証調査における在宅介護事例として、高齢夫婦の生活場面への訪問介護サービスの調査をした。訪問介護サービスを受けている妻は軽度の認知症があるが、歩行は見守り程度の身体障害レベルであるが、生活全般に見守りが必要である。夫は明治生まれで90歳代であり、今でも毎日畑仕事に出かけ、物忘れを認め、焦がした鍋が台所にあり火の不始末にも注意が必要である。何とか自分の身の回りのことを行い、妻に対する介護も少しできるが、排泄介護などは十分ではなく、濡れてもそのままになっているので、ホームヘルパー訪問時に、紙パンツの交換と陰部ケアをしてもらう。ホームヘルパーは一日に2～3回行き、食事の支度と安全確認、水分補給、排泄介護をしている。家の造りは昔ながらの農家であり、トイレは外にあり、台所は土間を挟んで居間から離れたところにある。台所の近くの土間にポータブルトイレを置いている。夫自身は、部屋の中のあと片付けなどは望んでいない。少し生活環境は乱雑となっているが、何とか自立生活をしている。夫自身の介護力は極端に低い状態である。経済的な問題だけでなく、主介護者である夫の介護力と介護環境にも問題がある。この夫が介護している妻の要介護度は要介護1である。訪問介護と通所介護を利用しているが、家族介護力が低いために実際の要介護度は異なって、もっと高い要介護度であると実感された。

　在宅での介護環境に関係するものとして、家族自身の在宅介護力、経済力、介護環境などがある。そのために在宅での家族の在宅介護力を介護評価しようとする時、その影響する様々な介護環境を無視するわけにはいかない。実際に1分間タイムスタディ調査して、数字として記録される介護時間だけでは、その介護環境に影響された判定にならない。

（2）　居宅介護サービスにおける介護サービスの標準化と専門性

　施設介護サービスでは、その介護環境に影響する施設環境が施設基準に添って一定であり、

提供される施設介護サービスも介護施設基準内として介護保障されている。しかし在宅介護ではその介護環境が個別に多様であり、提供される居宅介護サービス内容も、家族介護によって様々である。そのために、施設介護サービスにおける1分間タイムスタディ調査で策定された介護評価システムである要介護認定の結果である要介護度が、在宅介護での介護実態と合うことは考えにくい。施設介護サービスの調査では、実際の介護サービス業務内容を1分間タイムスタディで捉えられるかどうかを検証した。在宅介護での調査では、その介護時間を基礎としている1分間タイムスタディだけで、在宅介護での介護実態を介護評価することは困難である。

　在宅介護での介護実態が、家族が行う介護と居宅介護サービスとの総和であるとすると、在宅における総合介護時間を調査する必要がある。そしてその総合介護時間は、家族介護力にも影響されているから、家族介護力に影響を与える様々な介護環境も同時に調査する必要がある。それらの結果から、居宅介護サービスを包括的に介護評価しなければならない。

　施設介護サービスにおける要介護度と、在宅介護での要介護度の中味は違ってくる。施設介護サービスでは介護サービスに影響する介護環境が施設基準に添って一律である。施設介護サービスでは、要介護認定により要介護度が「要介護1」でも、「要介護5」でも、提供される基本的な身体介護サービスは同様で一律となる条件がある。

　在宅介護では、かなり複雑に絡み合っている在宅の介護実態がある。
　① 在宅での介護実態が、その介護環境とくに家族介護力に影響されている。
　② 在宅での要介護度を判定する時には、介護環境と家族介護力を考慮する必要がある。
　③ 施設介護データでの要介護認定の判定結果は、在宅介護の介護実態に合っていない。

　厚生労働省による在宅調査では、調査資料から検討すると介護実態を調査して、在宅の要介護者等における心身の障害レベルだけを主体とする内容となっている。しかし在宅の介護環境ならびに家族介護力は無視されているので、当然施設介護データでの要介護認定は、施設介護の介護実態に合わせているという判定になっても、在宅介護の介護実態との乖離は著しい。

　しかし今回の在宅調査より、要介護認定において下記のようなデータが必要である。
　① 介護の実態（家族介護と居宅介護サービス）
　② 心身の障害レベル
　③ 家族介護力
　④ 在宅介護環境

　在宅介護において要介護認定調査検討会の高齢者介護実態調査票をそのまま使うと、ホームヘルパーに対する1分間タイムスタディにおいて、家族介護力や在宅介護環境は調査されていない。認定調査されるも、主に心身の障害レベルだけでなく、家族介護力を知るための調査内容や介護環境に関する項目を追加する必要がある。まずは家族介護力と介護環境因子を勘案して、それらの居宅介護サービスに与える影響について介護評価する必要がある。

第3節　家族介護力の標準化と居宅介護サービス

（1）　家族の介護負担と介護環境

　家族の介護負担は、要介護者等の身体能力や精神的機能の低下に相乗して増加するわけではない。なぜなら心身の障害よりは、在宅介護という行為そのものに介護負担を伴うのであり、そのために介護負担度は施設介護サービスと比較ができるような相対的な指標になりにくい。したがってその家族介護力の捉え方は、施設介護サービスにおける標準化と専門性とは異なってくる。その家族の介護負担の程度は、外部からの居宅介護サービスの利用状況にも影響される。家族介護者等の調査結果からは、週に数回の訪問介護や訪問看護によってその介護負担が軽減され、通所系介護サービスや短期入所系介護サービスなどにより、要介護者等が家に不在になることで介護負担が軽減される特徴をもっていることが明らかになっている。この点は今後の家族による介護力や介護環境の標準化を考えていく際にきわめて重要な事項となる。

　家族等が感じる介護負担の大きさから、要介護認定における要介護度との乖離も非常に大きくなる。そのために要介護認定は、介護保険制度の発足から数年以上経過しても、「認知症が見られる要介護者等の要介護度はさらに低い要介護度に判定されやすい」との批判が続いている。この批判で興味深いのは、要介護認定が低く出されたために、認知症を伴う要介護者等や周囲の家族介護者の生活状況を改善するための介護サービスを受けることができなかったという批判だけでなく、家族の介護負担を要介護認定が適正に介護評価していないということへの批判の方が根強いのである。つまり問題行動がある要介護者等の要介護認定には、家族介護者にとって、自分達の介護負担が適正に介護評価されないという点が不満であり、十分な介護サービスを受けることができないことだけを指摘しているわけではない。

（2）　在宅介護の要介護認定と居宅介護サービス

　要介護認定の結果は、介護サービスの提供量を担保するものであり、判定された要介護度の支給限度額で、標準化された必要な介護サービスを購入することが可能になるように、要介護認定の要介護度が判定されるべきである。コンピュータによる一次判定の基本的な考え方は、その要介護者等の心身の障害状況の特性に合った介護サービスの介護時間量を推計するという統計学的論理に基づいて策定されている。この論理をつくる際には、認知症をもった要介護者等に提供されている施設介護サービス量も測定しており、それらをデータとして統計分析をしている。その結果つくった要介護認定システムが、コンピュータによる一次判定システムとなっている。したがってこのシステムは、その当該申請者に提供される介護サービス量として、1人ずつ推定介護時間を算出しているのである。この量を各介護サービスの購入量に置き換えて、それが十分であると判断されてはじめて要介護認定の要介護度の設定が行われるべき

である。

　では認知症をもった要介護者等の場合、要介護度の低さが問題視されている。本来、「要介護度が低く判定されると、十分な介護サービスが受けられなくなり、これによって生活に支障が生じる。このため認知症をもった要介護者等は、この支給限度額を超えて介護サービスを利用することになってしまい経済的な負担が生じる」という介護サービスの実態について検証する必要がある。要介護者等333名のうち認知症による問題行動がある要介護者等は申請時は179名であった。一方、問題行動がない要介護者等が154名であった。その問題行動がある要介護者等のなかで支給限度額を超えて介護サービスを利用している者はほとんどおらず、その多くが支給限度額の半分も介護サービスを利用していないことがわかった。

　在宅で生活する問題行動がある認知症を伴う要介護者等には、訪問介護（ホームヘルプサービス）もしくは、通所系介護サービス、短期入所系介護サービス等を多く利用し、この介護サービスの実態は問題行動をもたない要介護者等も、その利用率に関して有意な差はない。しかも、利用する介護サービスは支給限度額を超えることはほとんどなく、しかも利用率も平均4割前後とかなり低いことがわかった。

　以上の結果から、問題行動がある認知症の要介護者等の居宅介護サービスの利用率も低いことから、問題行動がある要介護者等の要介護度が低いことにより、介護サービスが受けられないだけの介護サービスの実態ではなかった。提供されている居宅介護サービスの種類や頻度についても、問題行動の有無との関連性は通所系介護サービス以外には認められなかった。

　以上のように問題行動がある要介護者等と問題行動がない要介護者等を比較した結果からは、その居宅介護サービスの提供回数は、いずれも問題行動がある要介護者等の方が高い傾向が見られたものの、居宅介護サービスの提供内容に著しい差異は観察できなかった。また問題行動がある要介護者等に対する介護サービス内容やその方法について顕著な差も見られず、ほぼ同様の内容であった。

　これらの調査結果からわかることは、第1に、在宅で生活する問題行動がある要介護者等の要介護認定が低く判定されることによって、その要介護者等には介護サービスの利用率には有意差がなかったのである。たとえどの要介護度にランクされても、利用される介護サービスの量に大きな変動は見られず、介護サービス内容も類似している。問題行動がある要介護者等の特性としては、若干訪問系介護サービスよりも通所系介護サービスの利用が多い傾向があった。このことは家族介護への介護サービスの補助というよりも、通所系介護サービスを受けている間、家族介護者の自由時間を確保して介護負担を軽減するのに効果があるためと推察される。

（3）　居宅介護サービスの専門性と成果

　居宅介護サービスでは、認知症に関連する問題行動に対処するような独自の専門性をもった居宅介護サービスは、現在のところ開発途上である。要介護度の低さに関する不満は、要介護度が家族の介護負担度を反映していないことが原因として言われている。要介護度に基づく介

護サービスの利用によって、介護負担度が解消されていない。つまりこのような不満を解決するためには、要介護認定における介護時間一辺倒の一次判定のシステムを抜本的に変えて、家族の介護負担ならびに介護環境も考慮して判定できるような総合介護認定システムに変更する必要がある。

　基本的には介護保険制度における介護サービスの給付は、介護職員による標準化された専門性のある介護サービスの給付を前提としており、嫁や娘等が行う家族介護を介護給付として認めている制度ではない。介護保険制度は「家族の介護」から「社会による介護」へという介護の社会化を基本的理念の1つとしており、介護専門職等による介護サービスの給付を制度として介護保障する社会保険制度である。すなわち一定の標準化された介護サービスと専門性を基準とする介護サービスを制度として介護保障することが定められたことに介護保険制度の意義がある。

　現状では、在宅で生活する問題行動がある要介護者達は介護サービスを有効に利用できていない。したがって、要介護度により居宅介護サービスの利用枠の縮小のために、厚生労働省が定めた要介護認定基準を批判しているだけではない。問題行動を伴う要介護者等が使える介護サービス、すなわち問題行動がある要介護者等にとって、成果の上がる専門性のある居宅介護サービスが見当たらないことに対して批判をしているのである。

第4節　居宅介護サービスを反映する総合介護認定に向けて

　介護サービスは、本来は申請者の介護サービスの必要度に応じて提供されるのが原則である。すなわち家族の在宅介護力とは全く無関係に、その申請者に対する介護サービスの必要性が要介護認定で推定されて、要介護度に応じた介護サービスが提供される制度になった。介護保険制度は、家族介護の負担の軽減を介護保険制度の実施の理念の1つとして掲げていた。しかしドイツ介護保険のような在宅で介護をする家族介護への現金給付はなく、要介護者等本人に対する現物給付であることから、家族をはじめとする介護者等への介護負担の程度を介護保険給付に反映するという仕組みにはなっていない。そもそも家族の介護負担が、その介護保険の介護サービスの利用量を反映していないのは、そうした介護負担や介護環境に対する要介護認定への反映方法が考慮されていないのである。

　たとえば介護負担を反映するような要介護認定システムが必要だとすると、介護負担という介護サービスに対する質的介護評価を標準化することが必要である。しかも日本の介護保険制度は、家族の介護負担を軽減する目的のために、利用者本人に介護サービスを給付しているが、介護している家族への現金給付は介護保障していない。例えば「問題行動がある要介護者等は、介護の手間がかかるし、介護負担も多いのに、要介護認定は低く判定される。要介護認定コンピュータシステムはおかしい」という批判は消えることはない。その結果、認知症のあ

る要介護者等の多くが、二次判定でより高い要介護度に要介護度認定の区分変更をされている。けれども高くされた要介護度に応じて、居宅介護サービスを有効に利用できている人は少なく、支給限度上限額を超えるどころか、その利用率が低い状況もある。そして多くの問題行動等がみられる要介護者等の介護を担う家族の訴えによって、家族の介護を支えているのは、社会サービスとしての介護保険制度である。しかし要介護認定が社会の規範を構築して管理する仕組みの一部になってしまった。

　問題行動がある要介護者等の介護を続ける家族が望んでいるのは、専門的な介護サービスの利用によって介護負担が軽減されるだけでなく、介護保険制度として自らの家族介護を認めて欲しいのである。この一次判定システムは介護サービスの必要度を標準化する仕組みを意図しており、介護サービスの供給量を推定することも含めている。この要介護認定システムを必要とされる介護サービス量だけでなく質的介護評価を有効に構築するためには、必要とされる介護サービスを、家族の介護の状況や介護関係から判定することが必要である。在宅の場合は、家族介護力と介護環境をどのように介護評価すべきなのか大きな課題である。家族介護と介護環境との包括的介護評価で、総合介護認定を再構築する必要がある。それにはいかに居宅介護サービスに対する公平なる適用を保たれるのかが課題となる。

　在宅の場合は、家族介護と介護環境の基盤の上で、居宅介護サービスと成立している。本来なら、その両者を総合化して、施設介護サービスと比較検証すべきである。家族介護時間と介護環境との包括的介護評価することで、施設介護サービスとの比較検証できるようになる。それをどのように包括的介護評価するかは、在宅介護における居宅介護サービスの標準化と専門性がポイントとなる。

　在宅における介護時間と施設における介護時間との関係は、あきらかにされていない。在宅における介護時間を一次判定に入れない大きな原因になっている可能性がある。それは居宅介護サービスの介護時間が少ないのではなく、逆にかなり施設介護サービスより多くなっている可能性がある。以前の厚生労働省の在宅調査では、同一の要介護度レベルの対象者で、在宅のホームヘルプと家族介護による介護時間と施設介護サービスの介護時間を、同じ条件下でシミュレーションすると、その要介護者等にかかる総計の介護時間は、在宅介護の介護時間の方が、施設介護サービスよりもずっと多かったことが示唆されている。施設介護における介護時間よりも、在宅における介護時間を比較検証することが求められている。施設介護サービスの24時間の介護時間の方に、介護報酬単価を当然多くかけていることからも、この事実を明確にすることが非常に重大な問題になっている。

　もし居宅介護サービスにおける介護時間が、現在の1分間タイムスタディの調査で、あきらかに施設介護サービスよりも延長していることが検証されると公的介護保険制度の要介護認定基準の再構築を迫られる。介護報酬、要介護認定、ならびに家族給付金などその決定方式が変更されることになる。それらを介護保険制度で公平なる適用を検討するためには、介護時間だけに偏重している1分間タイムスタディに基づく要介護認定の方法を全面的に見直す必要があ

る。いままでは、施設介護サービスにおける要介護者等として類推して居宅介護サービスの介護時間を推定している。家族介護力と介護環境は、まずは在宅における介護時間の基盤として立証する問題であったのかもしれない。それらを介護時間で表面的に捉えていたが、今後は在宅介護の介護実態を明らかにして、在宅と施設にも適用できる介護サービスの標準化と専門性による総合介護認定を確立する必要がある。

第5節　通所系介護サービスの標準化と専門性

　2005年の介護保険改正では、要支援者に対して新たな介護予防サービスが創設されて、その主体が通所系介護サービスで展開されることになった。介護予防サービスの場合は、通所系介護サービスでの運動器の機能向上、栄養改善、口腔機能の向上の選択的介護予防サービスあるいは通所介護サービスのアクティビティのどちらかを選択する。それらは利用者の希望によるのではなく、市区町村が管掌する地域包括支援センターにて勘案されてから介護予防サービス計画が決定されてから提供されることになる。全国老人福祉施設協議会における通所介護事業所のうち、無作為に1,000事業所を抽出して、その介護サービス実態を把握するために調査票による郵送法で調査し、介護予防サービスの対象となる要支援と要介護1の利用者の状態像を把握した（老施協「通所介護の機能強化に関する研究2005」2005年）。今後の介護予防に対する効果的な介護サービスの標準化と専門性を検討するための調査研究を行っている。その回収率は35.7%で、対象者2,649票の調査票から、その一部を検討した。

　通所介護サービスの利用者において、介助が必要な生活活動は、洗身が43.5%で最も多く、次いで入浴34.2%、歩行17.9%、更衣16.6%、排泄6.3%の順になっていた（図12-1）。介護が必要な割合は、要介護度の上昇に伴って割合が増えており、特に洗身の介助や入浴の介助の必要な割合が、要介護1と要支援で大きな格差になった。要介護度別の日常生活活動の変化は、改善において80歳未満の利用者では要支援で6.2%と要介護1が9.3%、80歳以上では要支援で9.3%と要介護1が7.0%であった。悪化において80歳未満の利用者では要支援で4.7%と要介護1が14.8%、80歳以上では要支援で9.1%と要介護1が18.2%であった。特に要介護1において利用者が悪化する割合が高く、80歳未満で要支援の約3.1倍、80歳以上で要支援の約2倍となった。

　今後の介護予防サービスの標準化と専門性の把握をするためには、通所系サービスにおけるタイムスタディによる総合的介護評価から介護モデルを構築することが求められる。要介護認定によるタイムスタディは、施設介護サービスにおける中重度者を対象とした介護実態調査である。介護保険改正により創設された介護予防は、要支援1と要支援2の要支援者が対象であり、さらにそれは通所系介護サービスのみが介護予防を介護評価されている。要介護認定にて要支援者ならびに非該当の内から特定高齢者の選定をするためにも、通所系介護サービスにお

けるタイムスタディをすることは欠かせない。通所系介護サービスに対して要介護度の改善による事業者加算が介護評価されている。介護予防サービスの有効性を介護評価するためには、要介護度だけで介護評価することは困難であり、通所系介護サービスの標準化と専門性に基づいて総合的介護評価をするべきである。

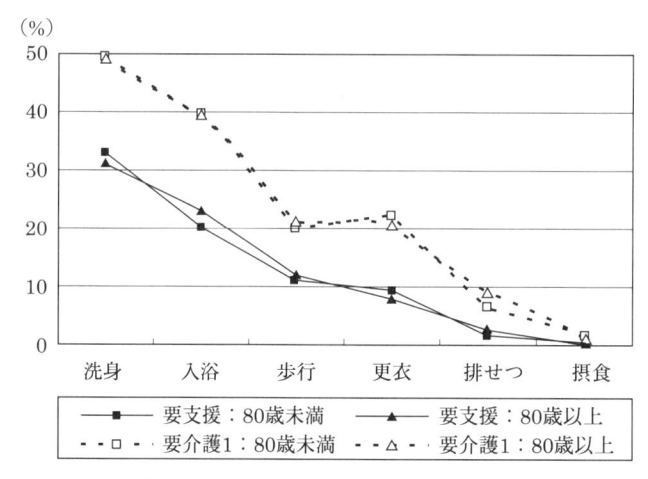

図12-1 通所介護サービスにおける介護サービスが必要な生活活動

第6節　在宅介護力における介護評価

　在宅介護力と居宅介護サービスの現状を、訪問リハビリテーション（以下訪問リハ）の継続性の現状から検討した。少子高齢社会を迎えて、訪問リハによる在宅支援の必要性が増してきている。本節では訪問リハ開始時から18カ月間にわたり訪問した事例を、訪問リハを維持したものと完了したものに分類し、それぞれの特徴について調査した。
　対象事例は、入院リハ実施後に在宅に退院して、外来通院が不可能なために訪問リハを希望された20事例と、入院リハに対して受け入れが不良であった6事例の合わせて26事例とした。平均年齢は78.8才（65～92才）であった。この26例のうち訪問リハを完了したもの（I群）と、継続していたもの（II群）に分類した。各群について、障害老人の日常生活自立度判定基準（寝たきり度）と認知症（痴呆性）老人の日常生活自立度判定基準、N式老年者用日常生活動作能力評価尺度（N-ADL）、N式老年者用精神状態評価尺度（NMスケール）、訪問指導内容、家族介護者の在宅介護力について調査し検討した。
　I群が10例、II群が16例であった。寝たきり度では、I群は寝たきり度J-2に属するものが、II群はB-2に属するものが最も多かった。I群でもC-2に属するものが2例あり、この2例は在宅介護力が高く、家族指導及び社会資源の活用で十分な機能維持がはかれたので終了となった。N-ADLでは、平均合計得点がI群は35.0点、II群は22.5点でI群のADL能力が優

れていた。NMスケールでは、I群は正常から境界レベルに属するものが多く、II群では正常から重度痴呆までばらついていた。訪問指導内容は、I群では実生活場面での歩行訓練や、機能維持のために必要な生活に密着した訓練指導が中心であった。II群では理学療法士・作業療法士等による機能訓練や、屋外への連れ出し等の実施率が高かった。

在宅介護力（表12-5）を調査すると、I群が平均12.9点（介護の知識技術2.7*、介護意欲2.6、介護関係2.6、介護者体力2.5、時間的余裕2.5）、II群が10.6点（介護の知識技術1.8*、介護意欲2.3、介護関係2.36、介護者体力1.8、時間的余裕2.3）とI群のほうが在宅介護力に恵まれていた（*$p < 0.05$）。以上より、I群は獲得し維持できた能力を具体的な家庭生活で発揮して定着するまでの指導を行なえば、本人自身も訓練の必要性を自覚でき、日常生活での機能維持が図られる事例が主体であった。II群は日常生活での機能維持が困難なため、機能維持のための訪問リハの必要性がある事例であった。C-2レベルで終了できた2例のように全介助、重度認知症・寝たきり状態であっても在宅介護力が十分にあり、社会資源も積極的に利用しているような事例では、関節可動域（ROM）訓練や生活上の指導を家族に行なえば、継続的な訪問リハの必要性は少なくなり完了する場合もあると思われた。

居宅介護サービスの標準化と専門性は、在宅介護力との関係性も高いと思われ、家族介護者の介護状態や家庭環境における介護関係によって大きく影響すると思われる。在宅介護力評価表（表12-5）にて、在宅介護力を介護評価しながら、居宅介護サービスにおける困難度・関わり度・必要度から総合介護度を合わせて包括的介護評価する必要がある。施設介護サービスにおいては施設基準によって一律の介護環境があるも、居宅介護サービスでは個々の介護環境の差異を在宅介護力評価表から把握して包括的介護評価する必要がある。

表12-5 在宅介護力評価表（IからVまですべての項目に1つ○をつけた合計点）

	1	2	3	4
I 介護の知識・技術	①知識技術の習得が不可能である	②継続した指導を必要とする	③不安あるもなんとか任せられる	④安心して任せられる
II 介護意欲	①まったく介護する意欲がない	②消極的である	③義務的である	④積極的である。
III 介護関係	①要介護者等に対して拒否的である	②必要最小限の関わりしかない	③多少摩擦があるがなんとかしている	④良好
IV 介護者の体力	①まったく介護ができない	②一部他者の援助を必要とする	③不十分だがなんとかやっていける	④十分な体力がある
V 時間的余裕	①まったく時間が取れない	②日中は不可能である	③部分的に不可能な時間帯がある	④介護に専念できる。

謝辞

多数の保健福祉機関および関係者にご支援とご協力を賜り、ここに深謝申しあげます。この研究成果の一部は、2002年から2003年度の科学研究費補助金（基盤研究）「1分間タイムス

タディによる介護モデルの構築に関する研究」による。

参考文献
1) 老施協在宅委員会「通所介護の機能強化に関する研究」全国老人福祉施設協議会、2005。
2) 老施協在宅委員会「介護予防通所介護の機能強化に関する研究」全国老人福祉施設協議会、2006。
3) 三宅恵子、山岡喜美子、亀山愛、住居広士、高山忠雄「リハビリテーション介護による要介護高齢者の在宅支援について」第4回日本介護福祉学会報告要旨集、pp.134〜135、1996。
4) 住居広士、高山忠雄、橋本祥恵、三宅恵子、亀山愛「在宅要介護者の介護度と家族介護評価」第9回日本保健福祉学会報告要旨集、pp.39〜40、1996。
5) 筒井孝子「新たな要介護認定システム開発の課題」保健婦雑誌、56(10)、pp.872〜876、2000。
6) 三浦公嗣「介護保険制度の要介護認定の評価と利用者の満足度に影響を与える因子」慶應医学、79(1)、17〜26、2002。
7) 石橋潔「タイムスタディ調査によるホームヘルプ労働専門性の検証」社会文化論集、6、139〜159、1999。
8) 東野定律他「介護保険制度実施後の痴呆性高齢者に対する在宅の家族介護の実態」東京保健科学学会誌、5(4)、244〜257、2003。
9) 山本ゆかり他「在宅アルツハイマー型痴呆患者におけるケア時間の算出方法の検討」病院管理、38(1)、41〜50、2001。
10) 井上千津子『私のホームヘルパー宣言！』インデックス出版、1998。
11) 石田一紀、植田章『介護保険とホームヘルパー』萌文社、2000。
12) 河合克義『ホームヘルプの公的責任を考える』あけび書房、1998。
13) 新津ふみ子『MDS-HC、CAPsを使った在宅ケアプラン作成の実際』厚生科学研究所、1998。
14) 坂本忠次『現代社会福祉の諸問題』晃洋書房、2003。
15) 住居広士『介護モデルの理論と実践』大学教育出版、1998。
16) 森田靖久、二宮佐和子『介護予防プラン作成ガイド』日総研出版、2006。
17) 筒井孝子「要介護認定理論を利用したケアプラン作成方法とその考え方」コミュニティケア、16、65-69、2001。
18) 日高正巳、住居広士、武政誠一、有村大士、嶋田智明「介護保険利用量調査からみる要介護認定制度の検証」神戸大学医学部保健学科紀要、17、43-50、2001。
19) 小林亜由美、佐藤由美、長岡理絵、他「居宅介護サービス利用者の介護保険サービスに対する利用者満足度に関連する要因の検討」上武大学看護岳研究所紀要、2(1)、55-61、2004。
20) 梶晴美「訪問介護サービスにおけるニーズとサービスの量的不一致」社会福祉学、44(2)、55-64、2003。
21) ジョン N. モリス『在宅アセスメントマニュアル』厚生科学研究所、1996。
22) 茨木尚子「障害者自立支援法の施行がもたらしたもの」世界、759、177-186、2006。
23) 永井真由美「認知症高齢者の家族介護力評価とその関連要因」老年看護学、10(1)、34-40、2005。

第13章
障害者における介護サービスの標準化と専門性

第1節　障害者自立支援法による福祉サービスの再編と総合化

　障害者福祉は、2000年の社会福祉法の成立による社会福祉基礎構造改革により、2003年度から障害者福祉サービスが、行政が特定してサービス内容を決定していた措置制度から、新たな契約制度である支援費制度に変革した。支援費の支給は、今までの手帳等の等級ではなく、市町村が判定する障害程度区分で決まる。障害者福祉にも、介護保険と類似した契約制度に基づくサービス提供体制になった。

　2005年の障害者自立支援法の成立により、身体・知的・精神障害者の障害ごとに異なる福祉サービスを一元化して、利用料が原則1割となる応益負担となり、2006年度より順次実施されている（表13-1）。この場合に、介護保険の要介護認定と同様な判定方式により、全国一律の障害程度区分で、サービスの必要度が決定される。障害者福祉サービスが市町村に一元化されて、介護給付・訓練等給付・自立支援医療・補装具などの自立支援給付と地域生活支援事業が提供される。それまで約70種類の事業等が20種類に再編された。定率の1割の自己負担が原則になり、入所施設や居住施設では日中活動と居住サービスに分けて提供される。

　障害者自立支援法に伴い福祉サービス報酬体系も再編され、日中活動と夜間支援に分離された。支援費での個別の障害程度区分から平均障害程度による報酬単価の転換などが変革した。これらの福祉サービスの標準化と専門性は、個別の要介護度に比例した介護報酬を原則とする介護保険改正よりも厳しい福祉サービス報酬体系である。今後の介護保険改正における介護サービスの標準化と専門性に大きな影響を与えることになる。障害者への福祉サービスの標準化と専門性が適切に提供されるためにも、介護サービス評価の体系は障害者と高齢者ではどうあるべきかについて検証する必要がある。本章においては、障害者における介護サービスの標準化と専門性を検証して、公平なる適用をするための障害モデルと介護モデルの構築を考察する。

表13-1　障害者福祉と老人福祉から介護保険までの報酬体系の変遷（施設介護サービス）

年度	2000	2003	2006
障害者福祉	措置 ①月額算定 ②一律負担 ③応能負担 ④包括算定	支援費 ①月額算定 ②障害程度区分 ③応能負担 ④包括算定	障害者自立支援法 ①日額算定・**昼夜別算定** ②障害程度区分・**全体算定** ③応益負担・1割 ④食費等**自己負担**
老人福祉	措置 ①月額算定 ②一律負担 ③応能負担 ④包括算定	介護保険 ①日額算定 ②要介護度 ③応益負担・1割 ④包括算定	介護保険改正 ①日額算定 ②要介護度 ③応益負担・1割 ④食費・居住費等**自己負担**

第2節　障害者福祉と老人福祉における介護サービスの標準化と専門性

　障害者自立支援法と介護保険法改正が2005年に成立して、今後の両者の連携とならびに総合化に向けて、身体及び知的障害者施設と特別養護老人ホームにおける介護サービスの標準化と専門性を調査している（老施協総研「老人福祉施設における地域障害者ケアについての調査研究」2006年）。身体障害者施設2施設100名、知的障害者更生施設3施設200名、特別養護老人ホーム3施設180名を、施設職員により利用者の属性をフェースシートに記入して、24時間にわたる自計式タイムスタディの調査をした。

　利用者を障害老人と認知症高齢者の日常生活自立度で対比してみると、特別養護老人ホームでは各日常生活自立度が一様に分布しているのに対して、身体障害者療護施設では、身体障害がかなり重度であり、知的障害が軽度である比率が高くなっていた（図13-1）。知的障害者更

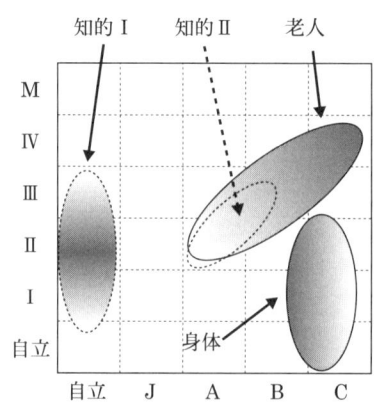

図13-1　身体障害者・知的障害者・老人福祉施設における日常生活自立度の分布状況
（老施協「老人福祉施設に地域障害者ケアについての調査研究」2006）

生施設では身体障害が自立して知的障害が中度前後のタイプ（Ⅰ）と、身体障害が中等度で知的障害が中度前後のタイプ（Ⅱ）に分かれた。それぞれの施設体系で異なるが、高年齢者の多い知的障害者更生施設では、特別養護老人ホームに類似していた。若年障害者になるほど、特別養護老人ホームとの格差が大きくなる傾向が示唆された。

24時間の自計式タイムスタディにより、各障害者種別における介護サービス業務の生活支援時間と日常生活自立度の関係について検討した。生活支援時間を、直接的な生活介護時間に限定して、準備・整理・見守り及び声かけの介護時間を除外している。

障害老人の日常生活自立度（寝たきり度）と生活支援時間の関係では、特別養護老人ホームと身体障害者療護施設では、寝たきり度の増悪に伴って、相対的に生活支援時間が増加している（図13-2）。より身体障害者療護施設の方が、その増加する時間が多い傾向が示唆された。これに対して、知的障害者更生施設では、寝たきり度と生活支援時間の相関性はより薄い傾向にあり、重度で生活支援時間が増大しているのは高齢障害を伴うことにより心身機能の低下に起因すると思われる。

認知症高齢者の日常生活自立度では、寝たきり度とは異なり、障害種別とは関係なく、増悪に伴って全ての施設にて生活支援時間が増大していた。身体障害者療護施設が、特別養護老人

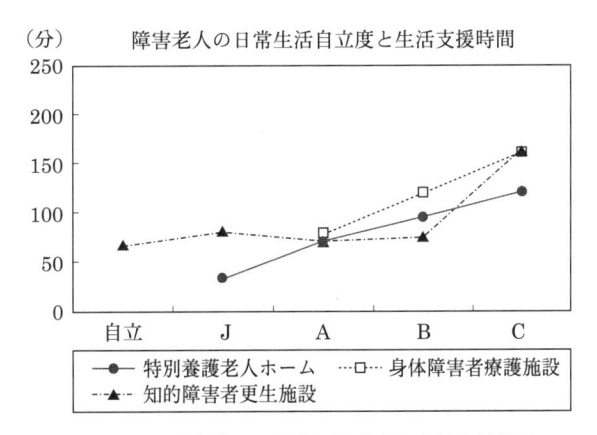

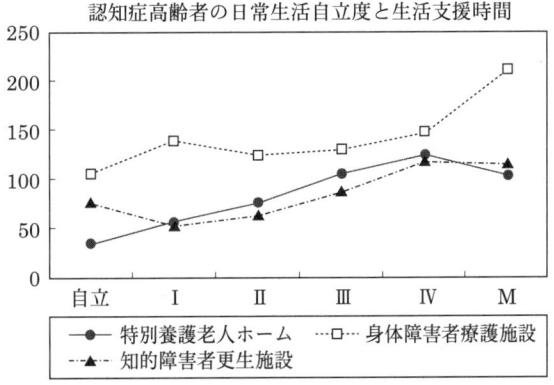

図13-2 日常生活自立度と各種施設介護サービスの生活支援時間
（老施協「老人福祉施設における地域障害ケアについての調査研究」2006を一部改変）

よりも相関性が薄い傾向が示唆された。これは身体障害者療護施設では、知的障害が軽度に分布していることに起因していると思われる。特別養護老人ホームでは、ランクMで生活支援時間が減少しているのは、心身の要介護度の最重度化に起因して介護負担が軽減しているためと思われる。

身体障害者更生施設では寝たきり度との相関関係がより顕著であり、知的障害者更生施設では寝たきり度との関係性が薄いが、認知症高齢者の日常生活自立度との相関性がより強いことが示唆された。特別養護老人ホームでは、日常生活自立度の両者ともに、生活支援時間と相関関係を伴っていた。各障害者における介護サービスの標準化と専門性には、各種障害別の生活支援時間の関係性を勘案して構築する必要がある。

第3節　障害者における介護サービスと障害者自立支援法

1分間タイムスタディを通して、障害者における心身障害ならびに生活機能に対する介護時間および介護外時間の比較をして、心身障害者と要介護者等の介護サービスの標準化と専門性を考察した。その調査対象として身体障害者療護施設およびその対照として特別養護老人ホームで、他計式の1分間タイムスタディを用いて調査を行った。その結果、身体障害者療護施設では1時間あたりの介護時間の長さは、心身障害程度に対しては有意差もなく相関していなかった。しかしその介護サービス業務内容と、介護外時間の過ごし方に、身体障害者療護施設と特別養護老人ホームで大きな差異があることが示唆された。特別養護老人ホームでは、介護時間が減少してならびに介護サービス業務外時間が増大して生活時間を過ごしているという傾向があった。

障害者福祉サービスに対して障害者自立支援法が2005年に成立して2006年度から実施されたので、これから心身障害者に対する介護サービスの状況は大きく変わってくる。心身障害者の生活の質（QOL）には生活機能（活動と参加）が大きく関わっているため、どのような介護状況でも、自立支援の方法を確立し生活の質の向上をめざし、日常生活の中に生活支援により活動と参加の関わりを提供していくことが求められている。

重症心身障害者では、心身的に重度で活動・参加が制限されている人ほど、日常生活活動（以下ADLとする）面に対する介護サービスの介護時間は長くなるが、日常会話などの活動と参加に対する介護職員との関わりが少なくなる傾向がある。身体障害が中軽度な方では日常生活活動（ADL）面に対する介護サービスの介護時間は短いものの、活動と参加に対する介護職員との関わりが多い傾向がある。また「反応が少ないため、関わり合いが少なくなったり、一方的な介護サービスになる」傾向や、「重症心身障害を持つ人たちの場合、その身体機能および精神機能の障害の重さなど発達上の問題が原因で自分から物や人に働きかけることが困難で、そのほとんどの場合を相手がやってくれる、そしてそれを待っている受動的な状態にある」

などが指摘されている。これらより心身障害が重度で活動・参加に制限がある人ほど介護時間が多くなり、中軽度な人ほど他者と関わる時間が多くなり、両者の生活機能は大きく異なると思われた。そこで心身障害者に対する介護サービスの現状を知るとともに、障害者における介護サービスの標準化と専門性について1分間タイムスタディによる介護時間で検証した。

第4節　障害者における介護サービスのタイムスタディ調査

（1）　障害者における1分間タイムスタディ

　障害者における1分間タイムスタディの調査対象として、身体障害者療護施設に入所している脳性麻痺による身体障害者2名を対象とした。うち1名は障害程度区分4、身体障害者手帳2級で、ADLが全介助であり、コミュニケーション能力は判断ができず伝達能力も具体的要求に限られる身体障害者（女性・50歳・Aさん）と、もう1名は障害程度区分5、身体障害者手帳3級で、日常生活活動（ADL）の一部に介助を要して、コミュニケーションがいくらか困難である身体障害者（男性・48歳・Bさん）とした（表13-2）。また、特別養護老人ホームの要介護者2名（2名とも女性、86歳、要介護4）を対照とした。その女性1名は障害老人の日常生活自立度判定基準はC-1、認知症老人の日常生活自立度判定基準はⅣ、もう一人の女性1名はB-2、Ⅲbであった要介護者を対照として調査を行った。

　調査日時は、2004年8月25日（水）で10：00～11：00の1時間（K特別養護老人ホーム）と14：00～15：00の1時間（N身体障害者療護施設）の1分間タイムスタディを調査した。調査手技は、サービス提供指標調査研究事業報告書時（1995年）を参照して、他計式1分間タイムスタディを用いた。

　1分間タイムスタディとは、介護サービス提供者（介護職員）がどのような内容の介護サービス業務を、どの入所者に対し提供しているかを1分間ごとに第三者の調査員が観察して記録する調査である。その方法として、他計式により1人ひとりの介護職員が、1分間ごとに何の介護サービス業務を誰に提供しているかを、介護職員の側に付く調査員が観察して記録する。実際には1人の介護職員に1人の調査者が常時に同行して、1分毎に介護職員が実施している介護サービス業務内容と、その提供者となっている入所者を観察し記録するものである。介護職員が障害者に関わった時間を介護時間として、介護職員が関わっていない時間を介護外時間として調査結果をまとめた。

　本節は、入所者側の介護される介護時間についても調べることが目的であったため、調査員は施設利用者である障害者側2名に1時間につき、1分ごとの日常生活活動を記録し、介護サービスを受けた場合にはその介護サービス業務内容と誰から受けたかを記録した。尚、日常会話においてADL介護に必要な声かけは、日常生活活動（ADL）の中に含めている。

表13-2 身体障害者の障害特性と認定調査内容

		Aさん（女性・50歳）	Bさん（男性・48歳）
身体障害者手帳		2級（脳性麻痺）	3級（脳性麻痺）
支援費障害程度区分		区分A	区分A
要介護度		1	3
寝たきり度		B2	B1
日常生活自立度		IIa	I
ADLスコア	Barthel Index	0	35
	FIM	18	53
障害者自立支援法障害程度区分		区分4	区分5
認定基本調査内容		Aさん	Bさん
姿勢		寝たきり	1人立ち
移動		移動できない	独歩（不安定）
排尿	〈尿意の有無〉	不明	有
	〈排尿の知らせ〉	知らせない	事前に知らせることがある
	〈排尿の介助〉	全介助	必要に応じて介助
排便	〈便意の有無〉	不明	有
	〈便意の知らせ〉	知らせない	事前に知らせることがある
	〈排便の介助〉	全介助	必要に応じて介助
嚥下咀嚼	〈口の開閉〉	やや困難	容易にできる
	〈咀嚼〉	やや困難	容易にできる
	〈嚥下〉	やや困難	容易にできる
摂食方法		なし	スプーンで食べる
食事の介助		全介助（経口）	必要に応じて介助
食の形態		ミキサー食	普通食
遊び		何かを楽しんでいる	職員と遊ぶ
コミュニケーション	〈理解能力〉	何らかの方法で働きかけるとなんとか理解する	日常会話を理解する
	〈表現能力〉	意味はわからないが声や身振りで表現	文章で表現
問題行動		なし	なし

（2） 介護される側の介護時間

1分間タイムスタディを行った結果、身体障害者Aさん（手帳2級）、Bさん（手帳3級）が受けた介護時間は1時間中29分と、介護時間の長さは同じ結果となった（図13-3）。また特別養護老人ホームでの調査の結果、要介護者2名は共に、1時間中に介護職員と接した介護時間は4分間であり、ほとんどの介護時間を車椅子に座っているという結果であった。

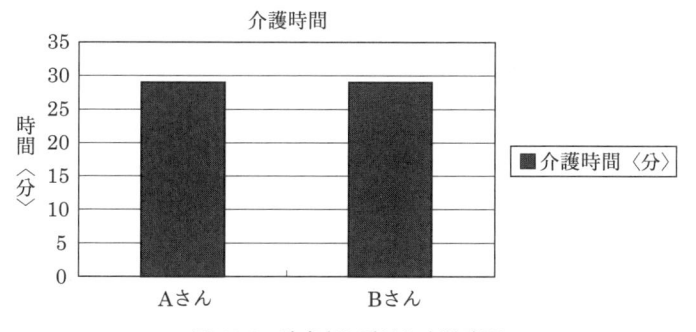

図13-3　障害者が受けた介護時間

（3）　介護される側における介護サービス業務内容

　介護サービス業務内容を見てみると大きな相違があることが明らかとなった。身体障害者Aさん（手帳2級）は、介護時間である29分間中は、27分間連続で介護サービスを受けており、29分間のうち約半分にあたる15分間は水分・おやつ摂取の介護時間、4分間は移乗・移動、3分間はおむつ交換の介護時間となっており、日常生活活動（ADL）に対する介護サービスに関する介護時間がほとんどを占めていた。

　一方、身体障害者Bさん（手帳3級）は29分中、約半分の時間に当たる15分は日常会話の介護時間となっている。残りの14分間は、移乗の見守り、おやつ摂取の介助などの介護時間であった。手帳2級の重度と手帳3級の中度を比べると、重度はほとんどADL介助であり、中度はADLの介助が少なく、コミュケーションに関する日常会話の介護時間が長かった（図13-4）。特別養護老人ホームでは、要介護者2名ともおやつ準備、移動の介護のみで、わずかに各2分間ずつであった。

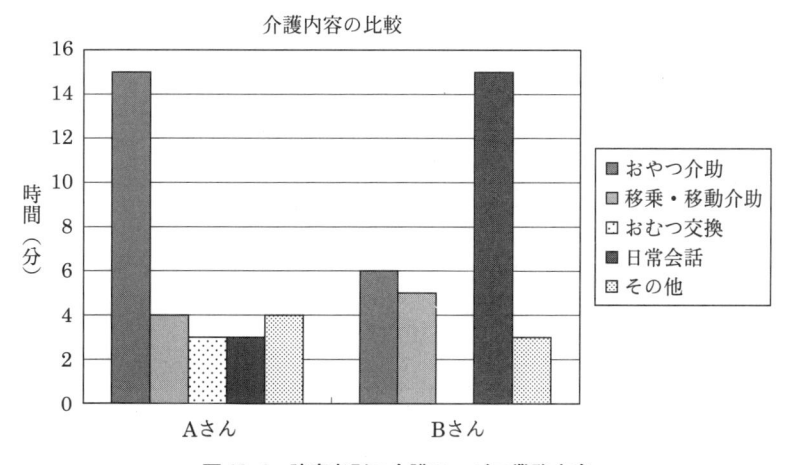

図13-4　障害者別の介護サービス業務内容

（4） 介護サービスに対する介護ニーズ

　介護サービス業務内容を比較してみると、身体障害者Aさん（手帳2級）はADL介護に必要な声かけ（ニードの把握など）がほとんどを占めているのに対し、Bさん（手帳3級）は日常会話などの活動に対する声かけが多くを占めていた（図13-5）。ケアコード表からのケアコード記録の一部を摘出して、両者を比較してみると、Aさん（手帳2級）の場合は介護職員が「寝ているだけよりはビデオをつけたほうがいいのではないか」と想定してビデオをつけているため、本人の自立生活のための自己決定であるかどうかは不明であり、介護職員からの一方的な介護サービスの提供である可能性がある。またBさん（手帳3級）の場合は、自ら売店を指差して自分の意志を表出していることから、本人の介護ニーズであった介助のための移動の介護サービスが提供されていることも予測することができた（表13-3）。特別養護老人ホームの要介護者では、入所者の集団介護サービスにおける全員に対する同様なADL面での介護サービスのみで、入所者の介護ニーズの把握は困難であった。これは、入所者には高度の認知症を伴い、自発性等が著明に低下していることが起因していると考えられる。

　コミュニケーションの内容は、Aさん（手帳2級）はADL介護サービスに対する介護ニーズの把握のための声かけが中心であったのに対して、Bさん（手帳3級）にはコミュニケーションのための日常会話がほとんどであった。これは障害者における運動能力の制限、コミュニケーション能力の障害のために、AさんにはADL介護サービスに対する介護ニーズの把握が困難であるのに対して、Bさんはその介護ニーズの把握ができやすくまた自発性が良好であると思われる。

　本人の特性を考慮してコミュニケーションの方法を確立することが、心身障害者の日々の生活の質の向上につながることからも、日常会話と声かけは生活機能を向上していくために重要な介護サービスであると考える。

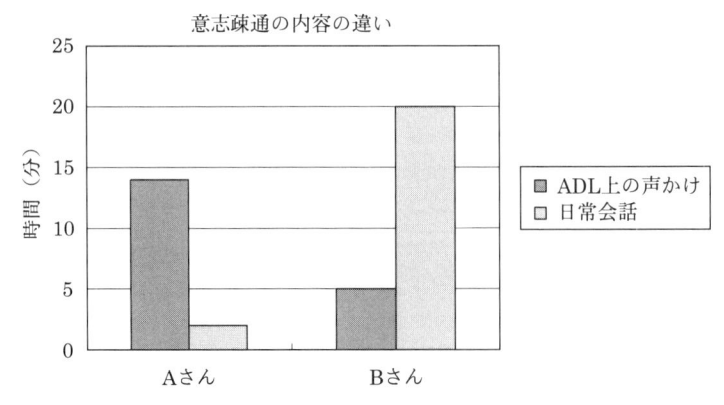

図13-5　意思疎通による介護サービス業務内容の相違

表13-3 身体障害者療護施設の身体障害者の1分間タイムスタディ

時刻	ケアコード初版	ケアコード改訂版	介護サービス業務内容（身体障害者A）
14:48	138	932	声かけ
14:49	116	513	車椅子移動
14:50	143	913	ビデオをつけてもらう。
14:51	138	932	声かけ
14:52	999	999	車椅子座位
14:53	999	999	同上

（ケアコード初版：138 ニードの把握、116 移動の介助、143 物の取り扱い、999 その他）
（ケアコード改訂版：932 訴えの把握、513 移動の介助、913 日常生活の介助、999 その他）

時刻	ケアコード初版	ケアコード改訂版	介護サービス業務内容（身体障害者B）
14:48	137	931	声かけ
14:49	137	931	同上
14:50	137	931	同上
14:51	137	931	同上
14:52	999	999	売店を指差す
14:53	116	513	車椅子移動、全介助

（ケアコード初版：137 声かけ、999 その他、116 移動の介助）
（ケアコード改訂版：931 日常会話、999 その他、513 移動の介助）

（5） 介護サービス外時間における日常生活活動

　介護サービス外時間に注目すると、Aさん（手帳2級）は、介護サービスの介護時間以外の31分間中25分間はベッド上で仰臥位となり外を見て過ごして、それ以外の6分間はビデオを見ておられたが、その間も1人で居室にて過ごしていた。Bさん（手帳3級）に注目すると、直接に介護職員が接していない31分間は、おやつ摂取の介護時間以外は、他の入所者の方と一緒に活動と参加をしていた。その具体的な内容としては、他の入所者と新聞を見たり、それについての会話などをして過ごしていた。以上のことより、手帳2級の重度の方と手帳3級の中度の方を比較すると、中度の方は一人で過ごす生活時間が重度の方よりも少ないことが明らかとなった（図13-6）。特別養護老人ホームの要介護者では、2名とも介護サービス外時間は車椅子座位で単独で過ごしていた。

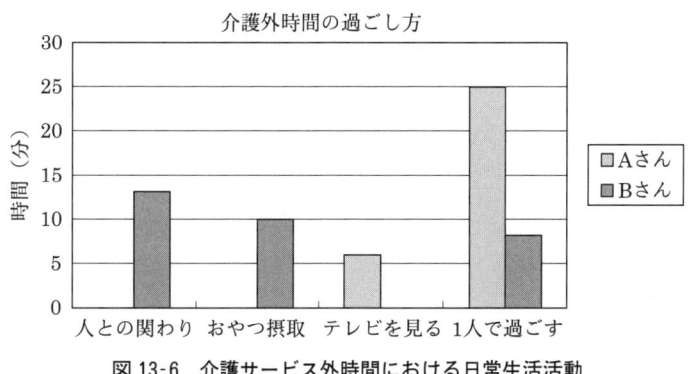

図13-6 介護サービス外時間における日常生活活動

第5節　障害者における介護サービスの標準化と専門性

　本章では身体障害者療護施設における身体障害者を中心に、身体能力、精神機能、生活機能の異なる脳性麻痺の方2名に対する介護サービスにおける介護時間やその介護サービス業務内容、介護サービス外時間の過ごし方を、他計式1分間タイムスタディを用いて検証した。その対照として特別養護老人ホームでも要介護者2名について調査を行った。

（1）　障害者に対する介護時間の長さと内容

　今回の結果では、障害程度レベルの相違と介護時間の長さは相関性が弱いことが示唆された。介護サービス業務内容を比較してみると大きな差異があることが明らかとなった。Aさん（手帳2級）のADL介護サービスに対する介護時間が長くなっており、身体障害程度が介護サービス業務内容にも影響している。またコミュニケーションに関する日常会話などの活動の介護時間がBさん（手帳3級）と比べて、Aさん（手帳2級）の方がより短くなっている。これらは、Aさん（手帳2級）はADL介護サービスの方に重点がおかれて、また「自分から物や人に働きかけることが難しく、そのほとんどの場合を相手がやってくる、そしてそれを待っている受動的な状態にある」ことも起因しているのではないかと考えられる。

　特別養護老人ホームにおける要介護者で介護時間が少なかった理由として、調査時間が特に介護サービスを必要としない時間帯であり、また高度の認知症を伴うことによる入所者の自発性が低下していることがあげられると考えた。

（2）　介護サービス外時間の比較

　Aさん（手帳2級）は介護外時間を単独で過ごしていたが、Bさん（手帳3級）は他の施設入所者との活動と参加の関わりがあったという大きな差異を認めた。これはAさん（手帳2級）はコミュニケーションを取ることが難しいために、周囲との関わり合いの時間が少なくなったと考えられる。「反応が少ないため、関わり合いが少なくなったり一方的になったりしがちである」、「運動能力の制限、知的障害のために、他人との意思疎通に困難がみられる」ことから、運動能力や精神機能、コミュニケーション能力の違いによって、生活機能が異なり、介護サービス外時間の生活時間の過ごし方はそれぞれ大きく異なるものになるということが示唆された。

　特別養護老人ホームの要介護者では、介護サービス外時間は他の入所者と同じ部屋で過ごしたが、その関わりは少なかった。これは入所者は自ら働きかけることが低下しており、しかも高度の認知症を伴うことにより自発性の低下を伴うためではないかと考えられる。

（3） 障害者と高齢障害者への介護予防

　脳性麻痺の肢体不自由者である身体障害者の場合には、運動障害の他に随伴障害として知的障害・言語障害等があり、また障害をもたないライフステージがほとんど存在しないため、その他の障害者と比較して活動と参加の程度が低下する傾向があると思われる。高齢障害者の場合は、捨てきれない過去を引きずりながらも、現状に対する意欲を失ってしまっている事例が多いように見受けられる。やることはやってきた過去を持つ高齢障害者と、最初からやれずに憧れだけを育ててきた障害者との生活史の差異があると言われている。しかし生活機能が低下しているという要介護等状態は、障害者と高齢障害者の両者にも存在している。よって日中の活動の場として様々な介護サービスを統合して提供した場合には、心身障害に対する介護サービスだけでは自発性を乏しくする可能性が考えられる。自ら介護環境に働きかけることができない重度の心身障害者の事例では自発性が低下する介護環境になってしまう。ますます人との関わりが減少し、生活機能の低下を招いてしまう危険性があり、そのためにも介護予防が必要であると思われる。特別養護老人ホームの要介護者も1分間タイムスタディを用いて同じ内容で調査を行った。この結果は、身体障害者療護施設の心身障害者と比較すると、共に1時間中車椅子に座り、介護職員とその他の利用者と接する時間は少ないという結果が得られている。そのために障害者ならびに高齢障害者の場合も、要介護等状態を悪化させないための介護予防が必要である。

（4） 障害保健福祉の総合化

　障害者福祉の支援費制度から、2006年度から障害者福祉を総合化する障害者自立支援法という制度となっており、身体障害者福祉法、知的障害者福祉法、精神保健福祉法の共通の枠組みとして障害者自立支援法が2005年に成立して、将来的に厚生労働省は介護保険制度との統合を模索中である。障害者自立支援法により、障害者福祉に対するサービス体系を現行の障害別ではなく統合化され、現在の重症心身障害児施設、身体障害者療護施設、授産施設などの障害別の施設から、日中の活動の場として介護給付、訓練等給付、地域生活支援事業などと、住まいの場としての居住支援施設となり、効果的・効率的にサービスが提供できる体系を確立するとしている。2003年度からの支援費制度では、障害者は支援費制度による応能負担となる契約制度の福祉サービスとなった。2006年度からの障害者自立支援法になり、障害者には支払い能力に関係なく受けるサービス量に応じた1割の自己負担を求めるなど応益負担になった。将来的に障害者自立支援法が介護保険制度と統合されると、心身障害者も介護保険における介護サービスの対象者に入る。その対象年齢が20歳まで下がると、20歳以上の被保険者から介護サービスの利用が可能となる。障害者自立支援法が今後どうなるのかなどの様々な問題が生じている。「地域で普通に暮らせるようにすること」が障害者福祉施策の基本的な方向性としているが、介護保険制度との統合だけでは、それは解決困難な状況であると思われる。

（5） 医療介護サービスを必要とする障害者

障害者には介護サービスだけでなく、全国にはさらに医療サービスも必要とする重度障害児が入所する101もの重症心身障害児施設があり、在所者数は約9,600人いる。重症心身障害児はその障害の特殊性にかんがみ、医療法上の病院である重症心身障害児施設に入所させ、これを保護するとともに、常時医療の管理下に個々に適応した医療サービスを提供して、その残存能力を回復させるほか、生活指導や情緒面の指導により、人としての人格の形成を助長し、できる限り社会復帰または家庭復帰させることを目的として、総合的な療育方針に基づき療育されている。今日では、医学的治療や障害者への社会的援助では医療介護サービスへの関心が高まっている。介護保険制度における経済と財政を転換するために、障害者自立支援法との統合により介護保険料の拡大による運営が大きな課題となってきたからである。今回は、身体障害者療護施設で調査を行ったが、重症心身障害者施設では身体障害者療護施設よりさらに生活機能の援助だけでなく、医療介護サービスも必要であり、医療介護が今後の課題となると思われる。それらに対する医療介護サービスの提供システムも障害者福祉の総合化による障害者自立支援法と介護保険法との統合だけでは、より解決困難となると思われ、今後の特別な障害者福祉施策の再構築が必要である。

（6） 国際生活機能分類（ICF）と心身障害者

国際生活機能分類（ICF: International Classification of Functioning, Disability and Health, 2001, WHO）では、社会モデルを基軸とする生活機能の分類法であり、これまでの国際障害分類（ICIDH: International Classification of Impairments, Disabilities and Handicaps, 1980, WHO）が心身障害を分類するという医学モデルが中心であった。ICFは、生活機能から見るように視点を転換してさらに環境因子や個人因子、健康等の視点を加えた分類である。国際生活機能分類（ICF）に基づき、心身障害者の日常生活の活動を高め、家庭や社会への参加を可能にしていけるような生活支援の介護サービスを創設していくべきだと考える。そしてICFにより、リハビリテーション介護による尊厳のある生活の維持あるいは向上につながると考える。

重症心身障害者では他人とのコミュニケーションが阻害されることがあり、本人の知的能力、運動能力および性質を考慮して介護サービスの標準化と専門性を確立することが、重症心身障害者の日々の参加の向上につながると思われる。重症心身障害者と一言でいっても、固定した臨床像があるわけではなく、特有な疾病と障害をあわせ持っており、それぞれに個別性や多様性がある。それぞれの介護ニーズを見つけ、それらを適応しながらそれぞれにあった自立支援の方法を確立していくことによって、生活機能の個別性と多様性を考慮しながらリハビリテーション介護の方向性を決定していくべきだと考える。

これから心身障害者と関わっていく際、心身障害に向けたADL介護と介護予防はもちろん重要なことである。しかしADL介護や介護予防のみではなく、心身障害者における日常生活

の中の活動や参加が育まれるような生活支援をすることも重要である。そのために、上記のように個別性や多様性を考慮し、受動的活動ではなく、能動的活動を行っていけるような生活支援が求められている。そのためには介護保険制度の生活支援により、障害者における尊厳のある生活（ROL）に向けた生活機能の向上を目指した介護サービスの標準化と専門性の構築が必要である。

謝辞

本章の執筆にあたり、ご多忙の中、ご協力とご支援を賜りました老施協総研ならびに山本奈月、日下部みどり、國定美香、谷口光治、宇野真智子、松本百合美様および諸先生方、調査に協力してくださった身体障害者療護施設、知的障害者更生施設、特別養護老人ホームの皆様に深謝申し上げる。多数の保健福祉機関および関係者にご支援とご協力を賜り、ここに深謝申しあげる。この研究成果の一部は、2005年から2007年度の科学研究費補助金（基盤研究）「介護保険制度と要介護認定における介護モデルの構築に関する研究」による。

参考文献

1) 老施協総研「老人福祉施設における地域障害者ケアについての調査研究」全国老人福祉施設協議会、2006。
2) 坂本洋一『よくわかる障害者自立支援法』中央法規出版、2006。
3) 障害者生活支援システム研究会『障害者自立支援活用の手引き』かもがわ出版、2006。
4) 日本医療ソーシャルワーク研究会『医療福祉総合ガイドブック』医学書院、2006。
5) 岡部耕典『障害者自立支援法とケアの自律』明石書店、2006。
6) 上田佳子「重症心身障害をもつ人の日常生活活動　活動が楽しみとなるために」OTジャーナル、36(12)、1351-1355、2002。
7) 松村菜穂美、柏木とき江・他「重度痴呆患者デイケア施設の通所者における「痴呆度」と「寝たきり度」別ケア時間の実態」日本看護管理学会誌、4(1)、108-109、2000。
8) 江草安彦監修『重症心身障害療育マニュアル』医歯薬出版、1999。
9) 松尾隆著『脳性麻痺と機能訓練　運動障害の本質と訓練の実際　改訂第2版』南江堂、2002。
10) 増田公香「加齢する肢体不自由障害を持つ人々の参加の要因分析―障害種類別にみる特性に焦点をおいて―」社会福祉学、45(1)、2004。
11) 京極高宣『国民皆介護―障害者自立支援法の成立』北隆館、2005。
12) 厚生の指標「国民の福祉の動向」財団法人厚生統計協会、51(12)、2004。
13) 赤坂徹「障害児と療育」小児保健研究、63、105-107、2004。
14) 世界保健機関編　障害者福祉研究会編集『ICF国際生活機能分類　国際障害分類改訂版』中央法規出版、2002。
15) 石井豊恵、笠原聡子・他「タイムスタディによる結果の解析方法」看護研究、37(4)、47-57、2004。
16) 江草安彦「QOL評価と地域文化」発達障害研究、24(2)、83-86、2002。
17) 障害者生活支援システム研究会『障害者のくらしはまもれるのか―検証・障害者自立支援法』かもがわ出版、2006。
18) 山下幸子「重度心身障害者と介助者のコミュニケーションに関する質的研究」社会福祉学、43(1)、2002。
19) 手塚直樹「支援費制度からみた介護保険制度の関連と現状および統合への課題」新潟医療福祉学会誌、3(2)、33-43、2003。
20) 住居広士「知的障害者の高齢者保健福祉および就労自立に関する研究」保健福祉総合研究、1(1)、1996。

第14章
新介護保険に向けた介護サービスの標準化と専門性

第1節　新介護保険に向けた介護サービスの適用範囲の拡大

　「社会保障は保険かあるいは扶助かの選択をするのではなく、その両者の共同が必要である」とアメリカの社会保障委員会が宣言し、世界で初めての社会保障法が1935年に成立した。1942年のILO（国際労働機関）から報告された『社会保障への途』では、「社会保険は私的保険から社会扶助の方向への進展であり、他方、社会扶助は救貧から社会保険への前進である。」と要約している。社会保険は将来の事故を予防してかつそれらを扱い、また将来のニードをまかなうのにもっとも効果的な手段であるのに対して、社会扶助がすでに目の前に姿を現しており直接的保護を必要とする困窮者等を取り扱っている。1948年には世界人権宣言にて、その前文で人類社会すべての構成員の、固有の尊厳と平等にして譲ることのできない権利を承認することが、世界における自由と正義と平和の基礎であるとし、第二十二条で「何人も、社会の一員として、社会保障を受ける権利を有し」と宣言している。

　しかし21世紀になり人類にとって最も巨大であり、高額であり、そして最も成功した生活支援事業である社会保障の発展が、経済と財政の動向により重大な局面にさしかかってきた。このような社会保障費の発展から抑制への途は、これからの日本の介護保険制度の動向にも影響を与えている。介護保険の枠組みが、経済と財政の動向に最も影響を受けながら、介護現場の対応が後回しにされて、先駆けて連携から総合化への構造改革がされている。社会保障が国民的課題となり、国民全体に大きな負担としてのしかかっている。社会保障による主権者の尊厳を保つための経費は、国民の支出と収入の増加につれて増大してくるので、各自の能力に比例して拠出するのが義務にかなっている。社会全体の利益になる社会保障が、最も利益を得るその社会の特定成員の拠出だけでは、全然維持されていない時には、不足分は社会全体の一般的拠出から埋めなければならない。

　そのために新介護保険に向けた被保険者・受給者の範囲をめぐる議論が、2006年3月から介護制度改革本部の有識者会議が開始されて、介護サービスの適用範囲の拡大をするために、若年障害者を含めた介護サービスの適用により、障害者福祉を介護保険制度に統合するように展開されている。介護保険の被保険者と受給者の範囲を拡大することを想定して、その施行の

準備のスケジュール案が提示されている（表14-1）。介護保険法改正成立年が2005年であるから、成立後4年後である2009年度には被保険者と受給者の範囲の拡大を施行できるように予定されている。その統合のために、要介護認定新版システムに新たに若年障害者等を含めた介護サービスの実態調査が企画されており、2006年度に介護サービス実態調査を行い、2007年度の全国規模のモデル事業で要介護認定基準を確定して、2008年度後半から要介護認定新版が開始されることになる。

表14-1 想定される新介護保険施行準備のスケジュールについて
（第1回介護保険制度の被保険者・受給者範囲に関する有識者会議、2006年3月6日を一部改変）

	改正法2005年	2006年	2007年	2008年	2009年
要介護認定	○ 若年者を対象とした介護実態調査（タイムスタディ等）の企画・検討、予算要求	○ 介護実態調査（タイムスタディ等）の実施 ○ 調査の結果、必要に応じ、要介護認定ソフト（試行版）の開発 ○ 小規模モデル事業の実施	○ 全国規模のモデル事業の実施 ○ 要介護認定手法等の確定 ○ 認定調査員・主治医研修	○ 準備要介護認定の開始	○ 施行
ケアマネジメント ケアプラン	○ 若年要介護者のケアマネジメントに係る養成・研修のあり方を検討	○ 研修内容・カリキュラムの策定 ○ 介護支援専門員研修の一部見直し	○ 研修の実施	○ ケアプランの作成	○ 施行
市町村介護保険事業計画		○ 基本指針の提示（国） ○ 必要に応じ、各市町村においてニーズ調査の予算要求	○ 若年要介護者のニーズ調査	○ 市町村事業計画の策定作業 ○ 介護サービス量の見積もり	○ 施行

第2節 要介護認定新版と介護サービスの標準化と専門性

改正法成立年が、2005年度の介護保険法改正ならびに障害者自立支援法であるので、2009年度から新介護保険法が施行されることになる（表14-1）。想定される施行準備のスケジュールに従えば、2008年度に介護保険法と障害者自立支援法等の介護保険法の改正ならびに介護報酬改正、さらに障害者自立支援法と報酬単価の変革が同期することになる。その要介護認定新版の策定のために、第1回要介護認定調査検討会が2006年10月10日に開催されて、新しい要介護認定の認定調査票とならびに調査方法が議論された。その主な内容は、若年障害者等を対象とした介護実態調査によるタイムスタディが行われることになるが、しかしその検討会上では若年障害者等の調査が全く議論されていない。

その中で最も議論の対象としたのがケアコード表による調査手法であり、介護サービスの標準化と専門性に対する介護評価の基点となるので、要介護認定の精度の根幹に関わる問題であ

る（表14-2）。要介護認定初版の調査方法である1分間において最も重要な介護サービス業務内容を記載するシークエンスモデルでは、認知症が軽く出て、直接的身体介護の比重が高く出た。そのために要介護認定改訂版の調査では、何時何分毎00秒の瞬間の介護サービス業務内容を記載するクロックモデルに変更した。しかし同じように認知症が軽く出て直接的身体介護の比重がより高く出た。それにも関わらず、2008年からの要介護認定新版では、調査方法は改訂版の調査方法と同一にして、クロックモデルにより何時何分毎00秒の瞬間の介護サービス業務内容とし、さらに介護サービス業務分類形式も、改訂版と同様にしてほとんど変更されなかった（第14章参考資料）。結局変更されたのは、生活支援等（生活自立支援33項目と社会生活支援31項目）の64項目だけが増えた変更だけに終わった。問題行動のケアコード数も内容も項目数も同一であり、食事の項目を7項目から20項目に逆に拡大して、その他の業務を32項目から13項目に縮小した。要介護認定改訂版では、身体介護であるADL介護時間が増大しているが、その中でも樹形図上で食事の介護時間が最も長く影響をしているにも関わらず、さらに新版で食事の項目数が増えるとますます格差が増大することになる。認定調査票ならびに介護サービスの種類を定めるケアコードは、ほとんど従来通りで変更されていない。そのために従来から問題となっている認知症高齢者など、心身障害の把握が困難である若年障害者などの知的障害者・精神障害者、難病などの特定疾病者などの介護時間が適正に介護評価できない。

　要介護認定初版では調査された質的介護評価である負担度（身体・精神）は、改訂版ならびに新版では削除され調査されない。それを居宅介護サービスにおいて介護する側と介護される側との介護関係で影響されることを削除の根拠にしている。それは施設介護サービスと居宅介護サービスにおいて介護職員の対応の差異が出るのは、むしろ介護サービス時間を示している個別介護サービスと集団介護サービに対する調査手技が主因である。要介護認定新版でも量的介護評価のみとなり、介護サービスの標準化と専門性の質的介護評価が見送られたのである。

表14-2　要介護認定における介護サービス業務内容のケアコード過程

要介護認定ケアコード		初版（1999年版）	改訂版（2003年版）	新版（2009年予定版）
調査方法	調査モデル	シークエンス	クロック	同左
	内容記載	1分間で最も重要	何時何分毎00秒の瞬間	同左
	質的評価	負担度（身体・精神）	無	無
身体的介助		◎	○	○
間接介助等		△	○	○
生活支援等		△	○	◎
項目数	大分類	5	9	10
	中分類	58	58	64
	小分類	323	181	250
業務分類形式		具体的なケア内容	準備、誘いかけ、介助、見守り、後始末の5コードに統一	同左

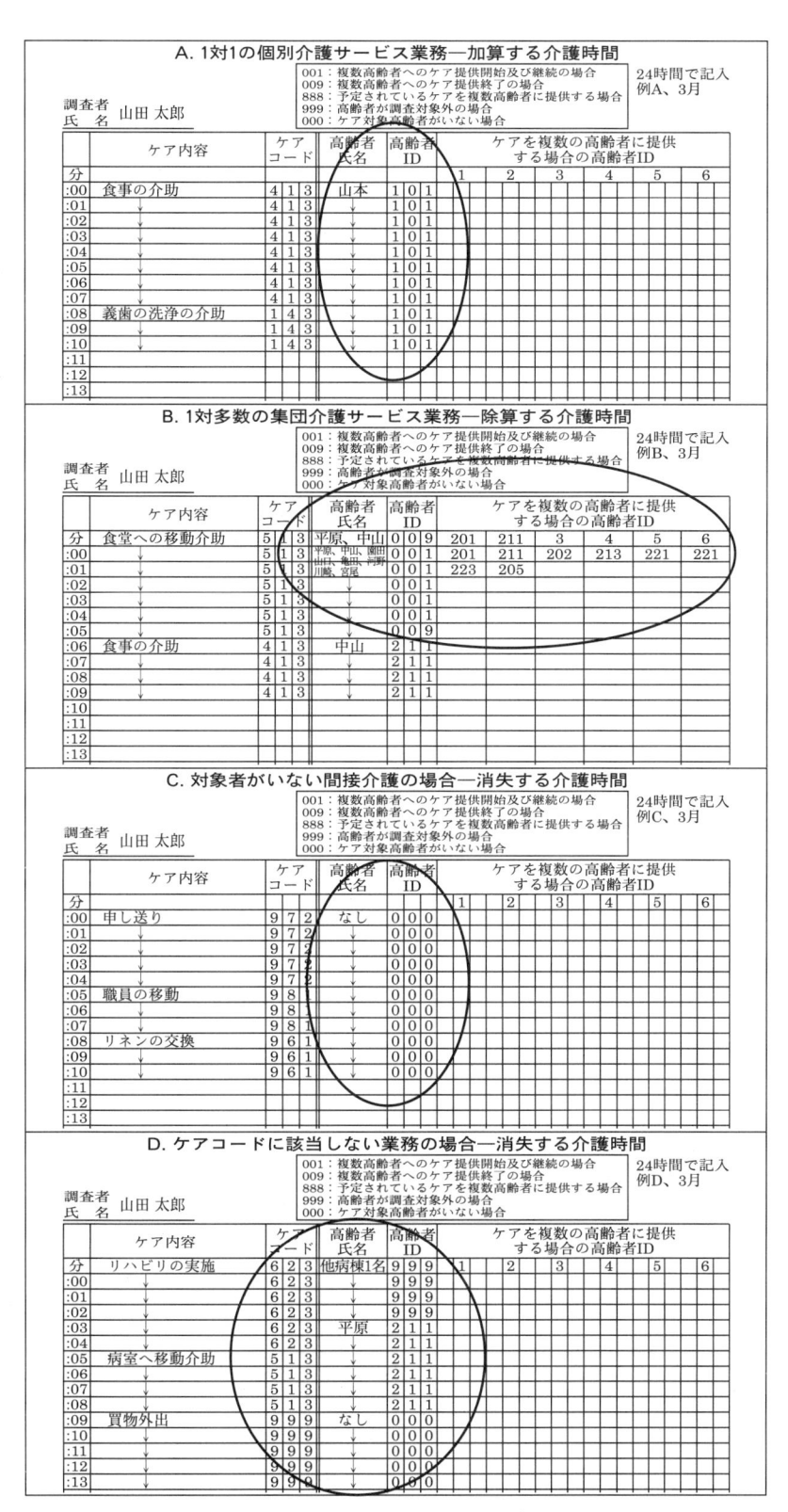

図 14-1　1分間タイムスタディにおける各種介護サービス業務内容の判別と算定
（第1回要介護認定調査検討会、2006年10月10日を一部改変）

ケアコード新版には生活自立支援33項目と社会生活支援31項目の64項目を追加しているが、改訂版ではその他の業務として32項目が計上されていた。それらは間接介護サービス業務であり直接対象者との関わりがないあるいはケアコードが判別不能であるので介護時間を算定するのは困難である（図14-1C、D）。要介護認定新版でも瞬間介護サービス業務を調査するので、ある業務から次の業務に移動している場合には、対象者に該当しない業務となる（図14-1C）。さらに集団的介護サービスは対間接介護サービスとして、集団介護サービスは介護時間が対象人数で除算されて、各要介護者等の介護時間は縮小して算定される（図14-1B）。ユニットケアあるいはグループホームのような小規模介護サービスでは、介護職員1対1要介護者の個別介護サービスの場合（図14-1A）には、そのまま介護時間が要介護者等に加算されて、それが要介護度に反映ならびに介護報酬に加算される。しかし、集団介護サービスを基調とする従来型の介護保険施設では、介護職員1対多数の要介護者となる場合（図14-1B）が多くなるのは必須であり、その場合に例えば1分間の介護サービスが6人に及べば、要介護者1人当たりは10秒間しか加算されないことになる。介護保険施設における介護職員はより多くの介護負担を伴う介護サービスにも関わらず、それが逆に介護時間が縮小して評価されて、要介護度の低下と介護報酬の低下を招くことになる。本来の介護実態との妥当性から、集団介護サービスの場合に各要介護者ごとの介護サービス時間の加算も再検討する必要がある。

要介護者等に対して配分された48時間の総合介護時間の調査を重視するのならば、集団介護サービスに対する介護負担や認知症介護などの質的介護評価を追加する必要がある。日中と夜間における介護時間だけで介護評価すると、介護負担度が非常に高いにも関わらず夜間施設介護報酬が削減されることになる。施設介護サービスの介護時間による量的介護評価では対象者が要介護者であるので、介護予防の対象である要支援者の判別をするためには居宅介護サービスも介護時間の調査に含めるべきである。基本的には、従来通りに寝たきり介護サービス業務である直接ADL介護サービス業務を中心に捉えられてしまい、今までの問題をそのまま積み残している。

第3節　介護保険法と障害者自立支援法による介護評価の統合

障害者自立支援法において、障害者がサービスを利用する場合は、障害程度区分の判定を受ける必要がある。これは介護保険と同様に、全国一律の判定基準による一次判定と市町村審査会における二次判定がある。居宅介護サービスあるいは施設介護サービスである介護給付を受ける場合には、その両者の判定が必要である。要介護認定と同じように、障害者の心身の状況を判定するための106項目の認定調査が行われている。

その判定過程には三段階があり、プロセスⅠでは介護保険の要介護認定調査項目の79項目で、要介護度（X_1）が判定される（図14-2）。プロセスⅡでは、行動障害のスコア及びIADLのスコアによる区分変更に関する判定により、一次判定の変更判定をしている。プロセスⅢで

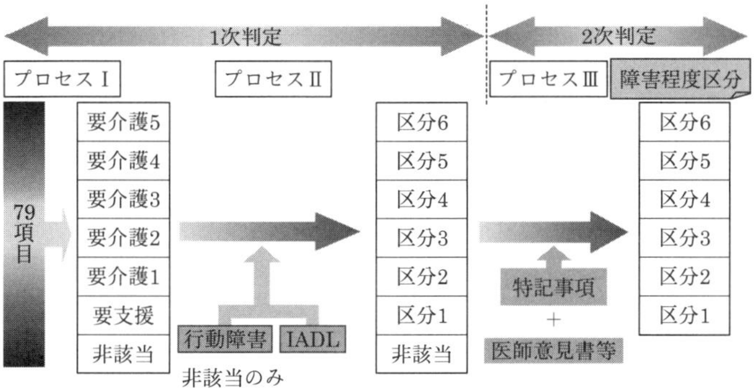

図 14-2 要介護認定から導びかれる障害程度区分

は、障害程度区分基準時間、認定調査の結果、特記事項、医師意見書を勘案して、二次判定をして最終の障害程度区分の判定をしている。

特にプロセスⅡのロジックは、障害程度区分等の試行事業の結果から、106項目の調査項目から7項目（調理・食事の配膳・掃除・洗濯・入浴準備、交通の利用）の生活関連活動（IADL）のスコア（S1）と問題行動関連項目である19項目の行動障害のスコア（S2）から、一次判定の最終判定（X4）を算出している。それは、106項目の調査項目を因子分析して大きく6群に分類している。要介護度の変更の有無と6群との関係をロジスティック回帰分析すると、ADL群とIADL群と行動障害群の調査項目が有意であるとした。しかしながらその他の認知機能障害群と生活項目群と精神症状群は考慮されないことになった。IADLのスコアが最終判定との高いPearsonの相関（0.772）があるとして区分変更に使用し、しかし認知症などの問題行動関連項目である行動障害は低い相関（0.199）として、わずかにスコアが0.07以上の場合のみ、非該当から区分1に変更することだけに使用している。障害程度区分（X_2）に対する要介護度スコア（X_1）とIADLスコア（S_1）との関係から重回帰分析により、$X_2 = 0.6903 \times X_1 + 0.1796 \times S1 + 1.1148$の算出式で、要介護度とIADL等からの積算する障害程度区分のスコア等で一次判定の最終判定を示している（図14-3）。

これらは、厚生労働科学研究費補助事業「新たな障害程度区分の開発と評価等に関する研究（2005年度）」に基づいて試行事業がされ、最初から障害程度区分は介護保険の要介護認定を基準にすることが前提とされている。要介護認定改訂版の要介護度とADL群ならびにADL群とIADL群の調査項目が、日常生活活動における動作学的構造解析からも類似して相関関係が高いのは明白である。ロジスティック回帰分析や重回帰分析の場合に、その説明変数の中に互いに相関が高いものが存在すると多重共線性により、推定結果に信頼度が低下して有意な推定が行えない。統計ソフトでは簡単に重回帰分析できるが、逆にその該当する変数の除去、変数の合成、縮約、リッジ回帰分析などを検討しない重回帰分析では、あるがままの障害実態は把握できない。パラメータの推定・検定、確率の推定、モデルの適合・比較による分析の信頼性や妥当性すらも報告されていない。

〔X1〕〜〔X4〕の変数については、以下の数値を当てる。

要介護	要介護5	要介護4	要介護3	要介護2	要介護1	要支援	非該当
区分	区分6	区分5	区分4	区分3	区分2	区分1	非該当
変数	7	6	5	4	3	2	1

1. 要介護認定調査79項目を使用して要介護度〔X1〕を算出する。
2. IADLスコア（S1）、行動障害スコア（S2）を下記のIADLスコア表と行動障害スコア表に基づいて算出する。
3. 以下の数式に当てはめ、変数〔X2〕を算出する。
   〔X2〕= 0.6903 ×〔X1〕+ 0.1796 ×（S1）+ 1.1148
4. 以下の計算を行い、変数〔X3〕、〔X4〕を算出する。
   〔X3〕=〔X2〕−〔X1〕
   ○ 〔X3〕＜1の場合、
     ① 〔X1〕= 1（非該当）であり、S1 > 1.28 又は S2 > 0.07 の場合、〔X4〕=〔X1〕+ 1
     ② 上記以外の場合、〔X4〕=〔X1〕
   ○ 1≦〔X3〕＜1.5の場合、〔X4〕=〔X1〕+ 1
   ○ 1.5≦〔X3〕の場合、〔X4〕=〔X1〕+ 2
5. 〔X1〕、〔X4〕を一次判定の候補とし、区分として表記する：〔X1〕→〔X4〕

IADLスコア表（各項目の点数を総計した点数について、7点満点（全項目が全介助）を6点満点に置き直して再計算した結果値をスコアとする。）

調理（献立を含む）	できる	0	見守り・一部介助	0.5	全介助	1.0
食事の配膳・下膳（運ぶこと）	できる	0	見守り・一部介助	0.5	全介助	1.0
掃除（整理整頓を含む）	できる	0	見守り・一部介助	0.5	全介助	1.0
洗濯	できる	0	見守り・一部介助	0.5	全介助	1.0
入浴の準備と後片付け	できる	0	見守り・一部介助	0.5	全介助	1.0
買い物	できる	0	見守り・一部介助	0.5	全介助	1.0
交通手段の利用	できる	0	見守り・一部介助	0.5	全介助	1.0

行動障害スコア表（各項目の点数を総計した点数について、19点満点（全項目が最高点）を6点満点に置き直して再計算した結果値をスコアとする。）

泣いたり、笑ったりして感情が不安定になる	ない	0	ときどきある	0.5	ある	1.0
暴言や暴行	ない	0	ときどきある	0.5	ある	1.0
しつこく同じ話をしたり、不快な音を立てる	ない	0	ときどきある	0.5	ある	1.0
大声をだす	ない	0	ときどきある	0.5	ある	1.0
助言や介護に抵抗する	ない	0	ときどきある	0.5	ある	1.0
目的もなく動き回る	ない	0	ときどきある	0.5	ある	1.0
「家に帰る」等と言い落ち着きがない	ない	0	ときどきある	0.5	ある	1.0
1人で外に出たがり目が離せない	ない	0	ときどきある	0.5	ある	1.0
いろいろなものを集めたり、無断でもってくる	ない	0	ときどきある	0.5	ある	1.0
物や衣類を壊したり、破いたりする	ない	0	ときどきある	0.5	ある	1.0
特定の物や人に対する強いこだわり	ない	0	ときどきある	0.5	ある	1.0
多動または行動の停止	ない	0	希にある / 週に1回以上	0.25 / 0.75	月に1回以上 / ほぼ毎日	0.5 / 1.0
パニックや不安定な行動	ない	0	希にある / 週に1回以上	0.25 / 0.75	月に1回以上 / ほぼ毎日	0.5 / 1.0
自分の体を叩いたり傷つけるなどの行為	ない	0	希にある / 週に1回以上	0.25 / 0.75	月に1回以上 / ほぼ毎日	0.5 / 1.0
叩いたり蹴ったり器物を壊したりなどの行為	ない	0	希にある / 週に1回以上	0.25 / 0.75	月に1回以上 / ほぼ毎日	0.5 / 1.0
他人に突然抱きついたり、断りもなく物を持ってくる	ない	0	希にある / 週に1回以上	0.25 / 0.75	月に1回以上 / ほぼ毎日	0.5 / 1.0
環境の変化により、突発的に通常と違う声を出す	ない	0	希にある / 日に1回以上	0.25 / 0.75	週に1回以上 / ほぼ毎日	0.5 / 1.0
突然走っていなくなるような突発的行動	ない	0	希にある / 日に1回以上	0.25 / 0.75	月に1回以上 / 日に頻回	0.5 / 1.0
再三の手洗いや、繰り返しの確認のため、日常動作に時間がかかる	ない	0	ときどきある	0.5	ある	1.0

図14-3　障害程度区分の判定プロセスIIの区分変更基準
（障害保健福祉総合研究事業「新たな障害程度区分の開発と評価等に関する研究」2006年3月から一部改変）

第4節　障害者に対する要介護認定基準の妥当性

　障害者に対する要介護認定の妥当性が、2,468名の障害者に対する調査として、長寿科学総合研究（2004年度）「要介護状態の評価における精神、知的及び多様な身体障害の状況の適切な反映手法の開発に関する研究」ならびに老人保健・健康増進事業（2004年度）「介護ニーズ評価に関する調査研究事業」で調査されている。

　身体障害者では、要介護度と障害程度区分は高い相関性を示し、知的障害者では精神障害者に比較して若干高い相関性を示し、精神障害者では低い相関しか得られなかったと報告している。特に精神障害者では、半数が要支援（35%）あるいは要介護1（17%）で、残りの半数が非該当（46.1%）であり、中度が要介護3（0.1%）と要介護2（1.8%）で2%未満であり、重度者は皆無である。身体障害者と知的障害者で、身体介護を中心として必要な場合に限りある程度相関して、その他の場合には別のロジックが必要であると報告している。障害程度区分の二次判定の変更率は、身体障害（33.2%）、知的障害（58.9%）、精神障害（58.8%）であり、知的障害と精神障害に対する要介護認定はほとんど不能である。

　身体障害者には肢体不自由者だけでなく、視覚障害者ならびに聴覚障害者がいるので、その方々は認定調査項目がほとんど自立になる場合には、精神障害者と同じように軽度者や非該当になる可能性がある。さらに肢体不自由のない内部障害者として、在宅酸素療法や透析などを受けている場合や、心臓ペースメーカーや人工肛門の内部障害者や難病者の場合も精神障害者と同様に軽度者や非該当に判定されてしまう。知的障害者の場合も同じように、身体介護を必要としない、生活自立で生活訓練や就労支援を受ける場合も、軽度者あるいは非該当になる。知的障害者や精神障害者の場合に、問題行動や認知症高齢者の日常生活自立度に該当しにくいので認知症による区分変更ができず軽く出る傾向になる。これらのことは介護サービスの介護時間という量的介護評価である要介護認定では、質的介護評価ができないことを証明している。

　要介護認定の方式では介護評価が困難な事例が出てくる。特に心身が自立しているが、生活障害を抱える事例などがある。要介護認定では介護サービスの介護時間に対する心身の障害度が重視されているために、その他の生活自立面や社会生活面等を介護時間では把握が困難である。その不備を防ぐはずになるべき概況調査も二次判定で軽視されている。介護保険は保険技術を用いた介護等を事故とする被保険者に対して経済的に介護サービスの費用を免責する手段であるが、障害者等を対象とする社会福祉では、そのような経済過程からも乖離している経済外的存在を対象として救済している。社会構造改革に伴う産業の変革や合理化で、経済過程から切り離される社会福祉の対象者は多様化してくる。それに対応して介護保険が拡大することによって社会福祉が吸収されるのではなく、それらを補完する社会福祉も多様化して対応する必要性が高まってくる。障害者等に対する介護サービスの標準化と専門性にも、このように多

様化して対応することが求められるのであり、質的介護評価を伴わない量的介護評価による要介護認定基準では公平なる適用は困難であり、総合介護認定に構造改革することが必須である。

第5節　障害者自立支援法の障害程度区分と報酬単価

障害者自立支援法では、利用者の障害程度区分に応じて、障害者に介護給付によるサービスの提供体制が確保されるように、必要な人員配置の基準及び報酬単価をきめ細かく設定している（表14-3）。生活介護の対象者は、区分3以上（施設入所を伴う場合には区分4以上）の障害者となり、さらに50歳以上の障害者では区分2以上（施設入所を伴う場合には区分3以上）になっているが、障害程度区分から上記の対象者の報酬設定基準とその年齢等の適用条項の学術的根拠がない。また障害程度区分の一次判定の基準となっている要介護認定の要介護度で対比すれば、生活介護は要介護2以上（施設入所を伴う場合には要介護3以上）に相当することになる。これらを介護保険と対比すれば、介護保険施設入所基準は要介護3（50歳以上要介護2）以上となり、居宅介護サービスの介護給付は要介護2（50歳以上要介護1）以上に該当することになる。

表14-3　日中活動系サービス【生活介護サービス費】の報酬単価と基準

区分	報酬単価 定員40人以下	定員41人以上60人以下	定員61人以上80人以下	定員81人以上	サービス提供職員配置基準（常勤換算）	平均障害程度（※）	
生活介護サービス費（Ⅰ）	1,262単位	1,232単位	1,177単位	1,162単位	1.7：1以上	平均区分5.0以上	区分6の者が60％以上
生活介護サービス費（Ⅱ）	1,119単位	1,088単位	1,043単位	1,029単位	2：1以上		区分6の者が50％以上
生活介護サービス費（Ⅲ）	955単位	924単位	891単位	877単位	2.5：1以上		区分6の者が40％以上
生活介護サービス費（Ⅳ）	846単位	817単位	789単位	776単位	3：1以上	平均区分4.5以上	区分5・6の者が50％以上
生活介護サービス費（Ⅴ）	770単位	736単位	718単位	704単位	3.5：1以上		区分5・6の者が40％以上
生活介護サービス費（Ⅵ）	696単位	667単位	645単位	633単位	4：1以上	平均区分4.0以上	区分5・6の者が40％以上
生活介護サービス費（Ⅶ）	650単位	618単位	601単位	588単位	4.5：1以上		区分5・6の者が30％以上
生活介護サービス費（Ⅷ）	606単位	578単位	564単位	551単位	5：1以上	平均区分4.0未満	区分5・6の者が30％以上
生活介護サービス費（Ⅸ）	577単位	546単位	533単位	522単位	5.5：1以上		区分5・6の者が20％以上
生活介護サービス費（Ⅹ）	547単位	515単位	510単位	496単位	6：1以上		
生活介護サービス費（XI）	502単位	473単位	460単位	446単位	10：1以上	経過措置利用者	

※1　生活介護の対象者は、区分3以上（施設入所を伴う場合は区分4以上）。
　　　ただし、50歳以上の者にあっては、区分2以上（施設入所を伴う場合は区分3以上）。
※2　サービス提供職員の配置（常勤換算）については、
　　　① 平均区分5以上の場合、3：1以上
　　　② 平均区分4以上5未満の場合、5：1以上
　　　③ 平均区分4未満の場合、6：1以上
　　を最低基準とする。
※3　平均障害程度区分の算定に当たっては、経過措置による利用者を除く。

従来どおり認定調査票ならびに介護サービスの種類を定めるケアコード分類では、ほとんど要介護認定基準が変更されない。従来から問題となっている認知症高齢者など、若年障害者などの知的障害者・精神障害者、難病などの特定疾病者などの介護時間が適正に介護評価できない。認知症、知的障害者、精神障害者に対する障害程度区分と要介護認定は、特に妥当性が乏しい障害程度区分判定において、報酬単価の区分をきめ細かく設定しても、利用者の障害程度区分に介護給付が応じることは困難である。

そこに障害者自立支援法では原則として、①平均障害程度区分、②人員配置、③重度障害者の割合の要件で報酬区分が設定される仕組みに変わった。平均障害程度は、Σ（各障害程度区分×延べ利用日数）÷Σ延べ利用日数にて算出される。平均障害程度区分は、Σ（区分ごとに該当する前年度の延べ利用者数×区分数）÷総延べ利用者数にて算定される。各障害者の障害程度区分が各報酬単価に影響するのではなく、その事業所全体の平均障害程度区分によって決定される。もし平均障害程度区分より低い軽度者が生活介護サービスの利用を希望する場合に、平均障害程度区分が低下することを恐れて利用制限や追い出しがかかり、逆により儲かる重度者だけを利用を促進する逆選択やモラルハザードに成りかねない。各障害者の介護サービスの介護時間によって要介護認定で障害程度区分が設定されているのに、報酬単価だけが全体の介護サービスの利用状況に応じて影響を受けるのは不公平であり、介護サービスの標準化と専門性が考慮されておらず公平な運用であるとは言えない。

第6節　保健医療福祉サービスの標準化と専門性

（1）診断群分類による包括医療介護サービス評価

厚生労働科学研究費（2001～2003年度）「急性期入院医療試行診断群分類を活用した調査研究」にて開発された診断群分類（DCP: Diagnosis Procedure Combination）が2003年度から特定機能病院に導入された。特定機能病院等の診療報酬のデータをもとに、第1段階として「診断名」によるグループ分け、第2段階として「手術の術式」、第3段階として「処置等の有無」、第4段階として「合併症（副傷病名）の有無」、第5段階として「重症度等」により、要介護認定の樹形図方式にて細分割されている。その最終的なグループを診断群として分類して、14桁の診断群分類番号で構成している（図14-4）。最終グループが20事例以上で、変動係数が1以下としている。475診断名によるグループを16の主要診断群（MDC: Major Diagnostic Category）に大別している。それらの判定ロジックとして、全診断群分類を樹形図（ツリー図）として提示している。従来の出来高払い評価から、あたかもあみだくじのごとくはしご段を下る樹形図である包括評価に転換した。

その診断群分類のロジックは学術的根拠もなく、臨床現場における診断から治療に至る医学モデルの思考に迎合させるように構築され、基本的な分岐構造を上記の5層構造にしている。

さらに分類コード化することにより、それを相対的に設定することで、包括医療介護サービス評価をしている。集積された膨大なデータを解析してからロジックを設定したのではなく、診療報酬の設定と導入のためにロジックが構築されて、都合良く分別された。その妥当性や信頼性なども設定前にはほとんど考慮されずに、診療報酬支払いのための分類として構築された。患者も、DCPベルトコンベアにより分別されてから、その範囲のなかで最少限の医療介護サービスの適用を受けることになる。これからはアメリカ版のDRG（診断群別）方式である日本版DPCが日本の医療介護現場にも押し寄せてくる。

■胃がんの場合（30日間入院）：155,229点
◇診断群分類：胃の悪性腫瘍、開腹胃全摘術（処置等、副傷病なし）
　　＊1日当たり点数　14日まで　2,939点　15日～28日　2,172点
　　　　　　　　　　29日以上　1,846点
◇入院医療機関：A大学附属病院
　　＊医療機関別係数：1.0507　調整係数：1.0245　紹介外来加算：0.0257
　　　　　　　　　　　　　　　診療録管理体制加算：0.0005
（算定内訳）
○包括評価＝（2,939点×14日＋2,172点×14日＋1,846点×2日）×1.0507＝79,060点
○出来高評価＝76,169点（胃全摘術等）
（参考）診断群分類

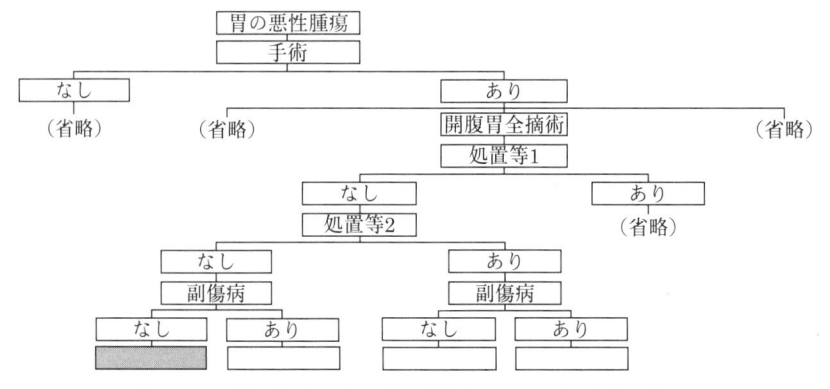

図14-4　診断群分類（DPC）の樹形モデルによる包括評価
（出所）中央社会保険医療協議会総会、2003年2月26日。

（2）療養型病床群の医療区分とADL区分

療養型病床群は、医療サービスの必要度の高い患者だけに限定して医療保険で1本化し、介護療養型医療施設を2010年度末に廃止して、医療療養型医療施設は半減することが2006年に策定された。この移行の要件として必要度の医療介護サービス評価として医療区分とが2006年7月から導入された。医療介護サービスの必要度に応じて「医療区分1～3」と「ADL区分1～3」で、5段階別の診療報酬が設定された。医療区分3は常時・監視・管理を必要とする9項目、医療区分2は難病・特定疾病・頻回な医療処置など25項目、最も必要度の低い医療区分3は区分2・3に該当しない場合と規定された。ADL区分は、ベッド上の可動性、移乗、食事、トイレ使用の4項目ごとに自立（0点）から全介助（6点）までの得点を合計して、

ADL 区分 3 は 23 〜 24 点、ADL 区分 2 は 11 〜 22 点、ADL 区分 1 は 0 〜 10 点に区分した。特に医療区分 1 で ADL1 〜 2 区分が、病院 764 点と診療所 520 点と最低限の診療報酬となり、概ね 10% 以上も減収した。

　中央社会保険協議会の分科会では、療養病床の区分ごとの医療介護情報が公表された（表 14-4）。この場合でも医療介護サービスの標準化と専門性を呈示するために、ケア時間等の実態調査により量的ケア評価されている。診療報酬に対してケア時間と患者費用とが乖離しているので、診療報酬自体がその根拠に乏しく療養型病床群を半減するための政策的手段になっていることが示唆される。これに対してすぐに日本医師会は「療養病床の再編に関する緊急調査（2006 年 11 月）」で医療区分 1 の約 4 割が介護難民、約 2 割が医療難民になると警鐘を鳴らした。

表 14-4　慢性期入院医療の包括評価調査分科会の医療区分と ADL 区分の実態調査（2006 年 9 月）

| 診療報酬 | ケア時間 | 医療区分 1 | | 医療区分 2 | | 医療区分 3 | |
患者費用	構成比						
ADL 区分 3		885 点	115.9 分	1,344 点	130.2 分	1,740 点	176.4 分
		5,156 円	14%	6,257 円	18.3%	9,275 円	6.3%
ADL 区分 2		764 点	104 分	1,344 点	123.7 分	1,740 点	155.7 分
		4,557 円	16.1%	5,661 円	10.2%	8,132 円	1.2%
ADL 区分 1		764 点	75.5 分	1,220 点	90.2 分	1,740 点	105.9 分
		3,484 円	17.5%	4,646 円	7.2%	5,285 円	1.3%

（3）　介護予防における特定高齢者の評価と判定

　2006 年度からの介護保険改正により、介護サービスが予防重視システムに構造転換されることになった。要支援者に対する介護予防に加えて、特定高齢者を対象とする介護予防のケアプランに基づく地域支援事業が実施された。市区町村が管轄する地域包括支援センターに所属する保健師（看護師）・社会福祉士・主任ケアマネジャー等が中心となって介護予防支援ならびに地域支援事業が展開される。それらは通所系介護サービスによる介護予防サービスを中心に実施される。要支援者は要介護認定にて要支援 1 あるいは要支援 2 に判定されると介護予防の対象となり、それ以外の非該当者から特定高齢者を基本チェックリストから介護予防サービスの対象者を選定することになった。特定高齢者は①運動機能の 5 項目が全て該当②栄養の 2 項目全て該当③口腔機能の 3 項目が全て該当④うつの 5 項目を除く 20 項目のうち 12 項目以上が該当する条件によって選定される（表 14-5）。厚生労働省は、高齢者の約 5% が特定高齢者に該当すると想定していたが、2006 年 9 月でわずかに 0.2% 程度しか選定されていない。

表 14-5 特定高齢者の選定のための基本チェックリスト

No.	質問項目	回答（いずれかに○をお付け下さい）	
1	バスや電車で1人で外出していますか	0. はい	1. いいえ
2	日用品の買物をしていますか	0. はい	1. いいえ
3	預貯金の出し入れをしていますか	0. はい	1. いいえ
4	友人の家を訪ねていますか	0. はい	1. いいえ
5	家族や友人の相談にのっていますか	0. はい	1. いいえ
6	階段を手すりや壁をつたわらずに昇っていますか	0. はい	1. いいえ
7	椅子に座った状態から何もつかまらずに立ち上がっていますか	0. はい	1. いいえ
8	15分位続けて歩いていますか	0. はい	1. いいえ
9	この1年間に転んだことがありますか	1. はい	0. いいえ
10	転倒に対する不安は大きいですか	1. はい	0. いいえ
11	6ヵ月間で2〜3kg以上の体重減少がありましたか	1. はい	0. いいえ
12	身長　　　cm　体重　　　kg　（BMI　　　）（注）		
13	半年前に比べて固いものが食べにくくなりましたか	1. はい	0. いいえ
14	お茶や汁物等でむせることがありますか	1. はい	0. いいえ
15	口の渇きが気になりますか	1. はい	0. いいえ
16	週に1回以上は外出していますか	0. はい	1. いいえ
17	昨年と比べて外出の回数が減っていますか	1. はい	0. いいえ
18	周りの人から「いつも同じ事を聞く」などの物忘れがあると言われますか	1. はい	0. いいえ
19	自分で電話番号を調べて、電話をかけることをしていますか	0. はい	1. いいえ
20	今日が何月何日かわからない時がありますか	1. はい	0. いいえ
21	（ここ2週間）毎日の生活に充実感がない	1. はい	0. いいえ
22	（ここ2週間）これまで楽しんでやれていたことが楽しめなくなった	1. はい	0. いいえ
23	（ここ2週間）以前は楽にできていたことが今ではおっくうに感じられる	1. はい	0. いいえ
24	（ここ2週間）自分が役に立つ人間だと思えない	1. はい	0. いいえ
25	（ここ2週間）わけもなく疲れたような感じがする	1. はい	0. いいえ

IADL・社会的交流（1〜5）、運動機能（6〜10）、栄養（11〜12）、口腔機能（13〜15）、閉じこもり（16〜17）、認知症（18〜20）、うつ（21〜25）の関係項目。
（注）BMI（＝体重（kg）÷身長（m）÷身長（m））が18.5未満の場合に該当とする。

　この基本チェックリストによる介護評価の一部には、日常生活活動の評価では捉えられない高齢者の生活機能を評価するために開発された13項目の多次元尺度である老研式活動能力指標（TMIG Index of Competence）に由来している。この指標は、「手段的自立」より上位の生活機能を評価できる尺度がほとんどない中で、「社会的役割」の評価を含む重要な尺度であり、国際生活機能分類（ICF）からも、生活機能の評価に適したものと考えられる。要介護認定は日常生活活動に対する介護サービス時間を基に、要支援も選定しているが、生活関連活動に対する介護予防サービス時間は評価されていない。要介護認定において介護予防サービスに対する生活機能評価を加えることで、要支援者など軽度者の選定する機能を向上することが求められる。

第7節　福祉サービスにおける標準化と専門性

　本研究は、「転換期の施設福祉サービスマネジメントに注目して、社会福祉士の拠って立つ専門性とソーシャルワークとの関係で、あるべき方向性を明らかにしようとするもの」である。その研究では、①本研究で用いるソーシャルワークの枠組み、機能、特徴に関する分析、②これまで開発されている福祉サービスの評価項目や評価基準の照合及び一致点・相違点の分析、そしてそれらを踏まえた上で、③「実習指導者養成研究会」のソーシャルワークの枠組みを参考にしてヒヤリング項目を作成し、今日ソーシャルワーカーに本来求められている福祉サービス業務とは何かを明らかにするために、まず現状のソーシャルワーク業務の実態を把握するための調査が行なわれた（福祉サービスマネジトメント研究プロジェクト、2004・2005年度）。

　その研究成果から、老人福祉施設5施設と、障害者福祉施設2施設に対してヒヤリング調査を実施し、各施設に従事するソーシャルワーカーの福祉サービス業務の実態を明らかにすることができた。これは、各施設の状況については、①施設内の状況、②施設内従業者の状況に分類され、それを踏まえたうえで、ソーシャルワーカーが関わっている福祉サービス業務の内容及びそれに対する各施設の主観的評価を数量化し、その分布状況について明らかにされた（表14-6）。業務へのかかわり度は、5全て行っている、4主に行っている、3時々行っている、2まれに行っている、1全く行っていないで評価している。業務への満足度は、5非常に満足している、4満足している、3どちらともいえない、2不満である、1非常に不満であるで評価している。社会福祉士としての専門性の必要度は、5非常に必要である、4必要である、3どちらともいえない、2必要でない、1全く必要でないで評価して、各業務項目における5と4の百分率を求めた。

　その14の指標のうち関わり度では、(1) 相談支援における施設内関係職種と連携している (2) アセスメントの記録はなされている (3) ニーズの把握において対応できないことについて利用者に説明している (4) 権利擁護において、利用者の人権やプライバシーを保護している (5) ニーズ把握において、利用者の要望やニーズへの対応を行っている (6) チームマネジメントにおいて、施設内での各職種との連携・調整をしている (7) ニーズ把握において、利用者の要望やニーズの把握をしている (8) 相談支援において、利用者の自己決定への支援を行っている (9) 相談支援において、プライバシーへの配慮を行っている (10) 契約において、契約のための情報提供や重要事項を説明しているが、福祉サービス業務への関わり度が高い上位10ソーシャルワーク業務であった。

　福祉サービスを条件付けする変数となる福祉サービスの標準化と専門性を整理したものである（図14-5）。福祉サービスは、最終的には人対人つまりソーシャルワーカー個人によりサー

ビス提供されることになることから、ソーシャルワーカー個人をソーシャルワーカーとして条件付けする要素を明らかにする必要がある。個人をソーシャルワーカーとして条件付ける、またそれに関係する要素としては、ソーシャルワーカー個人のアイデンティティー、受けた専門的教育の程度、社会的地位（役割）の状況、専門資格の有無、スーパービジョンをはじめとしたソーシャルワーカーをサポートする体制の有無と活用の程度、経験年数、年齢、帰属集団の状態（環境）などがある。次にソーシャルワーカーの実践は、専門的実践でなければならないが、ソーシャルワークの専門性とは何かを明らかにし、その上でソーシャルワーカーの実践を評価する必要がある。なお専門性について検討する場合には、他の専門職とも共通する専門職としての専門性と、ソーシャルワーカー独自の専門性の二つの側面から検討し整理する必要がある。

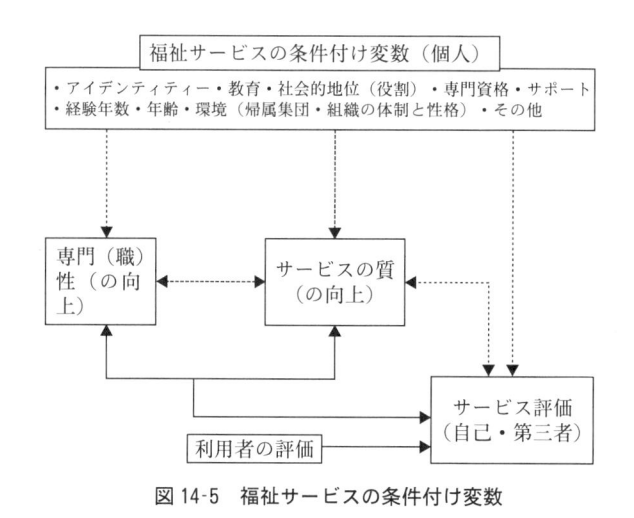

```
            ┌─────────────────────────────────────┐
            │   福祉サービスの条件付け変数（個人）    │
            │ ・アイデンティティー・教育・社会的地位  │
            │  （役割）・専門資格・サポート           │
            │ ・経験年数・年齢・環境（帰属集団・組織  │
            │   の体制と性格）・その他               │
            └─────────────────────────────────────┘
                    │              │
                    ▼              ▼
            ┌──────────┐    ┌──────────┐
            │ 専門(職) │◄┈►│サービスの質│
            │ 性（の  │    │ （の向上）│
            │  向上） │    │          │
            └──────────┘    └──────────┘
                 │                │
                 │                ▼
                 │          ┌──────────────┐
                 │          │サービス評価    │
                 └─────────►│(自己・第三者) │
            ┌──────────┐    └──────────────┘
            │利用者の評価│──────►
            └──────────┘
```

図 14-5　福祉サービスの条件付け変数

サービスの質については、それを構成する要素について検討する必要があるが、非常に多様な視点からのアプローチが必要である。提供されるサービスの質について誰が評価するのかということを考えた場合、利用者、専門職、第三者などの視点から行なわれることになるが、この三者の視点と内容はそれぞれに異なり多様である。またサービスの質の評価は、その時の社会的要因に左右されやすい。例えば、現在ではサービスの質を評価する上で情報開示の有無とその内容が検討され、また苦情解決の取り組みが求められているが、かつてはこのような視点はなかった。従って、サービスの質を構成する要素は社会背景的要因により変化するということも踏まえておく必要がある。サービスの質を検討する上で必要なサービス評価については、第三者評価は利用者の評価、専門職の評価などに分けられることになるが、これもまた多様である。福祉サービスの評価を検討する場合、ソーシャルワーカーを条件付ける福祉サービスの標準化と専門性、サービスの質、サービス評価の関係性を明確にした上で試みる必要がある。

表14-6 ソーシャルワーク業務の内訳と主観的評価

業務指標	業務項目	関わり度	満足度	必要度
(1) ニーズ把握		70.1	42.7	63.0
	①入所前の相談を実施	62.9	47.1	65.7
	②契約締結にかかわる要望やニーズを把握	64.7	45.6	64.7
	③利用者の要望やニーズの把握	73.5	48.5	67.2
	④利用者の要望やニーズへの対応	73.9	40.6	65.2
	⑤対応できないことについて利用者に説明	75.4	31.9	52.2
(2) 契約		61.2	41.7	52.0
	①入所にあたり契約を締結	63.8	42.6	51.5
	②契約に関する方法を関係職員で共有	57.4	33.8	47.1
	③契約のための情報提供や重要事項を説明	68.1	48.5	57.4
(3) アセスメント		59.4	34.5	66.2
	①利用者の生活全体を理解するためのアセスメント	65.6	35.4	66.2
	②アセスメントに基づく課題分析	55.4	30.8	66.2
	③アセスメントに基づくニーズの抽出	60.0	38.5	64.6
	④在宅復帰を視野に入れてアセスメントを実施	37.5	18.5	66.2
	⑤アセスメントの記録	78.5	49.2	67.7
(4) ケアプラン		51.9	31.1	60.6
	①利用者一人ひとりの状態に合わせた個別のケアプランを作成	64.4	42.4	64.4
	②利用者や家族の希望をケアプランへ反映	55.2	34.5	61.4
	③個別のケアプランを中期・長期計画の視点で作成	54.2	25.4	59.3
	④在宅復帰を視野に入れてケアプランを作成	30.5	13.6	61.0
	⑤利用者の潜在能力を取り入れたケアプランの作成	52.5	32.2	57.6
	⑥ケアプランの内容について書面で同意を得ている	55.9	37.3	57.6
	⑦モニタリングをしている	50.8	32.2	62.7
(5) チームマネジメント		54.6	37.1	55.2
	①サービス担当者会議に参加	59.6	46.4	66.1
	②サービス担当者会議の企画・運営をする	54.4	32.1	58.2
	③職員会議の企画	50.0	35.7	46.4
	④職員会議の運営	39.3	32.1	44.6
	⑤業務改善検討会などの企画・運営をしている	50.9	33.9	56.1
	⑥施設内で各職種との連携・調整をしている	73.7	42.1	59.6
(6) 職員研修		41.7	32.1	62.1
	①施設内研修の立案をしている	46.4	30.9	65.5
	②施設内研修を実施している	57.1	36.4	69.1
	③施設内研修の評価をしている	35.7	30.9	58.2
	④施設外研修の立案をしている	41.1	30.9	58.2
	⑤施設外研修の実施をしている	37.5	32.7	61.8
	⑥施設外研修の評価をしている	32.1	30.9	60.0
(7) スーパービジョン		28.6	23.6	68.0
	①スーパービジョンをしている	41.8	29.1	74.1

	②スーパービジョンを受けている	14.8	18.2	69.1
	③スーパービジョンにより業務の管理が図られている	24.1	25.5	63.6
	④スーパービジョンにより教育効果が得られている	32.7	21.8	68.5
	⑤スーパービジョンにより自己覚知（支持）が促されている	29.6	23.6	64.8
(8) 権利擁護		57.2	34.8	77.5
	①権利擁護に関する業務を担当	57.4	22.6	79.2
	②利用者・家族の声、意見について検討、フィードバック	66.7	37.0	72.2
	③利用者の人権・プライバシーを保護	74.1	53.7	81.5
	④成年後見制度・地域福祉権利擁護事業の活用	39.6	24.5	75.5
	⑤成年後見人や代理人（家族を含む）と連携	48.1	35.8	78.8
(9) 苦情解決		49.8	29.3	71.7
	①利用者・家族から要望、苦情を受け付け業務を担当	55.6	34.0	73.6
	②利用者・家族からの要望、苦情をフィードバック	64.2	34.6	69.8
	③第三者委員と連携	29.6	19.2	71.7
(10) 相談支援		70.2	51.3	77.1
	①経済的・社会的・心理的などの相談業務を担当	67.3	50.0	78.8
	②利用者の相談支援の周知	61.5	46.2	76.9
	③利用者の自己決定への支援	73.1	48.1	80.8
	④施設内の関係職種との連携	82.7	61.5	72.0
	⑤施設外（地域）の関係職種との連携	65.4	48.1	80.8
	⑥プライバシーの配慮	71.2	53.8	73.1
(11) 医療と介護		42.7	31.2	51.7
	①看護・医療サービスへの連絡調整	64.7	47.1	80.0
	②ターミナルケアの場所や方法の選択ができる支援	48.0	30.0	64.0
	③福祉用具の選択ができる支援	33.3	25.5	54.9
	④食事に関する適切な支援	33.3	27.5	37.3
	⑤排泄に関する適切な支援	31.4	21.6	33.3
	⑥入浴に関する適切な支援	29.4	24.0	33.3
	⑦移動・外出支援	58.8	43.1	58.8
(12) QOLの向上（介護予防等）		36.7	27.7	51.3
	①寝たきり等の防止の対策	23.5	17.6	41.2
	②行動制限（抑制、拘束等）への取り組み	45.1	32.0	62.7
	③個別および集団の活動参加への支援	35.3	35.3	58.8
	④嗜好品を自由に楽しむことができる支援	42.9	27.5	52.9
	⑤新聞、雑誌等の利用や通信が行える支援	39.2	23.5	45.1
	⑥金銭等の自己管理の支援	45.1	40.0	54.9
	⑦介護予防への支援	25.5	17.6	43.1
(13) 施設運営管理等		43.1	26.1	44.4
	①職員に組織の理念および方針を周知	53.8	28.8	53.8
	②利用者・家族に組織の理念および方針を周知	44.2	30.8	51.9
	③様々な媒体を通して施設情報を提供	38.5	26.9	40.4
	④利用者・家族の請求に基づく介護記録等の開示	55.1	34.0	60.8

	⑤職員の労働安全衛生の体制整備	30.8	20.0	36.5
	⑥設備等の整備	31.4	13.5	30.8
	⑦施設内における災害発生時の体制整備	48.1	28.8	36.5
(14) 地域との連携		43.2	33.8	69.3
	①地域の保健医療・福祉関係機関・団体と連携	57.1	42.9	81.3
	②地域の社会資源（インフォーマル）と連携	44.9	36.7	70.8
	③地域との連携強化の取り組み	49.0	34.7	71.4
	④地域住民のニーズへの対応	26.5	20.4	69.4
	⑤施設の設備等を地域に開放	30.6	24.5	49.0
	⑥実習生の受け入れ、育成	57.1	49.0	81.6
	⑦ボランティアの受け入れ、育成	40.8	30.6	67.3
	⑧福祉教育（小中学生）の受け入れ、育成	39.6	31.9	63.8

謝辞

多数の保健福祉機関および関係者にご支援とご協力を賜り、ここに深謝しあげます。この研究成果の一部は、2005年から2007年度の科学研究費補助金（基盤研究）「介護保険制度と要介護認定における介護モデルの構築に関する研究」による。

注)

本章は、住居広士監訳『マネジドケアとは何か』ミネルヴァ書房、2004.10 と社団日本社会福祉士会福祉サービスマネジメント研究プロジェクト「福祉サービスの質の向上に関する調査研究報告書」2004、2005. を一部修正加筆した。

参考文献

1) 土屋弘吉他『日常生活活動（動作）』医歯薬出版、1992。
2) 筒井孝子『高齢社会のケアサイエンス』中央法規出版、2004。
3) 住居広士『要介護認定とは何か』一橋出版、2004。
4) 住居広士監訳『マネジドケアとは何か』ミネルヴァ書房、2004。
5) 遠藤英俊「要介護状態の評価における精神、知的及び多様な身体障害の状況の適切な反映手法の開発に関する研究」長寿科学総合研究事業、2006.3。
6) 鈴木隆雄「寝たきり予防を目的とした老年症候群の検診（「お達者検診」）の実施と評価に関する研究」長寿科学総合研究事業、2003.3。
7) 高橋紘士「新たな障害程度区分の開発と評価等に関する研究」厚生科学研究費障害保険福祉総合研究、2007。
8) 日本公衆衛生協会、高橋紘士分担「介護ニーズ評価に関する調査研究事業」老人保健・健康増進等事業、2006。
9) 古谷野亘、柴田博、中里克治、芳賀博他「地域老人における活動能力の測定；老研式活動能力指標の開発」日本公衆衛生雑誌、34：109-114、1987。
10) 社団日本社会福祉士会福祉サービスマネジメント研究プロジェクト「福祉サービスの質の向上に関する調査研究報告書」2004、2005。
11) 三浦公嗣「療養病床の再編成と今後の展望」地域医療、44(1)、15-23、2006。
12) 松田晋哉「診断群分類DPCとは何か」日本医事新報、4270、69-74、2006。
13) 障害者福祉研究会『障害者自立支援法障害程度区分認定ハンドブック』中央法規出版、2006。

参考資料 要介護認定新版のケアコード新版一覧表

第2回要介護認定調査検討会 資料
H18.12.6

3桁	大分類	2桁	中分類	1桁	小分類	コード
1	入浴・清潔保持整容・更衣	1	入浴（主に浴室・脱衣所内での介助）※洗身・洗髪・洗面を含む ※浴室・脱衣所内の移動・移乗・体位変換・浴槽への出入りを含む	1	準備	111
				2	言葉による働きかけ	112
				3	介助	113
				4	見守り等	114
				5	後始末	115
		2	清拭（入浴時・排泄時を除く）	1	準備	121
				2	言葉による働きかけ	122
				3	介助	123
				4	見守り等	124
				5	後始末	125
		3	洗髪（入浴時を除く）	1	準備	131
				2	言葉による働きかけ	132
				3	介助	133
				4	見守り等	134
				5	後始末	135
		4	洗面・手洗い（入浴時を除く）（排泄時を含む）	1	準備	141
				2	言葉による働きかけ	142
				3	介助	143
				4	見守り等	144
				5	後始末	145
		5	口腔・耳ケア（入浴時を除く）	1	準備	151
				2	言葉による働きかけ	152
				3	介助	153
				4	見守り等	154
				5	後始末	155
		6	月経への対処	1	準備	161
				2	言葉による働きかけ	162
				3	介助	163
				4	見守り等	164
				5	後始末	165
		7	整容（入浴後の頭髪のドライヤー乾燥を含む）	1	準備	171
				2	言葉による働きかけ	172
				3	介助	173
				4	見守り等	174
				5	後始末	175
		8	更衣 ※浴室・脱衣所、トイレでの更衣を除く	1	準備	181
				2	言葉による働きかけ	182
				3	介助	183
				4	見守り等	184
				5	後始末	185
		9	その他	9	その他	199
2	移動・移乗・体位交換	1	敷地内の移動（浴室内・脱衣所、トイレ内を除く）	1	準備	211
				2	言葉による働きかけ	212
				3	介助	213
				4	見守り等	214
				5	後始末	215
		2	移乗（浴室内・脱衣所、トイレ内を除く）	1	準備	221
				2	言葉による働きかけ	222
				3	介助	223
				4	見守り等	224
				5	後始末	225
		3	起座（ギャッジベッドは含まない）	1	準備	231
				2	言葉による働きかけ	232
				3	介助	233
				4	見守り等	234
				5	後始末	235
		4	起立	1	準備	241
				2	言葉による働きかけ	242
				3	介助	243
				4	見守り等	244
				5	後始末	245
		5	その他の体位変換（浴室内・脱衣所・トイレ内・起座・起立時を除く）（ギャッジベッドの操作を含む）	1	準備	251
				2	言葉による働きかけ	252
				3	介助	253
				4	見守り等	254
				5	後始末	255
		6	介助用具の着脱	1	準備	261
				2	言葉による働きかけ	262
				3	介助	263
				4	見守り等	264
				5	後始末	265
		9	その他	9	その他	299

3桁	大分類	2桁	中分類	1桁	小分類	コード
3	食事	1	調理（対象者が調理するのを介助）	2	言葉による働きかけ	312
				3	介助	313
				4	見守り等	314
		2	配膳・下膳（対象者が配膳・下膳するのを介助）	2	言葉による働きかけ	322
				3	介助	323
				4	見守り等	324
		3	食器洗浄・食器の片づけ（対象者がするのを介助）	2	言葉による働きかけ	332
				3	介助	333
				4	見守り等	334
		4	摂食	1	準備	341
				2	言葉による働きかけ	342
				3	介助	343
				4	見守り等	344
				5	後始末	345
		5	水分摂取（食事中を除く）	1	準備	351
				2	言葉による働きかけ	352
				3	介助	353
				4	見守り等	354
				5	後始末	355
		9	その他	9	その他	399
4	排泄	1	排尿（移乗・体位変換を含む）（浴室内を含む）	1	準備	411
				2	言葉による働きかけ	412
				3	介助	413
				4	見守り等	414
				5	後始末	415
		2	排便（おむつに係る介助を含む）（移乗・体位変換を含む）（浴室内を含む）	1	準備	421
				2	言葉による働きかけ	422
				3	介助	423
				4	見守り等	424
				5	後始末	425
		9	その他	9	その他	499
5	生活自立支援	1	洗濯（対象者がするのを介助）	2	言葉による働きかけ	512
				3	介助	513
				4	見守り等	514
		2	清掃・ごみの処理（対象者がするのを介助）	2	言葉による働きかけ	522
				3	介助	523
				4	見守り等	524
		3	整理整頓（対象者がするのを介助）	2	言葉による働きかけ	532
				3	介助	533
				4	見守り等	534
		4	食べ物の管理（対象者がするのを介助）（調理以外）	2	言葉による働きかけ	542
				3	介助	543
				4	見守り等	544
		5	金銭管理（対象者がするのを介助）（家計簿・請求書処理）	2	言葉による働きかけ	552
				3	介助	553
				4	見守り等	554
		6	戸締まり・火の始末・防災（対象者がするのを介助）	2	言葉による働きかけ	562
				3	介助	563
				4	見守り等	564
		7	目覚まし、寝かしつけ	1	準備	571
				2	言葉による働きかけ	572
				3	介助	573
				4	見守り等	574
				5	後始末	575
		8	その他の日常生活（集う、テレビを見る、読書をする、たばこを吸うなど）	1	準備	581
				2	言葉による働きかけ	582
				3	介助	583
				4	見守り等	584
				5	後始末	585
		9	相談・助言・指導を含む会話、その他のコミュニケーション	1	挨拶・日常会話	591
				2	心理的支援・訴えの把握	592
				3	その他のコミュニケーション	593
				4	生活指導	594
		0	その他	9	その他	509

要介護認定新版のケアコード新版一覧表

3桁	大分類	2桁	中分類	1桁	小分類	コード
6	社会生活支援	1	行事、クラブ活動	1	準備	611
				2	言葉による働きかけ	612
				3	実施・評価・介助	613
				4	見守り等	614
				5	後始末	615
		2	電話、FAX、E-mail、手紙（対象者がするのを介助）	2	言葉による働きかけ	622
				3	介助	623
				4	見守り等	624
		3	文書作成（手紙を除く）（対象者が文書作成するのを介助）	2	言葉による働きかけ	632
				3	介助	633
				4	見守り等	634
		4	来訪者への対応（対象者が来訪者への対応をする際の介助）家族を含む	2	言葉による働きかけ	642
				3	介助	643
				4	見守り等	644
		5	外出時の移動	2	言葉による働きかけ	652
				3	介助	653
				4	見守り等	654
		6	外出先での行為	2	言葉による働きかけ	662
				3	介助	663
				4	見守り等	664
		7	職能訓練・生産活動	1	準備	671
				2	言葉による働きかけ	672
				3	介助	673
				4	見守り等	674
				5	後始末	675
		8	社会生活訓練（日常生活訓練、対人関係訓練、SSTを含む）	1	準備	681
				2	言葉による働きかけ	682
				3	介助	683
				4	見守り等	684
				5	後始末	685
		9	その他	9	その他	699
7	行動上の問題	1	行動上の問題の発生時の対応	1	準備	711
				2	言葉による働きかけ	712
				3	対応	713
				4	見守り等	714
				5	後始末	715
		2	行動上の問題の予防的対応	1	準備	721
				2	言葉による働きかけ	722
				3	対応	723
				4	見守り等	724
				5	後始末	725
		3	行動上の問題の予防的訓練	1	準備	731
				2	言葉による働きかけ	732
				3	実施・評価	733
				4	見守り等	734
				5	後始末	735
		9	その他	9	その他	799
8	医療	1	薬剤の使用（経口薬、坐薬の投薬、注射、自己注射、輸液、輸血など）	1	準備	811
				2	言葉による働きかけ	812
				3	介助・実施	813
				4	観察・見守り等	814
				5	後始末	815
		2	呼吸器、循環器、消化器、泌尿器にかかる処置（吸引、吸入、排痰、経管栄養など）	1	準備	821
				2	言葉による働きかけ	822
				3	実施	823
				4	観察・見守り等	824
				5	後始末	825
		3	運動器・皮膚・眼・耳鼻咽喉歯科及び手術にかかる処置（牽引・固定温・冷罨法など）	1	準備	831
				2	言葉による働きかけ	832
				3	実施	833
				4	観察・見守り等	834
				5	後始末	835
		4	観察・測定・検査	1	準備	841
				2	言葉による働きかけ	842
				3	実施	843
				5	後始末	845
		5	指導・助言	1	準備	851
				2	誘いかけ・拒否時の説明	852
				3	実施	853
				5	後始末	865
		6	病気の症状への対応（診察介助等）	1	準備	861
				2	言葉による働きかけ	862
				3	実施	863
				5	後始末	865
		9	その他	9	その他	899

3桁	大分類	2桁	中分類	1桁	小分類	コード
9	機能訓練（居室での機能訓練を含む）	1	基本日常生活訓練（理学療法的訓練）	1	準備	911
				2	言葉による働きかけ	912
				3	実施、評価、デモンストレーション	913
				4	見守り等	914
				5	後始末	915
		2	応用日常生活訓練（作業療法的訓練）	1	準備	921
				2	言葉による働きかけ	922
				3	実施、評価、デモンストレーション	923
				4	見守り等	924
				5	後始末	925
		3	言語・聴覚訓練（言語・聴覚療法）	1	準備	931
				2	言葉による働きかけ	932
				3	実施、評価、デモンストレーション	933
				4	見守り等	934
				5	後始末	935
		4	スポーツ訓練（体操、準備体操を含む）	1	準備	941
				2	言葉による働きかけ	942
				3	実施、評価、デモンストレーション	943
				4	見守り等	944
				5	後始末	945
		5	牽引・温熱・電気療法	1	準備	951
				2	言葉による働きかけ	952
				3	実施、評価、デモンストレーション	953
				4	見守り等	954
				5	後始末	955
		9	その他	9	その他	999
0	対象者に直接関わらない業務	1	対象者に関すること	1	連絡調整	011
				2	記録・文書作成	012
				3	入院（所）者の病棟等環境整備・掃除（職員に関する場所・病室（居室）内を除く）	013
				4	入所（院）者物品管理（物品購入を含む）	014
				5	巡回、見渡し	015
		2	職員に関すること	1	手洗い	021
				2	待機（仮眠）	022
				3	職員に関する記録・調整	023
				4	休憩	024
				5	職員に関する環境整備・掃除（入所（院）者に関する場所を除く）	025
				6	移動	026
				7	その他職員に関すること	027
		9	その他	9	その他	099

第15章
介護保険における介護サービスの改正と将来

第1節　介護保険と医療保険の共同保険時代

　急激な高齢者人口の増加のカーブの真中で2005年に介護保険法が改正され、それを将来どのように乗り切るかということが、日本における少子高齢化の最大の課題となる。日本における将来の高齢者の人口動態では、今後10年間で2005年時点での50歳代から70歳代の人口が特に増加して来る。介護保険が導入される以前は、保健・医療・福祉でそれぞれが連携することも疎らであり、それぞれのサービスだけが提供されていたが、今ではさまざまな介護サービスもあれば高齢者医療もあり、そこに障害者福祉も関わっている。つまりそれぞれが介護サービスだけ、保健・医療・福祉だけでは語れない介護保険制度になって来る。このような状況下、2005年6月に介護保険法改正案が成立して、介護保険制度の第一次改正と介護報酬改正が2006年4月から始まった。

　これまでは障害者福祉と社会保険とは別次元であったが、2006年度に支援費制度から障害者自立支援法に転換され、近い将来には介護保険との統合も想定されている。介護保険は社会福祉の障害者福祉と統合して、2025年には医療保険の約半分である約20兆円規模となるものと見込まれている。

　今後は、医療保険と介護保険の共同社会保険時代を迎えることになる。つまり医療保険で受けている医療サービスは、原則として介護保険では受けることができない。介護保険制度で受けている介護サービスは、原則として医療保険で受けることができない。単独別個の社会保険が、社会保険給付において連帯することなく、個別の適用による責任を負う共同社会保険となっている。1990年代は保健・医療・福祉のトライアングルが形成された社会保障が、2000年度から単独個別の責務を負う介護保険と医療保険の共同社会保険に転換されている。人生が医療保険と介護保険の間を、振り子のように揺れ動きながら、どこかで終息して、我々の人生の最後を医療介護で迎えるシステムに転換している。

第2節　介護予防の創設と要介護認定の変更

　今回の介護保険制度改正では、これまでの軽度者に対する予防給付が見直され、介護予防サービスとして再編された。介護予防サービスは全ての要介護等の状態を対象とするのではなく、要支援状態の者だけに適用される。従って、要介護者は利用することができない。介護予防サービスとは、軽度者の介護給付の利用を予防する、つまり介護利用予防を目的として導入されている。

　軽度者の要介護認定の区分として大きく変わったのが、要支援状態である。介護保険改正の要支援状態では、従来の要支援が要支援1となり、要介護1相当の中から介護予防の適用となる要支援2が区分される。要介護認定の段階で、要介護1相当の中から要介護1と要支援2が振り分けられ、介護予防の適用のある要支援者（要支援1と要支援2）と要介護1〜5の要介護者とを区分するという二段階方式に分割される要介護認定になった（表15-1）。

表15-1　新要介護認定による介護予防と介護給付の分別

現行要介護認定	要支援	要介護1			要介護2〜5
認定調査[*1]	↓	自立又はⅠ	不一致[*2]	Ⅱ以上	↓
主治医意見書[*1]					
新要介護認定	要支援1	要支援2	要介護1		要介護2〜5
新介護給付	介護予防（39.5％）[*3]		介護給付（60.5％）[*3]		

（*1　認知症（痴呆性）老人の自立度判定基準、厚生省1993年；*2　認知症自立度評価ロジック（樹形モデル）の判定；*3　2003年度版要介護認定（N=345）の予測値）

　要介護等状態は老化と障害の影響を受けることにより、要支援1・2から要介護1、2、3、4、5と次第に悪化してくる。保健医療制度では、病気にならないように予防する公衆衛生による保健制度があり、介護保険制度では要介護等状態を予防するものが介護予防となる。要支援2を要介護1から区分する指標として、認知症高齢者の日常生活自立度判定基準による自立あるいはⅠ段階の者、ならびに5項目の廃用の程度に関する調査項目（歩行・移動・日中の生活・外出頻度・環境参加の状況の変化）から分別して、要支援2になる。介護予防サービスの必要性からではなく、利便性を制限するために認知症高齢者の日常生活自立度あるいは廃用の程度に関する調査項目により介護給付から介護予防が区分される。

　介護保険改正では、要支援と要介護のグループを分別して介護サービスを適用するシステムになる。しかし介護予防の必要性だけでそれらを分別した訳ではなく、介護保険の経済と財政の状況から居宅介護サービスの給付費の急上昇を抑制する必要性が出現してきたので介護予防

を導入した。介護保険制度が実施されて5年間で、居宅介護サービスの利用者の介護給付費が33%から52%（2001年5月～2006年3月）に急増して、施設介護サービスが67%から48%（2001年5月～2006年3月）にその占める割合が逓減して順位が逆転している。軽度者である要介護1と要支援が介護保険の実施時から比較すると約2.5倍と約2倍と倍増した。その他の中重度では1.5倍前後であり、軽度者の伸びが介護保険の経済と財政的問題とされた。さらに要支援者の48.9%が、介護サービスを利用しているにも関わらず、身体機能の悪化していることが報告されるなど、要支援者に対する予防給付の見直しの必要性があったとも言える。

介護給付費総額と経過月数との関係を回帰分析により曲線推定（統計解析ツールSPSS Ver.9.0）を行った。第Ⅰ期からⅡ期までの適合度を判定すると、線形回帰が適合度 $R^2=0.93$（Sig.T=0.0、$Y=a+bt$）、ならびにS曲線が適合度 $R^2=0.93$（Sig.T=0.0、$Y=e^{(a+b/t)}$）となり、介護給付費総額の統計予測として線形回帰とS曲線が最も適合した（図15-1）。線形回帰とS曲線との適合度も高いために、介護給付費総額は、介護保険が開始された当初は増大が速くなるも、十分大きくなると次第に鈍く頭打ちになっている傾向が示唆された。

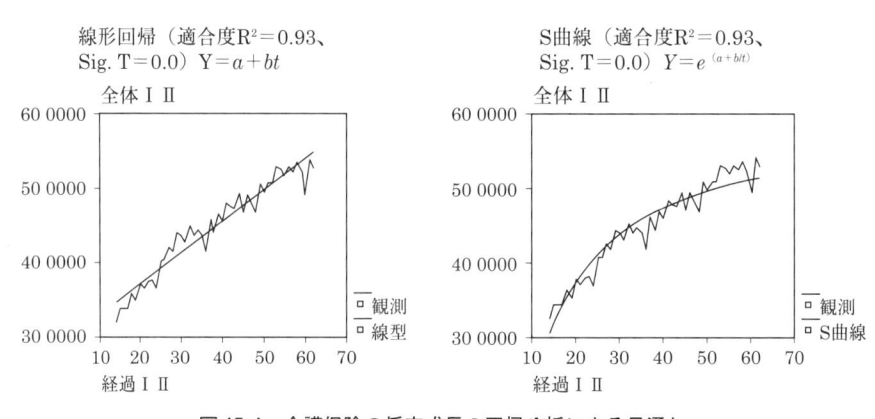

図15-1　介護保険の将来成長の回帰分析による見通し

軽度者の急増には、介護保険制度の浸透に伴う介護サービスに対する偏見の解消、核家族化による家族介護力の低下、介護保険制度へ転換したことによる高齢者等と家族等の権利意識の変化、あるいは介護サービス事業者等による過度な掘り起こしなどが起因している。しかしながら、これらと並んで、保険技術的な要因として、2003年4月に要介護認定初版（1999年版）から要介護認定改訂版（2003年版）となり、新しい要介護認定に切り替わったことが主因となった。2003年4月の時点から、明らかに要介護1が急増して、それに合わせて要介護2が減少し、合わせて要支援も増大している。要支援者と要介護1である軽度者数が急増したのではなく、要介護認定ソフト改訂版（2003年版）の性能の影響によって、軽度者数が急増する傾向になった。要介護認定ソフト改訂版（2003年版）は、要介護1が46.4%と約半分も占める新しい要介護認定ソフト改訂版であった。要介護状態等が要支援と要介護1である軽度

者に判定されやすい要介護認定ソフトを使用したことにそもそもの原因があった。今回はその軽度者の介護サービスの利用を予防するために、介護予防を創設することになった。

　保険学からの定義では、社会保険とは保険技術を利用して、社会政策を実現する経済と財政制度である。そのために介護保険制度は経済と財政的側面から構築しなければならない。保険学には二大原則として、収支相等の原則と給付反対給付均等の原則がある。この2つの原則を成立させることが、社会保険を安定的に持続するための必要条件である。一方で少子高齢化により75歳以上の後期高齢者となると要介護等状態の可能性を持つ層が増大するので、介護保険料が上昇することは避けられない。その介護保険料の上昇を抑制するためには、要介護者と要支援者の発生率を引き下げることが求められる。さらに厳しい経済と財政の手段として、利用者負担への転化（食費・居住費の自己負担・利用者負担率の上昇など）による給付費抑制策を取らない限り、社会保険が拡大し続ける仕組みになっている。保険学の原則からも、介護保険改正により軽度者の利用率と発生率を下げる介護予防が必要になった。

　2006年度から全ての初回認定調査は市区町村等により主体的に行われる。要介護認定の調査内容は従来どおり79項目に3項目の廃用の程度に関する調査項目が追加された。介護予防群を認知症高齢者の日常生活自立度と生活機能項目で分割していく要介護認定に変わる。

　従来、要支援者は要介護者と同様に、区分支給限度額内で介護サービスを組み合わせて利用できたが、介護保険改正では市区町村が管轄する地域包括支援センターで、要支援者に対する介護予防サービスの種類・内容・担当者等が決定される。介護予防は、まず地域包括支援センターにおける行政処分で利用するシステムに変わる。地域包括支援センターの職員は、保健師（又は看護師）と社会福祉士等、主任ケアマネジャーの3者で構成されて、介護予防支援の決定が行われる。その要支援者の利用者が直接に介護サービス事業者と相談して介護予防サービスを決めることはできない。地域包括支援センターから委託を受けた居宅介護支援事業所の介護支援専門員（ケアマネジャー）がその指示を受けてから、1人当たり要支援者8人までの縛りの中でケアマネジトを策定する介護過程になる。

第3節　介護保険改正による介護サービス体系の再編

(1)　介護サービスの再編と自己負担

　これまでに見てきた介護予防のほか、今回の介護保険改正では、認知症高齢者の増加や、中重度者に対する在宅生活継続の支援、大規模施設のあり方等の課題をふまえて、新しく地域密着型サービスが創設された。市区町村が指定管理をして、①夜間対応型訪問介護　②認知症対応型通所介護　③小規模多機能型居宅介護　④認知症対応型共同生活介護（グループホーム）⑤地域密着型特定施設入所者生活介護　⑥地域密着型老人福祉施設入所者生活介護の6種類の地域密着型サービスが創設され、その地区の住民のみが利用できる。施設介護サービスを利用

できない要支援者の場合は、地域密着型サービスのうち②・③・④のみを利用することができる。地域密着型サービスは、小規模な介護保険事業所であり介護保険の経済と財政的には運営が厳しいことが想定されるために、居住系介護サービスである認知症型対応共同生活介護を中心に展開されている。

介護保険の経済と財政の利用者負担への転化として、自己負担に関して介護保険改正で2005年10月から介護サービス利用における居住費、食事の提供に要する費用などの自己負担化が行われた。低所得者に対しては、その一部を介護保険により補足給付しているが、生活保護受給者や旧措置入所者以外は程度の差こそあれ、自己負担増となっており、より逆進性が強まったとも言える。

介護保険事業者への監督権限が強化され、都道府県知事等による事業者指定に関して、居宅介護サービス、施設介護サービスとも6年ごとに指定の更新を受けるようになった。今後はこの更新がなされなければ、介護サービス提供ができなくなってしまう。更に介護支援専門員も5年ごとに、更新申請と更新研修を受けないとケアマネジメントできなくなる。一方で、三位一体の経済と財政の構造改革の影響を受けて、介護保険の施設給付費にかかる都道府県の負担割合が12.5%から17.5%へと引き上げられた。このことにより、施設入所待機者数をふまえた市区町村の施設整備計画は、これまで以上に都道府県の抑制を受けることが想定される。

（2） 介護予防に対する支給限度額と介護報酬

介護予防する要支援1と要支援2の新設区分に対する予防給付の配分として、要支援に対する毎月の支給限度額が大きく引き下げられた。要支援1（6,150単位→4,970単位、1単位は原則10円）と要支援2（16,580単位（旧要介護1）→10,400単位）が圧縮された。介護予防の給付上限の引き下げにより、要支援1で約2割、要支援2で約4割も圧縮されるために、介護予防サービスの利用が限定されることになる。

介護予防に対する介護報酬は、介護サービスにかかる実際の介護費用と介護時間とは無関係に、定額報酬が支給されることになる。介護保険事業所が、限定的な支給限度額の介護報酬よりも、余分な介護費用をかけると損失となる。介護サービスにかかる介護費用を減らすことができれば、その差額は利益となる。そのために、できるだけ要支援者の介護サービスの利用回数が制限されることにつながる。介護予防の利用者の延べ人数が減少すれば、介護予防サービスの必要性が逓減することになり、次第に小規模な軽度者に対する介護予防事業所ほど介護予防から撤退して、中重度者に対する介護給付の提供にますます重点が置かれることになる。介護予防支援費の半減や提供数の制限（介護支援専門員1人当たり8人以下）が、介護予防の処遇困難や受け手の減少に拍車がかかる。

（3） 介護予防で変わる訪問介護

要支援者に対する介護予防の訪問介護サービスの適用は、利用者が自力で家事等を行うこと

が困難であり、家族や地域による支え合いや他の保健医療福祉施策などの代替サービスが利用できない場合に、地域包括支援センター等の適切なケアマネジメントに基づき居宅介護サービスが提供される。

介護予防の訪問介護サービスでは、従来の訪問介護における身体介護と生活援助の区分が一本化された。従来の訪問介護の介護報酬が介護時間の加算による介護評価であったが、介護予防の訪問介護では、月単位の定額介護報酬になった。その新しい介護報酬区分として、週1回程度の利用が必要な介護予防訪問介護費（Ⅰ）、週2回程度の（Ⅱ）とそれを超える利用が必要な（Ⅲ）に介護評価された（表15-2）。それぞれ改正前の介護報酬での月単位の換算回数と標準訪問回数と比較すると、生活援助では回数増加して、身体介護では回数減少となる。月単位の定額報酬における介護費用対効果を上げるために、生活援助では従来よりも必要な訪問回数を減らすことになり、身体介護では現状の訪問回数の保持あるいは減少する傾向になる。結局は、どちらも利用者への訪問回数の減少は避けられない費用対効果になる。訪問介護を調整する地域包括支援センターや居宅介護支援事業所は、要支援1・2の介護予防支援費（400単位）がほぼ半額となり経済運営が厳しいために、その再評価と再調整は滞ることになる。

表15-2 訪問介護における介護報酬の変遷

介護報酬 2000年	30分～1時間未満	介護報酬 2003年	30分～1時間未満	介護予防訪問介護費 2006年	介護予防訪問介護 2006年	生活援助（2003年）での介護予防利用回数	身体介護（2003年）での介護予防利用回数
家事援助	153	生活援助	208	（Ⅰ）（週1回）	1,234	5.9回	3.1回
複合型	278			（Ⅱ）（週2回）	2,468	11.9回	6.1回
身体介護	402	身体介護	402	（Ⅲ）（3以上）	4,010	19.3回	10.0回
乗降介助	（－）	乗降介助	100	乗降介助	（－）	（－）	（－）

※3級訪問介護員の減算（95%（2000）、90%（2003）、80%（2009年3月末廃止）

中重度者である要介護者に対する介護給付の訪問介護では、介護予防と異なり、身体介護の割合が高いこと等を踏まえて、将来的な介護報酬体系の機能別再編を視野に入れつつ、当面は従来の身体介護と生活援助の区分が維持された。身体介護を中心に引き続いた生活援助1時間以上の追加利用の加算（30分83単位）が廃止された。

介護サービスの質の高い訪問介護事業所を積極的に介護評価する観点から、人材の質の確保や訪問介護員の活動環境の整備、中重度への対応などを行っている訪問介護事業所が加算された（表15-3）。介護保険制度上で、初めて介護福祉士の国家資格の人材要件が、訪問介護事業所に導入された。介護福祉士の人材割合が3割以上ならびに5年以上の実務経験を有する介護福祉士の提供責任者の要件が介護評価された。在宅の中重度の要介護者に対する訪問介護の加算は、乗降介助加算と生活援助加算しか介護評価されてなかったが、今回初めて事業者全体に

表15-3　訪問介護における介護報酬の加算条件

特定事業所	加算	体制要件	人材要件	重度対応要件
（Ⅰ）	＋20％	○	○	○
（Ⅱ）	＋10％	○	○	（－）
（Ⅲ）	＋10％	○	（－）	○

体制要件：①計画的研修と定期的研修②提供責任者の文書等伝達と訪問介護員の事後報告
　　　　　②定期的健康診断
人材要件：①介護福祉士の割合が30％以上
　　　　　②実務5年以上の介護福祉士の提供責任者
　　　　　③3級課程の訪問介護員がいないこと
重度対応要件：利用者のうち要介護4・5の割合が20％以上

対して要介護4・5の割合が2割以上で重度対応要件が介護評価された。

（4）　通所系介護サービスに求められた介護予防

　介護予防サービスは、通所系介護サービスのみに限定されて、それを利用する要支援者しか適用されない。要支援者に介護予防サービスを提供する通所系介護サービスの事業者は、市区町村から指定を受ける必要がある。介護予防には、当初はパワーリハビリテーションによる筋力強化が想定されていたが、単独事業として介護予防に使うのは経費運営が困難であるために、栄養改善、口腔機能向上も含めて、通所系介護サービスとの併用により実施することになった。通所系介護サービスに運動器の機能向上、栄養改善、口腔機能向上、あるいはアクティビスが加算された。その他の介護保険が非該当などの方には、老人保健福祉事業が再編されて、地域での自立支援を目的とする地域支援事業が運用される。
　通所介護サービスには「機能訓練」という役割が法律に追加された。今までの通所介護には介護予防に関係する機能訓練の介護サービスはなかったが、介護保険改正の通所介護で新設された。通所系介護サービスだけに介護予防に関連する介護報酬が新設された。その他の介護予防訪問介護、介護予防訪問看護などは、従来の介護サービスに単なる介護予防のサービス名称が追加されたが、介護予防に対する介護報酬は加算されない。
　介護予防の積極的な役割である運動器機能向上（225単位）、栄養改善（100単位）、口腔機能向上（100単位）の重選択サービスの加算あるいはアクティビティ実施（81単位）の単一選択サービスの月単位の加算が、通所系介護サービスだけに新設された。アクティビティあるいはその他の選択サービスの実施は、通所介護事業所の届け出制になり、どちらかしか選択できない。運動器機能向上加算の基準では、専従する理学療法士・作業療法士・言語聴覚士、看護職員、柔道整復師、あん摩マッサージ指圧師を1名以上配置することになる。介護職員と生活相談員その他の職員を含めて運動器機能向上計画の作成と、定期的な介護評価と記録が行われる。栄養改善加算の基準は、管理栄養士を1名以上配置して、看護職員、介護職員、生活相談

員その他の職員を含めて栄養ケア計画の作成と、定期的な評価と記録が行われる。口腔機能向上加算の基準は、言語聴覚士、歯科衛生士、看護職員を1名以上配置して、口腔機能改善管理指導計画の作成と、定期的な評価と記録が行われる。

事業所評価加算（100単位）による成功報酬が社会保険において新設された。各年の1月〜12月の期間で、要介護認定による要支援状態の維持改善が介護評価されると、次年度の通所系の介護予防サービスに加算される。｛選択サービス利用者のうち不変者数＋（要支援2→1または要支援1→非該当）×5＋（要支援2→非該当）×10｝÷（3月以上選択サービス利用者の認定者数）＞2となった場合に介護報酬の加算が行われる。介護予防の成功報酬には、事業所にモラルハザードと逆選択を招く恐れがあり、今後の運営監視を強化する必要がある。

第4節　介護予防からリハビリテーション介護まで

日本では寝たきり老人と認知症老人を、従来の介護サービスあるいは家庭介護の介護システムによって発生してきたという反省点が、介護保険改正に利用されている。介護保険改正では、介護サービスが必要な利用者に対して、リハビリテーションと介護が共同するリハビリテーション介護による介護予防の必要性を提唱している。今まではリハビリテーション医療により、生活の質（QOL）を高めて、再び人間らしく生きるために、残された機能を活かす訓練を行うことで、日常生活活動（ADL）の向上を求めていた。しかしリハビリテーション医療の急性期あるいは回復期のリハビリテーションだけでは、介護予防できない。それは本来介護が年中無休24時間営業であり、介護の年中無休に合わせるには、リハビリテーション介護が必要となった。要支援者に対する介護予防だけでなく、介護保険の全ての利用者に対して、年中無休24時間の介護予防ができるリハビリテーション介護を構築する必要がある。介護保険には、社会的側面の援助、生き甲斐づくりの働きかけ、ネットワーク・チームワークの構築をするリハビリテーション介護が求められている。介護保険法改正の目的として「尊厳の保持」が明記され、自立支援により尊厳のある生活を護り介けるリハビリテーション介護が必要となる。

リハビリテーション介護に向けて、世界保健機関（WHO）は2001年に国際障害分類（ICIDH）を改定し、国際生活機能分類（ICF）が提唱された（図15-2）。1980年の国際障害分類では、病気になって機能障害が生じる、次いで能力低下、更に社会的不利が生じる分類であった。病気・外傷が最初の起点となり障害が生じるという医学モデル体系であった。しかし病気・外傷だけが障害の原因ではないので、それにはいろんな要因や相互関係があることが見直されて、2001年に国際生活機能分類が採択された。いろいろな障害因子が関わり合って、心身、活動、参加を評価して、生活機能を評価する社会モデルに転換された。さらに健康状態、環境因子、個人因子などの個別性と多様性の因子も評価する分類に転換した。介護予防は機能訓練だけで終わるのではなく、国際生活機能分類による活動・参加を目ざすべきである。

従来のリハビリテーションは、地域社会への参加などの屋外の参加は関心が希薄であったが、介護は24時間年中無休であるので、それにも対応できるリハビリテーション介護も構築する必要がある。2003年度の介護報酬改正ではリハビリテーション介護報酬の改定があり、通所リハは個別リハ加算ができ、訪問リハにはADL加算、介護老人保健施設には訪問リハができて、介護療養型医療施設に個別リハでADL加算、集団リハが新設されていた。

しかしながら、今回の介護報酬改正を概観すると、前述の中重度者への傾斜配分やリハビリテーション介護の介護評価が見られる一方で、生活援助の時間上限や包括化、軽度者の介護報酬切り下げなど、従来の生活支援を視点とする介護保険から、より効率的な介護サービスを介護評価することが強調され、生活機能支援が弱くなっている。これらを介護保障するためには、介護保険以外の施策である保健福祉施策と介護保険との連携が不可欠になっている。

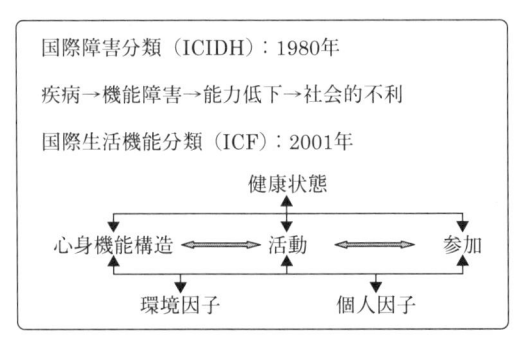

国際障害分類（ICIDH）：1980年
疾病→機能障害→能力低下→社会的不利
国際生活機能分類（ICF）：2001年
健康状態
心身機能構造 ⇔ 活動 ⇔ 参加
環境因子　個人因子

国際障害分類（ICIDH: International Classification of Impairments, Disability and Handicaps）：1980年
国際生活機能分類（ICF: International Classification of Functioning, Disability and Health）：2001年
　疾病（Disease）機能障害（Impairments）能力低下（Disabilities）社会的不利（Handicaps）
　心身機能・身体構造（Body Functions・Structures）活動（Activity）参加（Participation）
　環境因子（Environment Factors）個人因子（Personal Factors）健康状態（Health Conditions）

図15-2　国際障害分類の医学モデルから国際生活機能分類の社会モデルに改正

第5節　医療介護の行方を決めるものは介護サービスの動向である

日本の保健医療福祉は、21世紀において医療保険と介護保険という2大社会保険を基軸に再構築された。急性期の医療サービスから慢性期の介護サービスへと役割が分化している。それぞれの保険給付は、原則として連帯することなく単独別個の適用による保険分担契約上の責任を負う医療と介護の共同保険になっている。老人保健制度が2008年度から医療保険を支える再保険として、高齢者医療制度に転換される。医療生活環境である療養病床は、2010年度末までに医療療養型は半減し、介護療養型を廃止することが規定された。健康保険法第55条や国民健康保険法第56条などの他の法令による給付との調整により、原則として介護保険の給付が優先し、医療保険からは介護保険の給付に相当するものは行われない。急性期の医療が必要となった場合には、医療保険に移ってから保険給付を受けることになる。日本の介護保険

は、保健医療福祉から独立した制度になり、介護保険法改正で、第1条目的の条文が自立支援による尊厳の保持となり、保健医療福祉に新しい領域として医療介護サービスを生み出す羅針盤となる。

（1） 保健医療福祉から医療介護への転換

1970年代に高齢化率が7%を越える高齢化社会を迎えた日本では、1973年から老人福祉法の改正により、老人医療費の無料化が実施されてから、老人医療が肥大化していった。そのために1980年代になると国民医療費が20兆円を突破する勢いになる。それを調整するために1982年に老人保健法を成立させて、高齢者にも医療費の自己負担を求めた。1989年から消費税の導入に伴って、高齢者保健福祉推進十カ年戦略（ゴールドプラン）の実施により、1990年代に高齢者に対する保健医療福祉が整備された。1990年代には高齢化率が14%を越える高齢社会に達した日本の国民医療費が、さらに30兆円を越え、高齢者医療がその約4割にも達する状況になった。1994年3月の21世紀福祉ビジョン（高齢社会福祉ビジョン懇談会）として、社会保障給付費（年金、医療、福祉）の配分比率を、5：4：1から5：3：2への転換を構想して、厚生省に高齢者介護対策本部を設置した。肥大化する高齢者保健医療福祉の構造改革をする目的で、老人福祉法と老人保健法の介護基盤を転換して、1997年に介護保険法が成立し、2000年4月から実施された。我が国の21世紀の高齢者医療・介護の行方を決めるものとして介護保険が誕生し、2005年に介護保険法の第一次改正が行なわれたのである。

（2） 社会保障の仕組みと医療介護の優先順位

日本国憲法第25条第1項による国民の生存権で「すべて国民は、健康で文化的な最低限度の生活を営む権利を有する」と規定している。その根拠に基づいて、第2項において国の保障義務として「国は、すべての生活部面について、社会福祉、社会保障及び公衆衛生の向上及び増進に努めなければならない」と社会的義務としている。それに基づき日本の社会保障は、社会保険、社会福祉、公衆衛生、公的扶助などから構成されている。保険料を主な財源とする拠出制の社会保険と、税金を主な財源とする無拠出制の社会福祉、公衆衛生、公的扶助に分類される。

社会保障制度により生活面の保障に対して給付されるが、同一の給付内容に対しては、社会保障制度間に法律上の優先順位を規定し、重複して給付は受けられない。それらの優先順位は、最優先される順から、社会保険、社会福祉・公衆衛生（保健福祉）、公的扶助（生活保護）の順に適用されることになる。医療保険と介護保険は、どちらも社会保険であるが、医療保険における他の法令による給付との調整「介護保険法の規定により相当する給付を受けることができる場合には、行わない」により、原則として介護保険の給付が医療保険等の他法令よりも優先し、医療保険からは介護保険の給付に相当するものは行われない。介護保険が医療保険よりも優先されることになるために、我が国の21世紀の高齢者医療・介護の行方を決めるもの

として介護保険が優先されるのである。

（3） 生存権から社会連帯への医療介護の転換

日本の20世紀後半における社会保障制度の行方を定める方針を、総理府の社会保障制度審議会が1950年に勧告した。日本国憲法第25条に基づき、国民には生存権があり、国家には生活保障の義務を根本原則にした。社会保険は、国民の労働力を維持するとともに全国民の健康を保持することに力点をおき、この保険の経営に関する最終責任は国とした。

それから半世紀ぶりに1995年になり内閣府の社会保障制度審議会が、21世紀の社会保障に介護保険制度の導入を勧告した。社会保障は社会連帯によって成立するものであり、今後その役割はますます重要になるとし、社会保障の方策として、増大する費用の財源として社会保険方式を中心とする路線を採ることが当然とされた。

日本の社会保障は、1950年の勧告による生存権に対する国家責任から医療保険が確立し、1995年の勧告による社会連帯の責任に基づく国民の義務的な責任負担に転嫁されて、介護保険が誕生した。21世紀の社会保障の基本原則は、社会連帯の主体である国民自らの努力により、自らの生活を維持する責任を負う自己責任を基調とした自立生活が求められている。我が国の21世紀の高齢者医療・介護の行方を決めるものとして、医療保険の生存権から介護保険の社会連帯に転換されたのである。

（4） 病に対する医療保険と老に対する介護保険

日本の社会保険は、人生の生病老死に対して、生には老齢年金、病には医療保険、老には介護保険、死には遺族年金等で保障される社会保険システムが構築されている（表15-4）。国民健康保険法では「被保険者の疾病、負傷、出産又は死亡に関して必要な保険給付を行う」、健康

表15-4 生老病死に対する社会保険と民間保険の関係

	社会保険	民間保険 （損害保険）	民間保険 （生命保険）
生きるリスク （老後保障）	老齢年金		個人年金 企業年金
病いになるリスク （医療保障）	公的医療保険	医療費用保険 災害（傷害）保険	医療保障保険
老いるリスク （介護保障）	公的介護保険	介護費用保険	介護保障保険
死ぬリスク （死亡保障）	遺族年金	災害（傷害）保険	定期付終身保険
所得喪失リスク （所得保障）	雇用保険 障害年金 労働者災害補償保険	所得補償保険	就業不能保障保険

（出所） 堀田一吉『保険理論と保険政策―原理と機能―』東洋経済新報社、280頁、2003。

保険法では「労働者の業務外の事由による疾病、負傷若しくは死亡又は出産及びその被扶養者に関して保険給付を行い」と、医療保険は病である疾病を主な対象としている。

　介護保険法では「加齢に伴って生ずる心身の変化に起因する疾病等により要介護状態となり」と、加齢に伴う老化を主な対象としている。医療保険はますます病に対して生命の延長（LOL: Length of Life）に必要な給付を主体とする行方となる。介護保険は老に伴って生じる要介護者等の尊厳のある生活（ROL: Respect of Life）を護り介けることに必要な給付を主体とする行方になる。我が国の21世紀の高齢者医療・介護の行方を決める対象として高齢者の医療保険の病から介護保険の老までに転換された。

（5）　医療と介護の共同保険時代

　日本の保健医療福祉は、医療保険と介護保険という2大社会保険を基軸に再構築された。急性期の医療サービスから慢性期の介護サービスへと役割が分化している。われわれの人生は、いつかは医療保険から介護保険に、介護保険から医療保険に振り回されながら、その中で振り回され続ける運命となり、やがて振り子が医療介護で終止することになる。医療サービスから介護サービスへ、介護サービスから医療サービスへ、今後は社会保障制度上で絡み合いながら立ち回る。医療保険と介護保険とが同一の人生の土俵の上で成立する社会保険となる。それぞれの保険給付は原則として連帯することなく単独別個の適用による保険分担契約上の責任を負う共同保険になっている。介護保険は、医療保険を支える防波堤として導入された。逆に介護保険は、医療保険による防波堤の支えがあってこそ構築される。それぞれが医療介護という共同のセーフティネットになってこそ、長期の人生にわたり継続的に支えることができる。医療保険では医療環境だけの内部ネットワークであり、中短期間しか支えられない。介護保険では、要介護認定からケアマネジメントまでの医療介護のネットワークにより長期に継続的に支えられる。我が国の21世紀の高齢者医療・介護の行方を決めるものとして、介護保険による医療介護のセーフティネットが構築された。

（6）　医療介護改革で変わる高齢者医療介護

　21世紀に入り医療保険は拡大期から調整期を経て抑制期に入り、介護保険は拡大期から調整期を迎えている。2005年6月に介護給付費の増大を調整するために介護保険法が改正されたが、要介護者等の利用負担は現行通りの1割負担となった。2005年10月に障害者自立支援法の成立に伴い障害者等にも1割負担を求めて、将来的な介護保険との統合も視野に入れて対象の拡大がなされている。1987年の社会福祉士及び介護福祉士法から20年が経過して、新介護保険の中核である地域包括支援センターに社会福祉士（CSW）、ならびに介護福祉士（CCW）である介護支援専門員が多く登用されている。

　2006年6月に医療制度改革関連法案が国会で成立した。その改革により高齢者医療の患者負担が引き上げられた。2006年10月から現役並み所得がある70歳以上は現行の2割負担が

3割負担となる。2008年4月から70〜74歳までの患者負担が現行の1割から2割負担になる。

2005年の介護保険法の改正に伴い入所している要介護者にも同様の食費と居住費の負担が求めていた。そのために療養病床に入院している高齢者の食費と居住費も、2006年10月から医療保険対象外となる。そのために現行の食材料費の負担（月額2.4万円）から、調理コストを含めた食費（4.2万円）と光熱水費相当の負担（1.0万円）の負担が増大することになった。我が国の21世紀の高齢者医療・介護の行方を決めるものとして、介護保険から医療保険に向けて調整から抑制をするマネジドケアの改革がなされている。

（7） 高齢者医療介護制度と療養型医療介護

高齢者介護サービスに対して介護保険が創設されたので、2008年度から高齢者医療に対しても単独型の再医療保険制度が導入される。高齢者医療制度は医療保険のリスクを転嫁して一定割合を連帯負担する再保険となる。2006年6月に現行の老人保健法を転換して改名した「高齢者の医療の確保に関する法律」が成立したことで、2008年4月から施行される高齢者医療制度により、75歳以上の高齢者は現行の1割負担としながらも、介護保険料も徴収された上に、全国平均で月額6,200円の高齢者医療制度の保険料が徴収されることになった（図15-3）。

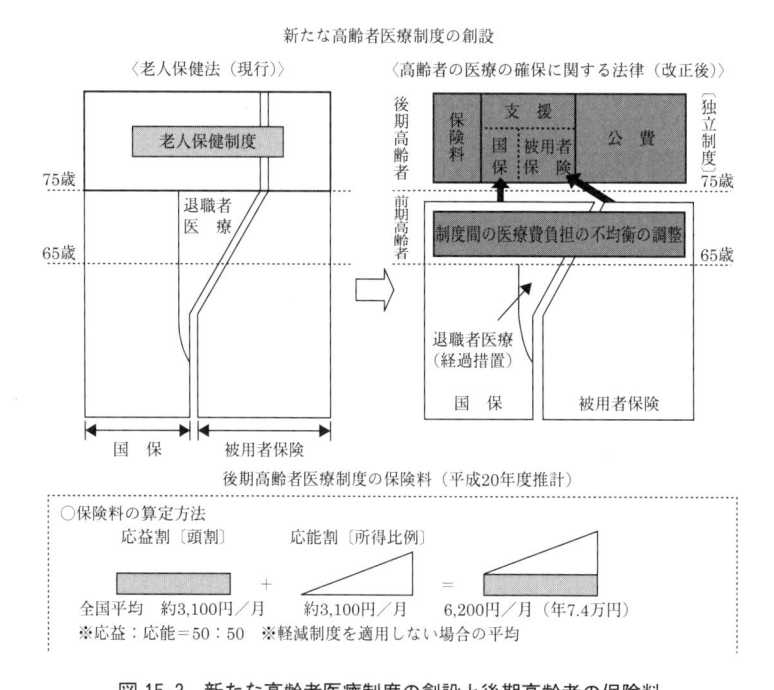

図15-3 新たな高齢者医療制度の創設と後期高齢者の保険料
（出所） 医療制度改革大綱による改革の基本的考え方（平成18年1月31日厚生労働省「医療保険制度体系の見直し」）

医療介護環境である療養病床は、2010年度までに医療環境である医療療養型は25万床を15万床に半減し、介護環境である介護療養型の13万床を廃止することが規定された。療養型医療介護の再編に向けて、介護保険法において2011年3月末に介護療養型医療施設の廃止が銘記されて、その転換に向けて附則にて「医療の提供のあり方の見直しを検討する」の附則が追加された。

　介護保険では要介護認定による要介護度の区分を1999年10月から導入して、介護サービスをケアマネジメントしている。医療保険の療養型病床の入院患者に対しても、2006年7月から医療区分1～3が導入される。医療区分3（12.6%分布）は常時の要医療管理者等、医療区分2（37.2%分布）は特定疾病者等であり、医療区分1（50.2%分布）はそれ以外の対象者となる。医療区分1に対する基本入院基本料（有床診療所520～602点、療養病床764～885点）の診療報酬による損失から経営困難となり、約半数の療養病床が社会淘汰される。我が国の21世紀の高齢者医療・介護の行方を決めるものとして、介護保険の動向により医療制度改革が展開された。

第6節　介護サービスの標準化と専門性で介護モデルを実現する介護保険

　日本の社会保障制度には、保健医療福祉というトライアングルによるセーフティネットが構築されていた。2000年度から介護保険制度がスタートし、2006年度から新時代の介護保険制度改正を迎えた。2006年に医療制度改革関連法案が国会で成立し、後期高齢者に対する医療保険として高齢者医療制度が2008年4月よりスタートする。さらに2006年度から障害者福祉には障害者自立支援法が実施された。

　21世紀になりセーフティネットにおける保健・医療・福祉のトライアングルが大きく変動し始めている。日本の社会保障制度は、めまぐるしい制度の変容を続けている。介護モデルが医療モデルや障害モデルとそれぞれが単独で支えることは困難となり、次第にお互いに連携して相互支援する存在になった（図15-4）。それぞれの支え合いが存在してこそ、社会保障が機能できる制度となった。介護モデルと医療モデルや障害モデルの狭間が拡大するのではなく、それらを連携しながら総合化できないかぎり、継続的に社会保障をすることが困難な時代を迎えている。それぞれの専門性を生かしながら、新しい領域として介護モデルを生み出さねばならない。介護モデルと連携し総合化したセーフティネットになってこそ、長期の人生にわたり生命と生活を守り続けることができるのである。

　それらに伴い、介護サービスの分野もますます高度化、専門分化するとともに、その介護ニーズが多様化しながら増大してくる。その状況において日本では、介護サービスの標準化と専門性の質を高めるために、1990年代から介護サービスに関する専門的な研究会や学会活動

を通じて実践的研究・教育を推進することをめざしている。より良き尊厳のある生活を保障する21世紀の社会保障を展望するためにも「介護サービスの標準化と専門性により福祉を実現する介護保険」についてご一緒に考察した。

　この課題に取り組む介護サービスの第一歩として、介護保険において「介護サービスの理論と実践により福祉を実現する介護モデル」の構築をした（住居広士『介護モデルの理論と実践―介護保険総合研究』大学教育出版、1998）。介護サービスの中で、介護保険時代の流れに押し流されてしまっている現代社会にこそ最も大切な介護モデルであり、その状況に関わりなく尊厳のある生活を護り介ける介護サービスの標準化と専門性こそ、見失わないで求めていただきたい。介護保険の経済と財政により介護サービスの偏重や切り捨てがなされると、逆に尊厳のある生活を護り介ける介護サービスの標準化と専門性が見失われてくる。その尊厳のある生活を護り介ける介護サービスを、それぞれの実践者と研究者等がそれぞれの介護サービスの標準化と専門性を介護モデルにおいて追求していただきたい。それこそが、我々がこの世に提唱すべき介護モデルの永遠のゴールである。その課題を我々は、いままさにバトンを受け取り、つぎの走者に渡すために、全力をあげて、介護保険における介護モデルの確立に向かっている。より尊厳のある生活を保障するための介護保険を展望して、本書では「介護サービスの標準化と専門性により介護モデルを実現する介護保険」の実現に向けて、介護モデルをどのように構築していくべきかを提言した。新たな介護サービスの標準化と専門性が介護保険によって発展して、将来にわたり尊厳のある生活を営むことができる介護モデルが、より良き公共の福祉の基盤になることを祈念する。

介護保険法

介護モデル
介護期
尊厳のある生活（ROL）
総合介護認定→介護過程

障害モデル
障害期
生活の質（QOL）
障害認定→ケアマネジメント

医学モデル
医療期
生命の延長（LOL）
診断→治療

障害者自立支援法　　高齢者医療制度

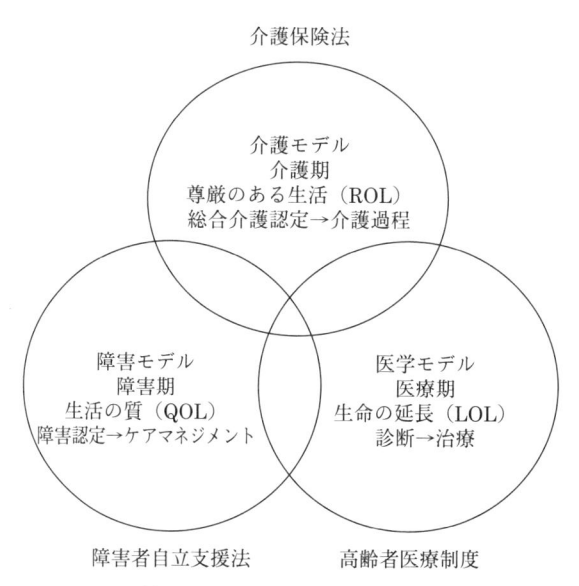

図15-4　社会保障における介護・障害・医療モデル
（出所）坂本忠次・住居広士『介護保険の経済と財政―新時代の介護保険のあり方―』勁草書房、256頁、2006を一部改変する。

謝辞

　多数の保健福祉機関および関係者にご支援とご協力を賜り、ここに深謝申しあげます。この研究成果の一部は、2005年から2007年度の科学研究費補助金（基盤研究）「介護保険制度と要介護認定における介護モデルの構築に関する研究」による。

注）
　本章は、住居広士「我が国の高齢者医療・介護の行方を決めるものは医療環境の動向である（Con）（介護福祉の動向から）日本老年医学会雑誌、43(6)、730-733、2006.を一部修正加筆した。

参考文献

1) 住居広士編著『医療介護とは何か―医療と介護の共同保険時代―』金原出版、2004。
2) 日本ケアワーク研究所監修『見てよくわかるリハビリテーション介護技術』一橋出版、2001。
3) 坂本忠次・住居広士編著『介護保険の経済と財政―新時代の介護保険のあり方―』勁草書房、2006。
4) 住居広士著『要介護認定とは何か』一橋出版、2004。
5) 日本医療ソーシャルワーク研究会監修『マネジドケアとは何か―社会保障における市場原理の開放と規制』ミネルヴァ書房、2004。
6) 一番ケ瀬康子・黒澤貞夫監修『介護福祉思想の探求―介護の心のあり方―』ミネルヴァ書房、2006。
7) 住居広士編著『新版アメリカ社会保障の光と陰―マネジドケアから介護とNPOまで―』大学教育出版、2004。
8) 日本医療ソーシャルワーク研究会編集『介護保険時代の医療福祉総合ガイドブック』医学書院、2000。
9) 基礎からの社会福祉編集委員会編集『介護福祉概論』ミネルヴァ書房、2005。
10) 一番ケ瀬康子『介護福祉学の探求』有斐閣、2003。
11) 厚生労働省編『平成17年度版厚生白書―地域とともに支えるこれからの社会保障』ぎょうせい、2005。
12) 岡山県介護福祉研究会編集「介護福祉研究（ISSN 0919-2492）」第1～13巻、1993～2005。
13) 日本介護福祉学会編集「介護福祉学（ISSN 1340-8178）」第1～12巻、1994～2005。
14) 日本ケアワーク研究所編集『介護保険入門書―介護保障を支援するために―』インデックス出版、2002。
15) ミネルヴァ書房編集部『社会福祉小六法2006』ミネルヴァ書房、2006.
16) 社会保障制度審議会「社会保障制度に関する勧告（総理府）」、1950.
17) 社会保障制度審議会「社会保障体制の再構築に関する勧告―安心して暮らせる21世紀の社会を目指して―（内閣府）」、1995.
18) 堀田一吉『保険理論と保険政策―原理と機能―』東洋経済新報社、2003。
19) 増田雅暢『介護保険見直しへの提言―5年目の課題と展望』法研、2004。
20) Robert. A. Baldor : Managed Care made simple. Blackwell Science Inc., London, 1997.
21) W. Andrew Achenbaum: Social Security － Visions and Revisions. Cambridge University Press, New York, 1986.
22) 近藤正彦、前川寛、高尾厚、古瀬政敏、下和田功『現代保険学』有斐閣、1998。
23) 鎌田繁則「介護サービスの市場化と不完全情報下のサービスの質」都市情報学研究、7、73-84、2002。
24) 沢見恵子「混乱する介護現場から」世界、759、187-195、2006。
25) 石田一紀「介護保険制度の見直しを問う」ゆたかなくらし、265、5-15、2004。
25) 住居広士『介護モデルの理論と実践―介護保険総合研究』大学教育出版、1998。
26) 住居広士「我が国の高齢者医療・介護の行方を決めるものは医療環境の動向である（Con）（介護福祉の動向から）日本老年医学会雑誌、43(6)、730-733、2006。

あとがき

　どのような目標をもち介護をしているのか。毎日介護に追われて、なんのために介護をしているのか、介護とは何かを考える暇もなく、ただ漠然と介護をしていることはないのか。独善的に自分が良いと思い込んでいる介護を押しつけていることはないのか。地域や職場などまわりのやり方に合わせるための介護をしていないか。要介護者等や介護者が求めている一番大切な事を考えることなく、介護をしていることに不安を感じるもあると思われる。

　日本の介護は儒教文化の中からも育ってきた歴史がある。日本の儒教文化には両親に対する孝行の心だけでなく上下関係を重んじる忠の心もあり、そこからも介護文化が育っている。だから従来の家庭の介護でもとかく上下関係、介護サービス関係でも上下関係という一方的な流れに陥っていた。このような上下関係の介護サービスに黙って従うことはない。ひとはみな介護サービスを求める権利がある。本書によって介護サービスの標準化と専門性を解明して、要介護者等と介護者等に対する介護サービスの理論と実践により、介護モデルを構築しなければならない。これから介護サービスと一生つきあうのは、ほかでもないわれわれ自身でもある。介護保険時代を迎え、介護を「仁」すなわち人と人との間に生じる横の関係となる「愛」で支えることを介護サービスに求めたい。もう一度介護サービスの原点にたち戻り、その理念と実践を明確にして介護サービスの標準化と専門性の再構築を目指さねばならない。市場原理による介護サービス配分のための介護保険から、介護サービスの標準化と専門性により介護モデルを求めることのできる介護保険へと変革していかねばならない。介護保険は尊厳のある生活を護り扶ける最終人生を定める介護サービスの標準化と専門性が基盤であり、国民一人一人が介護サービスを見守りながら育成しなければならない。

　生命の延長（LOL: Length of Life）を第一の目標としてケアしているのは医学モデルである。全てにおいて、まず生命の延長が最大限に優先されて、診断して治療する医療サービスを繰り返している。発症してから短期間の急性期が医療サービスの適用となる。急性期を脱して回復期に入った場合には、生命の延長から生活の質（QOL: Quality of Life）の向上を求めるケアがなされる。しかし病気が落ち着いても心身に障害が残る場合も多く、それを国際障害分類（ICIDH）や国際生活機能分類（ICF）により障害評価をしてアプローチを行う障害モデルが実践される。日常生活活動（ADL）を高めてQOLを向上するリハビリテーションサービス等が適用される。このような回復も発症して半年から1年あまりも過ぎると、目に見えた回復の効果がほぼ限界に達する。その後に介護期を迎えることになる。未だに介護期において介

護モデルが確立されないままで、2000年度から介護保険制度が先行して開始されてから、さらに2006年度から介護保険改正を実施している。介護保険では自立支援を目標として、要介護認定してからケアマネジメントして介護サービスの展開による介護過程を適用している。自立支援とは、介護保険以前の時代における障害モデルの理念に含まれる目標であった。介護サービスは「尊厳のある生活（ROL: Respect of Living）を護り介ける」のが本来の目標であり、それを介護保障するのが介護保険である。

これからの介護保険に求めたいものは、介護サービスによる利益のための幸福の追求だけではなくて、追求した福利を植福していただきたい。それらを地域に植え続けて、介護サービスにより福祉の芽を育てていただきたい。施設や事業所の世界に閉じこもって、福利のために介護サービスを提供するだけでなく、その福利を地域に植え続けていただきたい。その福祉の芽を育むためにも介護サービスの標準化と専門性により介護モデルを構築することを追及していただきたい。今後幸福のための利益だけを追求するのではなくて、その福祉を植福していただきたい。日本だけではなく、世界中で介護に苦しんでおられる方に介護モデルの芽を育むように奮励していただきたい。

介護は、尊厳のある生活をまもりたすける。護るというのは介護の「護」であり、「介」は心にかけてたすけるという意味である。介護というのは尊厳のある生活（ROL）を護り介け、それを介護保障するのが介護保険である。その介護保険における介護サービスに、生命の追求、自由の追求、幸福の追求などが開放されるけれども、そこには公共の福祉のために統制が掛かる。その開放と統制が掛かると介護の心のない方々は逃げていく。しかしそこに残された利用者にも介護サービスの標準化と専門性による「仁」「愛」の力で支えていただきたい。「日本型の介護サービス」が、世界の目標となるような介護サービスを育んでいただきたい。そのために介護サービスを今後とも日本から世界に向けて福祉を育みながら、介護サービスの標準化と専門性により介護モデルが実現することを祈念する。

最後になりましたが、今回の出版におきまして多大なご支援とご援助を賜りました大学教育出版の佐藤守社長ならびに大学教育出版編集部の安田愛様、日本ケアワーク研究所の日下部みどり様、県立広島大学大学院の國定美香様、岡山県介護福祉研究会の徳山ちえみ様他と全国の介護福祉ならびに老人福祉の関係者にご指導とご支援を賜りお世話になり心より厚く感謝申し上げる。

2007年2月

住居広士

■著者紹介

住居　広士（すみい　ひろし）

1956 年	広島県三原市生まれ
1976 年	鳥取大学医学部医学進学課程入学
1982 年	鳥取大学医学部医学科卒業
1987 年	岡山大学大学院医学研究科修了（医学博士）
1992 年	岡山県立短期大学助教授
1993 年	岡山県立大学短期大学部助教授
1995 年	広島県立保健福祉短期大学助教授
1998 年	ミシガン大学老年医学センター留学（文部省在外研究員）
2000 年	広島県立保健福祉大学教授
2005 年	県立広島大学人間福祉学科教授
現　在	県立広島大学大学院保健福祉学専攻教授、医学博士、社会福祉士、介護福祉士

主要著書

『リハビリテーション介護』（編著、一橋出版、1997.2）、『介護モデルの理論と実践』（単著、大学教育出版、1998.2）、『わかりやすい介護技術』（編著、ミネルヴァ書房、1999.6）、『介護保険時代の医療福祉総合ガイドブック』（監修、医学書院、2001.1）、『リハビリテーション介護技術』（編著、一橋出版、2001.11）、『要介護認定とは何か』（単著、一橋出版、2004.1）、『医療介護とは何か』（編著、金原出版、2004.6）『新版アメリカ社会保障の光と陰』（編訳、大学教育出版、2004.8）、『マネジドケアとは何か』（監訳、ミネルヴァ書房、2004.10）、『介護保険の経済と財政』（編著、勁草書房、2006.5）、『介護福祉思想の探求』（編著、ミネルヴァ書房、2006.9）他多数

社会的活動等

日本学術会議連携会員（社会福祉学分科会）、日本介護福祉学会理事（初代理事）、第14回日本介護福祉学会大会長、全国老人福祉施設協議会在宅委員会副委員長、日本介護支援協会草の根シンクタンク委員、介護の社会化を進める市民委員会評議員等　他多数

お問い合わせ先
〒723-0053 広島県三原市学園町1番1　県立広島大学大学院保健福祉学専攻
TEL&FAX 0848-60-1211　E-mail: sumii@pu-hiroshima.ac.jp
URL: http://www.pu-hiroshima.ac.jp/

介護保険における介護サービスの標準化と専門性

2007 年 2 月 20 日　初版第 1 刷発行

■著　　者──住居広士
■発 行 者──佐藤　守
■発 行 所──株式会社 大学教育出版
　　　　　　〒700-0953 岡山市西市 855-4
　　　　　　電話 (086) 244-1268　FAX (086) 246-0294
■印刷製本──モリモト印刷㈱
■装　　丁──ティー・ボーンデザイン事務所

Ⓒ Hiroshi SUMII 2007, Printed in Japan
検印省略　落丁・乱丁本はお取り替えいたします。
無断で本書の一部または全部を複写・複製することは禁じられています。
ISBN978 − 4 − 88730 − 736 − 0